权威·前沿·原创

皮书系列为
"十二五""十三五""十四五"时期国家重点出版物出版专项规划项目

BLUE BOOK

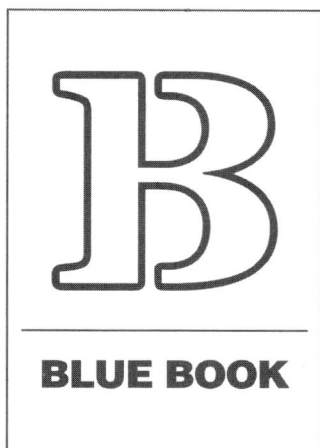

智 库 成 果 出 版 与 传 播 平 台

长江文化蓝皮书

BLUE BOOK OF YANGTZE RIVER CULTURE

长江文化发展报告

（2023~2024）

ANNUAL REPORT OF YANGTZE RIVER CULTURE

DEVELOPMENT（2023-2024）

组织编写／长江文化促进会
南京长江文化研究院

主　　编／曹劲松　汪晓燕　陈希希

社会科学文献出版社
SOCIAL SCIENCES ACADEMIC PRESS（CHINA）

图书在版编目（CIP）数据

长江文化发展报告 . 2023-2024 / 曹劲松，汪晓燕，
陈希希主编 . --北京：社会科学文献出版社，2024.
11. --（长江文化蓝皮书）. --ISBN 978-7-5228-4562
-3

Ⅰ . G127.5

中国国家版本馆 CIP 数据核字第 2024S762H6 号

长江文化蓝皮书

长江文化发展报告（2023~2024）

主　　编 / 曹劲松　汪晓燕　陈希希

出 版 人 / 冀祥德
组稿编辑 / 任文武
责任编辑 / 刘如东
责任印制 / 王京美

出　　版 / 社会科学文献出版社·生态文明分社（010）59367143
　　　　　地址：北京市北三环中路甲 29 号院华龙大厦　邮编：100029
　　　　　网址：www. ssap. com. cn
发　　行 / 社会科学文献出版社（010）59367028
印　　装 / 三河市东方印刷有限公司

规　　格 / 开　本：787mm×1092mm　1/16
　　　　　印　张：28.5　字　数：429 千字
版　　次 / 2024 年 11 月第 1 版　2024 年 11 月第 1 次印刷
书　　号 / ISBN 978-7-5228-4562-3
定　　价 / 168.00 元

读者服务电话：4008918866

主编简介

曹劲松 南京大学哲学博士，复旦大学新闻传播学博士后，研究员。现为江苏省哲学社会科学界联合会副主席，南京市社会科学界联合会党组书记、主席，南京市社会科学院院长，《南京社会科学》总编辑。曾任徐州师范大学信息传播学院院长，中共南京市委宣传部副部长、市政府办公厅副主任、市委市政府新闻发言人、市文明办主任、市台办主任等职务。在政治理论、信息传播、文化建设和数字经济等领域有深厚造诣和众多成果，著有学术著作8部，发表学术论文120余篇，7篇被《新华文摘》全文转载。主持部省市课题20余项，荣获江苏省哲学社会科学优秀成果一等奖。

汪晓燕 现任中共南京市委宣传部副部长、市政府新闻办主任，负责意识形态、舆情信息、理论武装、新闻宣传、文化体制改革、市新闻工作者协会机关、市委讲师团等工作，曾在南京团市委、青奥组委新闻宣传部、市委外宣办等部门任职，在思想建设、理论研究、对外交流、新闻传播和文化体制改革等领域具有丰富的理论和实践经验。

陈希希 新华社智库江苏中心主任，新华社中国经济信息社首席分析师，江苏省三八红旗手。长期聚焦区域经济和产业经济研究，为党委政府提供决策参考，调研采写的一批专题调研、分析报告获中央领导和省市领导批示，有力推动了现实工作改进。曾主笔撰写多项国家高端智库重点课题报告，主持省市级课题 10 多项，发表论文数十篇，多项研究获评江苏发展研究奖、江苏智库研究与决策咨询优秀成果。10 余篇决策咨询专报被中央和江苏省党政机关采纳转化为政策。

摘　要

本书全面评估与分析了 2023～2024 年度长江文化的发展状况，深入探讨其时代价值、文明风采以及在新时代背景下的文化传承与创新路径。通过综合考察长江流域内 13 省区市整体动向，重点解析四川、重庆、湖北、安徽、江苏、上海等区域文化特色与发展动态，旨在为长江文化的整体性保护、传承与发展提供科学依据和策略建议，进一步推动长江国家文化公园建设与文化产业的高质量发展。

本书采用文献资料分析、实地调研、案例研究及专家访谈等多种方法相结合的综合研究路径。首先，通过梳理相关政策文件、学术成果及媒体报道，把握长江文化发展的宏观背景与理论框架。其次，组织研究团队深入长江流域各省区市进行实地考察，收集第一手资料，了解各地文化特色、保护现状与发展成效；同时，选取典型案例进行深入剖析，总结经验教训。最后，组织多领域专家进行座谈讨论，形成对长江文化发展策略的集思广益。

本书形成了丰富的成果。长江文化的时代价值与文明风采方面，本书揭示了长江文化作为中华文明重要组成部分的独特价值，其在水文、历史、民俗、艺术等方面展现了丰富的内涵与多彩的风貌，对于增强文化自信、促进文化多样性具有重要意义。

区域特色与协同发展方面，各分报告详细呈现了四川巴蜀、重庆山城、湖北荆楚、安徽皖江、江苏江南水乡及上海现代都市等特色长江文化的发展现状与亮点，展现了区域间文化特色鲜明且相互交融的发展态势。各地在文化保护、传承与创新方面取得了显著成效，形成了一批具有影响力的文化品牌和文化项目。

文艺、学术、传播等专题研究方面，研究指出长江文化在文艺创作与学术研究方面成果丰硕，涌现了一批反映长江精神与地域特色的优秀作品与研究成果，促进了长江文化的广泛传播与深入研究；长江文化传播的成功案例，如四川宜宾李庄的文化遗产保护、重庆广阳岛的生态文化探索、南京长江国家文化公园建设等，则揭示了文化传播的新模式与品牌建设的有效途径。

针对以上研究成果，本书进一步提出相关建议。强化长江文化整体性保护方面，研究建议构建跨区域协作机制，加强长江文化资源的整体性保护与传承，避免碎片化开发与同质化竞争。推动文化与产业融合发展方面，研究建议依托长江文化丰富的资源禀赋，推动文化产业与其他产业的深度融合，培育具有地方特色的文化产业集群。加强文化传播与品牌建设方面，研究建议创新文化传播方式，提升长江文化的国际影响力与美誉度；同时，注重品牌打造，形成一批具有标识性、影响力的长江文化品牌。注重生态文化协同共生方面，研究建议在长江国家文化公园建设过程中，应坚持生态优先、绿色发展理念，实现文化与生态环境的和谐共生。

综上所述，本书不仅全面展示了长江文化在新时代背景下的发展现状与成就，还深刻剖析了其存在的问题与挑战，并提出了切实可行的对策建议，为长江文化的可持续发展提供了有力支撑。

关键词： 长江文化　文化保护　文化传承　文化创新　文化品牌

Abstract

The purpose of this Blue Book is to comprehensively assess and analyze the development of 2024 Yangtze culture from 2023 to 2010, and to explore its contemporary value, cultural charm, cultural inheritance and innovation paths in the context of the new era. Based on a comprehensive survey of the overall trends of 13 provinces and cities in the Yangtze River basin, this paper focuses on the analysis of regional cultural characteristics and development trends in Sichuan, Chongqing, Hubei, Anhui, Jiangsu and Shanghai, the purpose is to provide scientific basis and strategic suggestions for the protection, inheritance and development of the Yangtze River culture, and further promote the construction of the Yangtze River National Cultural Park and the high-quality development of the cultural industry.

This research adopts the comprehensive research path of literature analysis, field investigation, Case Study and expert interview. First, by combing relevant policy documents, academic achievements and media reports, we can grasp the macro-background and theoretical framework of the development of Yangtze River culture, to collect primary source information on local cultural characteristics, the status quo of protection and development effectiveness, to conduct in-depth analysis of typical cases and to sum up experience and lessons learned, and finally to organize a panel discussion among experts in various fields, form the development strategy of the Yangtze River culture brainstorming.

The results of this study are rich. This study reveals the unique value of the Yangtze River culture as an important component of Chinese civilization, it shows rich connotation and colorful features in hydrology, history, folk-custom and art, which is of great significance to enhance cultural self-confidence and promote cultural diversity.

Regional characteristics and synergistic development, the reports detail the current situation and highlights of Yangtze River culture in Prachuap Khiri Khan, Chongqing, Jingchu, Anhui, Jiangnan and the modern city of Shanghai, it shows the developing trend of the inter-regional culture with distinct characteristics and blending with each other. Remarkable achievements have been made in cultural protection, inheritance and innovation, and a number of influential cultural brands and cultural projects have been formed.

In the area of literature and art, scholarship and communication, the study pointed out that the culture of the Yangtze River has achieved fruitful results in literary and artistic creation and academic research, and a number of outstanding works and research results have emerged reflecting the spirit and regional characteristics of the Yangtze River, promoted the extensive dissemination and in-depth study of the Yangtze River culture; For example, the cultural heritage protection of Lizhuang in Yibin, the eco-cultural exploration of Guangyang Island in Chongqing, and the construction of Nanjing Yangtze River National Cultural Park reveal the new mode of cultural communication and the effective way of brand building.

In view of the above research results, this study further put forward relevant recommendations. In the aspect of strengthening the integral protection of the Yangtze River culture, the research suggests that a trans-regional cooperation mechanism should be established to strengthen the integral protection and inheritance of the Yangtze River cultural resources and avoid the fragmented development and homogeneous competition. In the aspect of promoting the integration of culture and industry, the research suggests that we should rely on the rich resource endowment of the Yangtze River culture, promote the deep integration of cultural industry and other industries, and cultivate cultural industry clusters with local characteristics. To strengthen cultural communication and brand building, the study suggested that innovation in cultural communication, enhance the international influence and reputation of the Yangtze River culture, at the same time, pay attention to brand building, to form a number of iconic and influential cultural brands of the Yangtze River. During the construction of the Yangtze River

National Cultural Park, we should adhere to the concept of ecological priority and green development, and realize the harmonious coexistence of culture and ecological environment.

To sum up, this study not only comprehensively shows the current situation and achievements of the Yangtze River culture in the new era, but also deeply analyzes the existing problems and challenges, and puts forward practical countermeasures and suggestions, for the sustainable development of the Yangtze River culture provides a strong support.

Keywords: Yangtze River Culture; Cultural Protection; Cultural Inheritance; Cultural Innovation; Cultural Brand

序　言

一江春水向东流，千年文脉贯古今。长江，这条蜿蜒 6000 余公里的巨龙，自青藏高原奔腾而下，穿越巴山蜀水的雄浑与江南水乡的温婉，不仅滋养了广袤的土地与无数生灵，更孕育了中华民族丰富多彩的文化形态与深邃博大的文明精神。

在新时代的浪潮中，长江文化被赋予了更加鲜明的时代价值。2023 年 10 月，习近平总书记在南昌主持召开进一步推动长江经济带高质量发展座谈会上强调，"深入发掘长江文化的时代价值，推出更多体现新时代长江文化的文艺精品"。党的二十届三中全会提出，中国式现代化是物质文明和精神文明相协调的现代化。新时代弘扬长江文化，要深入发掘和充分彰显长江文化的时代价值，在全面推进中国式现代化进程中持续增强人们的精神力量。

2023 年，南京长江文化研究院在全国首次出版"长江文化发展蓝皮书"，获得流域广泛关注。2024 年是蓝皮书连续第二年出版，它不仅是对过往一年长江文化保护传承工作的全面回顾与总结，更是对未来发展方向的深邃洞察与前瞻布局。特别要感谢长江文化促进会给予的全力支持和精心指导，使本书能够顺利组织深耕长江文化研究的精干专家团队，以宏大的历史视野和深邃的文化洞察力，系统梳理长江文化的历史脉络与时代价值，深入学习贯彻习近平总书记关于文化传承发展的重要论述精神，精准把握国家政策导向与沿江省区市的生动实践。

大江磅礴，悠悠千载。蓝皮书开篇以总报告为纲，高屋建瓴地概述了长江文化的历史渊源、当代价值、发展现状及未来展望，为全书奠定了理论基石，拓展了宏观视野。分报告则细致入微，汇聚了四川、重庆、湖北、安徽、江苏、上海等长江沿线省市在文化传承、生态保护、文旅融合等方面的鲜活案例与深刻洞见，展现了长江流域各地在传承弘扬长江文化方面的独特贡献与美好愿景。专题篇深入分析了长江文化在文艺创作、学术研究和文化传播等方面的重要成果，为新时代长江文化的繁荣发展注入了新的活力与动力。案例篇以一系列特色案例的剖析展开，挖掘这些城市在推动长江文化发展方面的实践与探索，以期为长江文化的繁荣发展提供有益的启示。

蓝皮书的编撰和出版还得到了中国三峡集团、中共南京市委宣传部、新华社江苏分社、新华社中国经济信息社、南京市社会科学界联合会、南京市社会科学院、江苏省扬子江创新型城市研究院等单位的大力支持，凝聚了众多专家学者、文化工作者及社会各界人士的智慧与心血，在此我们向所有为本书付出辛勤努力的同人表示衷心的感谢和崇高的敬意。同时，我们也期待蓝皮书能够成为推动长江文化保护传承弘扬的重要参考和有力工具，为加快中国式现代化建设步伐、建设中华民族现代文明贡献智慧和力量。

长江之水，源远流长；长江文化，深邃璀璨。南京长江文化研究院立足古都南京，眺望浩渺长江，深研文化之河。首年筑基，经年耕耘，次年再启蓝皮书，以高远视角洞察长江文化之时代脉搏，融合新时代人文经济学智慧，挖掘并传播其深厚内涵与时代价值。我们将携手各界专家学者，共探长江文化时代价值，延续历史文脉，增强文化自信，提升中华文化国际影响力。同时，联动政界、学界及商界力量，探索长江文化传承与区域经济社会发展的深度融合路径，开启文化兴盛与经济腾飞的新征程！

单霁翔（南京长江文化研究院名誉院长，故宫学院院长）

2024 年 7 月

目 录 ⟪

I 总报告

II 分报告

Ⅲ　专题篇

Ⅳ　案例篇

皮书数据库阅读使用指南

CONTENTS ⟪⟫

I　General Report

Ⅱ Sub-reports

Ⅲ Special Reports

IV   Case Studies

总 报 告

B.1
2023~2024年度长江文化发展研究报告

2023~2024年度长江文化发展研究报告联合课题组 *

摘 要： 浩荡绵长的长江孕育了和谐共生的多民族与求同存异的多元文化，是我们共建共守的美丽家园；气象万千的长江积淀了庞大璀璨的历史遗产与博大精深的人文思想，是我们共有共享的精神家园。长江文脉源远流长，时

---

* 课题组组长：曹劲松，南京大学哲学博士，复旦大学新闻传播学博士后，南京长江文化研究院院长，南京市社会科学界联合会党组书记、主席，南京市社会科学院院长，研究员，主要研究方向为政治理论、信息传播、文化建设、数字经济等；傅才武，武汉大学国家文化发展研究院院长、国家文化和旅游研究基地主任，教育部长江学者特聘教授，主要研究方向为文化管理、文化产业和文化政策等；陈希希，新华社智库江苏中心主任，新华社中国经济信息社首席分析师，高级编辑（高级职称），主要研究方向为区域经济和产业经济；王佳宁，重庆智库暨大运河智库创始人、理事长、首席研究员，长江国家战略研究院院长，主要研究方向为公共政策和战略规划。课题组成员：李高峰，武汉大学中国传统文化研究中心博士研究生，主要研究方向为中国文化史；吴琼，新华社中国经济信息社江苏中心副主任，主任编辑（副高级职称），主要研究方向为区域经济、产业经济、舆情传播；余伟婷，新华社中国经济信息社江苏中心专供信息部副主任，主要研究方向为区域经济、文化产业；王梦丽，新华社中国经济信息社江苏中心资讯师，主要研究方向为文化传播、网络舆情；王君也，博士，重庆智库暨大运河智库专题研究部副主任，副研究员，主要研究方向为长江经济带和长江文化发展；马蕾，重庆智库暨大运河智库政府事务部副主任，副研究员，主要研究方向为文化产业发展；徐宇枢，重庆智库暨大运河智库舆情研究部助理研究员，主要研究方向为数字经济发展。执笔人：曹劲松、李高峰、王梦丽、王君也。

至今日依然蔚为大观、方兴未艾。这一旺盛的生命力在于其丰厚的历史内涵能够转化为切实的当代价值。新时代，长江文化的繁荣发展是一个跨领域、跨地域、多维度、多模式的系统性工程，长江文明的实践形态是中国精神、中国气派、中国力量的综合展现。新征程，在以中国式现代化全面推进中华民族伟大复兴的宏大叙事中，长江文化的保护、传承与发展被赋予了赓续中华文明、建设文化强国的重大历史使命。2023~2024 年，长江沿线各省区市积极探索长江文化的新路径，致力于构建人文、创新、生态、开放的长江，取得了丰硕的成果。承载着民族集体记忆、担负着民族复兴愿景的长江文化将成为全体国民美好生活的重要推力和社会主义文化强国建设的重要支撑。

关键词： 长江文化 长江文脉 生态保护 长江经济带 文明对话

在建设中华民族现代文明新的历史进程中，保护好长江流域的文化资源，传承好长江文化的历史文脉，弘扬好长江文化的时代精神，对于传承与赓续中华文明，激发中国特色社会主义先进文化的时代创造力，持续扩大中华文化的传播力和影响力意义重大。

以长江流域经济社会高质量发展的生动实践，展现长江文明人与自然和谐共生、人与社会和美共享、人与世界和睦共处、人与技术和融共进的实践形态，既体现了长江文脉在新时空的有机延展，又凸显了长江文化时代价值的生机勃发，为以中国式现代化创造人类文明新形态提供了面向世界的窗口和传播中华文化的舞台。

一 长江文脉：时代价值与文明风采

长江是中华民族的母亲河，长江文化为多元一体的中华文明提供了丰厚的精神滋养。在建设中华民族现代文明新的历史进程中，保护好长江流域的文化资源，传承好长江文化的历史文脉，弘扬好长江文化的时代精神，对于传承与赓续中华文明，激发中国特色社会主义先进文化的时代创造，持续扩大中华文化的传播力和影响力有着重要意义。长江文化作为世界大河流域文化在时空上都有着比较大的尺度，其历史轴线贯通了中华文明 5000 多年的演进过程，其空间覆盖了山地、高原、盆地、丘陵和平原等多种地形地貌，且面积广大，2023 年长江流域 13 省区市人口占全国总人口的比例超过 40%。长江文化丰富悠久的历史文脉是长江流域现代文明发展的根基。发掘并彰显长江文化的时代价值，不仅可以为长江流域现代化建设源源不断地注入精神力量，而且可以为以中国式现代化创造人类文明新形态树立起鲜明的中华文化现代标识和大河文明价值体系。因此，统筹推进长江文化建设，促进长江文化繁荣发展，开展世界大河文明对话，全面展现新时代长江文明的实践形态，成为我们进一步凝聚人心力量，向世界讲好中国故事的文化使命所在。

（一）延续长江文化的历史文脉

长江文化的历史文脉悠长。从已有的考古发现来看，长江流域是古人类起源的重要区域和中华文明的重要起源地，而马家浜文化、崧泽文化、良渚文化等也实证了 5000 年前长江三角洲文化一体的发展历史。长江沿线共有全国不可移动文物 30.6 万余处，占全国不可移动文物总量的 39.8%，拥有国家级非遗代表性项目 800 多项、省级非遗代表性项目 6000 多项，形成了青藏、巴蜀、滇黔、荆楚、湖湘、赣皖、吴越等相互联系、融合发展的七大文化片区。延续长江文脉，坚定文化自信，是建设中华民族现代文明的内生力量，对于巩固文化主体性有着重要意义。从文化主体的自我认知、他者认知、历史认知和发展认知的维度出发，长江文脉所蕴含的和谐共生、求同存异、革故鼎新、自强不息的文化精神构筑了现代文明的价值脊梁。

1. 赓续文化传统：和谐共生

大江大河流域是人类文明的孕育地，往往在其中下游地区形成人口聚居地和文化核心区。长江与黄河中下游地区是中华文明的摇篮，其文化的历史积淀十分丰厚。水是生命之源，大江大河流域之所以成为先民聚居的生产生活空间和文化发祥与传承发展的演进场域，其根本原因在于人能够从这一自然环境中获取自身生存与发展所需要的物质条件，并逐步形成人与自然和谐共生的生产生活方式和文化价值观念。长江流域丰富的淡水资源为人类早期活动提供了生活饮水、农业灌溉、自然捕捞等便利条件，以及随着技术进步日益发挥出水运交通、人工养殖、工矿用水等重要功能，"人们用水、防水、治水逐渐从被动走向主动，从自发走向自觉"①。坐落于成都平原西部岷江上的都江堰水利工程，将灌溉、防沙和防洪等功能集于一体，充分展现了2200多年前中国古代劳动人民的智慧与创造。在长江流域水资源利用和水环境治理共同演进的历史进程中，经由一代代人承继接续的劳动实践创造，积淀下人与自然和谐共生的文明智慧和文化理念，成为长江文脉鲜明的精神内核。同时，在人类社会从简单到复杂的结构演进中，这一精神内核也从人与自然的和谐共生向人与人、人与社会的和谐共生延展开来，形成了长江文化传统的价值主脉，塑造着人们的精神世界。延续长江文脉，就是要将和谐共生的文化理念贯通到现代社会文明的发展中来，在新技术革命推动社会变革中，面向更为复杂的社会结构进行探索、实践与创造，彰显中华民族现代文明的智慧。

2. 包容文化差异：求同存异

大江大河流域面积广大，从上游地区到下游地区的地理环境和自然条件存在着明显差异，流域内部各地区有着各具特色的生产生活方式，并形成相应的局地文化，正所谓"百里而异习，千里而殊俗"②。随着人的活动范围的不断扩大和相互间交往的增加，人们在交流交往中互相学习借鉴，其生产生活方式和文化观念共识也在更大的范围内得以理解、认同和传播，形成更具流域性或跨流域统一性的文化系统，而地域文化特色也在传承中具有了这一共生性的文化底色。长江流域文化共同体的形成是流域内人们不断相互学习交流，在文化观念和行为逻辑上求同存异、长期作用的结果，反映了文化主体精神生长的历史过程。包容文化差异，逐步在相互影响中建立共同的文

---

① 蓝勇：《彰显人与自然和谐共生理念——古代长江治理的智慧》，《人民日报》2023年11月13日。
② 刘向整理、殷义祥译注《晏子春秋译注》，吉林文史出版社，1996，第160页。

化理想，进而构成文化共同体的精神内核，成为中华民族和中华文明在数千年历史中保持民族主体一致性和文明发展连续性的内在机理。"尽管中华民族的内涵外延在不断变化和扩大，中华民族的活动范围从数千年前的黄河—长江流域，逐渐拓展到东亚乃至漂洋过海散布到全世界"，"但是中华民族经历数千年的文明演化和民族交融，始终具有内在的血脉连续性和你中有我、我中有你的社会文化生活的共同性和融合性，呈现出文明的统一性"。①人们的精神生长不是一个自我封闭的循环，而是在持续不断地与他者的文化交流中彼此影响与借鉴、学习与创新的能动过程，在这一过程中，包容差异是前提，求同存异是动力，天下大同则是理想目标。长江文脉正是在这一过程中不断延展和丰富，成为中华文脉的重要组成和显著标识。延续长江文脉本质上是延续中华文脉，需要我们在中华民族现代文明的建设进程中，继续保持开放和积极的文化心态，同世界其他文明一起互学互助，在包容中增进理解，在互鉴中创新发展，在共鸣中和平进步。

3. 积蓄文化动能：革故鼎新

长江文化作为大江大河流域文化的典型代表，既是依托长江流域自然地理空间形成和发展的巨型文化系统，涵盖了这一广大地域空间范围内的各种文化形态；又是以长江水系为交流互通之脉络所形成的文化共同体的精神场域，反映了这一文化共同体的基本特征、价值体系和精神追求。从长江文化的历史生成和发展进程来看，长江文化根脉悠长、传承有序、发展有势，从史前文化的多姿多彩，到古代文化的精美精致，再到近代文化的创新创造，其内蕴了强劲有力的文化发展动能和蓬勃向上的文化发展活力，以大江东去的浩瀚之势和长江后浪推前浪的前进节拍，激励着人们革故鼎新的精神追求，激荡着民族走向复兴的历史脚步。无论是"上有天堂、下有苏杭"的美好生活愿景，还是"致广大而尽精微"的人生志向与文化格局，无论是物质生产的富足，还是精神生活的充盈，都将代际的文化传承与接续创造的内在力量深植于长江文脉之中。时代之发展永不停步，正如浩浩之江水奔腾

---

① 何哲：《如何理解我们的文化主体性》，《学习时报》2023 年 8 月 14 日。

不息，作为文化主体的精神追求正是在这浩然之势中不断拓新，以自我革命之勇气成为时代弄潮儿。延续长江文脉，就是要将文化之于人们的精神追求内塑于心、外化于行，将文化价值取向不断转化为内生的前进动力，以勇敢面对挑战的胆识、勇于创新创造的锐气，投身新时代的伟大社会革命，革故鼎新、追求卓越，以个体之于集体和国家的价值贡献融入中华民族伟大复兴的历史进程。

4. 凝聚文化力量：自强不息

长江文脉历史悠长、积淀深厚，但长江文化并不是静态的历史遗存，而是随着时代变迁而不断寻求自我发展和精神建构的能动的文化生命体。从农耕时代到工业时代，再到以数字技术革命为引领的"数业"时代，长江文化以其强大的生命力不断为人们注入知识学习和产业进步的动力，激励共同体成员以自强不息的精神追求在社会生产力发展的历史洪流中担当重任，构建起人口和地区生产总值均超过全国40%的长江经济带。2016年9月，《长江经济带发展规划纲要》确立了长江经济带"一轴、两翼、三极、多点"的发展新格局，成为具有全球影响力的内河经济带和生态文明建设先行示范带。长江文化作为支撑长江经济带持续快速发展的内在精神力量，在其文脉传承和内涵发展的进程中，充分彰显了以文化精神自强推动并实现经济社会发展自强的旺盛生命力。从长江文化主体发展认知的维度理解长江文化内涵，自强不息成为凝聚这一文化共同体精神力量的价值核心所在，同时也代表着千百年来中华民族自我觉醒、共同奋斗、生生不息的文化精神品质。延续长江文脉，就是要将自强不息的文化精神熔铸到发展社会主义先进文化中来，坚定文化自信，勇立时代潮头，面向现代化、面向世界、面向未来，引领和激发人民群众的智慧与创造，在以优秀的先进文化成果满足人们精神文化多样性的需求中，增强人们的精神力量，持续培育生机勃勃、富于创造的文化生命体，为中国特色社会主义事业造就自立、自信、自强的一代代新人。

（二）彰显长江文化的时代价值

长江文化伴随着中华民族"多元一体"的历史发展进程，既有着丰富的历史内涵和地域特色，也贯通了中华文化"重一"的主体观、"求通"的认知观、"尚勤"的实践观，① 具有价值统一性与形态多样性相复合的基本特征。"多元一体"的民族融合过程本身就是各民族文化交融的过程，这一历史过程造就了中华民族共同体，形成了"多元一体"的文化格局。从大河流域文化孕育文明的历史维度和文化视角上看，长江文化与黄河文化共同承载着中华文明的集体记忆，是民族情感的重要载体和精神聚合的心灵家园。而长江文化独特的丰富内涵和历史意义，使其成为中华民族的基本文化符号，所内蕴的情感特质和价值表达，为人们的生产生活实践提供了内在精神支撑。习近平总书记2023年10月在南昌主持召开进一步推动长江经济带高质量发展座谈会上强调，"深入发掘长江文化的时代价值，推出更多体现新时代长江文化的文艺精品"②。新时代弘扬长江文化，要在保护和传承的基础上，以不断丰富的思想内涵和文明内涵面向时代发展新格局引领人的社会实践，深入发掘和充分彰显长江文化的时代价值，在全面推进中国式现代化进程中持续增强人们的精神力量。

长江文化的时代价值是长江流域"共抓大保护、不搞大开发"绿色发展的价值体现，是长江经济带高质量发展实践的生动体现，也是提升统筹推进长江水环境、水资源、水生态、水安全、水文化"五水共治"的国家现代化治理能力的综合体现，同时也是长江国际黄金旅游带的魅力体现。

1. 生态长江

长江的自然生态为人们的生产生活提供了必需的物质基础，长江流域适宜的气候条件、丰沛的淡水资源、丰富的物产供给、便利的航运水道等，使之成为人类历史上的文明发源地和文明进程中经济活动的集聚区，逐渐成为人口集中、城市密布、生活富庶和文明发达的区域。随着工业化时代的来临，长江流域亦成为工商业的集聚区，对自然资源的开采与利用随之加剧，无节制的过度开发使自然生态遭到了严重破坏，既恶化了当代人的生存环

---

① 曹劲松：《以长江文化讲好南京故事》，《南京学研究》第九辑，南京出版社，2024。
② 《习近平主持召开进一步推动长江经济带高质量发展座谈会强调 进一步推动长江经济带高质量发展 更好支撑和服务中国式现代化》，《人民日报》2023年10月13日。

境，也为后代带来了无法持续生存的危机。习近平总书记深刻指出，"人与自然是生命共同体。生态环境没有替代品，用之不觉，失之难存"，"绿水青山既是自然财富、生态财富，又是社会财富、经济财富。保护生态环境就是保护自然价值和增值自然资本，就是保护经济社会发展潜力和后劲，使绿水青山持续发挥生态效益和经济社会效益"。① 新时代长江流域在习近平生态文明思想的指引下谱写生态优先绿色发展的新篇章，坚持在发展中保护、在保护中发展，正在绘就山水城林人和谐共生的新图景。在绿色发展的实践中，长江文化生态保护的理念更加凸显，生态长江成为新时代文明建设的价值先导，彰显了长江文化的时代价值。要将长江文化的生态价值引领自觉融入现代文明建设进程中的生产实践和生活实践，一方面通过政策机制的作用加以保障，形成长江流域"共抓大保护、不搞大开发"的发展新格局；另一方面通过文化活动和产品供给加以文化浸润，根植"绿水青山就是金山银山"的思想观念和人文精神。

2. 活力长江

长江经济带是中国第一大经济带，由东向西包括上海、江苏、浙江、安徽、江西、湖北、湖南、重庆、四川、贵州、云南等沿江 11 省市，依托长江这一黄金水道，串联起长江三角洲城市群、皖江城市带、环鄱阳湖城市群、武汉城市群、长株潭城市群、成渝城市群，形成一条腹地辽阔的经济大通道。在这条经济带上汇聚了数十个城市明珠，其中有 7 个城市居于全国城市地区生产总值的前 10 位，使长江经济带成为全国经济发展水平最高、综合竞争力最强的经济带，在全国经济发展格局中的支撑作用日益凸显。新时代推动长江经济带高质量发展是以习近平同志为核心的党中央作出的重大决策。党的十八大以来，习近平总书记先后主持召开 4 次专题座谈会并发表重要讲话，为长江经济带发展把脉定向，使长江经济带在统筹推进生态环境保护和经济社会发展中始终充满生机活力。长江流域高质量的生态环境是长江经济带高质量发展的根基，在此基础上以创新引领发展，不断开辟发展的新

---

① 《习近平谈治国理政》第三卷，外文出版社，2020，第360~361页。

领域新赛道、塑造发展新动能新优势，则是长江经济带高质量发展的活力源泉。同时，联通国内国际两个市场、用好两种资源，强化区域协同融通、促进区域协调发展，更好地支撑和服务全国发展大局，成为长江经济带高质量发展的时代使命。长江经济带高质量发展的生动实践，为长江文化注入了创新引领的价值内核，活力长江成为新时代长江文化的鲜明特征。彰显新时代长江文化的创新价值，不仅要将创新的价值旨向在科技、教育、人才发展战略上加以一体贯通，而且要在新一轮科技革命和产业变革的大潮中优化配置城市空间资源，为生产要素的创新性配置、产业深度转型升级和多元化的产业创新提供有利条件，厚植新质生产力发展的土壤。

3. 安澜长江

长江流域水系发达、河湖密布，有着许多大的支流，适宜的自然环境和通达的运输条件为人们的生产生活提供了诸多便利。"在历史上，长江主流和支流航运的发达与南北环境适宜人居相互促进，造就了长江文明有广阔的文明纵深。"① 人们傍水而居、借水而行，以此获得重要的生产和生活资源，并通过彼此交往形成了体量巨大的文明体，既具有坚韧的文化一体共生的内聚力，又具有强大的抵御外来文化的生命力。长江流域适宜人居的水环境、丰沛稳定的水资源、循环良好的水生态、人工调蓄的水安全和多姿多彩的水文化，不仅使这一广大地区逐步发展为人口稠密、经济发达、文化繁荣、社会稳定的现代文明形态，而且成为中华文明赓续和国家现代化建设的重要支撑力量。在建设中华民族现代文明新的历史进程中，长江流域生态地位和经济地位十分突出，建设安澜长江是充分发挥这一地区发展潜能与支撑作用的前提和保障，进而凸显了长江文化的善治价值与安澜理念。加强长江流域生态环境系统性保护修复，是实现长江安澜的关键所在，也是长江文化善治价值的时代彰显。习近平总书记强调，"要把修复长江生态环境摆在压倒性位置，构建综合治理新体系，统筹考虑水环境、水生态、水资源、水安全、水文化和岸线等多方面的有机联系，推进长江上中下游、江河湖库、左右岸、

---

① 蓝勇：《水润华夏大长江》，江苏人民出版社，2024，第317页。

干支流协同治理，改善长江生态环境和水域生态功能，提升生态系统质量和稳定性"①。新时代彰显长江文化的善治价值，一方面要以长江流域协同治理新成效展现安澜长江，另一方面要促进生态产品的价值实现，树立生态价值付出与回报的利益观并建立相应的法律保障机制，让保护修复生态环境获得合理回报，让破坏生态环境付出相应代价。

4. 人文长江

长江流域是早期人类活动和发展的重要区域，也是新石器时代文化遗址考古发现的集中区域，从长江上游至下游的典型代表有大溪文化、屈家岭文化、河姆渡文化、马家浜文化、良渚文化、青莲岗文化等，反映了距今7000~5000年长江流域先民们的生产技艺、生活状态和文化创造。中国新石器文化遗址呈现"满天星斗"的分布格局。在进入文明社会的长期发展历史中，长江流域与黄河流域人文交融，谱写了中华文化在两大母亲河哺育下的绚烂华章。同时，长江文化也以其独特的文化脉络和生动的呈现方式，为长江流域的经济社会发展注入精神能量，形成了极为丰富的文化审美表达。"长江造就了从巴山蜀水到江南水乡的千年文脉，是中华民族的代表性符号和中华文明的标志性象征，是涵养社会主义核心价值观的重要源泉。"② 新时代传承长江千年文脉本质上就是延续中华民族的历史文脉，这也是建设中华民族现代文明的历史根基和文化自信所在。长江文化既有着丰富的历史内涵，也有着与时俱进的时代创造，是历史积淀与时代创新的有机统一。在文化和旅游部推介发布的长江国际黄金旅游带精品线路中，包含了长江文明溯源、长江世界遗产、长江安澜见证、长江红色基因传承、长江自然生态、长江风景揽胜、长江乡村振兴、长江非遗体验、长江瑰丽地貌、长江都市休闲等10条长江主题国家级旅游线路，所体现的就是自然与人文相辉映、历史与当下相结合、传承与弘扬相赓续的长江文化魅力。彰显长江文化的时代审美价值，凸显人文长江的无穷魅力，需

① 《习近平谈治国理政》第四卷，外文出版社，2022，第358页。
② 《习近平在全面推动长江经济带发展座谈会上强调 贯彻落实党的十九届五中全会精神 推动长江经济带高质量发展》，《人民日报》2020年11月16日。

要将长江文化遗产与现代文化场景相融合，实现优秀传统文化的创造性转化和创新性发展。

（三）推进长江文化的繁荣发展

文化是文明发展的根基，文明是文化发展的果实。价值作为反映主体精神追求的文化灵魂，引领着文化发展的方向，价值共识具有凝聚共同体团结奋斗的强大精神力量。深入发掘长江文化的时代价值，就是要以其鲜明的价值旨向汇聚共识、凝聚力量，在推进长江文化的繁荣发展中，结出中华民族现代文明建设的新果实。长江文化是国家文化体系中的重要组成部分，推进长江文化繁荣发展本身也是一个地域尺度大、涉及领域广、创新维度多的系统性工程，需要加以统筹谋划、全面促进、合力而为，在激发广大共同体成员文化自觉的同时，不断揭示长江文化的丰富内涵，树立好长江国家文化的形象标识，进一步彰显长江文化的艺术魅力，在文明交流互鉴中不断扩大长江文化的影响力。

1.揭示长江文化内涵

长江文化是长江流域文化的总称，由地域文化的空间性表达与文化发展的历时性表达两个方面叠加而成，内涵极其丰富。同时，长江文化作为中华文化的有机构成，在文化基因传承和价值内核凝练上与文化母体具有内在的统一性，使其在内涵呈现上表现为"一与多"的关系结构。因而，揭示长江文化内涵不能从简单化的定义方式去理解，而是要从文化发展过程的系统性建构加以研究考察，综合展现其历史纵深、体系结构和地区特色等，形成多维一体的文化认知和价值共识。一是揭示历史发展进程。长江文化源远流长，新石器文化遗址考古发现分布广且文物多。进入文明社会后，长江文化与黄河文化形成交融互济的发展格局，并随着长江流域的政治经济地位变化而呈现文化发展及其成就上的不同特点，展现出不同时代的文化风采。二是揭示文化体系构成。长江文化体系从广义上包括物质文化与精神文化，"就领域而言，长江文化包括农业文化、都市文化、工业文化、商贸文化、建筑文化、水运文化、教育文化、科技文化、文学艺术文化、民俗文化、生态文化等，是一个悠久博大、丰厚精深、不断演进、持续发展的精神宝库"①。三是揭示地区特色形成。自然的多元是文化多元的基础，长江流域面积广大，有着多民族的人口构成，其上中下游自然条件差异明显，众多支流辐射长江干流南北两岸且纵深大，使长江文化呈现不同的地区特色，文化类型多元。不同的文化类型构成了多姿多彩的长江文化画卷。四是揭示价值共识达成。在从全流域把握长江文化内涵丰富性的同时，还要从文化共同体的价值共识上进一步揭示其文化特质，将长江文化独特气质展现出来，如自强不息、接续传承的生命尺度，开放包容、汲取精华的文化态度，自由奔放、精致和谐的审美气度，创新超越、与时俱进的实践维度等。总之，揭示长江文化内涵是推进长江文化繁荣发展的理论根基，需要持续加以深化和巩固，不断增强长江文化发展的主体自觉意识和文化自信力量。

2. 建设国家文化公园

国家文化公园是一个国家树立的体现国家文化形象的空间地理标识，对于增强文化共同体集体记忆和传播国家文化形象有着重要的意义。2021 年底，长江国家文化公园建设部署启动，由文化和旅游部牵头建立工作机制，把文化遗产系统性保护作为长江国家文化公园建设的首要任务，制定相关建设保护实施方案和规划。长江国家文化公园的建设范围包括了长江上中下游的地区，综合考虑长江干流区域和长江经济带区域，涉及上海、江苏、浙江、安徽、江西、湖北、湖南、重庆、四川、贵州、云南、西藏、青海等 13 个省区市。在长江国家文化公园的总体布局上，所构建的是全流域的文化场域，充分体现长江文化的丰富内涵和多元类型。因而在各省区市承担某一段的公园建设中，要将地区特色彰显与长江文化的整体性表达有机统一起来，注重国家文化公园所代表的中华民族文化共同体的价值共识和长江文化特质，通过地区文化特色聚焦长江文化的本质特征。同时，长江国家文化公园是将长江文化主题融入自然地理空间的形象传播建构，要将保护自然生态和文化遗产的原真性和完整性作为前提，筑牢长江生态安全屏障，守护长江

---

① 贺云翱：《深入发掘长江文化的时代价值》，《人民日报》2023 年 11 月 13 日。

文化遗产价值，凸显人与自然和谐共生的文明形态。从公园的公众开放性和旅游功能开发上考量，要注重将人们的直观性审美体验与深层次文化认知贯通于公园场域的景观设计之中，既提供受众参与性强的文化体验，又通达价值体悟性高的人文境界。长江国家文化公园建设是推进长江文化繁荣发展的重要引领，提升了中华文化标识的形象认知度和传播影响力，也成为新时代人民群众文化生活的丰富体验和共同体文化赓续的人文记忆与创新空间。

3. 推出文艺精品力作

文学与艺术是文化的重要表现形式，通过语言、表演、造型等以直观的艺术形象表达人的内心世界和审美情趣，引发人们的思想与情感共鸣。文艺既是社会生活的反映，也是人的主观能动创造，具有强大的精神生命力，成为文化传承和发展的重要载体和生命纽带。在长江文化发展的历程中，诗词歌赋成为人们寄情于长江的审美及表达方式，留下了许多脍炙人口的名篇佳作，成为千年传诵的经典，影响着一代代人的精神世界。历史上的诗词名篇展现了长江文化的审美意境，也造就了李白、杜甫、白居易、刘禹锡和欧阳修、王安石、苏轼等一大批文人墨客的艺术高峰。从文化共同体精神生命赓续的意义上讲，一部长江文化史就是一部长江文学史。伟大时代成就伟大作品，伟大作品唱响伟大时代。新时代推进长江文化繁荣发展，离不开长江主题文艺精品的创作与传播，要将长江"生态优先、绿色发展""创新驱动、高质量发展""协同治理、安全发展"的时代脉搏融入作品之中，以"人文长江"的艺术魅力充分展现长江文明的时代进阶。新时代长江主题文艺精品创作是以人民为中心、以创新为动力，紧扣时代脉搏的史诗书写，为中华民族现代文明建设不断注入丰富的精神营养、深厚的家国情怀和澎湃的生命力量。长江主题文艺精品力作是推进长江文化繁荣发展的价值感召，在满足人们日益丰富的精神文化生活中，进一步激发着人们的美好生活向往和精神价值追求。

4. 开展大河文明对话

大江大河流域是早期人类活动的聚集地，也是江河文化的孕育地与大河文明的诞生地，从古至今走过了漫长的发展历程。长江文明作为世界大河文明之一，有着其独特的历史演进过程，刻画了长江文化与其他文化交流共生、支撑起一代代人精神生活的价值传承与发展脉络。古代大河流域的中下游地区因其良好的水土条件，加之适宜的气候条件，大都构建起以农耕经济为主的文明形态，成为人口与城市集中分布的区域，创造出丰富的物产和多彩的文化，并以此为基础建立起文明国家，如尼罗河流域的古埃及、两河流域的古巴比伦、印度河恒河流域的古印度、长江黄河流域的古代中国等。随着人类社会的文明成果不断丰富，大河文明与海洋文明相互交流、彼此影响，共同构成了世界的文明图景。在人类社会经历从农业文明到工业文明再到后工业文明的时代变迁中，大河文明的内涵也在不断丰富，其内在的文化机理和外在的文化条件都在发生变化。如何面对构建人类命运共同体的时代命题，需要现代文明社会作出响亮的回答。在这一时代背景下，开展大河文明对话与交流，进一步促进具有相似历史起源条件文明体的文化理解与演进分析，既有助于推动大河文明之间的历史共鸣与时代共振，也有利于大河文明与其他文明之间的互鉴深化与彼此尊重。在携手共建人类现代文明的新的历史进程中，以文明对话促进对世界共同价值的体认，成为推动构建人类命运共同体中相互尊重与合作的关键一环。文化为文明提供精神土壤，同时也是文明发展的人文果实，文明对话在发展意义上所体现的是主体面向未来的一种文化自觉。开展大河文明对话体现了推进长江文化繁荣发展的开放气魄，是长江文化走向世界，不断探索和深化文明发展的规律性认识、促进文明互鉴基础上的合作共识的人文桥梁。

（四）展现长江文明的实践形态

新时代长江文化的保护、传承、弘扬，其主体实践的目标指向是建设中华民族现代文明。因而，发掘和彰显长江文化的时代价值，推动长江文化繁荣发展，不仅是思想认识的深化和文化理念的省察，在人的精神世界中巩固其内在的价值支撑和引领；而且是物质实践的向导和社会文明的进阶，在延续长江文明的时代进程中不断创造新成果、新形态、新价值。以长江流域经济社会高质量发展的生动实践，展现长江文明的实践形态，既体现长江文脉在新时空的有机延展，又凸显长江文化时代价值的生机勃发，为以中国式现代化创造人类文明新形态提供了面向世界的窗口和传播中华文化的舞台。新时代长江文明的实践形态是中国精神、中国气派、中国力量的综合展现，贯通着主体如何把握和处理与客体关系这一基本的价值主轴，可以从人与外部世界"和合与共"的中华文明特质加以展开。

1. 人与自然和谐共生

人与自然和谐共生是中华优秀传统文化的价值主线，发端于长江流域的道家文化将探寻世界根本之道作为主体精神追求的最高境界。寻道的途径则依循人法地、地法天、天法道、道法自然的逻辑链条。而道与仁的结合，将道家与儒家思想相融通，成就了天人合一的宇宙观。这一观念为长江流域农耕文明的发展奠定了牢固的思想基础和文化根基。随着时代的发展，社会生产力不断得到提升，尤其是在工业文明的进程中，人对自然的影响作用日益显著，而对自然资源的无节制开发，也造成了生态环境的恶化，并影响了人自身的生存。尊重自然、保护环境、绿色发展成为新时代的文明主题。"共抓大保护、不搞大开发"，走生态优先、绿色发展之路，正在成为长江文明建设的思想自觉和行动自觉，长江经济带生态环境突出的问题得到有效整治，长江流域经济社会高质量发展的成效日渐凸显。把长江经济带建设成为生态文明的先行示范带，使绿水青山发挥出巨大的生态效益、经济效益和社会效益，造福中华民族的子孙后代，是新时代长江文明建设的使命所在。生态文明建设作为新时代长江文明实践形态的显著标志，引领着人们在培育新质生产力中不断探索绿色发展之路，以生态长江、美丽中国建设不断擦亮人与自然和谐共生这一体现中国式现代化本质特征的文明之光。

2. 人与社会和美共享

人与社会和美共享是中华优秀传统文化的价值目标，在人与人、人与社会的关系上，儒家倡导"和为贵"，通过教化人对伦理的体认与道德遵从，以维护社会关系和谐与个体生活和美。在中华文化南北交融互济的历史进程中，以儒学为根基，融合儒、佛、道诸思想形成的理学思想在长江流域得到继承和发展。如张栻以"理"为万物之本，提出"礼者，理也"，将天理与统治秩序联系在一起；朱熹将"理"作为学术最高境界，强调"以理节欲"；陆九渊创立"心学"，提出"心即理"的基本命题等。儒家传统伦理思想强调人与社会的和谐统一，注重培育和展现道德人格的力量，并深深地植根于人们的社会生活中，使人与社会和美共享成为文化价值坐标。这一思想根脉和文化情怀与构建社会主义和谐社会有着高度契合性。在中国式现代化的新征程上，注重物质文明与精神文明相协调，实现全体人民共同富裕是文明实践的内在要求和本质特征，也是长江文明时代发展的必然形态。强化长江经济带区域协同融通是高质量发展实践的着力点，在形成省际共商、生态共治、全域共建①、发展共享的格局中，进一步建设好生态共同体和利益共同体，让社会成员在区域协调发展中走向共同富裕。人与社会和美共享是新时代长江文明实践形态的幸福底色，是人们追求美好生活、创造文明成果的动力源泉。

3. 人与世界和睦共处

人类社会的发展与进步离不开不同文明形态之间的相互学习、交流互鉴，从历史上看不同文明体之间既有相互尊重、互取所长的一面，也有彼此冲突、此消彼长的一面，造成了文明多元形态下的不同发展路径。中华文明是世界上唯一由古代文明延绵发展至今而没有中断的文明体，其内在的江河互济文化结构所形成的巨大文明体量，与对外部世界和睦共处的价值策略所形成的宏大文明格局，共同促成了其独特的文明历程，也为当今世界文明走向提供了智慧与镜鉴。"尚和合、求大同"的文化观念深深植根于中华文明的发展血脉中，造就了亲仁善邻、协和万邦的大国气度。"中华文明的和平性，从根本上决定了中国始终是世界和平的建设者、全球发展的贡献者、国际秩序的维护者"②，在全球化的时代背景下，中国正以更加开放的姿态拥抱世界，以和睦共处的广阔胸怀构建覆盖全球的伙伴关系网络，为维护世界和平探索新路径。长江是中国通往世界的大动脉，长江流域在"一带一路"

---

① 习近平：《在文化传承发展座谈会上的讲话》，《求是》2023 年第 17 期。
② 习近平：《在文化传承发展座谈会上的讲话》，《求是》2023 年第 17 期。

的国际交往中发挥着重要的支撑作用，也是改革开放以来与世界联系最为紧密的地区，位于长江入海口的上海成为现代化国际性枢纽城市。习近平总书记强调，"要更好发挥长江经济带横贯东西、承接南北、通江达海的独特优势，更好联通国内国际两个市场、用好两种资源，提升国内大循环内生动力和可靠性，增强对国际循环的吸引力、推动力，为构建新发展格局提供战略支撑"[①]。可见，长江现代文明的发展致力于不断提升对外开放水平，正以改革赋能、开放发展的身姿大踏步走向世界。因而，新时代长江文明所呈现的是将人与世界和睦共处作为价值准则的开放实践形态，长江文明的时代发展必将为世界贡献更多的合作共赢机会、创造更为丰富的人类文明成果，成为世界和平与发展这一时代主题的生动体现。

4. 人与技术和融共进

技术作为生产力的核心要素已经成为现代生产力的基石，人类的科技创新及其成果运用推动着社会生产方式的不断变革，促进社会文明形态从农业经济社会到工业经济社会再到数业经济[②]社会的历史进阶。技术作为人们认识世界和改造世界的工具，在推动社会生产发展的历史进程中，也对人自身起着塑造作用，人与技术之间形成了紧密联系。人作为主体是技术的发明者，同时也受制于技术化的生活世界，"技术作为一种异己的力量通过技术规训直接凸显出来，一切形式的文化生活都臣服于技艺和技术的统治"[③]。人与技术和融共进成为现代文明发展的主轴，一方面通过持续的技术创新不断培育和发展新质生产力，巩固文明发展物质基础；另一方面强化人对技术应用的伦理和法律约束，控制和消除技术异化对人的负面影响，促进人在文明发展中的精神成长。科技自立自强是一个国家建设现代文明的关键，"科

---

① 《习近平主持召开进一步推动长江经济带高质量发展座谈会强调 进一步推动长江经济带高质量发展 更好支撑和服务中国式现代化》，《人民日报》2023年10月13日。
② 张晓东、夏凡：《数业经济背景下的管理学反思与超越——关于管理学知识体系重构的思考》，《管理》2021年第1期。
③ 〔美〕尼尔·波兹曼：《技术垄断：文化向技术投降》，何道宽译，中信出版集团，2018，第53页。

技立则民族立，科技强则国家强。"① 长江经济带作为国家发展的战略支撑，"要坚持把科技创新作为主动力，积极开辟发展新领域新赛道，加强区域创新链融合，大力推动产业链供应链现代化"②。因而，长江现代文明是人与技术和融共进的创新实践形态，需要源源不断地以创新驱动为引领，将区域科研优势、人才优势转化为发展优势，实现科教资源的优化组合和科技创新的协同配合，在提升科技前沿领域原始创新能力的基础上，掌握科技发展推动文明进步的命脉，为科技强国建设筑牢基础、增强实力。创新是中华民族进步的灵魂，新时代长江文明要在人才辈出、创新涌动、产业蓬勃上成为领航者，以创新发展的不竭动力和实践效能展现人与技术和融共进的文明形态。

二 江流新韵：2023～2024年度长江文化发展掠影

从绵延繁盛的人文底蕴到创新引领的活力迸发，从和谐共生的生态画卷到交融互鉴的开放姿态，长江文化正以全新的面貌，向世界展示其深厚的文化底蕴与蓬勃的发展动力。

2023～2024年，长江沿线各省区市正积极探索长江文化的新路径，致力于构建人文、创新、生态、开放的长江：以文化遗产的活态利用、文学艺术的创作繁荣为人文长江增色，以产业创新、科创人才集聚、数实融合为活力长江赋能，通过制度创新、生态修复等措施促进生态长江的和谐共生；同时，依托"一带一路"倡议，加强国际文化交流与合作，展现交融互鉴的开放长江新风貌，为全球大型河流治理与经济发展贡献中国智慧与中国方案。

（一）绵延繁盛的人文长江

绵延繁盛的人文长江，如同一条璀璨的历史长河，穿越了千年的风雨沧桑，见证了华夏文明的辉煌与变迁。它不仅是一条地理意义上的大江，更是

---

① 《习近平谈治国理政》第四卷，外文出版社，2022，第197页。
② 《中共中央政治局召开会议　审议〈关于进一步推动长江经济带高质量发展若干政策措施的意见〉〈中国共产党领导外事工作条例〉》，《人民日报》2023年11月28日。

中华民族精神与文化的血脉，承载着丰富的历史记忆与深邃的文化底蕴。彰显长江文化的时代审美价值，凸显人文长江的无穷魅力，需要将长江文化遗产与现代文化场景相融合，实现优秀传统文化的创造性转化和创新性发展，将长江文化推向世界舞台，不断丰富和完善长江文化的内涵和外延。

1. 文化遗产活态利用

为深入挖掘长江文物的多重价值，弘扬中华文化与中国精神，各级地方政府及文化部门积极响应国家号召，创新工作思路，通过多元化手段推动长江文化遗产的活态利用，打造了一系列高品质的文化展示与利用场馆，丰富了人民群众的精神文化生活，有效提升了文化遗产的社会影响力。

加强历史文化载体保护传承。历史文化名城名镇名村、历史文化街区、历史建筑、传统村落是重要的历史文化遗产。党的十八大以来，习近平总书记就加强城乡历史文化保护传承作出一系列重要论述，为做好新时代城乡历史文化保护传承工作指明了前进方向、提供了根本遵循。截至 2023 年 10 月，全国共有国家历史文化名城 142 座、中国历史文化名镇 312 个、中国历史文化名村 487 个，划定历史文化街区 1200 余片、确定历史建筑 6.35 万处、中国传统村落 8155 个，形成了传承中华优秀传统文化最综合、最完整、最系统的载体。[①] 其中，长江流域 13 省区市拥有国家历史文化名城 69 个，占全国总数的 49%，包括上海 1 个、江苏 13 个、浙江 10 个、安徽 7 个、江西 6 个、湖北 5 个、湖南 4 个、重庆 1 个、四川 8 个、贵州 2 个、云南 8 个、西藏 3 个、青海 1 个。

统筹推进传统村落保护发展。党的十八大以来，住房和城乡建设部等部门将 8155 个有重要保护价值的村落列入国家级保护名录，并实施了挂牌保护。2019 年以来，文化和旅游部会同国家发展改革委开展全国乡村旅游重点村镇名录建设工作，先后推出四批共计 1399 个全国乡村旅游重点村和 198 个全国乡村旅游重点镇（乡），其中长江流域 13 省区市分别拥有 604 个

---

① 《人居环境改善 同圆安居梦想》，中国政府网，https://www.gov.cn/xinwen/2022-09/15/content_ 5709867. htm。

和83个。① 截至2023年，通过传统村落保护工程，保护了53.9万栋历史建筑和传统民居，传承发展了4789项省级及以上非物质文化遗产，形成了世界上规模最大、内容和价值最丰富、保护最完整、活态传承的农耕文明遗产保护群。2023年3月，住房和城乡建设部等部门公布《第六批列入中国传统村落名录的村落名单》，全国有1336个村落列入中国传统村落名录。② 其中，长江流域13省区市总计685个，包括江苏省46个、浙江省65个、安徽省70个、江西省70个、湖北省64个、湖南省46个、重庆市54个、四川省63个、贵州省33个、云南省69个、西藏自治区45个、青海省60个。

推动长江文化相关博物馆建设。博物馆是传承历史记忆的最好载体。目前，武汉正在谋划建设长江国家博物馆，长江国家博物馆选址初步确定为武汉市月亮湾，并初步完成概念规划设计和内部展陈设计。南京也在积极推进长江文化博物馆建设，并作为长江国家文化公园南京段"1+10"项目体系重点打造。此外，还有众多小切口博物馆，如中国三峡集团打造的包括大坝景区、三峡工程博物馆、185珍稀植物园、长江珍稀鱼类保育中心、三峡工程工业遗址、世界著名大坝微缩景观等在内的三峡工程全国爱国主义教育示范基地，已成为重温三峡历史、感悟大国重器的重要场所。2024年6月，坐落于三峡工程坝上库首秭归县的湖北三峡移民博物馆正式开馆，集中展示了长江文明、三峡文化、治水历程、移民历史、建设成就、生态保护等内容。

2. 文学艺术创作高潮

在文化和旅游部指导下，长江流域各级文化和旅游部门加大艺术创作扶持力度，策划长江题材文艺创作项目，发挥好国家级和省级文艺院团的引领示范作用，结合新时代现实题材创作工程、历史题材创作工程、戏曲传承振兴工程、剧本扶持工程、国家主题性美术创作等项目，出版一系列反映长江人文风貌的文学作品和影视作品。

---

① 《第五批乡村旅游重点村镇遴选启动》，《中国旅游报》2023年11月28日。
② 《全国已有8155个传统村落列入国家级保护名录》，中国政府网，https：//www.gov.cn/xinwen/2023-03/21/content_5747704.htm。

加强长江主题文艺创作与引导。江苏利用江苏省文华奖和江苏艺术基金，组织长江题材艺术创作，推出多部优秀作品，如话剧《沧桑巨变》、民族管弦乐《扬子江》等，并举办《大美长江》书法手稿特展及大型画卷《长江春色图》的创作与展示，展现长江文化的历史与美景。江西实施"四名工程"（名曲、名剧、名展、名家），加强江西诗派、江西画派、江西戏曲等赣派文艺研究，创排赣剧《黄庭坚》等剧目，荣获多项大奖。湖北推进长江文艺精品创作，鼓励艺术家从长江文化资源中汲取灵感，推出京剧《连心带》、舞剧《洪湖水浪打浪》等优秀作品，多个项目入围国家级艺术评奖和展演。重庆推出市级重点作品，如民族管弦乐《朝天扬帆》、原创芭蕾舞剧《归来红菱艳》等，丰富长江文艺创作成果。

举办长江主题品牌活动与展览。江苏提升长江文化节规格，省市联动举办，并在多个大型活动中融入长江文化元素，增强长江文化的可观可感性。长江文化节已连续举办20届，2023年以"融合·弘扬·共享"为主题，立足长江全域，联动长江流域13省区市和江苏沿江8市，采取线下与线上相结合的方式举办，得到了中国文学艺术界联合会的指导以及文化和旅游部全国公共文化发展中心、中国非物质文化遗产保护中心、中国曲艺家协会、长江文化促进会等单位的特别支持。重点活动包括开闭幕式及5大板块共22项内容，如"曲唱新时代"开幕式、"江海奇幻游——长江文明与海上丝绸之路"开放式博物馆特展等。节庆期间，发布"水韵江苏"长江文化旅游精品线路、"长江百景"遴选成果等，进一步擦亮江河交汇、文旅融合的长江文化新名片。湖北省博物馆联合长江沿线十余省市的文博机构共同举办长江文明特展，系统阐述长江上中下游不同的文化谱系，分为"大江东流——史前时期的长江流域"和"江汉朝宗——夏商周时期的长江流域"两个单元，通过200余件（组）精美文物，反映史前到战国时期长江文明的发展脉络。长江文明特展展出了来自良渚遗址、孙家岗遗址、石家河遗址等地的玉器，以及西周和战国时期的青铜重器，展现了长江流域先民在城市、手工业、稻作农业等方面的杰出成就。

扩大长江文化传播与交流。江苏拍摄制作《江伴江苏》等文旅宣传片，策划推出融媒体电视节目，并在海外开展长江主题旅游推广季，广泛传播长江文化。重庆组织市级院团深入基层单位演出，推出红色题材舞台剧目，并开展全国巡演，如舞剧《杜甫》等剧目在全国多个城市演出，创新推出"江畔音乐会"品牌，提升文艺作品的覆盖面和影响力。

3. 长江文化系统研究

加强对长江文化研究基础资料的汇集和梳理，开展长江文化保护传承弘扬工作研判和专题研究。推动将长江文化保护传承弘扬研究纳入国家社科基金艺术学项目，列入文化和旅游部部级课题，推动有关高校、研究机构等开展长江文化保护传承弘扬相关研究，推出一批较高质量的研究成果。

合作搭建研究平台。各地各单位也积极开展长江文化研究，主要分为三种形式。一是共建研究机构。比如，湖北省文旅厅与武汉大学合作，共建长江文明考古研究院，深化"长江流域史前文明"等课题研究。二是跨区域协作。比如，四川与重庆联合开展"川渝地区巴蜀文明进程"等研究，促进区域文化研究的协同发展。三是社会组织参与。比如，武汉大学等文化和旅游研究基地、长江文化促进会等积极组织论坛，为长江文化保护传承提供学术支持。

挖掘利用长江文化。推出一批内容丰富、形式多样的长江文化研究成果，打造长江文化节、长江文明特展、长江文化旅游博览会、长江三峡国际旅游节等平台，新设一批国家 5A 级旅游景区、旅游度假区、旅游休闲街区，长江故事、长江元素、长江精神得以更好挖掘、提炼、传播，长江文化的社会影响力不断提升。

研究阐释与展示成果。一是专题研究，如江西加强"人类起源""长江流域史前文明"等专题研究，湖北组织 11 个专题研究并出版重大专著。二是文化阐释，通过高水平展览诠释长江文化内涵，如江西建成汉代文化研究"一中心五基地"，景德镇建立古陶瓷基因库，并有多项展览获全国博物馆十大陈列展览精品推介。江西还举办"保护长江最美岸线建设长江国家文化公园"等全国性交流研讨会，促进长江文化研究的广泛交流与合作。

（二）创新引领的活力长江

中国高度重视创新对长江流域（长江经济带）发展的重要作用。习近平总书记强调，要坚持创新引领发展，把长江经济带的科研优势、人才优势转化为发展优势，积极开辟发展新领域新赛道，塑造发展新动能新优势。近年来，长江经济带着力完善科技创新体制机制，加快产业基础高级化、产业链现代化，推动发展方式发生重大变革，创新驱动发展全面起势。数据显示，2023年长江经济带11省市地区生产总值达到27.59万亿元，占全国的比重为46.4%，对全国经济增长的贡献率达到48.8%。

1. 产业创新高地效应显现

长江流域（长江经济带）各省市通过不断完善科技创新体制机制，加速崛起一个个新兴产业集群，科技创新能力的提升和区域协调发展不断深化。数据显示，长江经济带的电子信息、装备制造等产业规模占全国的比重均超过50%。

上海加快培育世界级高端产业集群。聚焦集成电路、生物医药、人工智能三大先导产业，打造世界级产业集群，产业规模达到1.6万亿元。推动电子信息、生命健康等重点产业集群化发展，实现产业规模显著增长。生物医药累计获批一类创新药、三类创新医疗器械分别占全国的1/4和1/6，人工智能大模型、算力、语料和人形机器人加快布局。此外，上海还加强与国内外科研机构的合作，建立了多个国家级和市级的高能级平台，如聚焦人工智能的期智研究院、深入量子科技研究的上海量子科学研究中心、研究脑科学的上海脑科学与类脑研究中心，为新兴产业的发展提供了强大的技术支撑。

江苏打造具有全球影响力的产业科技创新中心。作为全国首个创新型省份建设试点，提出打造具有全球影响力的产业科技创新中心，持续强化战略科技力量布局。围绕重点产业链，打造国家级先进制造业集群，包括南京新型电力（智能电网）装备、南京软件和信息服务、无锡物联网、徐州工程机械、常州新型碳材料、苏州纳米新材料、苏州生物医药和高端医疗器械、苏锡通高端纺织、通泰扬海工装备和高技术船舶、泰连锡生物医药等，举全省之力打造一批拆不散、搬不走、压不垮的"产业航母"。目前，江苏全社会研发投入占地区生产总值比重为 3.2% 左右，达到创新型国家和地区中等水平。《中国区域创新能力评价报告 2023》显示，江苏区域创新能力位列全国第 3。

安徽在新能源汽车等领域形成完整产业链，推动细分领域领军企业崛起。比如，合肥立足人工智能产业，聚焦打通科技创新策源地与新兴产业聚集地之间的链接，打造出科大讯飞、华米科技、埃夫特等细分赛道的领军企业。合肥、芜湖等地的新能源汽车整车及零部件企业快速发展，形成了较为完整的产业链。安庆市也通过政策扶持和招商引资，初步形成了以整车制造为引领、以汽车零部件为基础和支撑的汽车产业体系。

浙江实施"415X"先进制造业集群培育工程，推动数字经济与制造业深度融合。浙江提出，聚焦先进制造业集群建设重点领域和关键环节，进行政策重塑，形成"4+2"财政支持体系。强化基金引导。设立新一代信息技术、高端装备、现代消费与健康、绿色石化与新材料 4 支产业集群专项基金和 1 支"专精特新"母基金。2023 年，浙江"415X"先进制造业集群实现规上企业营收 8.64 万亿元。在集群培育上，智能物联产业集群已经形成以滨江区、嘉善县、余姚市为代表的 9 个核心区、协同区，此外，杭州数字安防产业入选国家先进制造业集群，部省共建"中国视谷"也在加快推进。

湖北以中国光谷为核心，打造光电子信息产业集群，向万亿级产业集群迈进。目前，中国光谷已成为全球最大光纤光缆研发制造基地、全国最大的光器件研发生产基地、中小尺寸显示面板产业基地和激光产业基地之一。《湖北省光电子信息产业白皮书》显示，武汉光谷汇聚了全球顶尖光电子领域人才，目前光电子领域有 12 位全职院士、7 个国家自然科学基金委创新研究群体，超过 2000 人的高精尖科研队伍，是全球光电子领域高端科技人才最集中的区域之一。

湖北、湖南、江西和安徽强化区域协作，加强装备制造、电子信息、生物医药等产业的分工协作。湖南省代表团赴江西、湖北考察，进一步深化科技创新大走廊、现代化产业体系建设等方面合作；深化长江中游城市群知识产权合作，成立长江中游城市群科技服务联盟，累计促成科技服务交易327笔，实现平台交易1.21亿元；共同推动组建长江中游国家技术创新中心，萍乡（长沙）飞地科创中心建成运营，入驻企业15家。此外，4个省会城市还联合打造长江中游工业互联网平台。截至目前，长江中游城市群省会城市二级节点接入企业节点数超11000家，标识注册量达到161.7亿个。

2. 科创人才基础逐步夯实

为将人才优势转化为发展优势，长江经济带加快形成有利于人才成长、人尽其才的培养机制和使用机制，吸引集聚高层次科技创新人才。同时，培养和引进有利于现代化建设的高端人才和科研团队，打造具有竞争力的人才创新创业生态环境。截至目前，长江流域（长江经济带）已集中了全国1/3以上的高等院校和科研机构，拥有全国一半左右的两院院士和科技人员，建立了2个综合性国家科学中心、9个国家级自主创新示范区，各类国家级创新平台超500家。

2023～2024年，长江流域（长江经济带）各省市对创新发展的科技人才招引给予了高度重视，并纷纷出台了多项优惠政策。这些政策旨在通过提供全方位的支持和保障，吸引和留住更多的科技人才，为当地的经济社会发展注入新的动力和活力。

上海加强高校和科研机构专利转化激励。为了充分发挥知识产权制度供给和技术供给的双重作用，有效利用专利的权益纽带和信息链接功能，2024年4月，上海出台《上海市专利转化运用专项行动实施方案》，提出加强高校和科研机构专利转化激励，对高校和科研机构专利转化服务团队按照规定予以绩效奖励，提升存量专利转化效率。持续推进上海市知识产权运营（促进）中心、知识产权运营服务集聚区功能园等载体建设，强化技术、信息、资本、服务、人才等资源要素集聚。

浙江印发《浙江省科技专家库管理办法》。2023年9月，浙江省科学技术厅印发《浙江省科技专家库管理办法》，该办法旨在优化科技资源配置，提升科技创新决策的科学性和公正性。入库专家分为技术专家、管理专家、战略咨询专家、经济专家四种类别，通过专家库统一抽（选）取产生，为科技创新战略和规划编制、政策制定等提供智力支持。此外，浙江还通过财政补贴、税收优惠、科研项目资助、人才公寓、子女教育优惠等多种方式吸引科技人才。

重庆实施新时代重庆科普人才培育工程。2024年4月，重庆发布《重庆市打造西部科普中心实施方案》，实施新时代重庆科普人才培育工程，推动在渝高校设立科普相关专业与课程自主培养人才，依托重点实验室、科普场馆、科普基地等集聚人才。通过举办科普讲解大赛、科普作品评选等赛事活动选拔人才，加大科普人才项目支持力度。

成渝共建科创走廊。成渝地区以"一城多园"模式共同建设西部科学城，通过将科研优势、人才优势转化为高质量发展的现实优势，吸引和集聚高层次科技创新人才。

3. 数实融合赋能经济发展

长江流域（长江经济带）积极探索大数据、物联网等数字技术在对外运输通道上的应用，加速建设智慧港口、智慧航道，上线长江航运公共服务平台，推出多种价格指数，服务运输数字化转型。

智慧港口建设。上海港口货物装卸实现远程操控、自动导引车等智能设备规模化应用，提升作业效率和港口智能化水平。武汉市阳逻港建设5G定制网，实现自动驾驶水平运输车、岸桥远控等场景，提高港口作业效率和安全性。此外，武汉市阳逻港实现理货智能操作全覆盖和智能闸口改造升级，进一步智能化港口作业。此外。重庆市通过推广新能源和清洁能源船舶，加强船舶污染防治，降低航运对环境的负面影响，实现经济效益与环境效益双赢。

智慧航道建设。重庆应用物联网、大数据等技术实时监控航道水位、船舶流量，实现智能分析，提高航道管理精细化和智能化水平。武汉港口和航道管理系统实现数据互通和资源共享，通过大数据分析精准预测和优化调度，提升整体运输效率。

长江航运公共服务平台建设。上海与重庆通过长江航运公共服务平台提供航道维护、水位、助航设施等全方位信息服务，提升航运服务便捷性和高效性。比如，重庆市通过平台为航运企业、船员提供一站式服务，包括航道信息查询、航行安全预警、船舶调度等，提升航运服务综合水平。

此外，武汉市创新性地通过"长江 e+"手机 App、微信小程序等移动终端提供航运信息服务，为水上从业人员、社会公众和相关部门提供覆盖长江航运行业内外的智能查询、专业应用及高效公共服务，增强服务便捷性和时效性。

价格指数发布与编制。上海积极发布长江干散货运价指数等，为市场提供及时准确的价格信息，促进航运市场透明化和规范化。武汉参与长江航运价格指数编制，通过收集分析航运数据，编制反映市场实际的价格指数，为政府和市场参与者提供参考。

4. 数字文化产业加速崛起

随着信息技术的飞速发展和数字技术的深度融合，数字文化产业正以前所未有的速度蓬勃发展，成为推动区域经济增长和文化繁荣的新引擎。长江流域（长江经济带）各省市纷纷抓住数字化转型的机遇，通过政策引导、资金扶持、技术创新等手段，加速推进数字文化产业的发展，推动传统文化产业与数字技术的深度融合，催生出众多新业态、新模式。

产业园区建设与示范项目打造。长江流域各地积极建立数字文化创意产业园区，打造数字文化示范项目。如武昌·长江文化创意设计产业园，通过促进文旅产业融合发展、打造武昌文化创意平台、构建完备的企业服务体系等多项战略举措，不断促进产业融合、空间融合、平台融合、产销融合，进一步加快数字文化、创意设计、文化传播等产业发展，发挥园区的文化品牌效应、产业示范效应、经济带动效应，实现文化产业增加值 129.49 亿元，打造创新驱动能力突出、企业集聚度高、产业生态良好的文化产业发展模式。

南京文投集团推出城市文化数字化建设最新成果"文都大脑"，并从数字文化新基建、数字文化新示范、数字文化新生态、数字文化新产业四个维度展示。其中，数字文化新示范以世界文学之都元宇宙体验、长江国家文化公园建设数字化项目"长江春色图"超长拼接屏互动体验、大报恩寺博物馆元宇宙探索、沉浸式数字演艺《梁祝》、文化消费服务、十竹斋艺术集团的笺谱数字化成果等为亮点场景呈现，打造数字体验世界，赋予文化生命力，为观众带来一场文化自信之旅。

浙江发挥杭州白马湖生态创意城国家级文化产业示范园区示范引领作用，指导杭州市成功举办第19届中国国际动漫节。推动杭州市重点依托良渚数字文化社区，建设线上线下服务平台，构建对外文化贸易多元服务体系，被文化和旅游部、商务部认定为浙江省首个国家对外文化贸易基地。

数字技术与文化融合创新。鼓励VR/AR、数字孪生等技术在文化创作、传播、体验中的深度应用。比如，江苏省委宣传部联合南京市政府推出的全球首个长江主题数字大展"何以长江"，利用数字长卷、分屏影像、声音可视化装置、5G科技、4K交互、虚实共生等技术，将长江文化浓缩展现。展览邀请20多位国内一线艺术家和多个顶尖制作团队鼎力创作，将180万平方公里的澎湃江水图景，浓缩在2500平方米的展陈空间里。此外，南京市鼓楼区搭建"数字长江"元宇宙博物馆，利用全景视频、虚实结合等方式展现长江文化，全面展现长江千年文脉的演变、沿线丰富的文物和文化遗产，以及近年来长江大保护的丰硕成果。

文化IP与数字游戏结合。创新文化表达方式，推动长江文化资源与功能游戏结合，2024年，重庆举办"星探长江"游戏地图创意大赛，以"探源长江文明 智绘8D重庆"为主题，拟通过《元梦之星》游戏中的地图共创功能，将长江文化资源与数字游戏相结合，对长江文化进行创新性表达。该联盟旨在通过以功能游戏为代表的将数字文旅、建筑遗产、名胜古迹等游戏化手段，结合人工智能、虚拟现实等数字化技术，助力西部文旅发展，推动重庆地区优秀地区文化的创造性转化、创新性发展。

历史文化数字化重现。利用数字技术重现长江沿岸古遗址、古建筑，如重庆推出三峡大坝与古代水利工程的虚拟对比展，让历史文化焕发新生。浙江创新实施文化基因激活工程，擦亮区域文化标识。完成对首批1800余项文化基因解码成果科学性复核，基本完成浙江文化基因库的升级改造。推进文化基因重点转化项目，评审文化标识建设创新（培育）项目40个、文化基因转化活化创新项目20个,力争在2026年末培育100个文化基因激活标志性项目,全力打造宋韵文化标识,推进实施6项宋韵文化转化利用重点项目。推进中国历代绘画大系、浙江传统(宋韵)建筑等出版工作,面向公众打造宋韵文化数字素材库。

(三)和谐共生的生态长江

党的二十届三中全会提出,中国式现代化是人与自然和谐共生的现代化。改革开放以来长江沿线经济发展取得了巨大成就,但在生态方面也付出了代价。近年来,中国逐步认识到长江生态保护的重要意义。习近平总书记提出要把修复长江生态环境摆在压倒性位置,共抓大保护、不搞大开发。在此指导下,中国在长江生态保护与修复方面不断取得新突破。

生态环境质量不断提升。自2016年以来,长江经济带11省市大力推进长江生态环境保护修复。截至目前,长江流域累计排查6万公里河湖岸线,摸底入河排污口8.5万余个,解决污水乱排问题4.2万余个。省级及以上工业园区共建成1703座污水集中处理设施,解决污水管网不完善、设施运行不正常等问题752个。存在环境问题的尾矿库完成整改1054座。自2020年以来,长江干流水质连续3年保持Ⅱ类,长江流域水生态系统健康水平逐年提升,生态功能恢复显著。长江流域优Ⅲ水质断面比例已从2015年的81.8%提高到2022年的98.1%。

生物多样性得到更好保障。随着山水林田湖草沙一体化保护和修复工程实施、野生动植物保护及自然保护区建设等生态工程落地、《长江保护法》实施,长江经济带生物多样性取得积极进展。据统计,长江江豚数量从2017年的1012头增加到2022年的1249头,在长江消失多年的鳤鱼出现频率也在快速增加,刀鲚重回洞庭湖产卵。2022年,长江流域重点水域监测到鱼类193种,比2020年的168种增加25种,多数经济鱼类的平均个体重量普遍增幅达到15%~30%。

1.制度创新与智慧管理

以河湖长制为核心,探索流域协作与协同治理新模式,共同推进流域治理现代化与生态保护，有力推动了水资源保护与生态文明建设。

深化河湖长制与流域协作。上海市深化河湖长制实施，稳步推进幸福河湖建设项目，加强流域统筹和区域协作，在长三角区域内探索"联合河湖长制"，推进河湖健康评价，有序开展幸福河湖建设。

湖北省开展长江流域防洪规划修编，推进汉江流域综合规划等工作，提出以流域综合治理为基础统筹推进高水平保护和高质量发展。推出《湖北省流域综合治理和统筹发展规划纲要》，明确流域综合治理的"底图单元"，推动经济社会发展的基本单元由市县为主体向省市县统筹转变。

湖南省在全国率先推出"总河长令"，开展各级河长全面履职、排污源整治、饮水安全等专项整治行动，全力推进河湖治理体系和治理能力现代化。创新推出部门联动、流域共治以及"河长+警长""河长+检察长""河长办+部门"等河湖管护协作机制，将河湖管护重难点问题纳入省纪委监委"洞庭清波"专项行动监督内容。

重庆市发出《关于在全市实施幸福河湖建设"百千行动"的决定》的第 5 号市级总河长令，推动河长体系向基层、农村、公众延伸。四川省加快建设以"三系八支、六横六纵"为总体格局的四川现代水网，构建水网主骨架和大动脉。

立法强化与生态保护。江苏省立法强化地下水保护管理，即将印发《江苏省地下水管理条例（草案）》。浙江省实施节水评价制度，印发《浙江省节水行动实施方案》，决定将用水指标纳入市级党政领导班子和领导干部的评价体系。贵州省研究出台《贵州省生态文明建设先行区实施方案》，颁布《贵州省赤水河流域酱香型白酒生产环境保护条例》。云南省加快构建以国家公园为主体的自然保护地体系，将多个国家公园和国家植物园列入全国布局方案。青海省实施《青海省国家生态文明高地建设条例》，为青海建设国家生态文明高地提供法律支撑。

生态变现与监督机制。安徽省深入排查河湖"四乱"问题，推进河湖名录梳理复核，加强河湖水域岸线空间管控，规范河湖管理范围划界调整，完成河湖保护规划编制。强化河道采砂管理，公告采砂管理责任人名单，加强巡查和督导。

浙江省完善生态环境公众监督机制，推进环境健康友好创新区建设。湖南省开展各级河长全面履职、排污源整治、饮水安全等专项整治行动。重庆市着重推进"重庆市节约用水条例"立法和细化《支持节水产业发展及合同节水管理具体措施》。四川省印发实施《四川省长江流域水生态考核试点工作分工方案》，加快推进河流水生生物基础信息库建设。贵州省拓宽生态价值变现渠道，印发《贵州省建立健全生态产品价值实现机制行动方案》，推动多个省级生态产品价值实现机制试点建设。

西藏自治区国家级格萨尔文化（果洛）生态保护实验区通过国家验收，玉树国家级文化生态保护实验区完成自查评估工作。持续在气候变化影响、生物多样性等领域开展技术攻关和应用示范研究，加强青藏高原科学研究基地平台建设。

青海省加强生态环境分区管控成果应用，优化生态环境优先保护单元、重点管控单元、一般管控单元，推动全省经济社会绿色高质量发展。

2. 水环境治理与水生态修复

"共抓大保护、不搞大开发"提出以来，长江沿线把修复长江生态环境摆在压倒性位置。沿线省区市通过自然生态系统保护、水生态修复、流域治理、水源保护及特色生态区建设等举措推进生态修复与保护利用，不仅提升了绿色覆盖率，保护了生物多样性，还促进了跨区域水生态协同保护，强化了水源安全保障。同时，特色生态区与高原生态屏障的建设，为生态平衡与国家安全提供了坚实支撑，共同构筑了人与自然和谐共生的美好图景。

水污染治理。上海市持续加强水污染治理，紧盯污水厂末端溢流，持续推进"三厂三线多点"建设，全面启动雨污混接普查和整治，建立泵站排水和河道应急保洁机制、河湖水质"红黄蓝"三色管理预警工作体系，有效提升水环境质量，保障人民群众饮水安全。重庆市加强城镇生活污水收集和处理设施建设，印发实施相关行动方案，基本解决城市黑臭水体污染等问题，提升城市水环境质量。四川省统筹水资源、水环境、水生态治理，系统推进河湖水生态环境保护与修复工作，提升水体自净能力。

水生态修复。中国三峡集团作为长江沿线最有实力的央企之一，被明确赋予战略任务，要发挥好应有作用，积极参与长江经济带生态修复和环境保护建设。2018年以来，三峡集团在长江经济带11省市开展治水护江，并探索出一套沿江城镇污水治理的"三峡模式"，对长江大保护乃至对沿江城市生态环境的改善都具有重要意义。特别是三峡集团下属长江生态环保集团从"水医生"变成"水管家"，守护了长江沿线58座城市，其中六安14条黑臭水体的治理成为典型案例。承担共抓长江大保护新使命六年来，三峡集团深入学习贯彻习近平总书记重要讲话精神，坚持共抓大保护、不搞大开发，统筹水资源、水环境、水生态治理，协同推进降碳、减污、扩绿、增长，以管网攻坚促进源头治理，努力让污水治理成效更显著；以护鱼增绿促进生态修复，努力让绿色生态屏障更牢固；以科技创新促进提质增效，努力让生态环境治理更智慧；以融合发展促进降碳减污，努力让绿色低碳转型更高效，完成长江生态环保投资超千亿元，助力"一江碧水向东流"美景重现。

浙江省多地探索省级水生态修复示范试点，加强河湖生态监测与保护修复，推进水生态保护修复、水生态健康评价考核及水生生物多样性保护。同时，推动新安江—千岛湖、太湖—太浦河等跨界水体联保共治，促进区域间水生态协同保护。重庆市加强重点河湖生态监测与保护修复，提升生态系统稳定性。四川省统筹水资源水环境水生态治理，系统推进河湖水生态环境保护与修复。

水源地保护。浙江省、江西省加强饮用水水源地保护，加快推进饮用水水源地规范化建设，提升水源安全保障能力。江西省与周边6省建立联防联治机制，签订《跨省流域水污染事件联防联控协议》，强化跨区域水源保护合作。

3. 资源管理与节约集约发展

通过节水型社会建设、立法保障、节水评价、水资源调配、水网建设及生态环境分区管控等措施，全面推动水资源的高效利用与节约集约发展，确保水资源可持续利用与经济社会协调发展。

强化制度建设，促进水资源节约利用。浙江省实施节水评价制度，创新性地将用水指标纳入市级党政领导班子和领导干部的评价体系，通过制度设计强化节水责任，促进水资源的高效利用。江苏省提出"加快提升全省水资源节约集约利用水平"，加强水资源节约和保护，全面推进节水型社会建设，从社会层面推动水资源的高效利用。重庆市推进《重庆市节约用水条例》立法工作，并细化支持节水产业发展及合同节水管理措施，通过法律手段和政策引导，推动水资源利用方式的根本性转变。

加快工程建设，提高水资源调配能力。江苏省持续利用江都水利枢纽，调节长江与京杭大运河之间水资源分配，通过科学调度，确保了京杭大运河的通航安全和沿线地区的供水需求。同时，江苏省还积极推进区域水网建设，通过建设河网、湖网、水库等水利工程，形成互联互通的水资源调配网络，提高了水资源的利用效率。

江西省组织编制《江西省水网先导区建设实施方案》，建设省级水网建设规划编制和环鄱阳湖水资源配置等水网骨干工程，优化水资源配置，提高水资源利用效率。四川省加快骨干水网工程建设，通过构建完善的水资源调配体系，提升水资源的空间和时间调配能力，实现水资源的节约集约利用。湖北省持续推进引江济汉工程，通过从长江干流引水至汉江，有效缓解了汉江中下游的水资源短缺问题，同时改善了区域生态环境。

生态环境分区管控，强化资源能源管理。四川省作为最先编制生态环境分区管控成果的省份之一，建立了分层级、分区域的差别化生态环境分区管控体系，明确了生态保护红线、环境质量底线和资源利用上线，围绕发展定位和行业布局，制定差异化管控要求，解决突出环境问题。此外，四川省还积极与周边省份沟通合作，探索跨省相邻区域生态环境分区管控技术路径与管理机制。云南省构建了省级总体管控、5 个重点区域流域管控、16 个州（市）管控、N 个管控单元管控的"1+5+16+N"生态环境分区管控体系。强化了长江流域（云南段）和赤水河流域（云南段）的按单元精细化分区管控，落实长江经济带发展负面清单管控要求。青海省加强生态环境分区管控成果应用，在空间布局优化、污染物排放管控、资源能源利用效率提升等方面更新管理要求，通过科学规划和严格管理，促进生态环境与资源能源的协调发展，实现资源的高效节约与集约利用。

4. 流域综合治理与绿色发展

长江流域各省区市持续推进流域综合治理与专项整治行动，显著提升了区域生态功能与监测预警能力，为长江经济带高质量发展奠定了坚实基础。此外，配合流域综合治理妥善处理库区移民，在促进流域经济发展的同时关注人与自然和谐共生。

流域综合治理。安徽省提出流域生态环境系统治理，大力推进矿山生态修复和流域生态环境系统治理，如巢湖"山水工程"及引江济淮工程涉渔工程生态补偿项目是全国目前规模最大、生态系统最复杂的湖泊型项目。项目一共包含了47个子项目，包括十八联圩湿地修复三期工程、兆河庐南矿山生态修复工程、巢湖市蒋家河流域综合治理工程、黄陂湖生态保护修复工程等。江苏省扎实推进新一轮太湖综合治理工作，通过实施一系列生态修复和污染防控措施，有效改善了太湖的水质和生态环境，同时提出绿色生态廊道建设，开展湿地、森林等自然生态系统保护修复，提升流域绿色覆盖率，四川省推进小流域治理，印发实施《四川省长江流域水生态考核试点工作分工方案》，加快推进河流水生生物基础信息库建设。全面开展流域面积50平方公里以上小流域问题排查，实施分类整治，鼓励成都、泸州等地先行先试，开展"三水共治"示范试点。贵州省扎实推进小流域综合治理试点。云贵川三省签订跨省生态补偿协议，共同保护赤水河。湖北省与江西省签署长江流域（鄂赣段）首期横向生态保护补偿协议，设立补偿资金，促进流域上下游协同治理。云南省加强生物多样性保护，构建以国家公园为主体的自然保护地体系，为生态多样性提供坚实保障。青海省加强高原生态屏障建设，提升生态系统服务功能，支持青藏高原生态屏障区东部湟水流域山水林田湖草沙一体化保护和修复工程，筑牢国家生态安全屏障。西藏自治区文化生态保护区建设成效显著，保护传承彰显特色，促进文化与生态的和谐共生。

持续推进低碳项目，促进生态绿色发展。中国三峡集团在长江干流全面建成了由乌东德、白鹤滩、溪洛渡、向家坝、三峡、葛洲坝6座梯级水电站构成的世界最大清洁能源走廊，在长江流域充分发挥防洪、发电、航运、补水、生态等综合效益，为建设新型能源体系、保障国家能源安全、实现"双碳"目标提供了更加坚实有力的支撑。这条走廊跨越1800公里，水位落差超900米，总装机容量7169.5万千瓦，年均生产的清洁电能可满足超3亿中国人一年的用电需求，形成的768公里深水库区航道让"自古川江不夜航"成为历史，919亿立方米总库容的梯级水库群和战略性淡水资源库为供水、补水、生态调度提供保障。浙江省持续推进绿色低碳发展，通过"蓝色循环"等创新项目，实现生态环境保护与经济发展的双赢，该项目获联合国认可并将被推广至更广泛地区。四川宜宾动力电池特色小镇以"链式思维"形成集群突围，打造"绿色升级版"长江经济带，不仅推动了当地经济的高质量发展，还有效减少了碳排放，为长江流域的低碳发展树立了典范。此外，四川还在雅砻江流域建设雅砻江流域水风光一体化基地，目前，该基地已投产多座大型水电站和风光新能源项目，总装机近2100万千瓦，年发电量约900亿千瓦时。预计到2035年，该基地将全面建成，年发电量将达到约2000亿千瓦时。

配合流域综合治理，妥善处理库区移民。中国三峡集团认真贯彻国家移民政策，秉承"建好一座电站、带动一方经济、改善一片环境、造福一批移民"的水电开发理念，坚持实物指标复建和长江文化保护并重，坚持移民安置与支持地方发展并举，锚定目标、攻坚克难，克服移民人数多、淹没范围广、搬迁难度大等重大难题，历时近20年按期完成乌东德、白鹤滩、溪洛渡、向家坝4座电站34万移民的搬迁，确保电站安全准点投产发电，基本实现移民搬得出、稳得住、逐步能致富，有力助推库区经济社会高质量发展。因地制宜发展清洁能源产业，积极培育有本地特色的绿色产业，多渠道推动移民后续帮扶，对壮大集体经济、助力乡村振兴、推动农村能源绿色低碳转型、促进库区经济社会可持续发展意义重大，呈现"库区稳、移民安、同奔康"的良好景象，为奋进新时代、不断推进和拓展中国式现代化贡献应有力量。

（四）交融互鉴的开放长江

党的二十届三中全会提出，开放是中国式现代化的鲜明标识。奔腾向海、开放包容也是长江的胸怀。千百年来，长江流域以水为纽带，连接上下游、左右岸、干支流，形成经济社会大系统，直到今天仍然是连接丝绸之路经济带和21世纪海上丝绸之路的重要纽带。而在当下，长江文化的高质量发展也离不开开放改革、各地区的交融互鉴。

1."一带一路"文化桥梁

近年来，随着长江黄金水道、中欧班列（渝新欧）、西部陆海新通道、"渝满俄"班列等国际物流通道全面贯通，武汉至东京、武汉至釜山等航线成熟运行，国际物流再添新通道，长江经济带对外开放高地效应更加凸显。长江流域各省区市利用与"一带一路"共建国家和地区的联系，举办国际文化交流节，促进文化、艺术、教育等领域的深度合作。

文化活动联合举办。浙江连续两年与希腊联合举办良渚与世界——"良渚古城·雅典卫城"中希文明对话活动，通过中外文明对话搭建"一带一路"文化桥梁。该对话活动2024年在雅典举行，来自中希两国政府、文化、学术机构和媒体的约70名嘉宾出席，共同探讨良渚古城遗址遗产价值、考古成果，促进中希文明交流互鉴。

文旅主题展与交流推介。浙江赴印度尼西亚、泰国、保加利亚、西班牙、葡萄牙、挪威、法国等国举办浙江文旅主题展和交流推介活动，推动"一带一路"共建国家的文化互动与旅游合作。此外，自2022年起，浙江还相继在西班牙、新加坡、丹麦等国家开展"中国历代绘画大系"之宋画特展海外巡展，以艺术展览为媒介增进国际文化交流。

推广国际文化遗产。湖北牵头推进"万里茶道"联合申遗，承办第七届中俄蒙三国旅游部长会议暨"万里茶道"文化旅游推广活动，将文化遗产作为文化交流的重要内容，纳入"一带一路"国际合作框架。会上，中国、俄罗斯、蒙古国三方共同签署了《第七届中俄蒙三国旅游部长会议纪要》《中俄蒙建设和推进"万里茶道"跨境旅游线路联合行动方案》。湖北还陆续赴英国、墨西哥、斐济、新西兰等国家开展文化交流，通过互访和实地考察等形式，深化与"一带一路"共建国家的文化联系与理解。

搭建国际交流平台。贵州通过举办生态文明贵阳国际论坛、中国国际大数据产业博览会、中国东盟教育交流周等大型交流活动，构建多元化、多层次的交流平台，积极向东盟、"一带一路"共建国家宣介长江文化。此外，贵州还在韩国、日本、法国、美国等重点客源地设立"贵州旅游海外营销中心"和"贵州旅游超市"，以旅游营销为驱动，促进"一带一路"共建国家的旅游与文化交流互鉴。

2. 文化遗产国际对话

组织长江文化遗产国际研讨会，邀请国内外专家学者共同探讨长江文化的保护与传承，增进国际间对长江文化的理解和认同。

重大品牌节会活动举办。中国外文局联合12家中央和地方宣传文化机构参展2024年法国巴黎国际博览会，共同举办"遇鉴中国"中华文化主题展。展览以文化展品、文艺展演、文创展售、文娱体验相结合的形式，展现中华民族的悠久历史、中华文化的独特魅力与中华文明的现代成就。展览中集中展示了一批传播中华文化、呈现长江文明、彰显荆楚特色的精品图书和文创产品，如《冷湖上的拥抱》《繁花》《长江！长江！》等，广泛传播长江文化多元一体、包容并蓄的独特魅力。

云南省红河哈尼族彝族自治州举办2024国际青年世界文化遗产保护主题对话活动，来自意大利、南非、俄罗斯、印度尼西亚、巴基斯坦、马来西亚、泰国、越南等近20个国家的驻华使节、媒体记者、国际青年及红河州有关部门负责人等近180人参加。活动发起《世界遗产保护国际青年红河倡议》，呼吁广大青年积极担当作为，推动世界遗产保护传承和创新发展。此外，江西还通过持续举办中国红色旅游博览会、景德镇国际陶瓷博览会等重大品牌节会活动，搭建文化遗产国际交流平台，推动文化遗产的国际对话。

文博美术大展品牌打造。上海打造文博美术大展品牌，如"何以中国"

文物考古大展系列，特别是推出"实证中国：崧泽·良渚文明考古特展"和"星耀中国：三星堆·金沙古蜀文明展"，加强长江上下游文明间的交流与合作，展示和传播中华文明及长江文化的深厚底蕴。

国际论坛与研讨会组织。江苏举办 2023 长江文化南京论坛，邀请 12 位国内外专家围绕"大河流域文化遗产保护与传承""城市滨水可持续发展：塑造未来的城市水岸""大河生态与可持续发展：实现人与自然的和谐共生"三项议题开展大江大河文明对话。浙江成功举办首届"良渚论坛"，邀请全球 90 余个国家和地区的嘉宾参与，就文化遗产保护与传承进行国际对话。湖北举办"中华民族现代文明与长江文化"等 20 场学术研讨会，邀请国内外专家学者共同探讨长江文化遗产的保护与传承。

海外展览与展示发行。浙江赴埃及举办"万年上山：农业革命与文明探源"展览，展示中国早期农业文明成就；浙江发行"良渚文明"系列丛书英文版、意大利文版、德文版，推动良渚文化遗产的国际传播与认知，提升国际社会对长江文化遗产的了解和兴趣。

3.民间文化交流活跃

鼓励长江流域民众参与国际民间文化交流活动，如旅游推介会、国际美食节、民俗艺术节等，展现长江文化的多样性和包容性。

建立宣传推广机制。江西建立全省重点旅游景区宣传推广联盟。贵州实施世界级旅游产品三年行动计划、入境旅游市场开拓三年行动计划。同时，积极推动 144 小时过境免签政策落地，为国际游客提供更多便利。浙江指导日本、韩国东南亚、欧洲推广中心加快推进观光情报发放、市场调研、落地推广等工作，提升民间文化交流的活跃度。

创新策划主题活动。湖北组织赴多国文化交流活动，策划"湖北，从长江走来"文化旅游图片展；举办中国（武汉）文化旅游博览会，成为展示长江文化魅力的国际化平台；发布"知音湖北，遇见无处不在"文旅宣传语，举办"沿着长江读懂中国"主题宣传活动、"相约春天赏樱花"系列活动。上海做强中国上海国际艺术节和上海旅游节，设立分会场、举办各类旅游节主题活动，推动国产动漫游戏、文化演艺、网络视听等"文化出海战略"，原创纪录片、动画片全球传播。

旅游与文化深度融合。江西通过创新"江西风景独好"云端旅游推介会、"全球学子嘉游赣"、"龙行龘龘 乐游江西"等活动，举办第五届"阿拉伯艺术节"，参加"长江主题旅游海外推广季"，吸引国内外游客参与，促进民间文化互动。上海、江苏、湖北、浙江、贵州等地也通过举办一系列文旅活动，实现旅游与文化的深度融合，通过文旅节展平台将中外演艺精品输送到更广泛区域，吸引大量游客参与，促进民间旅游与文化的深度交流。

三 江域共筑：13省区市同绘文化保护传承新画卷

长江之畔，一幅壮丽的文化保护传承画卷正徐徐展开。跨越上海至西藏的13省区市，以长江为纽带，各展所长，共谋发展。

近年来，沿江各省区市依托各自独特的文化资源和地域特色，推动长江国家文化公园建设，加速规划编制，让保护体系更加完善；同时，有序开展遗产调查保护，让长江文化在保护中焕发新生。聚焦特色区域，文旅融合成为新趋势，精品项目层出不穷；而活化长江资源，创新传承方式，让长江文化在新时代绽放出更加璀璨的光芒。这不仅是一场文化的盛宴，更是对长江文明的一次深情致敬与传承。

（一）沿江省区市力推长江国家文化公园建设

沿江各省区市积极响应国家号召，制定并实施了长江国家文化公园建设的详细规划与政策措施，一批标志性建设项目相继落地，为长江文化的保护与传承奠定了坚实基础。同时，加强了对长江沿线文物和文化遗产的普查、登记、修复与保护工作，通过建立专项资源数据库、实施保护利用工程等措施，有效提升了长江文化遗产的保护水平。

1.加速规划编制，保护体系日臻完善

各省区市积极启动长江国家文化公园建设保护规划的编制工作，明确建设目标与任务，构建涵盖文物保护、文化传承、非遗活化、文化旅游等多领域的保护体系。

加速规划编制，构建多维保护体系。上海启动《长江国家文化公园（上海段）建设保护规划（2024～2030年）》编制工作，坚持以保护为前提、以空间为骨架、以时间为线索、以文化为脉络，突出上海江海联通、中西交融的特色，系统布局保护传承、研究发掘、环境配套、文旅融合、数字再现五大工程的重点项目和发展目标、推进措施。同时，明确了覆盖全市范围的长江国家文化公园上海段规划范围，结合打造黄浦江"世界会客厅"、苏州河"城市文化生活休闲带"、崇明世界级生态岛的战略部署，形成具有国际影响力的长江国家文化公园上海段特色品牌。

湖北省将"争创长江国家文化公园示范区"写入省第十二次党代会和省《政府工作报告》，组织长江文化课题研究，为长江国家文化公园（湖北段）建设提供理论决策支撑。编制完成《湖北省长江文物保护利用规划》，推动形成大保护工作格局。西藏自治区已初步形成《西藏自治区长江国家文化公园建设工作编制规划（建议稿）》，计划以那曲市"长江第一滴水"以及昌都市金沙江流域沿线区域为重点，实施地域文明探源工程。四川等地也相继完成或启动地方段的建设保护规划编制工作，为长江国家文化公园的建设提供坚实的规划支撑。

资源全面摸底，重大项目加速落地。安徽省发布《安徽省有效投资专项行动方案（2024）》，推进一批重大文旅产业项目建设，包括建设省文化馆新馆、省非遗馆等文化标识项目，以及谋划长江国家文化公园地标式项目等。积极指导沿线各市开展文化文物旅游资源梳理工作，快速启动《长江国家文化公园（安徽段）建设保护规划》编制工作，已完成规划初稿编写。江西开展长江流域文物资源调查，完成了对省域内与长江有关的文旅资源的全面摸底。

2.重点项目引领，文旅融合深化发展

聚焦特色文化与历史遗产，推进一批具有标志性和影响力的重点项目，如博物馆建设、考古遗址公园建设、文化地标打造等，同时推动文旅深度融合，提升区域文化旅游品质。

重点项目驱动，打造长江文化新地标。上海着眼文物保护、艺术创作、非遗活化、文化旅游等重点领域，加强与长江沿线其他省区市和对外文化交流合作，统筹规划管控保护、主题展示、文旅融合、传统利用四类功能区。提出至 2030 年，将上海段打造成长江文化时代精神"中国样板"、长江文化交流传播"世界窗口"、长江生态文明发展"全球范例"、长江国际黄金旅游带"国际门户"。

江苏苏州推进 31 个重点项目，张家港湾、黄泗浦遗址等项目有序推进，昆山戏曲百戏博物馆等已建成开放，展现江南水乡的独特魅力。重庆启动十大重点项目建设，包括三峡博物馆改陈等，落实专项资金，推动长江国家文化公园重庆段建设。江西、湖北、湖南等地也纷纷列出国家级、省级重点项目，如南昌汉代海昏侯国遗址、屈原文化公园等，加快项目建设步伐。

安徽省建立由 18 个重点项目和 174 个一般项目构成的长江国家文化公园（安徽段）建设项目库，并遴选 5 个重点项目和 10 个一般项目报送文化和旅游部资源开发司以及国家发改委。安徽依托黄山这个世界级品牌，联动黄山、池州、安庆、宣城 4 市 28 县，大手笔谋划打造大黄山世界级休闲度假康养旅游目的地。已编制了大黄山建设指导性规划，制定了大黄山建设行动方案，建立了实体化运行的工作专班，构建上下联动、左右协同的工作机制，正在推动文化产业、创意经济、会展会奖等现代服务业集群发展，做大做优徽派古建、徽州美食等传统技艺产业，发展文化、数字、时尚等创意产业，打造高端商务会奖基地，建设"国际会客厅"。

文旅深度融合，活化长江文化资源。江苏、浙江、安徽等地不仅注重重点项目的建设，还通过文旅融合、研学活动等方式，活化利用长江文化资源。如江苏常州打造文旅融合展示带，浙江建设多个长江文化研学基地。推动安庆大观亭历史文化街区、宣城宣纸小镇、铜陵大通古镇芜湖滨江特色文化体验主题公园、马鞍山凌家滩遗址公园等重点项目，强化长江文化活化传承保护利用。

云南确定长江第一湾集中展示带、金沙江世界级水电工程系列展示带、金沙江下游生态系统修复工程、长江云南段少数民族聚落活态保护传承、长江云南段"大滇西旅游环线"建设工程等 10 项长江国家文化公园重点项目。

区域协同并进，旅游产业提质升级。浙江、贵州等地在全省或区域内布局重点项目，推动长江文化的整体保护与传承。比如，浙江在全省布局近 90 个长江国家文化公园规划重点项目，同时以研学活动为突破口，累计建设良渚古城遗址公园研学基地等 10 余个与长江文化相关的国家级、省级研学实践教育营地（基地）。贵州推进贵阳 1 小时交通圈度假集群、青岩文化旅游产业集群、仁习赤世界名酒文化旅游集群、铜仁梵净山—锦江旅游集群等 8 个旅游产业集群的建设，全面推动区域内旅游产业提质升级。

3. 数字化赋能创新，文化传承焕发长江活力

运用数字化技术推动长江国家文化公园建设，如建设数字云平台、数字博物馆等，实现文化资源的数字化展示与传播；同时，鼓励文化创新，挖掘长江文化内涵，打造具有地方特色的文化品牌。

数字化平台建设，文化展示新视界。南京文投集团与江宁区委宣传部携手，发布长江国家文化公园数字云平台最新成果，以数据化、系统化、可视化的创新方式，全方位展现江宁段建设全貌及长江文化资源点位。平台融合文字、图片、视频、3D 模型、VR 全景等多元媒介，让长江文化生动可感，增强了公众的文化参与感和体验感。

文化资源数字化，创新传承展新姿。无锡构建长江文化资源数据库，为文化资源的保护、研究与利用奠定了坚实基础，推动项目落地见效。浙江则另辟蹊径，开发考古研学游等特色产品，鼓励文博场所与景区结合数字化手段，举办丰富多彩的文化活动，既促进了文化知识的普及，又激发了青少年对长江文化的兴趣与热爱。

沉浸式体验打造，文化传承新生态。重庆云阳县实施历史文物数字再现工程，成功打造区县首个数字体验博物馆，实现高比例文物数字化，为中国

文化遗产保护树立了新标杆。中国三峡博物馆则以高水平数字博物馆为目标，加速馆藏文物数字资源建设，打造"诗咏三峡"数字展厅，通过生动场景再现，让参观者仿佛穿越时空，亲历长江的波澜壮阔。此外，"打卡长江"数字文化应用的推进，更是为长江国家文化公园的建设注入了无限创意与活力，展现了文化传承与现代科技融合的美好前景。

4. 跨区域协同合作，生态保护共筑绿色长廊

加强省区市间的跨区域合作，共同推进长江国家文化公园建设，实现文化资源的共享与互补；同时，注重生态保护，推动绿色低碳项目，促进长江流域生态环境的持续改善。

2023 年 12 月 10 日，由文化和旅游部资源开发司指导，湖北省文化和旅游厅牵头主办的"沿着长江读懂中国——万里长江行"收官发布会在上海举行，长江国家文化公园沿线 13 省区市文化和旅游部门共同宣读了《共建长江国家文化公园"上海倡议"》。倡议提出共同开展长江文物和文化遗产系统保护，共同加强长江文化传承弘扬，共同提升长江流域公共文化服务水平，共同推动长江流域文化和旅游高质量发展，共同推进长江文化国际交流传播。

川渝地区协同推进巴蜀文化旅游走廊建设，围绕加快创建成渝地区双城经济圈文化和旅游区域协同发展国家试验区，合力建设一条文化旅游带，共同推出主题线路，打响成渝古道品牌。通过协同推进"考古中国"重大项目——"川渝地区巴蜀文明进程研究"，联合开展蜀道考古调查等，深化区域文化合作。同时，推进长江国家文化公园川渝共建，推动精品景区串珠成链，共推魅力都市、熊猫故乡、壮美三峡、巴蜀文明等川渝跨省主题旅游线路，提升区域文旅品牌影响力。

渝鄂两地签署《2023~2024 年度渝鄂长江三峡区域旅游合作备忘录》，在推进长江国家文化公园建设等方面展开合作。通过深入研究三峡文化，突出三峡工程建设和三峡文物保护的重要成果，共同打造凸显三峡特色的长江国家文化公园标杆。

（二）有序开展长江流域遗产调查保护

长江流域各省区市大力推进文化遗产保护与发展工作，传统村落焕发勃勃生机，文物事业展现强劲活力。截至 2023 年，长江流域不仅汇聚了全国近半数的国家历史文化名城，还坐拥庞大的传统村落保护群和丰富的文物资源。从加强历史文化载体保护到统筹推进传统村落发展，从世界文化遗产申报到重大文物保护工程实施，长江流域正以实际行动书写着中华文明传承发展的新篇章，让古老的文化遗产在新时代焕发更加璀璨的光芒。

1. 保护利用发展并重，长江文化焕发生机

强化长江文物价值挖掘与展示体系建设。湖南在全国率先召开文物工作会议，并签署《关于推进湖南文物保护利用工作的战略合作协议》，为文化遗产的保护与利用奠定了政策基础。同时，加强长江文物保护和文化遗产保护传承，新发现 31 处不可移动文物点，并实施了多项文物保护项目，如屈子祠展示、马王堆汉墓文物本体保护、长沙铜官窑遗址环境整治、里耶古城遗址展示等，实现活态利用。

展现长江文明魅力，深化考古研究支撑与文化展示融合。江西围绕"考古中国"重大项目开展研究，全面展示南昌西汉海昏侯墓考古发掘的成果，通过考古发掘和展示活动，让公众近距离感受长江文明的魅力。湖北加强研究机构建设，独立运行湖北省文物考古研究院，建成开放湖北省考古博物馆，与武汉大学共建长江文明考古研究院，提升考古研究能力。截至目前，累计获得"全国十大考古新发现"10 次，入选"考古中国"重大项目9 次，通过考古发掘理出长江文明湖北段的完整发展脉络，并展出相关文物，如"郧县人 3 号"头骨化石等，使历史文化遗产得以活态展示和利用。

拓宽文化传播渠道，推动数字化体验与文化服务创新。推动长江流域博物馆培育线上数字化体验产品，发展沉浸式体验、虚拟展厅等文化服务，打造"国家展厅""长江客厅"，提升公众的文化体验感和参与度。

创新保护利用模式，探索文化遗产与旅游融合发展。江苏创新保护利用模式，全面推进长江文物和文化遗产系统保护，建设文物主题游径，如

"新四军东进北上""江南水乡·斗米尺布"等，将文化遗产与旅游相结合，实现活态利用。同时，强化项目支撑，遴选推出南京博物院新馆建设工程、镇江—扬州京口瓜洲千年古渡保护展示工程等标志性项目，通过项目实施推动长江文化的创造性转化和创新性发展。

打造文化体验高地，高品质建设文化考古遗址公园。挖掘长江文物的多重价值，打造高品质的长江文物展示利用场馆，如浙江良渚古城遗址公园、四川三星堆考古遗址公园的建设，开展文化展览、教育活动，传播中华文化、中国精神的价值符号和文化产品。安徽推进凌家滩、繁昌窑等国家考古遗址公园建设，通过公园形式将考古遗址转化为公众可以亲近和体验的文化空间。重庆重点推进长江三峡文物保护与研究，并积极推进相关遗址的保护与利用，如忠县皇华城考古遗址公园的对外开放，实现文化遗产的活态保护与展示。

加强区域协同与国际交流，通过实施重大项目拓宽文化遗产保护视野。安徽保护传承革命文物，完成繁昌新四军三支队旧址胡荣旧居等革命文物维修项目，并与沪苏浙联合发布"长三角革命文物主题游径"，促进革命文化的活态传承与利用。上海利用"世界考古·上海论坛"平台，加快建设全球考古研究的学术高地。高水平创建首批国家文物保护利用示范区，以工业遗产和革命遗址为重点，实施系统性保护和活化利用，如杨树浦水厂、永安栈房旧址等，举办各类节事活动，让文物保护利用"见人、见物、见生活"。浙江大力推进考古"启明星"计划，通过考古发掘实证中华文明发展，并深化文物国际交流合作，推动与韩国等国家的文化交流合作，举办国际学术研讨会。

2.非遗文化创新演绎，实现多重领域融合

在长江流域，非物质文化遗产不仅是历史的活化石，更是民族精神的璀璨瑰宝。近年来，长江流域各省区市积极探索非遗保护的新路径，加大长江流域非遗代表性项目保护力度，完善非遗代表性项目名录体系、传承体验设施体系，鼓励建设综合性非遗馆及配套设施，推动非遗工坊及特色村镇建设，不仅让古老的文化遗产焕发了新生，更实现了非遗与旅游、生态、教育等多领域的深度融合与创新，谱写了非遗保护传承的新篇章。

非遗与旅游融合创新。江苏创新非遗进景区，通过"无限定空间非遗进景区"活动，将非遗文化深度融入旅游景区，提升旅游的文化内涵和游客体验。安徽通过"百场黄梅唱响百家景区"等活动，将非遗表演融入景区，拓宽非遗展示渠道。重庆举办"首届巴蜀非遗酿造技艺旅游创新发展大会"，推动非遗与旅游融合发展，创新非遗传承方式。云南合理利用非物质文化遗产代表性项目，开发具有地方、民族特色和市场潜力的文化产品和文化服务。比如，丽江东巴谷深耕民族文化，形成"非遗+旅游、+演艺、+康体养生""户外体验+休闲度假"的产业发展格局，走出一条"以民族文化提升特色旅游、以特色旅游促进民族文化保护传承"的发展道路。

非遗展示与传播。安徽成功举办第六届中国非遗传统技艺大展、长三角城市非遗特展等活动，扩大非遗文化影响力。江西联合央视录制《非遗里的中国——江西》，通过电视媒体提升非遗知名度和美誉度。浙江举办浙江·中国非遗博览会等大规模展览，推动非遗文化的广泛传播。江西举办2023中国原生民歌节、湘鄂赣皖非遗联展等活动，加强非遗文化的区域合作。

传统工艺与曲艺振兴。湖北实施传统工艺振兴计划和曲艺传承发展工程，建设非遗工坊，举办"非遗集市""非遗时装秀"等活动，创新演绎非遗文化。江苏对昆曲、苏州评弹等传统戏剧、曲艺类项目，实行"团、院、所、场、校"五位一体保护；对传统音乐、传统舞蹈等民间集体性传承项目，通过组织社会力量参与、区域合作联动的方式进行保护；对适合产业开发的苏绣、扬州玉雕等传统工艺类项目实行生产性保护，目前全省已建成国家级、省级非遗生产性保护示范基地34个。

推动非遗工坊及特色村镇建设。湖南、湖北大力建设非遗工坊，重点选取一批具有典型湖湘文化特色的国家级代表性非遗项目，以及在国内外具有较强影响力的高等级旅游景区，旨在为全省非遗旅游融合发展立标打样、示范引领，并通过具体活动推广非遗文化，让传统文化融入现代生活。比如，湖南常德紧紧围绕"百非新呈耀沅澧"这一品牌开展工作，成功创建一批市级、省级非遗工坊、非遗街区、非遗村镇示范点，积极申报非遗代表性项目及传承人，加强非遗阵地建设和非遗故事宣传推广，加大非遗保护力度。重庆推广非遗工坊典型案例，举办非遗传承人研修班，加强非遗人才队伍建设。

生态保护区与项目支持。安徽推进国家级徽州文化生态保护区、省级安庆戏剧、宣纸文化生态保护区建设，支持非遗项目申报国家级保护资金补助，促进非遗活态传承。江西以文化生态保护实验区建设为抓手，举办联合活动，推进非遗整体性、系统性保护。重庆出台《重庆市文化生态保护区管理办法》，启动市级文化生态保护区创建，加强非遗系统性保护。

利用历史建筑和工业遗产。上海利用永安栈房旧址西楼、原上海茶叶进出口公司第一茶厂厂房等历史建筑和工业遗产，建成非遗生产性保护基地，举办文化活动，促进非遗传承与创新。云南剑川古城、沙溪古镇加强历史建筑保护利用、环境风貌保持，积极推动传统文化传承。

3. 重大工程有效推进，文物事业活力迸发

世界文化遗产申报工作持续推进。为深入贯彻落实习近平总书记关于世界文化遗产申报工作"三个有利于"重要批示精神，2023年3月，国家文物局正式启动《中国世界文化遗产预备名单》更新工作，完善预备名单动态管理机制、预备项目培育工作机制，建立近期申报世界文化遗产预备项目梯队，提炼展示中华文明的精神标识和文化精髓，增强中华文明传播力影响力。截至2023年，中国有57项世界文化和自然遗产被列入《世界遗产名录》，内含39项世界文化遗产、4项世界文化与自然双重遗产、14项世界自然遗产。其中，长江流域13省区市分别拥有13项、2项、12项。

长江流域文物资源调查稳步开展。截至2023年底，长江流域13省区市拥有全国重点文物保护单位1991个，占全国总数（5058个）的39%。2023年2月14日，长江流域文物资源调查与《长江文物保护利用专项规划纲要》工作推进会在京召开，总结了长江流域文物资源调查阶段性成果。2023年10月，国务院发布《关于开展第四次全国文物普查的通知》。此次普查从2023年11月开始，将于2026年6月结束，分三个阶段进行。此外，

2023 年，国家文物局启动第九批全国重点文物保护单位申报遴选。长江流域各省区市都在积极编制申报文本。

重大文物保护工程深入实施。2023 年，随着"中华文明起源与早期发展综合研究"（简称"中华文明探源工程"）、"考古中国"等重大项目的深入实施，长江流域不断出土的考古新发现为我国百万年的人类史、1 万年的文化史、5000 多年的文明史提供了强有力的佐证。2023 年，"考古中国"重大项目考古发掘项目，全国总计 110 多个，其中长江流域 13 省区市拥有 40 个，占总数的 36%。在 2023 年，国家文物局召开 6 次"考古中国"重大研究项目重要进展工作会，共发布 24 项重要考古成果。其中，涉及长江流域 13 省区市的有浙江余杭良渚古城及水利系统遗址、江苏常州寺墩遗址、湖北沙洋城河遗址、湖北荆州秦家咀 M1093 楚墓、湖南郴州渡头古城遗址等。在 2024 年的"考古中国"重大项目实施中，长江流域的良渚、武王墩、蜀道、长江口二号沉船等重点考古项目也将得到重要推进。2023 年 12 月，"中华文明探源工程"发布了自 2020 年启动的第五阶段研究工作以来，包括浙江余杭良渚、四川广汉三星堆在内的 29 处核心遗址取得的一系列新进展与收获。2024 年 4 月，国家文物局在淮南市召开"考古中国"重大项目"武王墩"重要进展工作会议，首次发布武王墩一号墓阶段性重磅发掘成果。武王墩墓是迄今经科学发掘的规模最大、等级最高、结构最复杂的大型楚国高等级墓葬。① 出土的大鼎口径超过 88 厘米，大于已知最大的李三孤堆出土的楚大鼎（铸客大鼎）。其年代处在封建国家体系趋于解体、大一统国家即将孕育形成的关键时期，为研究周、秦、楚、汉历史演变和秦汉中央集权大一统国家及文化形成，战国晚期楚国高等级陵墓制度以及楚国东迁江淮后的社会生活面貌和历史文化图景，提供了系统性的考古资料。②

---

① 《淮南武王墩墓考古发掘成果令人惊叹》，淮南市人民政府网，https：//www. huainan. gov. cn/zjhn/fjms/1260154108. html。
② 《淮南武王墩墓考古发掘成果令人惊叹》，淮南市人民政府网，https：//www. huainan. gov. cn/zjhn/fjms/1260154108. html。

（三）聚焦特色区域打造文旅精品项目

文化和旅游部于 2023 年 5 月推出了 10 条长江主题国家级旅游线路和《长江国际黄金旅游带精品线路路书》，覆盖了上海、江苏、浙江、安徽、江西、湖北、湖南、重庆、四川、云南、贵州等 11 个省市。以"文化场景化、场景主题化、主题线路化"为思路，串点成线、连线成廊，全面展示真实、立体、发展的长江，塑造长江国际黄金旅游带整体形象，提升国际知名度和全球竞争力。2023～2024 年，沿江各省区市托长江的自然风光和人文景观，积极打造了一批具有鲜明区域特色的文旅精品项目，同时注重文化和旅游的深度融合发展，通过文旅资源的整合与共享、旅游线路的规划与设计等措施，推动长江文化旅游产业的转型升级和高质量发展。

1. 挖掘长江元素，传承文化使命

深入挖掘长江故事与元素，提升文化事业与旅游产业水平。江苏沿江 8 市是江苏省文化遗产分布密集区，也是中华文明成果精华富集段，共登记文旅资源单体 102.4 万个，打造形成南通滨江五山、南京鱼嘴湿地等"文化+生态"靓丽城市名片。

安徽大力实施"百景提升"行动，充分发挥黄山、皖南古村落、九华山、天柱山、方特、采石矶等 5A 级旅游景区示范引领作用，琅琊山成功创建国家 5A 级旅游景区，石台牯牛降通过国家 5A 级旅游景区景观质量评价。

强化文物与文化遗产保护，创建国家文物保护利用示范区。上海推动长江口二号古船博物馆建设，依托杨浦滨江上海船厂旧址，开展古船发掘和文物保护工作，旨在建设长江口二号古船博物馆，以展示长江文化的重要遗产。安徽完成省域内长江文物资源调查，共调查登记不可移动文物 1.1 万处，形成《安徽长江文物资源调查报告》。积极开展"中华文明探源工程"和"考古中国"等国家重大课题研究，实施人字洞、凌家滩、繁昌窑等主动性考古发掘项目。湖南组织编制了《长江国家文化公园（湖南段）建设保护规划》，明确构建"一区七带多点"文化保护传承弘扬格局。

湖北建立文旅融合展示利用体系，推动公共文化场所进行旅游化功能提

升，推进历史文化遗存景区化打造，累计创成大遗址类 5A 级景区 3 处、4A 级景区 5 处、3A 级景区 5 处。

加大非遗保护力度，支持沿线省区市非遗项目传承与生态保护区建设。江苏构建了长江国家文化公园"1+N"规划体系，其中特别创新编制了长江非遗保护传承利用等专项规划，为非遗项目的传承与保护提供了政策保障。同时，积极推进国家级文化生态保护实验区的验收工作。自 2011 年起，采取"见人见物见生活"的保护模式，建成省级文化生态保护实验区，保护非遗及其人文环境，推动科学保护、活态转化与传承发展。各实验区特色鲜明，如洪泽湖渔文化、连云港山海文化等，涵盖渔、农耕、民俗等多领域，有效促进了非遗文化的活态传承与发展。

湖北省编制完成《湖北省长江文物保护利用规划》，为长江非遗项目的保护与传承提供了规划指导。同时，启动了荆楚非遗保护传承基地项目（一期）等建设，为非遗项目的传承提供了更加专业化和系统化的支持。重庆强化红色旅游人才培养，举办首届川渝红色故事讲解员风采展示赛、重庆市红色故事讲解员培训班，选拔推荐讲解员参加全国大赛，提升了非遗项目传承人的专业素养，为非遗项目的传承提供了人才保障。

浙江省全面组织开展长江文物调查，编制完成《浙江省长江流域文物资源调查报告》，为非遗项目的传承与保护提供了基础数据支持。西藏自治区初步形成《西藏自治区长江国家文化公园建设工作编制规划（建议稿）》，计划以那曲市"长江第一滴水"及昌都市金沙江流域沿线区域为重点，实施地域文明探源工程。青海开展长江流域青海段文物资源调查，谋划长江国家文化公园重大工程项目，有序推进长江国家文化公园（青海段）建设。

2. 文旅深度融合，项目稳健发展

储备并启动重点项目，整体布局长江文化旅游产业。江苏建设扬子江世界级城市休闲旅游带，结合优化全省"两廊两带两区"文旅空间布局，以文塑旅、以旅彰文。筹划打造南京长江文化博物馆，占地约 35.02 万平方米，建筑面积约 5 万平方米，以博物馆为核心，融入南京长江大桥、浦口火车站等历史文化符号。

浙江全省布局近90个长江国家文化公园规划重点项目,同时建设了良渚古城遗址公园研学基地等与长江文化相关的国家级、省级研学实践教育营地(基地),通过研学活动推动非遗文化的传承。

湖南规划围绕26个核心展示园和7条重点集中展示带,将超过300个项目列入项目储备库。四川初步明确4大类402个重点项目,遴选出75处长江文化标识。提出构建"一干三区六江"空间格局,印发《三星堆文化遗址保护利用总体方案》,实施保护传承工程、研究发掘工程等,推动长江国家文化公园四川段建设。

重庆正式启动长江三峡(重庆段)国家考古遗址公园、钓鱼城国家大遗址保护展示等十大重点建设项目。推进数字化保护,策划实施打卡长江国家文化公园数字化系统等建设项目,编制三峡库区文物保护利用专项规划,实施奉节白帝城等三峡文物保护项目。

湖北出台政策意见,设立专项奖励资金和旅游产业基金,并举办长江文化产业带投融资促进活动,为企业争取金融授信额度,促进文旅项目推进。另外,湖北各市也通过建设博物馆等文化项目,深入挖掘和展示长江文化内涵,为游客提供丰富的文化旅游体验。

发布与推广主题旅游线路,促进文旅深度融合发展。江苏将长江文化主题旅游线路与江苏的历史文化、自然风光相结合,打造具有江苏特色的旅游品牌,如"长江文明溯源之旅"中的南京博物院、苏州古典园林等。同时,打造"扬子江之旅"旅游产品集群,激发文旅消费新活力,推出更多体现长江文化的文旅融合业态产品。

湖北推出"世界遗产之旅""楚文化之旅""智慧三国之旅"等文化旅游线路,打造《知音号》《盛世唐城之大唐倚梦》《夜上黄鹤楼》等旅游演艺精品,形成了文物热、非遗热、文化旅游热的社会氛围。湖南将长江文化主题旅游线路与湖南的自然风光、人文景观相结合,打造深度游产品,让游客在游览中深入了解湖南的长江文化。通过举办文化旅游节庆活动,如与"长江非遗体验之旅"相关的非遗展示活动,提升长江文化主题旅游线路的吸引力。

发挥长江文旅优势，打造长江国际黄金旅游带。江苏加快建设扬子江世界级城市休闲旅游带，组织遴选"长江百景"和 20 条"水韵江苏"长江文化旅游精品线路。沿线创成国家级旅游度假区、夜间文旅消费集聚区、旅游休闲街区等，提升长江文化国际国内影响力。安徽推介长江国际黄金旅游带精品线路，成功举办海峡两岸（安徽）旅行商大会等活动，推介长江诗意美景之旅等特色旅游线路产品。

湖北打造长江国际黄金旅游带相关文化旅游线路，形成文物热、非遗热、文化旅游热的社会氛围。重庆持续推进长江沿线合作，加强与四川、湖北等周边地区联动，共同开展市场营销和品牌推广。成功举办中国长江三峡国际旅游节等系列节会活动，推动长江三峡游快速复苏。湖北举办世界武当太极大会、长江三峡国际旅游节等品牌活动，提升湖北在国际旅游市场的影响力。

依托艺术创作工程，丰富长江题材艺术作品创作。江苏拓展数字科技新应用，策划推出沉浸式体验展，如"大江万古流——长江下游文明特展"。重庆依托其丰富的长江文化资源，如长江三峡、大足石刻等，组织曲艺工作者创作和演出与长江文化相关的曲艺作品，通过线上线下相结合的方式，展示长江文化的独特魅力。如举办"中国曲艺创培群英会"等活动，邀请全国优秀曲艺人才汇聚重庆，开展采风、培训、研讨及作品创作，讲好中国故事和长江三峡故事，打造长江三峡地域特色文化品牌。

3. 提升服务效能，旅游体验升级

完善旅游公共服务设施，提升旅游交通网络通达性。上海积极推进智慧旅游建设，利用大数据、云计算等现代信息技术，提升旅游公共服务的智能化水平。例如，通过建设智慧旅游公共服务平台，为游客提供便捷的旅游信息查询、预订、支付等服务。江苏完善旅游公共服务设施，提升长江沿线旅游交通网络通达性，推出"长江百景"和"水韵江苏"长江文化旅游精品线路，利用媒体持续加大推介力度。推动建设一批主客共享的滨江城市客厅和文化空间，创新建设运营管理模式和机制。

创新旅游公共服务运营管理模式，提升服务效能。湖北投入财政资金发放文旅消费券，奖励"引客入鄂"和奖补旅游营销，优化旅游消费环境，并赴多个省市定向推出优惠政策和旅游产品，吸引游客，提升旅游公共服务水平。比如，举办长江文化产业带投融资促进活动为企业争取金融授信额度1000亿元，发放贷款386亿元。投入5.74亿元财政资金，用于发放文旅消费券、奖励"引客入鄂"和奖补旅游营销；赴10个省市定向推出优惠政策和旅游产品，2023年全省游客接待量7.5亿人次，实现旅游收入约7600亿元，均超过2019年水平。

重庆、四川推出川渝"百万职工游巴蜀旅游年票"，推动川渝两地游客互送、市场互推、秩序共治。长江三峡游快速复苏，2023年长江三峡游轮共计发船5414艘次；完成客运量137.62万人，为2019年的126.17%。

4. 文化互鉴共融，品牌推广有力

举办长江文化对外交流活动。江苏拓展长江文化国际影响力，组织拍摄制作《江伴江苏》长江主题文旅宣传片，并赴法国、日本开展长江主题旅游海外推广季，通过影视作品和海外推广活动，向世界展示长江文化的独特魅力。深入开展"无限定空间非遗进景区"活动，遴选"非遗进南京熙南里历史文化休闲街区"等省级示范项目12个。推动建设一批主客共享的滨江城市客厅和文化空间，建成小剧场597座、最美公共文化空间381个，推出《半园·珍珠塔》等一批"白天观景、晚上赏戏"全天候体验的实景演出。

安徽完成"沿着长江读懂中国——万里长江行"主题宣传推广活动安徽段探访工作，并在新加坡成功举办2024"茶和天下"徽韵雅集暨安徽文旅推介会，通过国际文化交流平台，增进外界对长江文化的理解和认知。此外，安徽省文化和旅游厅、芜湖市人民政府联合主办了首届（安徽·芜湖）长江文化艺术交流周，通过一系列主题活动展示长江文化的魅力。湖北举办中国（武汉）文化旅游博览会等品牌活动，展示湖北文旅资源，不仅丰富了本地文化旅游市场，也促进了长江文化与国际间的交流与对话。

积极组织参与国际旅游推广。中外文化交流中心联合上海、江苏、安徽、江西、湖北、湖南、重庆、四川、贵州、云南等十省市共同举办 2023 "长江主题旅游海外推广季"活动，旨在向国际社会展示长江的丰富文化和旅游资源。活动现场发布了 10 条长江主题国家级旅游线路和《长江国际黄金旅游带精品线路路书》，并进行了文旅资源推介，促进了沿线省市之间的合作与交流。此外，江苏通过组织长江主题旅游海外推广季等活动，积极参与国际旅游市场的推广，提升长江文化在全球的知名度和美誉度。安徽在新加坡举办文旅推介会，有效提升了安徽文旅品牌的国际影响力。

线上线下拓宽品牌传播渠道。长江沿线的省市充分利用新媒体平台，如微博、微信、抖音等，开展文旅品牌传播。通过发布精美的图文、视频等内容，吸引网友关注和转发，提升长江文旅的知名度和美誉度。比如，江苏利用线上线下平台，如宣传片、非遗进景区活动、滨江城市客厅和文化空间建设等，全方位、多角度地展示长江文化，拓宽了长江文旅品牌的传播渠道。安徽通过成功举办安徽国际文化旅游节、黄梅戏展演周和长江文化艺术交流周等活动，线上线下相结合，增强了长江文化的传播力和影响力。湖北省联合其他长江沿线省市，推出包括长江主题视频全球展映、"漫游长江"慢直播等，通过互联网平台广泛传播长江文旅资源。

（四）活化长江资源创新文化传承方式

以活化长江资源为核心，旨在探索文化传承与弘扬的新路径。通过资源的活化利用，丰富文化品牌内涵；强化教育普及，根植文化自信之基；推动跨界融合，拓宽传承边界；并坚持以文塑城，让长江文化深度融入城乡建设，焕发时代新活力。

1. 活化利用资源，丰富文化品牌

沿江各省区市注重活化利用长江文化资源，开发具有地方特色的文旅文化品牌，满足人民群众日益增长的精神文化需求。

上海打造"一江一河"文旅品牌，即以黄浦江和苏州河为核心，推出了一系列长江主题游船体验、滨水漫步道及历史文化街区游览项目，如外滩历史建筑群、南京路步行街的夜游活动，吸引了大量游客体验长江文化的独

特魅力。同时，推动长江文化融入城市发展，结合打造黄浦江"世界会客厅"、苏州河"城市文化生活休闲带"、崇明世界级生态岛等战略部署，进一步推动长江文化渗透城市肌理、融入群众生活、赋能城市发展。

重庆作为长江上游的重要城市，充分利用其"山城""江城"特色，开发了长江三峡游轮旅游、洪崖洞民俗风情游等文旅产品，并结合现代科技手段，如VR体验、光影秀等，让游客在沉浸式体验中领略长江文化的博大精深。其中，洪崖洞民俗风情游结合重庆独特的吊脚楼建筑和民俗风情，推出洪崖洞民俗风情游，让游客在体验中感受长江沿岸的民俗魅力。

湖北围绕长江中游的壮丽景色和历史文化，推出"长江文化之旅"系列线路，涵盖荆州古城、黄鹤楼、武当山等著名景点，并结合楚辞文化、三国文化等，开发多种文化节庆活动，如端午龙舟赛、三国文化旅游节等，提升了长江文化的知名度和影响力。

四川在长江上游地区依托金沙江、岷江等水系，发展了独特的自然风光旅游，同时，依托三星堆古文化遗址、都江堰水利工程等文化遗产，推出了考古探秘游、水利文化体验游等文旅产品，丰富了长江文化的表现形式。

浙江通过打造钱塘江大潮观赏、古运河游船等项目，丰富长江下游的文旅产品。安徽依托长江沿岸的黄山、九华山等自然景观和徽州文化等人文资源，开发了一系列具有地方特色的文旅产品。湖南结合湘江流域的文化特色，开发了以岳麓山、橘子洲等为代表的文旅项目，同时举办岳麓书院讲坛等活动传承和弘扬长江文化。

2. 强化教育普及，增强文化自信

通过学校教育、社会教育等多种渠道，加强对长江文化的宣传和教育，提高公众对长江文化的认识和认同，增强文化自信。

浙江将长江文化纳入中小学教育课程，通过教材编写、课外活动等形式，加深学生对长江流域历史文化的了解。同时，在浙江大学等高校设立长江文化研究中心，培养长江文化研究和传播的专业人才。

安徽在全省范围内开展"长江文化进校园"活动，邀请专家学者进校讲座，举办长江文化主题展览，增强学生对长江文化的认同感和自豪感。此外，还通过社交媒体、网络平台等渠道，广泛传播长江文化知识，提高公众的文化素养。

湖南结合本地湘江流域的文化特色，开展"湘江文化讲堂"等公益讲座，邀请文化名人、学者解读湘江与长江的紧密联系，讲述湖南在长江文化中的地位和作用，激发民众的文化自信。

3. 推动跨界融合，拓展传承渠道

推动长江文化与科技、旅游、教育等产业跨界融合，拓展长江文化传承弘扬的渠道和方式，让长江文化在新时代焕发新的生机与活力。

云南利用现代科技手段，如 VR、AI 技术，将长江沿岸的自然风光和文化遗产数字化，打造线上长江文化体验馆，让游客在虚拟世界中感受长江文化的魅力。同时，与旅游企业合作，推出"长江文化+数字旅游"新产品，实现文化与科技的深度融合。

江西推动长江文化与旅游、农业的跨界融合，开发长江文化主题的乡村旅游项目，如农家乐、渔家乐等，让游客在体验乡村生活的同时，了解长江沿岸的农耕文化和渔猎文化。此外，还结合茶文化、瓷文化等地方特色，推出了一系列文创产品，拓宽了长江文化的传承渠道。

贵州利用大数据、云计算等现代信息技术，建立长江文化数字化平台，对长江沿岸的文化资源进行系统化整理和保护。同时，与电商平台合作，推出长江文化特色商品线上销售，让更多人通过购买产品的方式了解和支持长江文化的传承与发展。

4. 坚持以文塑城，融入城乡建设

长江文化是沿线人民群众在长期生产生活实践中创造出来的，保护传承弘扬离不开生活的滋养。要构建文化资源、自然资源、景观资源整体保护的空间体系，让长江两岸的好风景，变成居民、游客的好生活。

坚持以文塑城。推动长江文化保护传承弘扬与新型城镇化、乡村振兴战略有机衔接，铺展山水人城和谐相融新画卷。善于提取徽派建筑、江南民居等流派建筑的历史文化元素，修复好利用好历史街区，让居民在胡同街巷里过上现代生活。完善城市滨水生态空间体系，实施一批滨江城市"微改造"项目。

比如，重庆通过保留与复兴吊脚楼、十八梯等传统建筑群落，不仅保留了城市的历史记忆，还巧妙地将这些元素融入现代商业街区，如洪崖洞，使之成为游客体验巴渝文化、品尝地道美食的热门打卡地。同时，实施了滨江步道建设，如南滨路、北滨路的"微改造"项目，既提升了城市滨水空间的生态品质，也促进了周边区域的经济繁荣，铺展了一幅山水人城和谐相融的美丽画卷。

又如，浙江杭州在西湖景区周边实施"还湖于民"工程，不仅保留了传统江南水乡的风貌，还通过引入现代科技手段提升游客体验，如智能导览系统、绿色出行倡议等，让居民与游客在古色古香的街巷中享受便捷高效的现代生活。

赋能乡村振兴。深入挖掘乡村特色文化，推动长江文化元素融入美丽乡村建设，维护好乡村整体风貌和形态，提升乡村文化品位和审美韵味，用长江文化点亮美丽乡村。做好长江流域文化和旅游赋能乡村振兴典型案例的宣传推广。

以江苏周庄为例，当地深入挖掘水乡文化，通过保留和修复传统民居、古桥、河道等，维护了乡村的整体风貌。同时，依托丰富的文化资源，发展了乡村旅游，举办了水乡文化节、传统手工艺展示等活动，引入艺术工作室、民宿等，吸引了大量游客前来体验江南韵味，带动了当地经济的繁荣。

宣介生态文化。弘扬生态优先、绿色发展的新时代长江生态文化，营造长江经济带"共抓大保护、不搞大开发"的良好氛围。对上海崇明"生态立岛"、湖北武汉"四水共治"、江西九江"最美岸线"等典型经验加强宣传推广。

比如，上海崇明岛作为"生态立岛"的典范，其坚持生态优先、绿色发展的理念，为长江流域乃至全国树立了榜样。崇明岛通过实施严格的生态保护措施，如湿地修复、森林扩绿等，有效改善了区域生态环境质量。同时，崇明岛还积极探索生态旅游模式，推出了一系列以自然生态为主题的旅游产品和活动，如环岛骑行、观鸟摄影等，让游客在享受自然之美的同时，也能深刻感受到长江生态文化的独特魅力。

四 长江论策：长江文化保护传承发展的对策建议

长江文化有着丰富的历史内涵和时代内涵，以及多种多样的外在表现形式，在进行文化保护与传承工作过程中，要正确处理文化资源开发与文化资源保护的关系，把文化保护置于基础性、前提性、战略性地位加以考量，坚持在保护中传承、在传承中发展。面向新时代建设中华民族现代文明的机遇与挑战，长江文化的保护、传承与发展被赋予了赓续中华文明、建设文化强国的重大历史使命。

从战略布局到文明标识，从立法保障到战略融合，从科技赋能到文化深耕，我们需要在长江文化作为国家文化建设的重要构成和内在支撑上贯通价值坐标，凝聚文化共同体的精神力量；同时，强化战略协同，让长江文化的保护与传承深度融入国家重大发展战略，构建跨区域、跨行业的合作机制；将长江国家文化公园建设提升至法规层面，确保政策落地的刚性与灵活性并重。通过科技创新与信息平台建设，发掘长江文化的时代价值，激活长江文化的时代活力；以深度挖掘文化内涵为基础，促进文化活动与城市景观的和谐共生，提升人民群众文化体验。通过长江主题的文化精品创造生产，彰显长江文化的时代价值，在建设现代文明的时代进程中焕发人民群众的精神面貌。此外，要进一步完善组织体系，加强资金保障，构建长效发展机制，汇聚各方智慧与力量，在共同守护长江文化这一中华民族深厚的人文血脉中，将其内在价值旨向融入现代文明建设的主体精神塑造，让长江文化在新时代的浪潮中焕发出勃勃生机。

（一）精准运用政策工具，深化战略融合绘新篇

文化是民族的血脉，是社会文明发展的基石。巩固文化自信、繁荣文化发展、建设文化强国，需要在治国理政的实践中精准运用政策工具，在确立国家文化发展战略的基础上，推进长江文化建设一步步走向深入，绘就长江文化发展的时代新篇。

一是统筹战略布局，深化流域文化、建造文化、线路文化等结构关系和价值贯通，增强国家文化凝聚力、感召力和影响力，构建中华文明标识体系。

建设国家文化公园是新时代推动文化繁荣发展的重大工程，体现了一个国家在现代化进程中的文化自信和文化自觉。国家文化公园通过整合具有突出意义、重要影响、重大主题的文物和文化资源，实现保护传承利用的有机统一，形成具有特定空间的公共文化载体，集中打造中华文化的标识体系。目前，已有5个国家文化公园被列入规划建设，包括长城国家文化公园、大运河国家文化公园、长征国家文化公园、黄河国家文化公园①、长江国家文化公园。五大文化公园建设所彰显的文化内涵有所不同，从文化载体类型上分析，长城文化和大运河文化属于物质建造文化，即通过历史上形成的人工构筑物作为主要的文化载体，诠释其所发挥社会功能背后的文化逻辑和价值旨向；长征文化是革命主题的事件线路文化，即通过党领导的革命红军历尽艰辛斗争历程所走过的地理线路，展现党的初心使命、人民军队的顽强意志和革命精神的传播与感召；黄河文化和长江文化是大河流域文化，通过流域空间的丰富文化样态及其发展演进，展现中华文明生生不息、绵延发展的智慧和力量。

虽然五大国家文化公园所表达的文化主题及其文化主要载体各有不同，但其所指向的构建国家文化重要标识的目标是一致的，并在地理空间布局上存在着交汇和叠加，共同支撑起中华民族现代文明建设的精神脊梁。因而，要进一步统筹以国家文化公园建设为战略支撑的文化发展布局，深化长城文化、大运河文化、长征文化、黄河文化和长江文化的结构关系和价值贯通，围绕增强国家文化建设的凝聚力、感召力和影响力，形成五大文化发展的互嵌结构和互促格局，形成赓续中华文明的强大精神纽带。在长江文化作为大河流域文化的宏大空间维度上，一方面要进一步强化与黄河文化的历史对话

①　王君也、王佳宁：《长江国家文化公园和长江经济带协同发展的趋势判断》，《中国发展观察》2023年第5期。

和价值共融，以及与大运河文化的交汇与互促，彰显中华文明多元一体的文化统一性格局；另一方面要将长征文化的革命主题有机嵌入长江文化的场域中来，让红色基因成为长江文化的鲜艳色彩。由此可见，长江文化不是一种孤立的文化存在，而是在中华文化历史互融进程中的代表性场域，本身兼具包容性、丰富性和自然性相复合的多维文化生态，需要在国家文化发展的战略布局中发挥重要的系统复合创新的引领作用，使长江文化成为探索构建中华文明标识体系的先行和示范。

二是加强战略衔接，把长江国家文化公园建设和城市发展等重要决策部署融入长江经济带发展、长三角一体化发展、长江流域生态保护和高质量发展的国家战略。

深入挖掘长江文化对所在城市建设发展的影响，深入阐释长江文化核心区所在城市、长江文化兴建发展的逻辑关系，厘清战略衔接的背景与基础。优化遗产资源利用，推动长江文化遗产保护与城市文化遗迹保护与新城发展的相互支撑、协调发展。从政策层级维度来看，省区市级层面要抓好规划引领和工作统筹，加强与长江沿线省区市的工作沟通联系，加强省内沿线市（区）的工作统筹，相关部门要明确各自责任和分工；从政策主体维度来看，要"保护好、传承好、利用好"长江文化历史资源，长江沿线相关政策主导部门和政策参与部门要找准问题切入点，协同精准发力；从政策工具维度看，综合使用市场化工具如合同外包、分权与权力下放、产权交易等，工商管理技术如战略管理、绩效管理、顾客导向、全面质量管理等，以及社会化手段如志愿者服务、公众参与或听证会制度等方式。

三是将长江国家文化公园建设从政策性文件上升为全国性法规或各自出台地方性法规。

为防止不同功能区之间、同一功能区的不同行政区之间出现重复建设和同质化竞争的情况，以及可能出现的辐射区、拓展区和核心区三个层面各自的利益掣肘，切实保障长江国家文化公园建设和城市发展的一贯性和连续性，防止政策因人事调整而出现大的变化，有必要对长江国家文化公园建设实施进行立法，通过法制化的手段来规范和约束地方政府行为。[①] 建议长江上游的 6 个省区市政府尽快联合制定长江国家文化公园保护办法。长江国家文化公园建设所涉及的地方人大可通过"小切口"立法，制定本地长江国家文化公园建设迫切需要的专项立法。

（二）协调优化体制机制，强化科技支撑促发展

文化发展与经济社会发展密切相关，在系统推进长江文化的建设与发展的时代进程中，要将科技要素与人文要素有机结合起来，形成文化发展的创新动能，整体推进长江文化数字化发展战略，走"互联网+长江文化"的信息化提升之路，使长江国家文化公园建设和城市发展方案的落实规范化、市场化和长效化。

一是探索文化和科技融合的有效机制，强化顶层设计，整体推进长江文化数字化发展战略。

党的二十届三中全会审议通过的《中共中央关于进一步全面深化改革 推进中国式现代化的决定》在深化文化体制机制改革中强调，探索文化与科技融合的有效机制，加快发展新型文化业态。在现代信息社会，数字化已经渗透到社会生活的方方面面，文化数字化建设已经成为推动文化强国建设的重要途径。长江文化蕴含着极为丰富的文化资源，通过现代技术手段将文化资源进行数字化整合、传播和创新，既可以促进文化共同体的传承和认同，提供并聚焦长江文化作为国家的文化标志；又可以通过数字化平台为人们提供参与文化交流和创造的机会，增强主体文化自觉；同时，还可以面向国际社会展现长江文化的魅力，进一步扩大其影响力。因此，应围绕长江文化数字化发展战略，进一步做好顶层设计，统筹各方力量建设好长江文化数字平台，完善大数据中心、云平台、数字端口等基础设施，促进长江文化的数字化保护与传承，推动文化产品的数字化创新，提升文化服务的数字化

---

① 王君也、王佳宁：《长江国家文化公园和长江经济带协同发展的趋势判断》，《中国发展观察》2023 年第 5 期。

水平，使优质文化资源直达基层，提高文化资源的共享度、文化传播的影响力、文化产业的竞争力。

二是科技创新与信息技术为长江文化相关服务与产品升级提供新的支撑，建设长江国家文化公园管理与推广云平台，走"互联网+长江文化"的信息化提升之路。①

统一建设长江国家文化公园管理与推广云平台，强化信息技术在各方面的运用，提高国家文化公园管理和运营效能，更好地发挥其保护生态、传承文脉、服务群众、促进发展、扩大影响的综合效益，尤其是在公园管理和传播推广方面，切实提高管理的精准度和文化推广的有效度。

在管理实践中，采用物联网技术来严密监控长江水质状况及沿岸违法建设活动。同时，融合无人机航拍、卫星遥感图像分析以及无人艇自动巡查等手段，对长江流域各省区市的古迹保护状况及河道生态环境进行全面而细致的巡查。此外，通过在景区设置二维码系统，不仅为游客提供便捷的导览服务，还实现了对游客分布与流动趋势的智能统计与预测，为管理决策提供了有力的数据支持。在物流领域，为了实现码头、仓储、船舶及待运货物的智能化匹配与调度，可以构建一个高效的长江文化智慧物流平台，进一步优化资源配置，提升物流效率等。②

在推广策略上，策划设计统一的长江文化形象视觉识别体系，强化长江文化的品牌识别度，并广泛应用于实体媒介与虚拟平台，以扩大其宣传覆盖面。同时，打造融合线上线下、涵盖河面与陆地的全方位体验式文化场馆集群，重新构建公众对长江文化信息的认知、传播、接收与利用框架，为公众提供更加沉浸式、多维度的文化体验。

三是注重政策体系、机制、协调，使长江国家文化公园建设和城市发展方案的落实规范化、市场化和长效化。

---

① 孙久文、原倩：《我国区域政策的"泛化"、困境摆脱及其新方位找寻》，《改革》2014 年第 4 期。

② 孙久文、原倩：《我国区域政策的"泛化"、困境摆脱及其新方位找寻》，《改革》2014 年第 4 期。

推进政策体系化、规范化。一方面，应当将区域发展总体战略和主体功能区战略有机结合指导区域发展宏观布局，综合新区、改革试验区建设和区域规划等政策并配合产业政策、财政政策和金融政策等手段形成完备的区域政策体系；另一方面，合理划分区域政策调控的空间尺度，实现区域政策调控空间的精细化和规范化。[①]

政策机制市场化、多元化有待拓展。长江国家文化公园建设和城市发展方案的制定在体现中央战略意图的同时，应更加关注地方自主性的发挥，引入地方政府、企业和社会团体等多元主体参与政策的研究制定，调动各类主体的积极性保障区域政策的有效落实。[②] 同时，更加依赖地方自主发展和市场机制实现区域经济有序健康发展。

政策协调机制化、长效化有待跟进。一方面，应当设立协调区域关系的领导机构，从组织上推动区域矛盾的解决；另一方面，建立长效化的区域协调机制，尤其是区域利益共享和补偿机制，并采取有效手段保障区域协调成果的落实。

（三）深入挖掘文化内涵，推进长江文明焕新颜

长江文化蕴含着极为丰富的中华文脉，是中华文明延绵发展的重要文化根基，为建设中华民族现代文明提供了丰富的精神养分和价值源泉。深入挖掘长江文化内涵，彰显长江文化的时代价值，将长江的自然生态保护和文化传承弘扬统一于长江文明的时代创造，是新时代长江文化发展的使命担当。

一是深入挖掘长江文化内涵，推进长江文化活动整合与城市景观文化建设，提升人民群众文化生活品质。

"十四五"规划更加关注人民群众的获得感、幸福感、安全感。通过一系列河道治理、环境整治工程，大大增强了周边群众的获得感；以长江国家

---

① 孙久文、原倩：《我国区域政策的"泛化"、困境摆脱及其新方位找寻》，《改革》2014 年第 4 期。

② 孙久文、原倩：《我国区域政策的"泛化"、困境摆脱及其新方位找寻》，《改革》2014 年第 4 期。

文化公园建设为抓手优化城市空间，贯通健康休闲绿道，提升部分河段游船航道品质，人民幸福感日益提升。建议形成长江文化主题系列活动，培育长江文化活动品牌，鼓励公民个体以参与活动、提交实物及影像资料融入其中；倡导企业以技术支持、项目投入、资金支持等方式参与环境治理、遗产保护、文旅开发等；鼓励社会组织以公益活动、第三方评估等方式做好宣传推广和共同治理等；同时，以群文活动为平台，引领社会组织打造长江文化月、申遗纪念周等公共文化活动平台，引导社会组织参与文化产品和服务的提供。与教育部门联手设计长江文化进校园的项目，推动学校、家庭、社会各方主体的多元参与。持续扩大长江文化的社会影响，促进文旅消费升温，不断提升人民群众获得感、幸福感与安全感。

二是彰显长江文化的时代价值，推动长江主题文艺精品创作生产，以富有时代气息的优秀成果焕发人民群众精神面貌。

长江文脉历史悠长，与长江有关的诗词、美术、歌曲、影视等文艺作品都给生活在这里的人们留下了丰厚的精神滋养，也引发了人们对长江文化审美意境的无限向往。在时代发展的历史进程中，长江文化不是静态的文化表达，而是随着滚滚长江奔流不息的文化生命的延续和创造。因而，作为新时代的长江文化传承者既要保护文脉、传承经典，又要立足当下、推陈出新，以新的文化创造赋予长江文化新的生命力。应结合中国式现代化的社会文明创造，大力推动长江主题文艺精品创作生产，以长江文艺讴歌时代，影响和塑造人们的世界观和精神气质。一方面，要组织专业文艺机构加大创作生产力度，把出成果和出人才结合起来，不断为人民群众提供优质的精神食粮；另一方面，通过举办长江文艺作品大赛等，激发广大人民群众的创造热情，营造浓厚的长江文化氛围，把抓作品和抓环境相贯通，形成可持续的长江文艺创作生产和服务引导机制，让人民群众在高质量的文化生活中焕发精神生命的无穷力量。

三是将河岸整治、生态修复、堤坝加固等工程列入国家、省重点建设工程，设立长江文化基金对提升文化软实力加大资金支持力度。

长江沿线省区市在长江流经区域江岸整治、生态修复方面任务十分艰巨，建议将江岸整治、生态修复、堤坝加固等工程列入国家、省级重点建设工程，加大资金支持力度。在拓展区、核心区选择性设立市、县（市、区）级长江文化旅游基金，作为财政资金预算长期战略性政府投资基金，按照市、县（市、区）政府引导，骨干企业参与，多元投入的运行原则，对长江文创产品开发、文化服务出口、文旅项目策划等给予金融支持，在已有的政策推动下，引导文化市场主体、广大社会力量参与到长江文化相关工程与项目之中。

（四）全面加强组织保障，借力决策咨询稳航向

长江是中华民族的历史文化长廊，蕴含着深刻的价值内核和文明基因，长江文化凝聚着一代代人的共同情感。在推进长江文化的发展进程中，要全面加强组织和制度保障，不断完善政策支持体系，着力构建长效机制，同时发挥好新型智库的思想库和智囊团作用，促进长江文化与经济社会融于一体的高质量发展。

一是加强组织与制度保障，完善政策支持体系，促进长江文化遗产创新创业与文化产业高质量发展。

要加强长江文化创新创业政策支撑，完善文化创新创业政策。针对长江文化遗产所覆盖的地域，实施具有适应性的文化环境优化策略，旨在提升长江文化遗产与沿岸古城风貌、景观设计的融合度。同时，对现有的文化产业园区进行改造升级，更加吸引创业人才与文化创意企业的入驻，促进地方文化产业形成集群效应，实现集聚式的发展壮大。出台鼓励文化消费的政策措施，调动社会公众文化消费的积极性。[①] 从降低成本、文化惠民、时间保障、支付便利等环节，提出消费优惠、带薪休假等可行举措，发挥撬动作用，推动解决"愿消费"的问题。同时，为了促进长江文化遗产领域的创新创业活动，要加大扶持力度，并降低长江文化产业的进入门槛。同时，高

---

① 孙一平、陈昀：《文化遗产创业视角下的大运河文化带建设》，《南京邮电大学学报》（社会科学版）2020 年第 4 期。

度重视长江文化遗产相关创业项目的培育工作，积极协助创业企业拓宽资金筹措渠道，以支持其稳健发展。

二是构建长效机制，向长江国家文化公园建设和长江经济带协同发展及时注入牵引力量。

积极构建长江国家文化公园建设和长江经济带协同发展，同各地落实主体功能区战略有机结合的长效机制。建议各省区市发展改革和文化旅游部门在加快建设长江国家文化公园和属地历史风光带中，配合产业政策、财政政策和金融政策等手段，发挥长江区位枢纽优势，提升在国家战略中的地位。同时，着力构建长江国家文化公园建设和长江经济带协同发展，有利于沿江地区发挥比较优势、打造更高能级的区域增长极的长效机制。值得注意的是，长江国家文化公园建设和城市发展方案的制定在体现中央战略意图的同时，应更加关注地方自主性的发挥，引入地方政府、企业和社会团体等多元主体参与政策的研究制定，调动各类市场主体的积极性，建立长效化区域利益共享和补偿机制，并采取有效手段保障区域协调效果。[1]

三是组建决策咨询机构，借力新型智库助推长江国家文化公园建设和城市现代服务业发展。

新型智库机构凭借其专业知识与智慧产出，深度介入并积极影响政府决策过程，有效拓展了社会各界力量在推动经济社会发展中贡献于决策科学化与民主化路径的广度与深度。新型智库通过聚合社会各领域知识精英，有效发挥其前瞻性、开放性和综合性的研究优势，因而更能谋划出适应现代服务业自身发展规律的科学化举措。政府可以采取项目竞标或者委托的方式，让新型智库参与研究长江文化和城市现代服务业发展的中长期规划和政策措施，委托其进行基础数据的调查，[2] 对长江国家文化公园建设和城市现代服务业发展政策措施的实施效果进行总体评估或专项评估。通过提高研究效率

---

① 孙久文、原倩：《我国区域政策的"泛化"、困境摆脱及其新方位找寻》，《改革》2014年第4期。

② 王佳宁、罗重谱：《都市功能区发展现代服务业的管理体制：理论因由与现实操作》，《改革》2014年第10期。

和研究成果质量，持续促进有关长江国家文化公园和长江经济带发展的建言献策"看得远、盯得准、靠得住、用得上"，切实有效助力长江国家文化公园建设和长江经济带发展的协同联动，将长江国家文化公园重点建设区建设成为长江文化保护传承弘扬的核心区、长江流域中华文明标识的集聚地、长江上游文化旅游高质量发展的先行区、长江经济带绿色发展的示范区。

分 报 告

B.2
2023~2024年度四川巴蜀特色
长江文化发展研究

杨 颖 汪 灏 丁 玎 秦媛媛 周春光*

摘 要： 2023~2024年，四川依托丰富的文化文物资源、红色资源和自然资源，秉持"保护第一、传承优先"的原则，构建了以历史文化名城、名镇、名村为主体的城乡历史文化保护传承体系。在非遗保护、长江国家文化公园建设等方面，四川积极探索新路径，通过非遗课程进校园社区、长江文化标识提炼等措施，为长江文化的传承注入了新活力。同时，四川还通过文旅融合、数字化展示等手段，推动长江文化资源的活化利用，形成了一批具有巴蜀特色的文化旅游品牌和项目。展望了四川长江文化未来的发展方向，强调了夯实文化基础、推进国家文化公园产业体系化发展、扩大文化交流合

---

* 杨颖，博士，四川省社会科学院院长，教授，硕士研究生导师，主要研究方向为马克思主义中国化；汪灏，博士，西华大学法学与社会学学院教授，博士生导师，主要研究方向为马克思主义中国化；丁玎，博士，西华大学建筑与土木工程学院建筑系主任，副教授，博士生导师，主要研究方向为建筑学、马克思主义中国化；秦媛媛，博士，西华大学建筑与土木工程学院建筑系副主任，讲师，主要研究方向为建筑学、马克思主义中国化；周春光，博士，西华大学法学与社会学学院讲师，硕士研究生导师，主要研究方向为马克思主义中国化。

作的重要性。

关键词： 巴蜀特色长江文化　非物质文化遗产　文旅融合　长江国家文化公园

四川，作为长江的重要发源地之一，近年来在长江文化的保护、传承与弘扬上取得了显著成就。依托丰富的文化文物资源、红色资源和自然资源，四川深入学习贯彻习近平总书记的重要论述，秉持"保护第一、传承优先"的原则，建立了以历史文化名城、名镇、名村为主体，系统完整的城乡历史文化保护传承体系，为治蜀兴川注入了强大的文化力量。全省范围内共有 36 座历史文化名城、57 个名镇，其中历史文化名城数量更是居全国之首。在非物质文化遗产保护上，四川积极探索发展传承新路径，让传统技艺焕发新生，非遗课程走进校园社区，让蜀绣、剪纸、川剧等非遗文化绽放迷人光彩，为长江文化的传承注入了新的活力。四川，正以其深厚的文化底蕴和不懈的努力，为长江文化的保护传承弘扬贡献着四川力量。

一　四川传承弘扬长江文化的基本做法

党的十八大以来，四川省认真学习贯彻习近平总书记关于保护传承弘扬长江文化的重要论述，依托自身丰富的文化文物资源、红色资源、自然资源，四川长江文化保护传承弘扬工作取得了巨大成就。

近年来，四川着力建立完善城乡历史文化保护传承体系，构建历史文化保护提前介入城乡建设等工作机制，全省构建起较为系统完整的城乡历史文化保护传承要素体系，包括 36 座历史文化名城、57 个名镇、15 个名村、1165 个传统村落、103 片历史文化街区、2857 处历史建筑，其中历史文化名城数量居全国第一位。

（一）研究编制重大规划

长江国家文化公园是继长城、大运河、长征、黄河国家文化公园之后，又一国家重大文化工程。[①] 2023 年，四川省全力推进长江国家文化公园（四川段）建设，编制《长江国家文化公园（四川段）建设保护规划》，构建"一干三区六江"空间格局[②]，遴选出 75 处长江文化标识，提炼了和美与共的家国情怀、和衷共济的民族性格、和谐共生的生态思想、和睦包容的生活哲学四大时代文化价值。

深化项目与精神的主体关系，凝练长江国家文化公园蕴含的人文价值。习近平总书记在进一步推动长江经济带高质量发展座谈会上强调："深入发掘长江文化的时代价值，推出更多体现新时代长江文化的文艺精品。"[③] 长江文化包括农业、都市、工业、商贸、建筑、水运、教育、科技、文艺、民俗、生态文化等，是一个悠久博大、持续发展的精神宝库。《长江国家文化公园（四川段）建设保护规划》从保护传承、研究发掘、环境配套、文旅融合、数字再现等方面提出了很多很好的发展思路。

（二）加强长江文物保护利用

文化遗产需要保护好、管理好，同样也需要传承好和利用好，"让文物说话，把历史智慧告诉人们""挖掘文物和文化遗产的多重价值，传播更多承载中华文化、中国精神的价值符号和文化产品"。党的十八大以来，习近平总书记发表一系列重要论述，作出一系列重要指示批示，为历史文化遗产保护工作引航指路。

1.健全文物保护政策体系

政策体系不断健全，保护格局不断优化。党的十八大以来，四川先后出

---

① 李明泉：《建好用好长江国家文化公园》，《四川日报》2024 年 5 月 13 日。
② 一干三区六江：一干，长江干流；三区，羌藏彝文化区、蜀文化区、巴文化区；六江，金沙江、岷江、沱江、嘉陵江、雅砻江、大渡河。
③ 《习近平主持召开进一步推动长江经济带高质量发展座谈会强调 进一步推动长江经济带高质量发展 更好支撑和服务中国式现代化》，《人民日报》2023 年 10 月 13 日。

台《关于加强文物保护利用改革的实施意见》《四川省红色资源保护传承条例》等文件，为文化遗产保护保驾护航。2024 年 4 月底，再次针对石窟寺、革命文物、历史文化街区和历史建筑联合保护等方面精准施策，《四川省加强石窟寺联合保护工作方案》等 3 个文件再度集中印发，推动文化遗产保护传承。

2. 加强文物保护调查研究

近年来，各级党委政府加强调查研究工作，2024 年 4 月 24 日至 25 日，四川省住房城乡建设厅负责人带队赴泸州市、宜宾市实地调研城乡历史文化保护传承工作情况。调研组先后走进宝莲街—蒋兆和故居历史文化街区、乐道古镇、东外街历史文化街区、李庄古镇、走马街—麻线街历史文化街区等地，实地考察配套基础设施、公共服务设施、传统建筑维护修缮和活化利用等情况，并与地方有关部门负责人开展座谈交流，详细了解了泸州市、宜宾市城乡历史文化保护传承工作开展情况。①

3. 加强文物保护科学研究

让文物说话，研究要先行。四川省把准研究方向、抓住研究重点、做好系统研究，从巴山蜀水的千年文脉中，挖掘提炼其中具有当代价值、世界意义的文化精髓。三星堆研究院、蜀道研究院和三苏研究院相继成立，历史文化研究阐释进一步加强；中华文化研究院、古文字研究中心等持续建设，《天回医简》等重点项目持续推进，不断擦亮巴蜀文化名片。

虚拟现实技术与当下数字化时代有着天然的契合，可应用到文物数字化的领域中。例如，在三星堆博物馆，观众戴上混合现实眼镜观展，可以与文物进行游戏互动，也可通过用户端的智能设备游览神秘的古蜀王国；又如，内江圣水寺及摩崖造像的数字化建模工作，是对文物外化形式的虚拟，通过虚拟现实技术，在虚拟场景中生成寺庙及摩崖造像的外化"形式"，呈现高精度、逼真的数字场景；再如，峨眉山文化遗产 GIS 数据管理平台是对文化

---

① 《住房城乡建设厅调研组在泸州市、宜宾市开展城乡历史文化保护传承工作调研》，四川省住房和城乡建设厅网站，http://jst.sc.gov.cn/scjst/c101447/2024/4/28/1174ed4619fd4e869fef6832e502b7c5.shtml。

遗产数字孪生的建构，不仅呈现了峨眉山的众多文物元素，更包含了多元丰富的其他物质和非物质文化遗产。

（三）擦亮区域文旅融合品牌

推动城乡历史文化资源应保尽保。据介绍，作为全国 5 个先行先试地区之一，四川探索推进历史地段保护，梳理保护名录 57 处。2023 年开展专项行动新认定历史建筑 1092 处。延伸保护年代，推动攀枝花市作为三线建设典型案例，成功申报为首座见证新中国史的历史文化名城。

在着力推进城乡历史文化遗产活化利用方面，统筹保护传承与人居环境改善，推动创造性转化、创新性发展。把保护传承弘扬长江文化与民生改善、产业发展、生态保护、社会治理等更好地结合起来，特别是坚持改善民生，补齐历史城区基础设施和公共服务短板，成都、眉山、西昌等历史文化名城结合城市更新，有效提升人居环境。

近年来，四川省立足长江流域地区文旅资源，把长江沿线丰富的文化资源转化为发展新动能，构建多层次多业态旅游景区产品体系。例如，宜宾市大力实施"景区品质、城市环境、公共服务"三大提升工程，全面实施 14 个中心城区重点文旅项目和 31 个全域旅游拓展项目，提升改造蜀南竹海、兴文石海、李庄古镇等重点景区。

在全面梳理和深入分析巴蜀文化旅游走廊四川区域内的文化旅游资源的基础上，提出四川区域文旅应重点建设的 10 大主题，分别为盐文化（美食文化）旅游主题、酒文化旅游主题、竹文化旅游主题、长江文化旅游主题、蜀道文化旅游主题、道教文化旅游主题、石窟文化旅游主题、红色文化旅游主题、温泉文化旅游主题、藏羌彝文化旅游主题。[1]

1. 长江文化旅游主题

长江文化旅游主题是以四川甘孜、凉山、攀枝花为主体建设区，以宜

---

[1] 王梦娇、马健：《巴蜀文化旅游走廊四川区域十大重点建设主题战略构想》，《四川省干部函授学院学报》2023 年第 4 期。

宾、泸州为重点建设区，以"万里长江第一古镇"——宜宾市翠屏区李庄镇为核心建设区的文化旅游主题。据四川省水利厅统计，四川境内的长江干流长度为长江干流流经的 13 个省区市中最长的，四川境内的长江流域面积也是长江流域 19 个省区市中流域面积最大的。[①] 之所以将李庄镇作为核心建设区，是因为李庄镇拥有大量保存完好的能体现明清时期建筑特征的庙宇、殿堂、民居等古建筑，同时，中国营造学社、同济大学等十余家科研机构和高等院校都曾在抗战时期迁驻李庄，并使其成为中国四大文化抗战中心之一。时至今日，李庄仍保持着同中国社会科学院经济研究所、南京博物院、同济大学等科研机构和高等院校的联系与互动。

国家文化公园是中国自然保护地体系建设的"本土化实践"，具有鲜明的中国特色与时代特征，是推动中国文化"走出去"，助力文化自信的重要时空载体。[②] 2022 年 1 月，国家相关部门开始部署长江国家文化公园总体建设，提出深入贯彻国家文化公园建设要求，树立文化自信，提升中华文化于世界民族之林的影响力，从而延续中国优秀流域历史文脉。由此，长江流域被正式纳入国家文化公园建设体系。党的二十大报告中明确指出，要把实施国家文化数字化战略作为繁荣发展文化事业和文化产业的重要举措。[③]

2. 盐文化（美食文化）旅游主题

盐文化（美食文化）旅游主题是以"盐都"自贡为中心的川盐古道和以川菜为代表的美食文化为主要内容，辐射全省美食文化资源的文化旅游主题。具体来说，盐文化旅游主题涉及的区域主要包括四川自贡、乐山、泸州、宜宾、凉山。川盐古道将产自自贡的自流井和贡井等地、乐山的犍为和五通桥等地、凉山盐源等地的井盐通过从泸州等地出发的川黔古盐道和川鄂古盐道以及从宜宾、西昌等地出发的川滇古盐道运至川外。美食文化旅游主

① 郭亨孝：《贯彻实施长江保护法 筑牢长江上游生态屏障》，《中国水利报》2021 年 3 月 25 日。
② 孙彦斐、刘思源：《数字化赋能长江国家文化公园建设的逻辑与向度》，《南京社会科学》2023 年第 10 期。
③ 习近平：《高举中国特色社会主义伟大旗帜 为全面建设社会主义现代化国家而团结奋斗——在中国共产党第二十次全国代表大会上的报告》，《人民日报》2022 年 10 月 16 日。

题主要包括 5 个文化旅游带：以四川成都为中心，以乐山、眉山为副中心，包括绵阳、德阳、资阳、雅安、广元（苍溪除外）在内的上河帮川菜文化旅游带；以重庆为中心，在四川区域主要以达州、南充为副中心，涵盖巴中、广安、遂宁（射洪除外）以及广元苍溪等地在内的下河帮川菜文化旅游带；以自贡为中心，以内江为副中心，包括泸州、宜宾等地在内的小河帮川菜文化旅游带；包括甘孜、阿坝、凉山在内的民族特色美食文化旅游带；以攀枝花为主的热带水果美食文化旅游带。

四川省坚持延续文脉，近两年安排专项资金支持自贡、雅安、广元等地推进历史文化街区、历史建筑保护利用，活态传承井盐、茶马、三国文化等历史记忆。

3. 酒文化旅游主题

酒文化旅游主题是以四川成都、德阳、遂宁、泸州、宜宾为主线，涵盖水井坊、全兴大曲、剑南春、沱牌曲酒、泸州老窖、郎酒、五粮液等名酒的文化旅游主题（见表1）。在 2023 年《互联网周刊》发布的"2022 中国白酒企业200 强排行榜"中，四川省共有 43 家白酒企业上榜，位居全国第一，远远超出并列位居全国第二的贵州与山东（各 17 家）。2024 年 5 月 20 日，四川省统计局发布的数据显示，1~4 月，四川省规模以上企业累计白酒产量 57.8 万千升，同比增长 4.1%。其中，4 月规模以上企业白酒产量 13.6 万千升，同比持平。[1]

表 1　酿酒业工业遗产的保护与再利用案例

名称	品牌	地区
五粮液老窖池遗址	五粮液	四川省宜宾市
水井坊酒坊遗址博物馆	水井坊	四川省成都市
泸州老窖窖池	泸州老窖	四川省泸州市
剑南春酒坊遗址	剑南春	四川省绵竹市

资料来源：作者根据调查数据整理。

---

[1] 《前 4 月四川白酒产量 57.8 万千升/古井贡酒全国化覆盖率超 70%/今世缘 2024 目标营收122 亿……》，《华夏酒报》2024 年 5 月 22 日。

4. 竹文化旅游主题

竹文化旅游主题是以四川的"四大竹海"（宜宾蜀南竹海、乐山沐川竹海、成都川西竹海、泸州大旺竹海）和成都崇州道明竹艺村、眉山青神国际竹编艺术博物馆、雅安天全思经竹海渔乡等特色旅游景区为重点，包括成都、乐山、宜宾、泸州、眉山、雅安在内的文化旅游主题。自 2020 年起，四川省陆续公布了 4 批现代竹产业（康养）基地、翠竹长廊（竹林大道）和竹林人家名单。2022 年，四川省竹林面积达到 1835 万亩，居全国第二位。① 竹文化旅游主题的建设，既是建设四川美丽乡村竹林风景线的重要内容，也是推动竹文化与竹旅游深度融合的具体体现。

5. 蜀道文化旅游主题

蜀道文化旅游主题是以蜀道为轴线，以翠云廊、金牛古道、阴平古道、米仓古道、明月峡古栈道为重点，以四川广元为核心，包括广元、绵阳、德阳、南充、巴中、达州在内的文化旅游主题。广义的蜀道是指出入蜀地的道路；狭义的蜀道则是指出中原入蜀之道，即"秦蜀古道"。从地理单元的角度来看，蜀道又有南北段之分：北段主要在陕西和甘肃境内，南段主要在四川和重庆境内。四川的蜀道"申遗"所选择的正是南段的四条古道（金牛道、米仓道、荔枝道、阴平道）。蜀道文化旅游主题的建设，既是"大蜀道"文化旅游品牌建设的内容支撑，也是申报世界文化和自然遗产的重要组成部分。

2023 年 8 月 4 日，广元市文化广播电视和旅游局在成都宽窄巷子东广场举行"走蜀道行大运"文化旅游推介会，宣传广元市正在奋力建设的大蜀道国际文化旅游目的地和康养度假胜地。

6. 道教文化旅游主题

四川是道教的发源地和发祥地，在道教长期的历史发展中，从古蜀人的天地崇拜、神鸟崇拜到仙道崇拜，形成了丰富的道教文化旅游资源，在海内

---

① 《四川省林业和草原局关于政协四川省第十三届委员第一次会议第 0591 号提案办理答复的函》，四川省林业和草原局网站，http://lcj. sc. gov. cn//scslyt/jyta/2023/9/15/e2887c037fcd4a868786c8f743f2540b. shtml。

外具有重要的地位和影响。2023年3月，四川省文旅厅立足全省文旅资源普查成果，编制了《四川省第一批中国特品级旅游资源推荐名录》（征求意见稿），涵盖9处中国道教文化发祥地，即青城山（都江堰市）、青羊宫（成都市）、鹤鸣山（大邑县）、金华山玉京观（射洪市）、云台观（三台县）、七曲山大庙（梓潼县）、高峰山道观（蓬溪县）、鹤鸣山道教文化公园（剑阁县）、真武山（宜宾市）。①

7. 石窟文化旅游主题

四川石窟文化旅游主题是以安岳石窟、广元石窟、巴中石窟、乐山大佛、夹江千佛岩、自贡荣县大佛、宜宾八仙山大佛、资阳半月山大佛、资中重龙山摩崖造像为代表的文化旅游主题。

石窟文化遗产既要保护，也要探索如何惠及群众。自2023年起，四川省探索四川石窟乡村文化公园（景点、微景观）试点建设，散落乡野的中小石窟开始融入实施乡村振兴战略和农文旅产业发展中。

8. 红色文化旅游主题

红色文化旅游主题是以巧渡金沙江、飞夺泸定桥、彝海结盟、爬雪山过草地、三线建设峥嵘岁月等经典故事和体验场景为主线，包括成都、攀枝花、泸州、绵阳、广元、乐山、南充、广安、达州、雅安、巴中、资阳、阿坝、甘孜、凉山在内的文化旅游主题。近年来，四川省以习近平新时代中国特色社会主义思想为指导，深入贯彻党的二十大精神以及四川省第十二次党代会和四川省委十二届四次全会精神，特别是文化强省、旅游强省战略，积极开展科学研究，坚持基础研究与应用研究并重，以扎实有力的成果推动了四川红色文化教育、红色资源保护利用、红色文旅融合、红色文旅产业发展。

2024年，四川红色文化旅游主题的研究热点包括习近平总书记关于红色文化与红色旅游重要论述研究、中国式现代化与红色文旅高质量

---

① 《四川省公示第一批中国特品级旅游资源推荐名录》，央广网，https：//travel. cnr. cn/dj/20230322/t20230322_ 526191030. shtml。

发展研究、红色文化与四个自信研究、红色旅游铸魂育人研究、四川红色文化的历史演进与传承研究、四川红色人物研究、四川红色精神研究、四川红色文化与巴蜀传统文化的耦合研究、四川红色廉洁文化研究、四川红色文旅促进城乡融合发展研究、智媒体时代四川红色教育资源的挖掘与应用研究、四川红色文化主题艺术创作研究、四川红色资源价值转化模式研究、四川红色资源的空间分布与旅游开发研究、四川红色文旅融合的规划探索与实践研究、四川红色研学旅游发展研究、四川红色文化产业现状与发展趋势研究、红色旅游促进各民族交往交流交融研究。①

9. 温泉文化旅游主题

温泉文化旅游主题是以螺髻山温泉、贡嘎神汤、花水湾温泉、光雾山温泉为代表，包括成都、德阳、绵阳、雅安、乐山、巴中、泸州、宜宾、攀枝花、甘孜、凉山在内的文化旅游主题。近年来，四川把资源变产业，重点打造一批"冰雪旅游+文化""冰雪+民俗风情""冰雪+阳光康养""冰雪+温泉度假"的冬季旅游特色产品。

2023年底，四川冰雪和温泉旅游节在理县开幕，陆续举行古尔沟温泉冰雪体验会、藏羌锅庄民俗文化展演等5项活动。仅2024年元旦假期，四川A级景区就接待游客超914万人次，其中温泉游热度上涨178%。②

10. 藏羌彝文化旅游主题

藏羌彝文化旅游主题是以甘孜、阿坝、凉山为核心区，以绵阳（北川羌族自治县、平武县）、乐山（金口河区、马边彝族自治县、峨边彝族自治县）、雅安（石棉县、汉源县、宝兴县）、攀枝花（仁和区、盐边县、米易县）的部分地区为辐射区，以成都为城市枢纽的文化旅游主题。

2024年5月6日，在全省文化遗产保护传承座谈会上，四川省住房和

---

① 《四川红色文旅研究中心2024年度课题指南》，四川省高等学校人文社科重点研究基地"四川红色文旅研究中心"，2024年1月31日。
② 杨金祝：《热门景点"人从众"四川温泉冰雪游带火冬季旅游市场》，《华西都市报》2024年1月4日。

城乡建设厅负责人表示，四川省坚持留住乡愁，推进甘孜、巴中、阿坝等地传统村落集中连片保护利用。[①]

（四）创作展演长江主题佳作

1.展览活动

2021年长江流域博物馆联盟在川成立以来，四川省相继设立巴蜀文化研究中心、禹羌文化研究中心。举办"山高水阔 长流天际——长江流域青铜文明特展"，展出长江文化代表性文物和艺术品130余件（套）；主办"江天万里——长江文化展"，展出长江文化代表性文物和艺术品136件（套），全面反映长江文化的深刻内容和深厚底蕴。[②]

2.文艺演出

近年来，四川省妥善利用三星堆、三苏、三国、蜀道、李庄等长江文化资源，深入挖掘创作题材，加强展示展演，推动了四川长江文化创造性转化。相继推出大型音舞诗《长江之头》、舞剧《苏东坡》、音乐剧《三星堆》等长江题材优秀文艺作品。举办"我住长江头"等音乐会，集中展演《长江之歌》《滚滚长江东逝水》《过三峡》等作品。[③]

二 四川传承弘扬长江文化工作的经验

党的十八大以来，四川省深入学习习近平总书记关于长江文化保护传承弘扬的重要论述，切实增强做好长江文化保护传承弘扬工作的责任感使命感，坚定文化自信，强化使命担当，守正创新做好四川省长江文化保护传承

[①] 李强强：《保护传承文化遗产 谱写中华民族现代文明巴蜀新篇章——聚焦全省文化遗产保护传承座谈会》，中国新闻网，http：//www.sc.chinanews.com.cn/shouye/2024-05-07/208904.html。

[②] 《四川扎实做好长江文化保护传承弘扬工作》，文化和旅游部网站，https：//www.mct.gov.cn/whzx/qgwhxxlb/sc/202312/t20231222_950455.htm。

[③] 《四川扎实做好长江文化保护传承弘扬工作》，文化和旅游部网站，https：//www.mct.gov.cn/whzx/qgwhxxlb/sc/202312/t20231222_950455.htm。

弘扬工作，加快推进文化强省建设，奋力谱写中华民族现代文明巴蜀新篇章。近年来，在非物质文化遗产保护、长江国家文化公园（四川段）建设、传承优秀少数民族文化方面形成一些可以推广的经验和做法。

（一）完善非遗保护传承体系，推动非物质文化遗产的活态传承

1. 构建完善的非遗保护政策体系

非物质文化遗产凝聚着中华民族的智慧，是中华文明绵延传承的生动见证，同样需要保护传承。近年来，四川积极探索在保护中发展、在发展中传承，非遗绽放迷人光彩。具体包括出台省非遗条例、省非遗传承发展工程实施方案等，指导省内长江流域市（州）完善各级非遗名录体系，建设一批以刺绣、造纸、年画等长江流域非遗项目为核心表现形式的非遗特色村镇、街区。每年举办中国成都国际非遗节等活动，开展活态技艺展演，为长江流域非遗项目、企业和传承人提供展示交流平台。国家级羌族文化生态保护区建设、各级非遗项目和传承人的认定等工作的推进，不仅让大量珍贵的非物质文化遗产得到有效抢救保护和传承发展，也让群众的文化认同和文化自信不断提升。如今，端午、中秋等传统节日氛围日益浓厚，蜀绣、剪纸、川剧等非遗课程走进学校和社区，为非遗保护注入了新鲜血液。

下一步，四川省住房城乡建设厅将加快推进名城名镇名村保护立法，健全财政保障、社会资本参与机制，加强技艺传承人、工匠等人才队伍建设。[1]

2. 开展全方位的非遗保护科学研究

随着数字经济和文化产业的发展，虚拟现实技术在文化遗产展示和价值阐释方面的优势也得以凸显，其应用场景在物质和非物质文化遗产数字化项目中屡见一些创新和实践，不仅是利用虚拟现实技术实现文化遗产的外化形式和数字孪生体，而且在虚拟场景中体现了"文化遗产的价值逻辑"。例

---

[1] 《田文：构建城乡历史文化保护传承体系，推进历史文化资源活化利用》，四川省住房和城乡建设厅网站，http://jst.sc.gov.cn/scjst/ct101448/2024/5/8/b25c5ad515e34e70af6c8bca9d8a1bb4.shtml。

如，四川省开展了对竹编工艺传承人的访谈、编织技法的拍摄、竹编成果的数字化扫描等工作，其关键步骤包括样本收集、数字数据采集、编织技法分类及规律分析、电脑编程、三维平台渲染、动画生成及语音合成等。通过虚拟现实技术实现编织技法的解码、编译和动画模拟，在虚拟场景中呈现传统竹编工艺的价值"逻辑"，实现其价值传递和价值活化。①

2024 年 5 月 6 日和 7 日，由四川省文化和旅游厅、四川大学指导，四川大学艺术学院、四川大学博物馆、泸州老窖·国窖 1573 研究院联合主办，四川旅游学院、四川大学艺术研究院协办的四川大学第三届非遗学术研讨会成功举行。研讨会由两大板块组成：5 月 6 日举行的"酒与筵——非遗与文化研究学术研讨会"，5 月 7 日举行的非遗学术讲座"非物质文化遗产保护的认识与实践"。②

3. 推动非物质文化遗产的活态传承

非物质文化遗产是人类的"活态灵魂"，是民族传统文化的珍贵记忆，是民族文化的生命密码，承载着独特而丰富的想象力、文化意识和民族精神。四川省近年来推动非遗融入当代、融入生活，促进文旅融合，不断取得成效。2023 年 4 月 10 日，四川省人民政府公布第六批省级非物质文化遗产代表性项目名录和省级非物质文化遗产代表性项目名录扩展项目名录。334个具有重大历史、文学、艺术、科学价值，体现巴蜀优秀传统文化的非物质文化遗产项目被列入省级非物质文化遗产代表性项目名录加以系统保护传承。在本次名录公布后，四川省级非物质文化遗产代表性项目达到 1132 项，位居全国前列，并实现省级非物质文化遗产代表性项目县（市、区）全覆盖。截至 2023 年 4 月，四川省已拥有联合国教科文组织人类非物质文化遗产代表作名录项目 8 项、国家级代表性项目 153 项，认定国家级代表性传承人 105 人、省级 1062 人。

---

① 余书敏、赵芸：《形式、孪生、逻辑——虚拟现实技术在四川文化遗产数字化领域的实践》，《自然与文化遗产研究》2024 年第 2 期。
② 《四川大学第三届非遗学术研讨会成功举行》，四川大学博物馆网站，https://scudm. scu. edu. cn/info/1202/2469. htm。

四川省充分利用中国成都非物质文化遗产节这个平台传承优秀的非物质文化遗产。自 2007 年开始已经连续举办了 8 届中国成都非物质文化遗产节，规模一届比一届大，已经成为世界品牌。2023 年 10 月 12~16 日，以"共享履约实践 深化文明互鉴"为主题的第八届中国成都国际非物质文化遗产节（以下简称"第八届非遗节"）在成都落下帷幕。为期 5 天的非遗盛宴举办了五洲非遗、神州非遗、巴蜀非遗、云上非遗 4 大板块 35 项特色鲜明的重要节会活动、579 项子活动，来自国内和 47 个国家和地区的 900 余个非遗项目、6000 余名代表和非遗传承人相聚成都，交流互鉴，共襄促进人类非遗保护事业的盛会。数据显示，第八届非遗节现场参与 38 万余人次，产品销售额 1273 余万元，意向授权金额 8200 余万元。相关活动直播观看量 235 万人次，网络相关话题阅读量 7658 余万人次。

（二）重视长江国家文化公园（四川段）的建设，打造长江上游的文化样板

宜宾、泸州分别是"万里长江第一城"与"长江出川的最后一道关口"，同时也是享誉盛名的历史文化名城，在长江国家文化公园（四川段）的建设中占有重要地位。以宜宾、泸州这两座国家历史文化名城为支撑，规划布局一批标志性引领性的重大项目，彰显属于四川独特的长江文化标志。

1. 注重宜宾的长江生态文化，加强宜宾长江文化体系建设

长江、金沙江、岷江三江交汇于宜宾，长江自此始称"长江"。宜宾作为"万里长江第一城"，应当首先做好长江生态环境保护的示范性工作。宜宾作为长江流域的重要城市，具有悠久的历史和丰富的文化底蕴，加强长江文化体系建设有助于传承和弘扬宜宾的历史文化，使人们更加了解和珍视宜宾的文化遗产。通过加强长江文化体系建设，可以增强宜宾的地方文化软实力，提升城市形象和知名度，吸引更多游客和投资者前来参观、学习和投资。宜宾拥有得天独厚的自然风光和丰富的人文资源，加强长江文化体系建设有助于开发具有文化特色的旅游产品，推动当地旅游业的繁荣发展。

长久以来，宜宾坚持"绿水青山就是金山银山"的理念，锚定方向、久久为功，致力于长江的生态保护工作。一方面，在保护好生态环境的前提下积极推进长江文化与生态环境、民生福祉的有机融合。宜宾市成功创建的国家级旅游度假区——蜀南竹海就是一个环境与民生融合的良好范例。宜宾以此为样板做好城市的基础设施建设工作，提升长江周边的公共服务能力，让人民切身感受到生活质量越来越高。另一方面，作为长江首城积极推进长江国家文化公园建设工作，主动承办举办"长江公园建设交流会""长江文化内涵研讨会"等一系列研讨展览活动，抓住"万里长江第一城"这一独特的文化标志，积极开展长江首城博物馆、三江口等重要的文化场景建设工作，打造"长江首城""生态之都"等特色文化IP，向全国人民展现"万里长江第一城"独特的文化风貌。加强宜宾长江文化体系建设有助于促进相关产业的发展，创造就业机会，带动当地经济的增长。

2. 把握泸州丰富的长江文化，构建结构立体、内容丰富的长江文化体系

泸州，作为长江出川的最后一道关口，拥有136公里的长江"黄金干道"，有重要一级支流永宁河、沱江、龙溪河和赤水河。自长江国家文化公园建设启动以来，泸州率先启动长江国家文化公园地方段编制。以特色文化IP为牵引，提出长江诗酒文化公园、先市酿造传承基地等项目规划，对长江沿岸的特色文化作出了专题性保护。[①] 同时，通过申请提升历史遗址的保护规划、打造特色历史文化街区、建立文旅招商项目库等方式打造属于泸州的特色文化名片，有效地促进了长江文化产业的发展。整合泸州地区丰富的长江文化资源，包括历史遗迹、传统民俗、长江渡口文化等，打造具有代表性的文化景点和文化体验项目。

总的来看，泸州的长江国家文化公园建设取得了一定成效，在下一步的发展建设计划中要加大文化挖掘和文化宣传的工作力度。

---

① 《建设长江国家文化公园，泸州这样布局》，腾讯网，https：//new.qq.com/rain/a/2023 1212A08J9D00。

一方面，要深入发掘长江特色文化，建立独具地域特色的长江文化体系。泸州拥有 136 公里的长江"黄金干道"，其深厚的文化底蕴深受长江影响。只有深入发掘长江与文化发展之间的联系，精确提炼泸州红色文化、白酒文化、饮食文化等各方面文化中的"长江特色"，努力打造更全面、更立体的长江文化（泸州段）特色模型，才能更好地阐释长江文化的精神内涵，展现"泸州风貌"。"泸州风貌"是指泸州市独特的城市风貌和文化特色。泸州作为长江流域的重要城市，其风貌展现了长江文化的独特魅力。泸州以其悠久的历史、丰富的文化底蕴和独特的地理环境而闻名，展现了长江文化的精神内涵。在阐释长江文化的精神内涵时，可以通过泸州的历史文化、传统习俗、地方特色等方面来展现"泸州风貌"。例如，可以介绍泸州的古建筑、传统手工艺、地方美食、民俗节庆等，展现泸州丰富多彩的文化景观和独特的生活气息，从而呈现长江文化的精神内涵。通过深入挖掘泸州的文化特色和历史底蕴，可以更好地展现长江文化的精神内涵，激发人们对长江文化的认同感和自豪感。重视长江流域特色的传统手工艺，加强对传统技艺的保护和传承，推动相关技艺在当代社会的传播和发展。挖掘长江文化中蕴含的精神内涵，如勤劳勇敢、开放包容等，通过文化活动和教育推广，让更多人了解并传承长江精神。

另一方面，要加强对长江环境及其特色文化的保护与推广，激发群众对长江文化的自信感、自豪感。在长江国家文化公园的建设过程中，要把握长江文化建设以人民为中心的宗旨。要注重长江生态环境保护工作，历史遗址的考古发掘工作与非物质文化遗产的保护工作。加强对长江流域特色文化遗产的保护工作，包括历史建筑、传统民俗、非物质文化遗产等，确保这些宝贵的文化遗产得到妥善保存和传承。同时，要注重加强对文物、非物质文化遗产的宣传工作，提高群众对传统长江文化的关注度。可在深入发掘泸州传统长江文化内涵与价值的基础之上，将传统文化符号向当代设计转化，让曾绝迹于日常生活的优秀工艺重新回到人民的身边，实现文物与文化的活化。鼓励长江流域地区开展与长江文化相关的文化创意产业，推动文化产品和创意活动的发展，提升长江文化的影响力和吸引力。鼓励社会各界积极参与长江环境和文化的保护工作，形成全社会共同关注、共同参与的良好氛围，共同守护长江的环境和文化。

（三）挖掘优秀民族文化，形塑多元一体的文化格局

"君住长江头，我住长江尾，日日思君不见君，共饮长江水"，这一千古名句本寓指恋人之间的相思相爱，但若用以四川地区各民族之间情同手足、互通互交的紧密关系同样恰如其分。长江之水自唐古拉山脉汩汩而来，覆盖了四川 96.6% 的水系，这不仅为四川带来了充足的水源、肥沃的土地，还带来了不同地区不同民族之间互通有无的水利之便。据史料记载与考古证实，早在远古时期四川盆地就已然有了各民族之间频繁的"以物易物"之痕迹。① 四川各民族之间以长江为依托的经济文化往来自古已有，要建设好长江国家文化公园四川段，就不能忽视四川涵盖多个民族聚集地，各民族文化相互交融、形成一体这一文化特色。挖掘多样的民族文化，塑造多元一体的文化格局，应当关注少数民族传统文化振兴并推进民族文化资源的整合。

1. 振兴民族优秀传统文化，保护传统文化的多元性

四川长江流域地处中国西南地区，是一个拥有丰富多样民族文化的地方。在这一地区，有着多个少数民族，包括彝族、藏族、苗族、纳西族等，每个民族都有其独特的语言、宗教信仰、传统习俗和民族风情。

彝族是四川长江流域人口最多的少数民族之一，其传统文化包括独特的服饰、舞蹈、音乐、信仰等，而且拥有悠久的历史和丰富的民间传说。藏族则以其独特的藏传佛教文化和精美的唐卡艺术而闻名，其建筑、服饰、饮食等方面也有着独特的文化表现。此外，苗族、纳西族等少数民族也在四川长江流域保留着各自独特的传统文化，如苗族的侗寨建筑、纳西族的三塔风情等。这些民族传统文化丰富多彩，反映了他们对自然环境的认知、生活方式、宗教信仰等方面的特点。这些民族文化的传承与保护对于维护国家文化多样性、促进民族团结和社会稳定具有重要意义。四川长江流域各民族文化

---

① 车明怀：《历史上藏族与长江流域其他民族的交往交流交融》，《西藏研究》2022 年第 2 期。

绚烂多彩、独具特色，由此组成了四川段内涵丰富的长江文明。要保护、发掘四川地区长江文明的精神内涵，就要保护好发扬好各民族独具特色的优良传统文化。当前，四川要抓住四川地区文化多元这一大特点，促进羌、藏、彝三大主要少数民族聚居区域的文化发掘与发展，全力开展长江流域文物资源调查研究，积极编制对有关文物保护利用的专项规划，完成包括皮络在内的多处遗址的考古发掘工作与国家遗址公园规划。加强对民族传统文化的保护工作，包括非物质文化遗产的保护、文物保护和修复等，确保少数民族传统文化得到有效传承和保护。

传统民族文化不应被束之高阁，优良的习俗只有被遵循、优秀的文化只有被尊崇，才能体现其精神价值。因此，在下一步长江国家文化公园建设计划中，应当推进各民族聚居地区积极宣扬、合理创新优秀的传统民族文化。通过发展民族特色产业、促进传统文化与旅游开发相结合，鼓励优秀的民族文艺作品产出。让民族文化被重视、被传承，使其在当今文化趋同的社会环境下焕发新的生机。鼓励民族传统文化与现代社会相结合，推动创新性的文化产品和表现形式，使传统文化更好地适应当代社会的需求。保护传统文化的多元性就应当与时俱进，少数民族的传统文化属于濒危文化，四川长江文化的发展应当将保护传统文化的多元性作为重要目标。四川长江文化是中国优秀的传统文化之一，拥有丰富多样的民族传统文化。保护传统文化的多元性可以促进文化的繁荣发展，维护国家文化多样性，促进民族之间的交流与融合，增进民族团结和社会稳定。具言之，应当以尊重为前提，保护各民族的传统文化，鼓励少数民族自主发展，保护他们的语言、宗教、习俗、传统技艺等，鼓励不同民族之间的文化交流与互动，促进文化共融，推动各民族文化的相互影响和交流。加强对民族传统文化的保护工作，包括非物质文化遗产的保护、文物保护和修复等，确保民族传统文化得到有效传承和保护。

2. 推进民族文化资源整合，建设体系化的少数民族文化廊道

体系化的少数民族文化廊道对于四川长江文化的发展具有重要意义。这样的文化廊道可以促进不同民族之间的文化交流与互动，有助于保护和传承各民族的传统文化，同时也可以吸引更多的人了解和体验少数民族文化，推动地区文化旅游的发展。在文化融合上，基于长江民族文化线性分布的空间特点，可借鉴山东省在建设黄河国家文化公园方面所采用的文化体验廊道的成功经验。山东省充分整合当地丰富的历史文化资源，包括黄河文化、古代遗址、传统民俗等，打造了具有代表性的文化景点和文化体验项目，让游客能够全面了解当地的历史文化底蕴。在文化体验廊道上设置了各种体验式文化活动，如传统手工艺制作、民俗表演、文化体验课程等，让游客可以亲身参与其中，深度感受当地的文化魅力。山东省注重对传统文化的保护和传承，通过举办文化节庆、传统技艺培训等活动，促进了当地传统文化的传承和发展，将文化体验廊道与旅游业相结合，开发了一系列具有文化特色的旅游产品，吸引了大量游客前来参观游玩，推动了当地旅游业的繁荣发展。结合长江地区实际情况，以长江为线索，在沿江的民族聚居、民族交汇以及重点特色文化区域建立一条少数民族文化体验廊道。具体来讲，就是利用旅游环线、生态绿道等方式将体现不同民族文化的特色区域串联起来，在其中充分展现各民族地区的自然风光与人文景观，讲述千百年来各民族同胞互相扶持、互相尊重、宽容相待、携手共进的历史，使之成为一条既承载长江水系多民族的文化特色，又宣扬各民族之间休戚相关、荣辱与共的一体化观念与意识的文化之路。

三 四川传承弘扬长江文化工作的建议

长江文化主要由长江上游四川盆地的巴蜀文化、长江中游江汉平原的荆楚文化、长江下游三角洲的吴越文化及其他支流文化组成。[①] 四川地处长江上游，拥有悠久的历史和丰富的文化遗产，这些遗产不仅见证了古代巴蜀文明的繁荣，也反映了长江流域文化的多样性和独特性。长江文化对四川的发

①　甘田、王汉熙：《浅析虚拟现实技术赋能下的长江文化对外传播策略》，《西部广播电视》2023 年第 21 期。

展和文化传承具有重要意义，它不仅为当地人民提供了丰富的精神食粮，也吸引着许多游客和学者前来探寻和研究。长江文化的发展对于促进四川地区的经济、旅游和文化产业发展具有重要意义，也有助于增进人们对历史和文化的认识，推动文化传承和创新。

（一）夯实厚重的文化基础

四川长江文化拥有悠久的历史底蕴，是中国优秀传统文化的重要组成部分。长江流域是中国古代文明的发源地之一，而四川作为长江上游地区，其文化底蕴更加深厚。从雪域高原走来的长江，流淌于山川峡谷之中，在四川盆地汇成"一江清水"东去，既滋养了四川因江而生的独具地域特色的巴蜀文化，同时也时刻影响着各民族自身文化习俗的发展。这些因长江而发展衍生出来的地域性特色文化与民族性特殊文化对巴蜀人民而言具有独特的亲切感。促进四川长江文化发展，必须立足于弘扬四川地区厚重的历史文化底蕴，并积极沉淀巴蜀地区坚实的文化基础。具言之，可以从促进巴蜀特色文化标志发展、打造长江（四川段）独有的巴蜀名片，以及重视四川地区多民族文化的特性、保护发扬优良的民族文化精神两个方面展开。

1. 促进巴蜀特色文化发展

在历史上，四川长江文化以其独特的地理环境、丰富的资源和多元的民族文化而闻名。长江流域孕育了古代巴蜀文明，形成了独特的文化传统。在这片土地上，孕育了众多的历史文化遗迹，如三星堆遗址、金沙遗址等，这些遗址见证了古代巴蜀文明的璀璨辉煌。长江流过巴蜀大地，分出金沙江、岷江、沱江、嘉陵江、雅砻江、大渡河六大分支覆盖全川，孕育了独具特色的巴蜀文化，留下了一个又一个宝贵的自然、文化遗产。要打造长江（四川段）独有的巴蜀名片，就要积极推动巴蜀文化的发掘与推广工作。自长江国家文化公园建设工作开展以来，四川积极对长江流域的文物资源展开调查研究，启动文物保护的专项规划。经过不断地调查、发掘与保护，四川编制完成了皮洛、城坝、宝墩、罗家坝 4 处考古遗址公园规划。同时，积极开展了文化遗址发掘工作。其中，江口沉银遗址、皮洛遗址、三星堆遗址先后被选入"全国十大考古新发现"。①

四川文化种类丰富多彩，从地域上看，四川南部有"忠义豪迈"的巴文化②，北部有"崇文尚柔"的蜀文化。巴文化起源于古代巴国，巴国位于四川盆地东部，与楚国、秦国等地相邻。巴国人民在这片受到长江滋养的富饶土地上繁衍生息，创造出了最初以勇猛善战、崇尚自然、尊重生命为主要特点的巴文化。经过千百年来不断地发展与融合，巴文化的内涵日渐丰富，最终形成了独特的社会风俗、饮食习惯和节庆活动。其中具有代表性的有泸州酒文化、自贡井盐文化等。

北部的蜀文化与巴文化不同，其因注重礼仪、文化和教育而以崇文尚柔著称。在考古学上，蜀文化的源头可以追溯到距今 5000 多年前的新石器时代晚期。在成都平原以及岷江流域，已经出现了文化发展的迹象。千百年来，属地发展出了独具特色的三星堆文化、蜀道文化、宝墩文化等。另外，受到中原地区文化的影响，蜀文化还具有独特的学术传统和社会风俗。北宋理学家程颐有"易学在蜀"的说法③，形成了巴蜀地区独具特色的易学传统，成为蜀文化的一个独特标签。在长江国家文化公园（四川段）的建设过程中，应当深入发掘巴蜀文化的独特之处。积极借鉴广汉三星堆文化宣传、推广的成功经验，在保证文化内核不被曲解的情况下大胆鼓励对传统文化、文物的二次创作，通过传统文化与现代理念的有机融合来打造独具巴蜀特色的文化 IP。

促进巴蜀特色文化标志发展、打造长江（四川段）独有的巴蜀名片是弘扬厚重的历史底蕴、沉淀坚实的文化基础的重要方式。四川长江文化对巴蜀特色文化的促进作用主要体现在文化传承、艺术交流、文化交融、旅游推广四个方面。在文化传承维度，作为长江流域的一部分，四川长江文化承载

---

① 《四川全力推进长江国家文化公园（四川段）建设守护母亲河》，文化和旅游部网站，https：//www.mct.gov.cn/preview/whzx/qgwhxxlb/sc/202303/t20230310_ 940393.htm。

② 张喻萱、夏雨：《巴文化：一颗镶嵌在华夏文明中的璀璨明珠》，《巴中日报》2020 年 10 月 14 日。

③ 段渝：《巴蜀文化 千年多元复合中的独特与辉煌》，四川省情网，https：//scdfz.org.cn/whzh/slzc1/content_ 48099。

了丰富的历史文化内涵，其中包含了巴蜀特色文化的重要元素。这些文化元素在长江文化的传承中得到了弘扬和发展，有助于保护和传承巴蜀特色文化。未来，关于四川长江文化的发展应当更加注重与巴蜀文化的联结，在深度联系的过程中进一步促进巴蜀特色文化的传承。在艺术交流维度，四川长江文化作为长江文化的重要组成部分，与其他地区的文化交流互动频繁。这种艺术交流有助于巴蜀特色文化与其他地区文化的融合，为巴蜀地区的艺术形式提供了更广阔的舞台。文化与艺术之间存在紧密的贴合，四川长江文化的发展将进一步推动艺术层面的沟通。在文化交融维度，长江文化与巴蜀特色文化在历史上相互交融，共同塑造了四川地区丰富多彩的文化景观。长江文化的影响使得巴蜀特色文化在历史演变中更加丰富多元，形成了独具特色的文化体系。因此，在促进四川长江文化发展的进程中，应当关注不同区域文化的融合。在旅游推广维度，四川长江文化作为地区文化的重要代表之一，对于巴蜀地区的旅游业发展起到了推动作用。长江文化的独特魅力吸引着大量游客前来探寻，也为巴蜀特色文化的传播和推广提供了有利条件。旅游业的发展将为各地的人们带来更好的文化感受，从而促进巴蜀特色文化的发展。综上所述，巴蜀特色文化对四川长江文化的促进作用体现在文化传承、艺术交流、文化交融和旅游推广等多个方面，为长江流域的文化发展和繁荣作出了重要贡献。

2. 发扬民族文化优良精神

四川是全国唯一的羌族聚居区、最大的彝族聚居区和全国第二大藏区。① 这些少数民族千百年来定居于此，接受长江的哺育滋养。他们的生活方式和文化已然与长江或其支流的自然地理环境相融合，其优良的风俗习惯是长江文化和精神价值的直接体现。当前来看，四川组织长江流域文物资源调查研究、推进考古发掘工作与遗址保护工作有效完善了对羌藏彝文化的研究阐释，对长江流域地区少数民族文化起到了较好的保持维护效

---

① 《四川概况》，四川省人民政府网，https：//www. sc. gov. cn/10462/10778/10876/2021/6/7/3fb2c20b47e14ede9b62e28a6c1f8f4d. shtml。

果。四川长江文化作为长江流域的重要组成部分，承载了丰富的历史文化内涵，其中包含了多民族文化的重要元素。通过对长江文化的传承和弘扬，有助于保护和传承各民族的优良文化传统。同时，长江文化作为地区文化的重要代表之一，与其他地区的文化交流互动频繁。这种文化交流有助于不同民族文化之间的相互影响和借鉴，促进了多民族文化的共同繁荣和发展。在推广和传承四川长江文化的过程中，应当尊重并包容其中融合的多民族文化元素，不偏袒某一特定民族文化，而是要全面呈现并尊重各民族文化的特点和贡献。

下一步，要有效宣传这依江而生的独特的羌藏彝文化，提高少数民族文化的知名度与关注度，进而使之成为整个长江国家文化公园中的一颗璀璨的文化之星。要提升羌藏彝文化的知名度和关注度，一是对内要在保护好环境的前提下，积极推动少数民族特色文化与旅游产业的有机融合。发掘诸如羌族"羌年"、彝族"火把节"等传统民族节日，提升当地少数民族人民的文化认同感与归属感，打造好独具特色的上述民族文化氛围。将羌藏彝地区的文化资源纳入旅游推广计划，开发民俗村落、民族风情景点，吸引游客前来体验和了解少数民族文化。二是对外要在保护已有文物与非遗文化的基础上，积极发掘文化遗产本身的精神内涵与美学价值，鼓励充分利用民族服饰的标志性图案、配饰、民族歌谣与民族传说等具有民族代表性的文化遗产，在不损其精神本质的前提下进行创新创作，促使传统的民族文化进行现代化转型，使之更加贴合当代人的思想理念，进而引导优秀的传统文化"走出去"，举办包括少数民族传统文化在内的文化节庆活动，展示少数民族的传统服饰、舞蹈、音乐等，吸引国际游客和观众参与，引发更多人群对传统文化的关注与重视。

（二）推进长江国家文化公园产业的体系化发展

长江水系在四川地区有着96.6%的覆盖率，上至远古时期，下至近现代社会，在长江水系的千百年哺育下，四川地区诞生出了丰富多彩、各具特色的精神文化。这些精神文化的积累，使得四川长江流域地区在发展文化产业上具有得天独厚的优势。长江国家文化公园开始建设后，四川抓住文化产业发展这一独特性优势，深化文旅融合，积极开展宣扬四川长江文化的现象级主题展览，致力于通过大熊猫、大遗址等文化遗产打造以长江国家文化公园为主题的文旅品牌。这些措施很好地发扬了长江文明中的四川特色文化，让"三星堆"传统文化、"大熊猫"自然文化家喻户晓，成功地激发了全国人民对长江文化的认同感与自豪感。在下一步长江国家文化公园（四川段）建设过程之中，应当借鉴当前的宣传模式，持续推出独具川渝特色的长江文化IP。与此同时，也应当均衡"公园"与"旅游"之间受众的辩证关系。重视公园之"公"，将民生发展放在长江国家文化公园建设的重要位置。

1. 打造长江国家文化公园重点旅游项目

长江国家文化公园建设注重生态环境的保护和修复，巴蜀地区作为长江流域的重要组成部分，具有独特的自然景观和生态资源。可以通过长江国家文化公园建设，将巴蜀地区的自然风光与长江文化相结合，打造生态旅游项目，让游客在欣赏自然美景的同时感受长江文化的魅力。自2022年长江国家文化公园建设启动以来，四川省作为长江上游的重要区域，正全力抓好长江国家文化公园（四川段）高质量建设各项工作。当前，四川已组织完成《长江国家文化公园（四川段）建设保护规划》初稿，提出构建"一干三区六江"的空间格局，有效推进了文化传承与文旅打造、生态修复与再生利用、文物考古与有效保护工作。

长江国家文化公园作为一个国家级的文化建设工程，其四川段建设不仅要重视四川地区特色长江文化的传承、发展与宣传，同时应当在更高的视角下重视多民族文化的融合性、作为上游区域文化的独特性、国家文化公园建设的整体性与公益性以及在世界上作为中华民族文化标志之一的代表性。在长江国家文化公园（四川段）建设中，可以设置展示长江文化的文化教育基地，向游客介绍长江文化的历史、传统和特色，增强游客对长江文化的认知和了解。特别是要突出展示巴蜀地区独特的文化元素，激发游客对巴蜀特色长江文化的兴趣和好奇心。

在空间规划上，要围绕《长江国家文化公园（四川段）建设保护规划》

中提出的"一干三区六江"这一空间体系，以处于长江主干的泸州、宜宾为支撑，以长江六大分支为线索，着力发掘、发展、建设一批具有长江特色、四川特色的巴蜀文化、羌藏彝文化的文化旅游项目。可以利用长江主干及其分支的线性特点，鼓励以特色长江文化主题为指引，将散点分布的特色文化展示点串联起来，形成一个相互交织、互为一体的文化旅游网络，以此更充分地展现四川地区长江文化的全貌。

在文化宣传上，首先，要加强媒体合作。在线下推进在各大地铁、机场、车站等交通集散地宣传推介，线上通过多途径多平台规模化宣传四川地区特色旅游文化，打造宣传营销矩阵，扩大受众覆盖面。同时，要加强内容策划，创新宣传形式，以受众喜闻乐见的方式进行文化宣传，促进对四川长江特色文化的正向讨论。其次，要推进长江特色文化艺术精品产出。一方面，要遴选推举出一批展现四川长江文化特色的优秀传统曲艺作品，展现传统文化本色之美；另一方面，鼓励在传统文化之上积极创新，推出一系列独具四川长江文化特色的曲艺作品与文创作品，打造具有四川文化特色的长江文化 IP。

2. 提升长江国家文化公园的公众感知度

公园姓"公"，决定了长江国家文化公园主体建设的公益性。长江国家文化公园旨在保护自然生态环境、传承历史文化遗产，同时提供公众参与的机会，让更多人享受自然和文化的乐趣。在这一背景下，需要辨析公园与旅游的受众关系，并提供长江国家文化公园可参与的文化体验。首先，要合理发展旅游产业，厘清公益文化宣传与商业化收费旅游的界限。除本身具有公益属性的长江特色文化博物馆、纪念馆、非遗馆等应当免费开放外，那些生动体现长江文化特质的景点、具有鲜明文化特质的群体性活动，也应向公众开放。同时，要界明长江国家文化公园旅游的收费项目与标准，谨防收费贵、乱收费的现象发生，让不同消费群体都能有足够的特色文化体验。其次，要兼顾文化特色旅游区群众的生活体验，坚守不能以生态环境的牺牲来促进旅游开发这一底线。在此基础之上，重视本地百姓的长江文化建设与体验，鼓励本地百姓积极参与到文化建设宣扬的活动之中，不做长江特色文化建设的"局外人"。组织丰富多彩的文化活动，如传统节庆、文化表演、手工艺制作等，鼓励本地百姓积极参与其中，展示和传承当地的文化特色。在当地社区建设文化活动中心、展览馆等场所，为本地居民提供参与文化活动的场所和平台，激发他们对文化建设的兴趣。开设传统文化传承培训班，邀请长者传授传统技艺和知识，吸引年轻人参与，传承和发扬长江流域的传统文化。鼓励本地居民参加文化志愿者队伍，参与文化宣传、导览解说等工作，成为文化传播的参与者和推动者。

（三）扩大国内外文化交流合作的深度与广度

长江作为中华民族的母亲河，是中华民族重要的文化标志。长江国家文化公园（四川段）的建设应通过与长江流域或其他地区以及国际间的文化交流合作，积极促进文化资源共享互学互鉴，提升文化的国际影响力。

1. 优化与长江流域其他地区的交流合作

长江国家文化公园作为一项国家级的文化建设项目，其建设不仅要考虑四川长江文化的独特性建设，也应当积极推进长江国家文化公园的整体性建设。一方面，要清楚长江国家文化公园建设是一项大工程，其宣扬的是中华民族历史悠久的长江文化。四川段的巴蜀文化、羌藏彝文化作为长江文化的一部分，对长江国家文化公园的建设不能"单独干""闷声干"。四川作为长江的上游地区，要积极与其他地区协调公园的建设事宜，推进长江国家文化公园跨区域整体保护、整体建设与整体管理。另一方面，各地区共建长江国家文化公园，要积极开展长江国家文化公园建设的经验交流活动。积极开展调研活动，学习其他地区优秀的长江国家文化公园建设理念、建设方式，为长江国家文化公园（四川段）建设提供新方案、新灵感。

具体来讲，首先，四川要担负起长江国家文化公园建设的"上游意识"。组织人才对长江国家文化公园建设成果显著的地区展开专门化调研，积极联合沿江区域策划实施如"长江世界江河文明论坛""长江流域文物资源整合交流会""长江国家文化公园建设的整体性研究"等研究交流活动。组建文化公园建设研究人才库，为长江国家文化公园（四川段）的下一步建设做好人才储备，打好理论基础。可以通过举办长江流域文化周、文化节庆等活动，邀请来自长江流域其他地区的艺术家、表演团体等参与，展示各地的传统文化艺术，促进文化交流与互鉴。

其次，宜宾、泸州两城处于长江主干地区，其长江国家文化公园的建设方式对长江下游区域影响巨大。两地应当做好上游的带头、示范作用，充分注重与其他省份长江国家文化公园建设的互动与交流，保证长江国家文化公园整体上的协调性。同时，作为长江主干道上游地区重要城市，两地要充分融合好长江经济带发展战略，利用好地处长江黄金水道和东临重庆这一长江经济带发展战略核心城市的地理优势，加强长江文化建设的互动与交流，并以此为端口打造优秀的长江文化 IP，向全国乃至世界讲述四川的长江故事。

2. 促进世界各大河文化保护的经验互鉴

长江之于中国，就如同尼罗河之于埃及，印度河、恒河之于印度。世界上诸多文明都是围绕着大河两岸而展开的。促进世界各大河文化保护的经验互鉴，向世界讲述长江的故事是非常有意义的。长江作为中国乃至世界上最重要的河流之一，拥有悠久的历史和丰富的文化内涵。与其他国家的经验交流可以让四川长江文化发展更好地借鉴其他国家的成功经验，吸收其他国家的先进理念和管理模式，推动文化创意产业的发展。四川在长江国家文化公园的建设过程中可抓住这一特点。在文化建设上，筹备开展世界大河文化交流会议，邀请世界各大河文明起源国家来川交流大河保护经验，促进世界各大河文化保护的经验互鉴。在文化宣传上，对内，要积极整合长江文化资源，加强传统文化发掘保护，加快长江传统文化的现代化转型，促生具有世界先进性的长江文化。对外，要注意着重打造一些易于识别、易于传播的长江文化符号，建设具有国际影响力的文化品牌。同时，在文化宣传的过程中，应当考虑到中西方文化体系之间的思维差异，要建设一套独特的认知方式，引导国际理解长江文化的独特魅力。利用互联网和新媒体平台，向世界讲述长江的故事，通过视频、图片、文字等形式展示长江的自然风光、人文历史、文化传承等方面的独特魅力。在此基础上，可以加强与其他国家的经验交流以促进旅游业的发展，吸引更多国际游客前来感受四川长江文化的魅力，促进当地经济繁荣。

2023~2024年度重庆山城特色长江文化发展研究

王佳宁 王君也 马 蕾 徐宇枢*

摘 要： 在保护好、传承好、弘扬好长江文化落地见效之际，特别是长江国家文化公园启动建设以来，本文充分研判建设长江国家文化公园对做大做强中华文化重要标志、延续历史文脉、坚定文化自信的重大意义，重庆强化"上游"意识、勇担"上游"责任、力争"上游"水平。重庆坚持"保护第一、传承优先""生态优先、绿色发展""共抓大保护、不搞大开发"理念，始终把文化遗产系统性保护作为长江国家文化公园（重庆段）建设的首要任务。以重庆文物和文化资源为依托，丰富重庆长江文化内涵，全面阐释长江文化时代价值，促进科学保护、世代传承、合理利用，彰显山水之城、美丽之地的独特魅力，形成了重庆长江文化的现代叙事和行稳致远的大趋势。

关键词： 长江国家文化公园（重庆段） 重庆长江文化 文化传承 文化保护

长江重庆段历史文化底蕴深厚，文化旅游融合度极高，保护和传承长江

---

* 王佳宁，重庆智库暨大运河智库创始人、理事长、首席研究员，长江国家战略研究院院长，主要研究方向为公共政策和战略规划；王君也，博士，重庆智库暨大运河智库专题研究部副主任、副研究员，主要研究方向为长江经济带和长江文化发展；马蕾，重庆智库暨大运河智库政府事务部副主任、副研究员，主要研究方向为文化产业发展；徐宇枢，重庆智库暨大运河智库舆情研究部助理研究员，主要研究方向为数字经济发展。

文化具有重要意义。重庆市全面落实中央关于推动长江经济带发展的安排部署，以文化旅游助力长江经济带发展，重点从旅游增效、文化铸魂、文脉传承等方面助力长江经济带发展。建议形成长江文化主题活动，鼓励多元参与，进校园扩大影响，促进文旅消费。加强组织与制度保障，完善政策支持，扶持长江文化创新创业，设立文化基金。构建长效机制，促进长江国家文化公园建设与长江经济带协同发展，实现区域协调发展和利益共享。发挥地方自主性，引入多元主体参与政策制定，建立长效化利益共享和补偿机制。培育水上休闲旅游产业链，提升游轮旅游品质，打造文化长廊，办好节会，推动长江文化传承与弘扬，满足人民对美好生活的向往，提升获得感、幸福感、安全感。

一　重庆长江文化发展比较优势

在保护好、传承好、弘扬好长江文化落地见效之际，特别是长江国家文化公园启动建设以来，重庆市决策层充分认识到建设长江国家文化公园对做大做强中华文化重要标志、延续历史文脉、坚定文化自信的重大意义，强化"上游"意识、勇担"上游"责任、力争"上游"水平。全市坚持"保护第一、传承优先""生态优先、绿色发展""共抓大保护、不搞大开发"理念，始终把文化遗产系统性保护列为长江国家文化公园（重庆段）建设的首要任务。以重庆文物和文化资源为依托，丰富重庆长江文化内涵，全面阐释长江文化时代价值，促进科学保护、世代传承、合理利用，彰显山水之城、美丽之地的独特魅力，形成了重庆长江文化的现代叙事和行稳致远的大趋势。

（一）长江重庆段历史文化底蕴深厚，保护传承基础较好

一是历史源远流长。据记载，204万年前，"巫山人"已在长江沿岸生息；商周时期，巴人以坚毅劲勇的精神立国；历代歌咏三峡的诗作超过4000首，是我国诗歌文化资源富集区；老一辈革命家邓小平、刘伯承、聂

荣臻，仁人志士杨闇公、邹容等，沿长江出巴蜀寻求救国救民真理。

二是文化璀璨多姿。全市现存不可移动文物2.59万处、全国重点文物保护单位64处、珍贵文物4.2万件、非物质文化遗产代表性项目4535项。

三是保护传承扎实。三峡文物保护历时30年，实施了保护项目996个，是我国规模最大的文物保护工程。①

（二）长江重庆段地理风貌独特，文化旅游正在深度融合

一是人文风光秀美。重庆现有世界文化遗产1处、世界自然遗产3处，中国历史文化名镇23个、传统村落110个、国家工业遗产5处。

二是三峡旅游蜚声中外。三峡是万里长江从高山到平原的"分界线"，有重要文化资源124处、核心旅游资源246处，可以说是世界上唯一可以乘邮轮游览的内河大峡谷。② 有以白鹤梁、名山、石宝寨、张飞庙、白帝城以及西沱古镇、大昌古镇、宁厂古镇等为代表的各类文物资源9600余处。有长江三峡、小三峡-小小三峡、神女峰·神女溪、当阳大峡谷、龙缸、天坑地缝、潭獐峡、兀谷、武陵山大裂谷、兰英大峡谷等高品级峡谷资源21处。江河、湖库、暗河、瀑布、激流密布，有世界最大的高峡平湖三峡库区，有大宁河、龙溪河、龙河，有汉丰湖、长寿湖、大洪湖、南天湖、大昌湖、太阳湖、双桂湖湿地、迎风湖湿地、藤子沟湿地、万州大瀑布等优质水域景观28处。

三是长江上游生态屏障作用凸显。近年来，长江重庆段突出"治水"、持续"育林"、抓好"禁渔"、注重"防灾"、强化"护文"，全力筑牢长江上游重要生态屏障。

（三）长江重庆段文化保护传承弘扬有的放矢，重点工作个性鲜明

一是重庆考古成果显著。完成三峡文物起底式调查，完成考古项目391

---

① 陈国栋、王翔、何春阳：《重庆沿着习近平总书记指引的方向坚定前行》，《重庆日报》2022年8月18日。

② 陈国栋、王翔、何春阳：《重庆沿着习近平总书记指引的方向坚定前行》，《重庆日报》2022年8月18日。

项，实证了三峡是中华人类文明的重要源头之一。巫山大溪遗址入选全国"百年百大考古发现"。重点实施合川钓鱼城遗址等 4 项考古发掘和保护展示项目。

二是公共服务体系不断完善。登记备案的博物馆 110 家，其中国家一级博物馆 5 家。对重庆中国三峡博物馆、重庆三峡移民纪念馆等 17 座综合性博物馆进行了提档升级，建成了世界首座水下博物馆——白鹤梁水下博物馆。

三是三峡库区发展势头良好，三峡移民 131.03 万动迁人口中重庆库区就有 111.96 万人，占比 85.4%，三峡移民精神时代价值特色鲜明。①

二　重庆长江文化保护传承总体态势

（一）以长江国家文化公园建设为主线全面推进保护传承工作

2021 年 12 月，国家文化公园建设工作领导小组印发《长江国家文化公园建设工作安排》，正式启动长江国家文化公园建设。2022 年 3 月，重庆市决策层向国家文化公园建设工作领导小组呈报《关于将长江重庆段纳入长江国家文化公园重点建设区的请示》并获批。2023 年 11 月，重庆市文化旅游委与重庆市发展改革委联合印发《长江文化保护传承弘扬规划任务分工方案》，任务分解到宣传、规划、商务、生态环境、林业等部门，同时加强各区县长江文化保护、研究和利用方面的指导落实，取得显著成效。

1. 完善工作机制，强化组织保障

重庆市对照国家层面的工作机制，组建国家文化公园（重庆段）建设工作领导小组及其办公室。由市委市政府分管领导任组长，市委宣传部常务副部长、市发展改革委和市文化旅游委主要负责人任副组长，市委宣传部、市发展改革委、市财政局、市规划自然资源局、市住房城乡建设委、市文化

---

① 陈国栋、王翔、何春阳：《重庆沿着习近平总书记指引的方向坚定前行》，《重庆日报》2022 年 8 月 18 日。

旅游委等部门分管负责人为成员，全面统筹涉及全市的长征、长江国家文化公园（重庆段）建设工作。重庆市委宣传部加强统筹协调，推动市级相关部门建立联席会议制度，指导各有关区县成立工作领导小组，全面构建党委领导、市区联动、智力支撑的一体化工作格局。

2. 全面梳理资源，夯实工作基础

重庆市文化旅游委员会协同市级相关部门，对长江国家文化公园（重庆段）所涵盖的各类资源实施了详尽的整理与分类，确立了该公园在重庆地区的具体建设范畴，覆盖了全市范围内的 38 个区（县），并额外纳入了两江新区、西部科学城重庆高新区以及万盛经济技术开发区，总计规划面积达到了 8.24 万平方公里。系统梳理全市世界文化遗产、世界自然遗产、国家 5A 级旅游景区、国家级非物质文化遗产等品牌资源 330 项。重庆智库暨长江国家战略研究院等有关研究机构牵头和参与起草一系列阐释重庆长江文化、三峡文化、红岩文化等的理论文章和智库建议。

3. 突出规划编制，明晰实施方案

一是印发《长江国家文化公园（重庆段）建设保护规划》。重点就规划总则（指导思想、背景、依据、范围）、专项评估（资源价值评估、保护现状评估、利用现状评估）、总体思路（目标、定位、策略）、建设内容、重点区域、重点工程、行动计划和实施保障等进行系统规划和明确，着力构建层次清晰、特色鲜明、重点突出的长江国家文化公园（重庆段）建设保护格局。

二是印发《长江国家文化公园（重庆段）建设实施方案》。重点就长江国家文化公园（重庆段）建设的指导思想、总体要求（建设范围及主体功能分区、建设内容与目标）、主要任务（重点对标实施保护传承、研究发掘、环境配套、文旅融合、数字再现五大工程）以及组织领导与政策保障进行系统地研究、梳理和明确。系统梳理全市文化旅游品牌资源 330 项；完成重庆长江流域文物资源专项调查，核实不可移动文物 2.6 万处、可移动文物 19.6 万件（套）。委托新型智库、高校研究机构、文物研究机构开展长江三峡文物保护利用研究，完成《三峡文物与中华文明》《长江流域（重庆段）文物资源调查》等研究报告。

4. 致力文物保护，系统部署实施

一是开展长江三峡文物保护和研究。推动国家五部委和两省市联合印发《三峡文物保护利用专项规划》。完成全市基本建设考古调查、勘探 79 项。实施重点考古发掘 63 项，出土各类文物标本 7300 余件（套）。积极争取将钓鱼城遗址、白鹤梁题刻、川渝宋元山城防御体系、川渝盐业遗产、蜀道（荔枝道）等项目纳入世界文化遗产预备名单更新项目。

二是推进长江重大文物保护工程。完成国保通远门城墙抢险加固，忠县皇华城考古遗址公园对外开放，重庆开埠遗址公园全面投用，推进 44 项三峡考古研究报告编写，出版三峡文物考古报告 8 部。完成 21 处中小石窟寺保护利用。完成中国民主党派历史陈列馆扩容升级并投用。

三是加强长江非遗系统性保护工作。出台《重庆市文化生态保护区管理办法》，启动市级文化生态保护区创建。长江干支流沿线石柱夏布、酉阳、彭水苗绣非遗工坊入选 2022 年全国非遗工坊典型案例。成功承办 2023 年长江沿线国家级非遗代表性传承人研修班。承办全国非遗与旅游融合发展培训班，"首届巴蜀非遗酿造技艺旅游创新发展大会"，入选 2023 年非遗与旅游融合特色活动典型案例。

5. 精心谋划项目，确保建设成效

一是按照国家文化公园中央预算投资项目的条件、范围、布局、前期工作深度等要求，印发《关于开展长江国家文化公园（重庆段）建设项目储备工作的通知》，依托全市文化旅游资源禀赋和特色优势，精心谋划储备一批博物馆、纪念馆，遗址遗迹，特色公园，非物质文化遗产，历史文化名城、名镇、名村和街区，文化旅游复合廊道六大类公共服务设施和基础设施建设项目。

二是按照国家发展改革委、文化和旅游部印发的《关于推荐遴选长江国家文化公园重点项目的通知》要求，重庆市文化旅游委会同市级有关部门、有关区县编制形成长江国家文化公园（重庆段）项目储备库。编制项目 74 个，遴选申报国家重点支持项目 17 个，其中，钓鱼城历史文化博物馆、重庆中国三峡博物馆改扩建、重庆（中国）水文博物馆、磁器口历史文化街区、龙骨坡古人类文化遗址、茶马古道（重庆段）生态文化旅游复合廊道、川渝石窟寺等 7 个项目通过国家发展改革委组织的专家评审。

三是加快推进长江三峡国家考古遗址公园建设，落实三峡后续专项资金 1.4 亿元，开工建设万州天生城、奉节白帝城、云阳磐石城、忠县皇华城等考古遗址公园①，着力打造长江国家文化公园（重庆段）标识。持续推进"考古中国—巴蜀文明进程研究"项目，落实《重庆三峡库区出土文物修复三年行动计划》，开展考古调查发掘近百项，考古发掘面积近 2 万平方米，实施三峡出土文物修复近 2000 件。印发《重庆市"十四五"石窟寺保护利用专项规划》，实施石窟寺保护利用项目 19 项。

6. 成立智库机构，专事长江文化

为保护好长江文物和文化遗产，大力传承弘扬长江文化，推动优秀传统文化创造性转化、创新性发展，为长江文化和长江国家文化公园研究提供智库支持，2022 年 1 月 5 日，重庆智库暨长江经济带研究院第一时间策应党中央、国务院重大决策部署，联合中国大运河智库联盟、大运河智库发展研究中心共同成立长江国家文化公园研究院。② 鉴于长江文化和城市发展涉及长江干流区域和长江经济带区域的上海、江苏、浙江、安徽、江西、湖北、湖南、重庆、四川、贵州、云南、西藏和青海等 13 个省区市，重庆智库暨长江国家战略研究院持续跟踪长江经济带和长江国家文化公园研究并密切关注重庆段走势。两年来，重庆智库暨长江国家战略研究院向中央有关部门、长江沿线有关省市送阅一系列智库专报和咨询报告，众多实用、有用的观点被属地政府采纳、援引并形成政策性文本。

（二）以旅游带、圈建设为重点深入推动长江文化和旅游融合发展

1. 加快建设世界知名都市旅游目的地，构建以长江、嘉陵江为主轴的"一核一带"文化发展格局

重庆立足中心城区，聚焦"山水之城·魔幻之都"主题，深度挖掘巴

---

① 韩毅：《不尽长江滚滚来》，《重庆日报》2023 年 9 月 13 日。
② 2022 年 12 月，长江经济带研究院和长江国家文化公园研究院整合为长江国家战略研究院。

渝文化、抗战文化、统战文化聚集地的丰富人文资源，充分整合"山城""江城"美丽山水资源，提升和新建一批展现城市山水格局、彰显城市文化底蕴、具有世界震撼力的核心景区。加快建设区域文旅要素配置中心和中国西部旅游集散中心，把中心城区打造成为引领和带动全市全域旅游发展的极核。立足主城新区，依托世界文化遗产和自然遗产地，打造一批富有文化底蕴的世界级旅游景区和度假区。支持涪陵武陵山大裂谷等申创国家 5A 级旅游景区，支持南川区等创建国家级全域旅游示范区，把主城新区打造成为环抱大都市、承接大三峡、连通大武陵、辐射周边省的环城休闲旅游带。推动中心城区和主城新区同城化发展，把主城都市区打造成为彰显山魂之雄、水韵之灵、人文之美、产品业态丰富、服务功能完善、集散舒适便捷，具有国际竞争力和影响力的世界知名都市旅游目的地。预计2025 年将实现旅游综合收入 4500 亿元，新增国家 4A 级及以上旅游景区20 个，新增市级及以上旅游度假区 2 个，建成旅游休闲城市 10 个，培育精品特色旅游线路100 条。①

2. 加快建设长江三峡国际黄金旅游带，构建大三峡旅游发展格局

重庆聚焦"壮美长江·诗画山峡"主题，构建以核心库体为主轴、以次级河流为支干、以两侧纵深为腹地的发展格局。加快万开云、奉巫巫城旅游"金三角"一体化建设，推进忠县、石柱、万州共同打造"三峡库心·长江盆景"。完善和提升以万州为中心的旅游集散中心功能，建成了一批展现"高峡平湖"壮丽美景，彰显三峡历史、民俗及当代移民文化底蕴，具有国际影响力和吸引力的核心景区、度假区。支持奉节白帝城·瞿塘峡等景区申创国家 5A 级旅游景区，支持奉节县等创建国家级全域旅游示范区，推进三峡旅游由观光游向休闲游、由过境快游向腹地慢游、由景点游向全域游转型，把长江三峡黄金旅游带打造成为世界著名旅游目的地。2025 年将实现旅游综合收入 1550 亿元，新增国家 4A 级及以上旅游景区 21 个，新增市

---

① 《重庆市人民政府关于印发重庆市文化和旅游发展"十四五"规划（2021～2025 年）的通知》，《重庆市人民政府公报》2022 年第 6 期。

级及以上旅游度假区 6 个，五星级标准游轮达到 30 艘，培育精品特色旅游线路 40 条。①

3. 全面提升都市旅游，着力打造"两江四岸"滨江休闲带②

重庆注重保护山水之间自然形成的峡、湾、嘴、滩、半岛、江心绿岛等特色景观区域，构建多层次、多色彩的滨江绿带，提升生态绿色展示功能。着力打造具有世界影响力的旅游景区。高水平规划建设广阳岛，着力打造"长江风景眼、重庆生态岛、智创生态城"；对标国家 5A 级旅游景区标准，按照"百年大计·时代精品"的要求，规划建设长嘉汇大景区，打造文旅商多元融合的国际都市旅游目的地；按照"五十年西部领先，一百年全国不落后"的目标，规划建设长江文化艺术湾区，打造国际一流的新地标；依托歌乐山和磁器口古镇，规划建设歌乐山·磁器口大景区。着力打造特色都市旅游品牌。延长两江游轮航线，新建和完善沿江旅游码头及停靠点，形成游船与岸边景区融合联动发展格局，拓展大都市游轮旅游空间，打造西部唯一国际知名的大都市两江游轮品牌。着力打造环城休闲旅游带。依托大足石刻世界文化遗产地，整合合川钓鱼城、涪陵白鹤梁等文化资源，加快现有景区提档升级，推进一批重点景区建设。重点推进大足石刻文旅小镇、涪陵中国水文博物馆、重庆非物质文化遗产博览馆等一批标志性引领性项目，推进合川钓鱼城遗址、涪陵白鹤梁题刻申报世界文化遗产，打造世界级文化遗产旅游精品。加快金佛山、武陵山、长寿湖、龙水湖、四面山、横山、黑山、茶山竹海、涪江休闲带等提档升级，打造一批具有国内国际影响力的森林型、湖泊型休闲度假地。实施"文化+""旅游+"，依托旅游景区、旅游度假区、特色产业基地，大力发展健康养生、旅居养老、休闲度假、自驾等旅游产品和业态，进一步挖掘安居、双江、涞滩、中山、万灵等中国历史文化名镇资源，打造一批国内知名的文旅古镇。

---

① 《重庆市人民政府关于印发重庆市文化和旅游发展"十四五"规划（2021~2025 年）的通知》，《重庆市人民政府公报》2022 年第 6 期。

② 《重庆市人民政府关于印发重庆市文化和旅游发展"十四五"规划（2021~2025 年）的通知》，《重庆市人民政府公报》2022 年第 6 期。

4. 着力打造长江三峡旅游，打造游轮旅游目的地

重庆加快建立和完善三峡游轮标准体系，提档升级游船及配套设施，打造一批安全、环保、舒适、优质的内河游轮，全面提高服务水平。着力开发商务、小型会展、会议论坛、亲子、婚庆、企业庆典、演艺、文创等产品和业态，增强游轮休闲度假功能。推动重庆与湖北等沿江省市游轮旅游协作，开发设计多段多程游轮线路产品。把长江三峡重庆籍五星级标准游轮打造成为国际知名游轮旅游精品，成为世界内河游轮旅游的典范和标杆。拓展游轮旅游空间。进一步提档升级沿江景区，以万州三峡平湖等现有景区为依托，着力发展地域文化特色突出、民族风情浓郁的生态观光、休闲避暑、健康养生、民俗农耕、文化体验、亲子互动、农事参与等休闲度假业态。加快两侧腹地旅游资源深度开发，重点加大推进巫溪红池坝等开发建设力度，建设一批腹地精品景区。推进沿江景区由单一的观光功能向观光与休闲度假并重转型。依托长江黄金水道和两侧腹地丰富的支流湖库资源，加快发展水上穿梭巴士、观光游船、游艇等产品，开展内容丰富的水上赛事、竞技、表演活动，形成多元化的水上产品系列。构建联动发展格局。加快建成寸滩游轮母港和丰都、万州游轮辅港，新建和提升沿江旅游码头及配套设施。按照景景通、景城通的要求加快推进旅游道路及客运枢纽、集散中心建设，与高铁、动车、机场形成"零换乘"的现代客运体系，形成以"船游三峡"为支撑、"陆游三峡""飞游三峡"有机联动的新局面，最终形成以三峡游轮为主线、以沿江城市（镇）为桥头堡、以重点景区为节点，水公铁空联程接力一体化的三峡大旅游格局，推进三峡旅游由一线游向一片游，由快游向慢游、深度游转型。①

（三）以各板块特色为出发点因地制宜打造长江文化各项示范工程

1. 云阳：建设长江国家文化公园（重庆段）示范县

云阳县立足区位优势和历史文化底蕴，提出建设长江国家文化公园

---

① 《重庆市人民政府关于印发重庆市文化和旅游发展"十四五"规划（2021~2025 年）的通知》，《重庆市人民政府公报》2022 年第 6 期。

（重庆段）示范县目标，聚焦磐石城遗址公园和云阳博物馆（新馆）两个重点项目建设，强力开展"五大板块"工作。

在文物保护利用方面，云阳县每年滚动实施"四个十"（即十大古宗祠、十大古建筑、十大古村落、十大价值研究）文化保护和利用工程，在完成张桓侯庙、彭氏宗祠等19处文物保护修缮的同时，与相关单位、院校积极开展多项合作。

在文旅融合互促方面，大力开展"百A百星"（即国家A级景区达到100A、星级酒店达到100星）攻坚提升工程，打造10多个乡村旅游休闲区，创建A级旅游景区22个，培育星级酒店17家。

在生态修复保护方面，开展库岸综合治理修复和长江生态保护工程，建成33公里环湖绿道，串联"白兔井"等八大主题公园，推进"两岸青山·千里林带"建设，长江（云阳段）两岸森林覆盖率达到75%。

在文化育民惠民方面，实施"文艺荟萃"时代精品创作工程，推出《三峡彩虹》《巴人密码》等一批文艺作品。

在数字应用赋能方面，实施历史文物数字再现工程，建成区县首个数字体验博物馆，馆藏珍贵文物数字化率达到90%以上。下一步，云阳县将加强文化保护传承，持续推动长江文化创造性转化、创新性发展，努力为现代化新重庆建设作出新的更大的贡献。

2. 万州：把握"三大抓手"实施文旅深度融合

万州区突出产品供给、品牌塑造、产业聚合"三大抓手"，实施文旅深度融合工程，全力打造长江国家文化公园（重庆段）建设文旅融合工程示范样板。

万州区着力实施资源普查工程，完成长江流域（万州段）文物资源调查，登录不可移动文物1185处，新增历史文化名镇名村、传统村落等13处，收录旅游资源单体346处；制定《推动文化旅游业高质量发展三年行动方案》，实施重点文旅项目和事项72个，建成一批标志性文旅工程；以发展都市休闲旅游为着力点，高效转化提升三峡平湖旅游资源，实施精品提升工程。

万州区高质量策划举办了一系列特色文旅活动，打造节会品牌；利用长江万州段江面宽阔的独特优势，举办环湖马拉松、冬季横渡长江等大型文旅体活动，擦亮赛事品牌；发挥川剧、曲艺、歌舞剧、杂技"四团同城"优势，培育演艺品牌。

万州区出台《支持服务业高质量发展若干措施》，设立专项资金，支持全区文化旅游产业发展，壮大文旅市场主体；聚焦新兴业态，推出研学旅游精品线路4条，打造精品民宿集群5个，塑造多元文旅业态；突出文商旅融合，拓展文旅消费场景，发展"演唱会经济"，集聚人气商气。下一步，万州区将坚持以文塑旅、以旅彰文，扎实推进文旅深度融合发展，建成长江国家文化公园（重庆段）高质量文旅融合示范样板。

3. 涪陵区：打好"传承保护"与"文旅融合"两张牌

涪陵区突出两江交汇特色，实施巴文化传承发展、红色旅游融合发展、白鹤梁题刻文化保护利用、易理文化再研究再拓展等行动，打好"传承保护"与"文旅融合"两张牌，进一步凸显文化底蕴，彰显时代价值。

在传承保护方面，涪陵区系统梳理保护长江文化遗产资源，摸清资源"家底"，现有不可移动文物点1006处、可移动文物14328件（套）；投入2亿余元完成陈万宝庄园、周煌故居、邱家榨菜作坊、北岩题刻等10余处文物保护修缮工程，盘活遗产"富矿"；推动白鹤梁题刻单独申遗与联合申遗同步推进。

在文旅融合方面，涪陵区坚持以文塑旅、以旅彰文，强化"大文旅"理念，以获批创建国家文化产业和旅游产业融合发展示范区为契机，着力整合长江文化、生态和旅游资源，打响具有涪陵辨识度的长江文化品牌。如以白鹤梁、816、武陵山、榨菜等标志性文旅IP等为核心，成功举办白鹤梁文化旅游节等重大活动，推动长江工业遗迹旅游、农耕文化体验等业态融合发展。下一步，涪陵区将努力把长江国家文化公园（涪陵段）打造为赓续千年文脉的历史文化长廊、提升群众生活品质的文旅体验空间和展示涪陵形象的亮丽名片。

4. 大足：把大足石刻打造成世遗保护利用的示范

大足区坚持"保护第一"，坚持"两个结合"，坚持守正创新，努力把大足石刻打造成世界遗产保护利用的示范、文明交流互鉴的典范、文旅融合发展的标杆、石窟寺领域的样板。

大足区认真落实重庆首部保护历史文化遗产的地方性法规《重庆市大足石刻保护条例》，升级改造宝顶山、北山、南山、石篆山石刻安防系统；对包括文物本体、自然环境、人为活动因素以及保护管理等18大类70个子项开展长期监测；建成文物医院、监测预警中心、安全技术防范中心等平台，实现了保护工作由抢救性向预防性转变。

大足区深度挖掘文物时代价值，提升文物活化利用水平。如推动"大足学"学科建设，将大足石刻研究上升到系统与学科的高度；启动《巴蜀石窟全集》编撰工作，历时16年完成的11卷19册《大足石刻全集》考古报告填补了我国大型石窟编写和出版系列考古报告的空白；大足石刻数字博物馆隆重上线；8K数字球幕《大足石刻》获评国家首批"智慧旅游沉浸式体验新空间"；大足石刻文创园累计签约入驻企业168家，总投资255亿元。接下来，大足区将加强大足石刻整体性保护、系统性研究，加大文旅模式和业态创新力度，努力把大足石刻打造成具有重庆辨识度的文物活化利用金名片。

5. 奉节：建设白帝城—环草堂湖—三峡之巅文化旅游带

白帝城遗址是长江国家文化公园（重庆段）的文旅地标，旅游资源丰富，是国家5A级景区、长江三峡起点，也是10元人民币背景取景地。

奉节县推动白帝城遗址保护利用、景区品质提升，成功创建全国首个"中华诗城"；建设三峡第一碑林、竹枝园、十贤堂、杜甫亭、忠义广场，增加竹枝情缘、归来三峡等诗词演艺，对白帝城进行一诗一景打造；推动文旅深度融合，结合古建筑群内明良殿、武侯祠、东西碑林、文臣武将厅等讲好三国故事，利用白帝城博物馆、江峡文化馆、瞿塘关遗址博物馆展示厚重历史文化。2023年接待游客135.5万人次，较2022年增长335.83%。

白帝城将持续推进考古体验中心、文物本体修缮、发掘成果临时大棚展示区建设，加快建设国家遗址公园；深入挖掘白帝城历史文化，提高其知名度和影响力；破题长江国家文化公园（重庆奉节段）核心区建设，提升文化公园的产业价值和影响力；加快完善白帝城国家遗址公园建设后续规划设计，开展汉、六朝、唐宋城址的内涵和布局研究，丰富白帝城城市文化发展脉络；积极推进申遗工作；打造白帝城—环草堂湖—三峡之巅文化旅游带，开通白马隧道，闭环白城·瞿塘峡景区。计划投资1.97亿元，开展草堂湖沿岸综合治理，新增23公里环湖步道及相关配套设施，完成白帝城至三峡之巅沿途农户风貌改造。

6.重庆中国三峡博物馆：推出"壮丽三峡"展览

重庆中国三峡博物馆改陈与数字化提升是长江国家文化公园（重庆段）建设十大标志性项目之一。提升工作启动以来，博物馆按照"根植巴山蜀水，传承长江文化"这一叙事主基调，以三峡文化的起源、形成、衍生、交融及其时代变迁为主线，突出三峡文化开放、融合、互鉴的特质。目前，已形成"壮丽三峡""诗咏三峡""高峡平湖""川江航运""三峡探秘""三峡非遗"6个基本陈列框架，"图画江山"（古代书画）和"巴山之子"（近现代美术）2个馆藏特色书画陈列框架，以及"世界大河文明"系列、"走进长江文明"系列和"区域文化交流"系列等若干临时展览框架。

此外，三峡博物馆正倾力打造高水平数字博物馆，加强馆藏文物数字资源建设，形成数字化作品，打造沉浸式体验；规划设计"诗咏三峡"全新数字展厅，生动展现"三峡探古""鬼斧神工""高峡平湖""川江航运""愈炸愈强""泼墨江山"等数字化场景。目前，已完成"壮丽三峡"展览的文本和概念初设，将于2024年底推出该展览。"高峡平湖""川江航运"等展览也在积极推进。未来，三峡博物馆将聚焦三峡文物数字化建设，把文物管理、保护、展示、信息传播等用数字技术串联起来，有机融入展览中。

三 推动长江文化发展和长江经济带发展同频共振

长江国家文化公园横跨上海、江苏、浙江、安徽、江西、湖北、湖南、重庆、四川、贵州、云南、西藏及青海等13个省级行政区域，覆盖长江主干流区域及更广泛的长江经济带区域。长江国家文化公园不仅是沿线各级行政单元传承与发展长江文化的重要平台和工具，也是当前国家重点推进的五大国家文化公园项目（包括长城、大运河、长征、黄河及长江）中的关键一环。

与此同时，长江经济带发展战略作为国家六大区域重大发展战略之一（其余为京津冀协同发展、粤港澳大湾区建设、长三角一体化发展、黄河流域生态保护和高质量发展、成渝地区双城经济圈建设），其影响力深远，涵盖了11个省市，对区域经济的协调与可持续发展具有重大意义。

在长江文化提出和长江经济带发展战略实施迄今，重庆智库暨长江国家战略研究院认为，党的二十大报告指出的"加大文物和文化遗产保护力度，加强城乡建设中历史文化保护传承，建好用好国家文化公园"，为长江沿线城市建设长江国家文化公园提供了根本遵循。党的二十大报告强调的"健全现代文化产业体系和市场体系，实施重大文化产业项目带动战略"，为深入推进长江经济带发展战略明晰了新的方向。因此，长江国家文化公园的建设与长江经济带的发展战略紧密相连，二者相辅相成，共同构成了推动区域发展的重要双引擎。它们不仅在战略高度上相互支撑，更在实际运作中并行不悖，共同促进着长江流域的文化繁荣与经济发展。

（一）长江文化和长江经济带发展研究的空间和领域呈现四个取向

1. 长江文化和长江经济带发展研究的空间和领域不断扩大

长江文化和长江经济带发展必须密切关注区域重大战略的走势。区域重大战略的空间和领域发展到哪里，长江文化和长江经济带发展的研究触角就需要延伸到哪里。党的二十大以后，区域重大战略的空间和领域不断拓展，因而，长江文化和长江经济带发展研究关注的空间和领域也在不断扩大。比如，保护传承弘扬长江文化研究关注的空间和领域包括保护长江文物和文化遗产，发展文化事业和做好文旅产业的目标在于推动山、水、人、城和谐发展。而推进长江经济带发展战略研究关注的空间和领域是坚持生态优先、绿色发展的战略定位和共抓大保护、不搞大开发的战略导向，推动长江经济带高质量发展。①

2. 长江文化和长江经济带发展研究需要关注的问题日益增多

区域协调发展不断推动着长江文化和长江经济带发展战略理论的创新。长江文化和长江经济带发展在研究空间和领域不断扩大的同时，研究的内容也不断丰富，其主要包括两个重要方面。首先，加强生态环境系统保护修复和推进畅通国内大循环。主要涉及强化源头治理，持续推进生态环境突出问题整改和污染治理。完善国土空间管控和负面清单管理等综合管控措施，加快建立生态产品价值实现机制。其次，把修复长江生态环境摆在压倒性位置，构建综合治理新体系。其重点在于加强综合交通运输体系建设，发挥长江沿线中心城市和城市群带动作用，推进上中下游协同联动发展，促进公共服务便利共享。②

3. 长江文化和长江经济带发展研究的方法和手段不断创新

在以往的长江文化和长江经济带发展研究中，通常采用理论与实践相结合、历史与现实相结合及系统分析、比较分析等方法，紧密联系长江文化和长江经济带发展的诸因素、诸条件和全过程，全面系统地分析研究长江文化和长江经济带发展理论的产生和发展的内在联系，揭示其基本规律。在新的时代条件下，这些方法必须坚持。同时，随着网络技术、模拟技术、大数据、云计算等的发展及其广泛运用，长江文化和长江经济带发展的研究方法发生了深刻变革，出现了模拟仿真、"演算"和检验、江心岛推演等新的研究手段和方法。这些新的方法和手段，不仅适应长江文化和长江经济带发展战略研究信息量大、科学性、时效性要求高的特点，而且弥补了传统研究方法中定性分析多、定量分析少，主观判断多、检验手段少的不足，使得长江文化和长江经济带发展研究的模式由理性思辨向系统论证发生历史性转变。③

① 王君也、王佳宁：《长江国家文化公园和长江经济带协同发展的趋势判断》，《中国发展观察》2023 年第 5 期。

② 王君也、王佳宁：《长江国家文化公园和长江经济带协同发展的趋势判断》，《中国发展观察》2023 年第 5 期。

③ 王君也、王佳宁：《长江国家文化公园和长江经济带协同发展的趋势判断》，《中国发展观察》2023 年第 5 期。

4. 长江文化和长江经济带发展研究与其他学科的联系更加紧密

长江文化和长江经济带发展研究是协同发展研究和重大战略研究的最高领域，在整个区域发展学科体系中处于主导地位，它与社会学、文学、管理学等学科有着十分紧密的联系。在新的时代条件下，长江文化和长江经济带发展的政治性进一步增强，长江文化和长江经济带发展的政策安排将持续产生战略性影响，战略实施与政策诉求的界限趋于模糊，长江文化和长江经济带交汇的领域正在扩大，其与自然科学、技术科学的联系也越来越紧密。[1]

（二）实现长江文化和长江经济带发展同频共振需关注四个方略

长江国家文化公园建设是中央现有文化类政策类型中唯一能够对长江沿线城市产生积极的空间干预的政策手段。而长江经济带发展战略不仅作用于空间差异的弥合、区域发展的协调，而且能够在促进优势区域加快崛起的过程中找到提高长江文化和城市发展的空间抓手。[2]

一是长江沿线城市围绕"四大任务"展开规划，高度衔接、深度融汇重大决策安排，凸显长江国家文化公园和长江经济带发展的全局性。这"四大任务"是，制定修订法律法规、编制建设保护规划、实施文物和文化资源保护传承利用协调推进基础工程以及完善建设管理体制机制。

二是长江沿线城市围绕"四类主体功能区"展开布局，体现长江国家文化公园和长江经济带发展的显著性。鉴于长江国家文化公园文化遗产和文化资源整体布局、禀赋差异及周边人居环境、自然条件、配套设施等现状，这"四类主体功能区"是指管控保护、主题展示、文旅融合和传统利用。

三是长江沿线城市围绕长江国家文化公园的"先导区""示范区"进行铺排，彰显长江国家文化公园和长江经济带发展的指向性。长江国家文化公园具有跨区域线性文化带特征，文化带建设成效与区域制度环境及统一市场

---

① 王君也、王佳宁：《长江国家文化公园和长江经济带协同发展的趋势判断》，《中国发展观察》2023 年第 5 期。

② 王君也、王佳宁：《长江国家文化公园和长江经济带协同发展的趋势判断》，《中国发展观察》2023 年第 5 期。

建设密切相关。而长江经济带基础设施的互联互通，特别是要素流、商品流和信息流的畅通程度，将成为检验长江沿线城市统一市场建设进展的重要标志。①

四是长江沿线城市围绕长效机制进行实操，品牌形象和媒体宣传联袂发力，增强长江国家文化公园和长江经济带发展的示范性。对推进保护传承工程、推进研究发掘工程、推进环境配套工程、推进文旅融合工程和推进数字再现工程等关键领域的工作进行细化分解，明确时间表和路线图，挂图"作战"，久久为功。着力通过智库研究和对策支撑，形成布局合理、特色鲜明、功能衔接、开放共享的建设格局，确保长江国家文化公园建设和长江经济带发展高质量推进。②

（三）长江文化与长江经济带协同发展的经验探索

2016年1月，习近平总书记亲自谋划、亲自部署、亲自推动长江经济带发展战略，为长江经济带发展把脉定向。重庆市全面落实中央关于推动长江经济带发展的安排部署，以文化旅游助力长江经济带发展，重点从旅游增效、文化铸魂、文脉传承等方面助力长江经济带发展。

1. 加强基础研究，推动规划协同

牢记习近平总书记要求重庆在长江经济带绿色发展中发挥示范作用的嘱托，加强巴人文化、诗词文化、通道文化、三国文化等特色文化研究，提炼形成长江重庆段文化价值体系。按照长江国家文化公园建设总体要求，突出长江重庆段特色，加强与《长江经济带发展规划纲要》衔接，已经编制的《长江国家文化公园（重庆段）建设实施方案》《长江国家文化公园（重庆段）建设保护规划》，规划范围与长江经济带发展战略涵盖的重庆段建设范围保持一致，即重庆市全域。借鉴长江经济带"一轴、两翼、三极、多点"

---

① 王君也、王佳宁：《长江国家文化公园和长江经济带协同发展的趋势判断》，《中国发展观察》2023年第5期。
② 王君也、王佳宁：《长江国家文化公园和长江经济带协同发展的趋势判断》，《中国发展观察》2023年第5期。

的空间格局，充分考虑重庆在"一轴"（沿江绿色发展轴）和"三极"（长江三角洲城市群、长江中游城市群、成渝城市群三大增长极）①中的核心带动作用，科学规划长江国家文化公园（重庆段）空间格局为"一轴、两廊、三区、四片"，即长江文化保护传承弘扬核心轴，嘉陵江文化旅游、乌江文化生态走廊，三峡文物保护利用、两江四岸历史文化保护、川渝石窟艺术展示示范区，三峡文化、都市文化、巴渝文化、武陵山民族文化片区。规划建设管控保护、主题展示、文旅融合、传统利用四类主体功能区，明确重点管控保护对象 153 处、核心展示园 32 个、文旅融合区 25 个、传统利用区示范点 54 处。优化公共服务，为长江经济带发展提供文化支撑。在全国率先推行文图两馆总分馆制改革，建成图书馆总馆 39 个、分馆 1455 个和文化馆总馆 39 个、分馆 1119 个。成功申报国家公共文化服务体系示范区 4 个、示范项目 8 个，示范区创建等次居西部第一位。深度打造"乡村村晚""舞动山城"街舞大赛等品牌活动，组织开展"阅读之星""红岩少年"大赛，举办群文活动 2.1 万余场次，惠及群众 7100 余万人次。入选文化和旅游部"中国民间文化艺术之乡"建设典型案例 3 个、全国乡村旅游重点镇村 9 个、全国乡村旅游精品线路 9 条。武隆荆竹村、巫山竹贤乡案例成功入选《2022世界旅游联盟——旅游助力乡村振兴案例》，荆竹村获评联合国世界旅游组织最佳旅游乡村②，"非遗助推乡村文化振兴—壹秋堂非遗工坊培育新农村手艺人"入选第三届全球减贫案例。

2. 强化示范引领，推动项目协同

一是深入贯彻长江经济带共抓大保护、不搞大开发的重要指示精神，按照重庆市国家文化公园建设工作领导小组第一次会议要求，聚焦存量资源、做好存量文章，优先支持符合长江经济带绿色发展方向、有利于保护传承弘扬长江文化、前期条件成熟和建设手续完备的在建项目扩能提级，打造彰显

① 刘梅、赵曦：《城市群网络空间结构及其经济协调发展——基于长江经济带三大城市群的比较分析》，《经济问题探索》2019 年第 9 期。

② 《重庆市文化旅游委持续推动全市文旅融合高质量发展 以文塑旅闯出新天地 以旅彰文取得新成效》，《人民政协报》2023 年 3 月 5 日。

长江重庆段特色的标志性项目。

二是联合市发展改革委进一步优化论证各区县前期申报项目，遴选真正有重庆辨识度和重大价值的项目纳入长江国家文化公园（重庆段）建设保护规划。

三是加快推进以国家过审项目为重点的项目前期工作，重点推进奉节白帝城、万州天生城、云阳磐石城、忠县皇华城遗址保护展示工程，加快建设长江三峡国家考古遗址公园。大力发展旅游业，为长江经济带发展注入绿色动能。高标准创评 A 级景区 283 个，其中 5A 级景区 11 个、通过 5A 级景观质量评价 2 个、4A 级景区 150 个，4A 级及以上精品景区占比显著提升，达到 57%。成功创建国家级旅游度假区 2 家、国家文化和旅游消费示范城市 1 个、国家级旅游休闲街区 5 个、全国文明旅游示范单位 4 家、全国甲级旅游民宿 3 家、乙级旅游民宿 2 家。全市星级旅游饭店达 132 家，其中五星级 27 家；长江三峡游轮 28 艘，其中五星级游轮 24 艘；打造推出"重庆好礼"旅游商品 320 项，三年获评国家级奖项 59 个。重庆游客满意度累计 33 个季度位居全国 60 个重点旅游城市榜首，居长江经济带 11 个省市首位。重庆荣获亚洲旅游"红珊瑚"奖，成为全国首个播放量过百亿级的"抖音之城"，央视新闻报道重庆是"最宠游客的城市"。

3. 强化合作共建，推动战略协同

紧扣成渝地区双城经济圈建设战略部署，在实施方案和建设保护规划编制、项目策划、宣传推广等方面加强同四川的交流合作，一体推进长江国家文化公园（川渝段）建设。加强川渝在文化传承、文物保护、文旅融合、数字展陈等方面的交流合作，联动策划一批长江国家文化公园（川渝段）重点项目，共同争取国家政策、资金支持。抢抓川渝石窟寺国家遗址公园建设机遇，打造长江国家文化公园（川渝段）标志性项目。充分发挥巴蜀文化旅游推广联盟作用，探索开展百万职工游长江国家文化公园（川渝段）活动，共塑巴蜀文旅形象，共拓巴蜀文旅市场。创作一批反映长江川渝段历史风貌和当代实践的优秀演艺、书画和美术作品，推动川渝文化艺术繁荣发展。

4. 推进保护传承，延续历史文脉

加强三峡文物保护，历时约30年，完成投资16.93亿元，实施项目966个，建成重庆中国三峡博物馆、重庆三峡移民纪念馆、忠州博物馆等综合性博物馆17家①，系统展示长江文明和三峡文化，三峡文物保护是我国迄今为止规模最大的文物保护工程，也是长江文化保护传承的成功范例。围绕长江流域人类起源、巴文化、宋元山城遗址等重点考古领域，实施考古发掘项目603项，出土文物18万件，抢救修复文物1.3万余件，出版各类考古与文物保护专著近30部，建立了三峡地区旧石器时代、新石器时代文化序列。巫山大溪遗址入选全国"百年百大考古发现"，老鼓楼衙署遗址、钓鱼城范家堰遗址入选"全国十大考古新发现"。深化实施《渝鄂长江三峡区域旅游合作备忘录》，会同湖北省继续办好中国长江三峡国际旅游节，将宣传推介长江国家文化公园、长江经济带作为重要内容，向国内外游客展示长江重庆段的深厚文化底蕴和壮丽自然景观。积极推动世界大河歌会、中国·重庆长江三峡（巫山）国际红叶节、中国白帝城国际诗歌节、长江三峡（梁平）晒秋节、中国重庆·丰都庙会等品牌节会聚焦主题、创新形式、丰富内容，持续宣传长江国家文化公园、长江经济带建设成果，提升长江重庆段品牌影响力。

四　"十五五"时期长江文化发展建议

"十五五"时期，重庆将加强与长江重庆段上下游的四川省、湖北省沟通协作，将长江国家文化公园（重庆段）建设同成渝地区双城经济圈建设、同推动长江经济带高质量发展结合起来，实现从点的建设，到线的联通，再到面的覆盖，推动重庆在长江国家文化公园建设中作出更大贡献，以一域为全局添彩。②

---

① 李瑞、赵昀：《"文物映耀百年征程"主题论坛发言集锦》，《中国文物报》2021年6月18日。
② 陈国栋、王翔、何春阳：《重庆沿着习近平总书记指引的方向坚定前行》，《重庆日报》2022年8月18日。

（一）加强以三峡文物为重点的长江文物和文化遗产保护

重庆是国家历史文化名城、全国文物大市，文化底蕴深厚、文物资源富集。保护好以三峡文物为重点的长江文物和文化遗产，深入研究长江文化内涵，推动优秀传统文化创造性转化、创新性发展，全面推动长江经济带高质量发展。

（二）推进长江三峡国家考古遗址公园建设

开展三峡历史文化资源"起底式"调查，全面摸清三峡库区文物、名镇名村、非物质文化遗产等文化资源家底，建设三峡历史文化资源资料库。开展三峡后续文物工作整体评估。按照"一园多点"的模式，加强三峡考古遗址、地质环境结构、动物生存环境等整体保护展示，建设长江三峡国家考古遗址公园，探索创建长江三峡文物保护利用示范区。

（三）加强重点三峡文物保护利用

实施《重庆市三峡文物保护利用专项规划》。实施丰都小官山古建筑群、云阳张飞庙、巫溪大宁盐厂遗址、石柱湾底谭氏民居等重点三峡文物保护修缮及周边环境整治。实施三峡出土文物修复三年行动计划。推进三峡博物馆群建设，依托忠县皇华岛建设三峡考古遗址博物馆，系统展示三峡考古成果，打造成为展示长江文化的重要窗口。核定公布第一批市级考古遗址公园名录，培育一批市级考古遗址公园预备名录。

（四）扎实推进世界文化遗产申报工作

推动合川钓鱼城遗址进入国家申遗重点培育项目，系统开展钓鱼城遗址考古发掘，进一步丰富遗产地的真实性、完整性。鼓励支持奉节白帝城遗址、南川龙崖城遗址与合川钓鱼城遗址打捆申遗。积极推进白鹤梁题刻与埃及尼罗尺石刻联合申遗工作，打通对接渠道，共同开展联合申遗可行性研究论证。完善白鹤梁题刻文物本体和保存环境监测系统，优化提升白鹤梁展示环境，开展白鹤梁题刻水下考古工作，推动白鹤梁水下博物馆提档升级。力争成功申报 1 处世界文化遗产。

（五）强化长江黄金水道旅游轴核心地位

以长江为纽带，培育水上休闲旅游宽幅产业链，打造江岸互动综合型旅游走廊。建设世界内河游轮旅游带，依托内河游轮核心产品，沿长江及主要支流沿岸地区策划打造一批水上旅游项目；建设主城游轮母港，加快建成万州、丰都游轮辅港和涪陵游轮基地，升级沿江旅游码头，提升三峡游轮旅游品质；大力发展水上巴士，推进水岸互动。打造长江三峡文化长廊。依托诗歌文化、三国文化、三峡文化、三线文化和红色文化等文化资源，提升白鹤梁、石宝寨、名山、张飞庙、白帝城、816 工程等特色文化旅游景区质量；持续办好"长江三峡国际旅游节""世界大河歌会""三峡红叶节"等节会，提升"归来三峡""烽烟三国"等旅游演艺水平；推进白鹤梁申报世界文化遗产进程，推动五里坡纳入世界自然遗产补录名单。提升长江三峡国家级风景道。结合三峡交通干道和生态廊道，加强沿线生态环境保护，依托精品景区、旅游度假区、特色村镇、自驾车旅居车营地、游步道等建设，完善交通服务设施游憩功能，形成"旅游公路+慢行系统+旅游驿站"的旅游风景道体系。

突出"三峡库心·长江盆景"和长江三峡"旅游金三角"的支点作用。推进万州、石柱、忠县协同打造"三峡库心·长江盆景"，成为联动渝东北、渝东南旅游发展的重要支点。整合独珠半岛、天子山、翠屏山、东溪湖、白公祠、三峡港湾和电竞小镇等资源，打造国家级旅游度假区；规划建设皇华城考古遗址公园和三峡考古遗址博物馆，整合石宝寨打造国家 5A 级旅游景区；保护独珠半岛特色风貌，打造高品质旅游民宿集聚区；保护鸡公咀半岛天然形态，推进西沱古镇综合整治。提升长江三峡"旅游金三角"（奉节—巫山—巫溪）景区品质，塑造"巫山听云雨·情归小三峡""东方神女·山海传奇""三峡之巅·中华诗城""上古盐都·心旅巫溪"等品牌，建设龙骨坡遗址、大溪文化园、南陵古道，打造三峡文化旅游大环线。

B.4
2023~2024年度湖北荆楚特色
长江文化发展研究*

王光艳　张学标　吴建刚**

摘　要： 湖北省深入学习贯彻习近平总书记关于推进长江经济带发展的重要讲话精神，积极担负新时代文化使命，按照"保护优先、强化传承、文化引领、彰显特色"原则，大力繁荣荆楚文化，努力构筑长江文化创新高地，积极引领长江文化繁荣发展，各项工作卓有成效。本文总结了2023~2024年湖北在深化长江文化价值阐释、加强长江文化系统保护、推进长江文化传承发展、加大长江文化弘扬创新等方面取得的显著成效，总结了湖北长江文化保护传承弘扬的经验与模式，展望了湖北长江文化发展的美好未来，并提出重点实施五大工程、加快推进长江国家文化公园湖北段建设等发展建议。

关键词： 长江文化　荆楚特色　文化保护　湖北

"山随平野尽，江入大荒流"，长江自西奔腾而来，穿三峡入湖北，孕育

---

* 本报告系湖北省国家文化公园专家委员会"2023~2024年度湖北荆楚特色长江文化发展研究"课题成果。

** 王光艳，博士，武汉市社会科学院《大江学术》编辑部执行主编，湖北省社会主义学院特聘研究员，华中师范大学、江汉大学硕士生导师，长江文化促进会理论与政策研究专业委员会副秘书长，主要研究方向为文化传播与文化哲学、影视文化与创新、长江文化等；张学标，博士，湖北省文化和旅游发展研究院研究员，武汉大学国家文化研究院兼职教授，长江文化促进会理论与政策研究专业委员会副主任委员，主要研究方向为媒介社会学、大众媒体与政治、长江文化等；吴建刚，湖北省文物事业发展研究中心二级调研员，主要研究方向为文化旅游管理。

了浪漫奔放、兼收并蓄、绚丽多彩的荆楚文化。近年来，湖北省深入学习贯彻习近平总书记关于推进长江经济带发展的重要讲话精神，积极担负新时代文化使命，以贯彻落实《长江文化保护传承弘扬规划》和建设长江国家文化公园示范区为抓手，按照保护优先、强化传承、文化引领、彰显特色原则，大力繁荣荆楚文化，努力构筑长江文化创新高地，积极引领长江文化繁荣发展。下一步，湖北将立足国家重点建设区定位，持之以恒，加快推进长江国家文化公园湖北段建设，努力将湖北建设成为集长江文化生态走廊引领区、长江文化开放合作示范区、长江国际黄金旅游带核心区于一体的长江文化创新高地。

一　湖北长江文化发展历史与成就概览

湖北深入学习贯彻习近平总书记关于推进长江经济带发展的重要讲话精神，积极担负新时代文化使命，以贯彻落实《长江文化保护传承弘扬规划》和建设长江国家文化公园示范区为抓手，大力繁荣荆楚文化，努力构筑长江文化创新高地，积极引领长江文化繁荣发展，在深化长江文化价值阐释、加强长江文化系统保护、推进长江文化传承发展、加强长江文化弘扬创新等方面取得显著成效。

（一）深化长江文化价值阐释

1. 组织长江文化课题研究，抢占长江文化研究高地

文化传承创新，理论应为先导。湖北坚持以习近平文化思想为统领，通过政策引导和支持，推动长江文化系列研究，深入发掘长江文化的时代价值。

一是开展长江国家文化公园建设课题研究。针对长江国家文化公园湖北段建设中存在的重大理论和现实问题，坚持基础研究和应用研究并重，推出"基础类""技术类""机制类"课题指南，开展具有原创性的课题研究，为推动长江国家文化公园湖北段规划、建设与管理和生态文明建设提供智力支撑和决策咨询，完成57项课题立项和结项工作（见表1）。

表1　2022年湖北省长江国家文化公园建设研究课题立项名单

序号	类别	项目编号	课题名称	责任单位	负责人
1	重点	HCYK2022Z01	长江国家文化公园武汉先行示范区与长江国家博物馆建设研究	武汉市社会科学院	王光艳
2	重点	HCYK2022Z02	湖北长江水利文化与航运史研究整理	长江水利委员会宣传出版中心	周长征
3	重点	HCYK2022Z03	长江国家文化公园建设保护立法与标准体系研究	武汉大学	蔡武进
4	重点	HCYK2022Z04	长江国家文化公园视域下荆楚文化的主题凝练与影视转化	华中师范大学	纪东东
5	重点	HCYK2022Z05	"省总负责"要求下湖北长江国家文化公园建设路径与体制创新研究	湖北省社会科学院	邓为
6	重点	HCYK2022Z06	长江国家文化公园文旅融合创新机制研究	武汉大学	钟晟
7	重点	HCYK2022Z07	长江国家文化公园建筑风格创新研究	中南建筑设计院	郭和平
8	重点	HCYK2022Z08	基于"生态—文化"耦合评价的长江国家文化公园（湖北段）功能区识别与规划建议	华中科技大学	贺慧
9	重点	HCYK2022Z09	长江国家文化公园武汉段工业文化保护建设专项研究	武汉市规划研究院	董菲
10	重点	HCYK2022Z10	非物质文化遗产保护与长江国家文化公园发展战略	三峡大学	阚如良
11	一般	HCYK2022Y01	荆楚农耕和物候文化园策划研究	武汉市社会科学院	朱哲学
12	一般	HCYK2022Y02	水溯江城：长江水域影响下的武汉城市发展史研究	武汉工程大学	彭然
13	一般	HCYK2022Y03	湖北红色文化数字赋能与互联网创新应用——基于"荆楚红"云平台的多维实证研究	湖北大学	陆阳
14	一般	HCYK2022Y04	文旅融合视野下湖北红色文化资源整合与创新利用研究	中南财经政法大学	张大鹏
15	一般	HCYK2022Y05	基于数字孪生的长江国家文化公园（湖北段）功能区识别与规划布局方法	武汉大学	武静

序号	类别	项目编号	课题名称	责任单位	负责人
16	一般	HCYK2022Y06	长江文化遗产保护标准体系研究	湖北省古建筑保护中心	谢辉
17	一般	HCYK2022Y07	长江文明的历史文化遗产挖掘与国际传播研究	中国社会科学院大学	张树辉
18	一般	HCYK2022Y08	长江国家文化公园综合灾害风险评估体系构建与应用	武汉科技大学	吴韬
19	一般	HCYK2022Y09	长江国家文化公园建设与湖北省基层公共文化服务路径创新研究	华中农业大学	余霞
20	一般	HCYK2022Y10	长江国家文化公园的场景识别与跨政区协同机制研究	武汉大学	陈波
21	一般	HCYK2022Y11	长江国家文化公园非物质文化遗产再认识与数字化保护利用	江汉大学	刘勋
22	一般	HCYK2022Y12	长江国家文化公园武陵山片区饮食类非遗创新性发展研究	湖北经济学院	谭志国
23	一般	HCYK2022Y13	长江游船业促进长江国家文化公园跨政区协同发展研究	三峡大学	王洁
24	一般	HCYK2022Y14	文旅融合和跨部门协调的机制和政策创新的研究	武汉商学院	周宇
25	一般	HCYK2022Y15	湖北长江国家文化公园建设路径与体制创新研究	湖北省社会科学院	张静
26	一般	HCYK2022Y16	湖北长江水利与航运文化遗产历史价值及长江国家文化公园水利主题园区体系建设研究	长江水利水电开发集团	魏理
27	一般	HCYK2022Y17	长江国家文化公园湖北段传统村落数字化保护研究	湖北经济学院	张洋
28	一般	HCYK2022Y18	长江武汉段城市水域门户文化价值挖掘整理研究	湖北美术学院	吴宁
29	一般	HCYK2022Y19	巴盐古道文化线路（湖北段）遗产保护与开发	武汉大学	毛佳
30	一般	HCYK2022Y20	基于空间叙事理论的荆楚文化特色滨江空间营造研究	武汉科技大学	徐虹
31	一般	HCYK2022Y21	非物质文化遗产活态传承赋能长江国家文化公园发展战略	中国地质大学	李江敏

序号	类别	项目编号	课题名称	责任单位	负责人
32	一般	HCYK2022Y22	长江国家文化公园建设中纺织非遗要素植入模式研究	武汉纺织大学	张雷
33	一般	HCYK2022Y23	江汉平原农业文化遗产保护与利用	武汉学院	邓凯灵
34	一般	HCYK2022Y24	湖北红色文化资源整合与创新利用研究	湖北大学	韩忠
35	一般	HCYK2022Y25	湖北省长江国家文化公园建设中的文化传承和文创产品设计研究	湖北商贸学院	薛果
36	一般	HCYK2022Y27	湖北长江沿线红色建筑文化遗存的活态保护与发展策略研究	武汉理工大学	王双全
37	一般	HCYK2022Y28	长江国家文化公园 IP 构建与艺术化表达策略研究	武汉理工大学	郑杨硕
38	一般	HCYK2022Y29	楚式漆器文化在旅游文创产品中创造性转化的路径研究	武汉工程大学	崔咏莹
39	一般	HCYK2022Y30	长江沿线军工遗产文化基因解码与创新利用	武汉学院	孙兆斌
40	一般	HCYK2022Y31	文旅融合背景下长江国家公园湖北段非物质文化遗产保护与传承的创新研究	武汉工商学院	李微微
41	一般	HCYK2022Y32	文旅融合下湖北红色文化整合传播与智慧云平台构建	湖北第二师范学院	黄芙蓉
42	一般	HCYK2022Y34	长江国家文化公园(湖北段)建设中非遗文化的融入与呈现研究	武汉理工大学	邹茜
43	一般	HCYK2022Y35	长江国家文化公园建设中"非遗"元素数字化植入研究——基于三峡库区(湖北段)的田野调查	湖北第二师范学院	李劲松
44	一般	HCYK2022Y37	长江国家文化公园建设与基层公共文化服务机制优化研究	武汉市社会科学院	陶秀丽
45	一般	HCYK2022Y38	湖北省文庙学宫保护研究	武汉学院	张驰
46	一般	HCYK2022Y39	长江国家文化公园中的湖北红色文化资源体系化整理与融合创新研究	江汉大学	吴卫东
47	一般	HCYK2022Y40	荆楚文化数字资源研究——以湖北长江国家文化公园数字传播平台为例	湖北省图书馆	刘伟成

序号	类别	项目编号	课题名称	责任单位	负责人
48	一般	HCYK2022Y41	长江国家文化公园发展战略背景下湖北非物质文化遗产保护利用策略研究——以咸宁市为例	武汉科技大学	刘伟毅
49	一般	HCYK2022Y42	长江国家文化公园的思想政治教育价值及实现路径研究	湖北艺术职业学院	张燕
50	一般	HCYK2022Y43	长江国家文化公园武汉先行区长江主轴主体功能区规划研究	武汉市社会科学院	赵煌
51	一般	HCYK2022Y44	湖北古山寨文物资源保护利用研究——基于山区长江国家文化公园建设视角	湖北省文物事业发展中心	张晓云
52	一般	HCYK2022Y45	非遗保护视域下鄂西段长江国家文化公园的在地化建设	湖北民族大学	王庆贺
53	一般	HCYK2022Y46	长江国家文化公园绿色发展指数测度及文旅融合发展模式研究	武汉理工大学	陈颖
54	一般	HCYK2022Y47	长江国家文化公园四类功能区的识别与湖北段规划布局	湖北省古建筑保护中心	李长盈
55	一般	HCYK2022Y48	从屈家岭到石家河:传统手工艺的荆楚文化演进与数字活化研究	武汉工程大学	杨珊珊
56	一般	HCYK2022Y49	文旅融合背景下国家文化公园跨域发展政策创新研究	湖北文理学院	田美玲
57	一般	HCYK2022Y50	鄂州市三国文化遗存及其在旅游资源中的应用研究	武昌理工学院	张燕燕

注：原表为60项，其中57项通过结项，3项撤项。

资料来源：《关于湖北省长江国家文化公园建设研究课题立项的通知》，湖北省文化和旅游厅网站，https://wlt.hubei.gov.cn/zfxxgk/zc/qtzdgkwj/202208/t20220825_4279030.shtml。

二是编发研究专报、报送决策咨询报告和出版学术专著。2023年共编发《湖北省国家文化公园建设研究专报》45期，分送文化和旅游部、省委省政府领导同志和省国家文化公园建设工作领导小组成员单位及各地州市领导参阅；在CSSCI收录期刊发表论文66篇，在中央级内参发表决策咨询报告21篇，得到中央领导同志肯定性批示的决策咨询报告共5篇，得到省部级领导批示和省部级有关单位采纳25次，出版学术专著2部。研究落实省领导关于荆楚文化挖掘传承、屈原文化保护利用等方面的批示精神，形成"推动文化遗产活起来路径研究"等多篇研究成果和调研报告。新华社中国经济信息社 2023 年 11 月在南京发布的《长江文化发展蓝皮书（2022～2023）》中显示，湖北省专家学者关于长江文化研究的论文发表数量位居全国第一，共 292 篇，掌握了长江文化研究的话语权。

2. 深入开展长江文化学术研讨，打造长江文化交流平台

举办系列研讨会和论坛，推动长江文化在新时代创造性转化、创新性发展，搭建文化交流平台，推动长江流经省区市及长江经济带覆盖的区域共同扛起保护、传承、弘扬长江文化的重大责任使命，讲好"长江故事""中国故事"，增强长江文化的传播力影响力。[①]

一是"荆楚文化的价值内涵解读与国际传播研讨会"（2023 年 2 月 28 日，湖北武汉）。与会专家学者从不同学科视角探讨了以荆楚文化为代表的长江文化的时代价值与内涵，探索促进荆楚文化国际传播的渠道和途径。研讨会同时发布了楚辞、楚文化、惟楚有才、曾侯乙编钟等 15 个"荆楚文化外译词条"。

二是"第五届楚文化国际学术研讨会"（2023 年 4 月 8 日，湖北荆州）。来自国内外科研院所和高校的 80 余名专家学者围绕新时代长江文化、纪南城考古新发现、楚国民俗文化、楚汉出土文献、楚史与楚文化、荆州文化与楚文化、《楚辞》及其国际传播等主题展开了讨论。

三是"西南茶马古道文献资料整理与遗产保护研究学术研讨会"（2023 年 7 月 1 日，湖北武汉）。18 位专家学者结合西南茶马古道和沿线遗产保护等问题，从不同时代、线路、主体切入进行探讨并交流了该领域的最新研究成果。

四是"武昌 1800 年·长江文明与文化产业论坛"（2024 年 7 月 18 日）。该论坛以长江文明与武昌文化产业发展为主题，围绕长江文化保护传承弘扬和文化产业高质量发展，从文化产业园区规范发展、文化产业与人工智能融

---

① 明海英：《推进荆楚文化更好走向世界》，《中国社会科学报》2023 年 3 月 3 日。

合、武昌经验示范等方面展开交流。

五是"新时代长江文化保护传承弘扬实践探索与展望"研讨会（2023年8月3日至5日，湖北宜昌）。研讨会围绕挖掘弘扬长江文化内涵和时代价值、长江文物和文化遗产系统保护、长江文化与长江生态环境保护、长江文化和旅游与长江经济带高质量发展、长江国家文化公园建设和长江文化国际交流传播等主题，组织政、产、学、研等各方长江文化领域专家学者与嘉宾展开研讨，就长江文化保护传承弘扬的重难点问题、挖掘长江文物和文化遗产的多重价值、建立健全跨区域跨部门协作联动机制等形成共识。

六是"长江国家文化公园建设与长江文明国际传播研讨会"（2023年10月8日至10日，湖北宜昌）。本次研讨会从国家文化公园的价值定位、政策意义，建设的现状、问题和策略，长江国家文化公园建设重点与难点、路径及国际传播等方面展开交流，深入研讨坚定文化自信自强、扎实推进中华民族现代文明建设等重大理论和实践问题，研讨长江国家文化公园建设、长江文明的历史价值和当代价值，进一步促进文化繁荣发展，为建设中华民族现代文明和社会主义文化强国贡献湖北力量。

七是"文明交流互鉴视野下的博物馆文化传播"学术研讨会（2023年9月23日，湖北武汉）。来自美国、英国、日本等国和中国香港、中国台湾地区及各省、自治区、直辖市文博机构、高校、科研院所的100余名专家学者参加会议，并从不同角度分享文博事业发展经验。

八是"文化交流与文明互鉴：第五届万里茶道国际学术研讨会"（2023年11月17日至19日，湖北武汉）。来自海内外30余所高校、科研机构、文化机构的专家学者围绕茶在中外文化交流和文明互鉴中的特殊作用，以及如何推动中国茶史、茶文化、茶物质文化史、茶经济史等研究新领域进行了深入探讨。

九是第三届长江文化学术研讨会（2023年11月27日，湖北武汉）。来自全国各地深研长江文化的专家学者齐聚一堂，以"中华民族现代文明与长江文化"为主题，围绕长江文化内涵、特质与精神研究，长江文化保护传承弘扬与城市形象构建研究，汉江文化研究，长江国家文化公园建设理论与实践研究，长江文明与世界大河文明交流互鉴研究五大选题展开研讨。

十是"第三届出土木漆器保护国际学术研究会"（2023 年 10 月 20 日，湖北荆州）。来自北京大学、清华大学等 14 所高校及 71 家文博单位的 170 余名专家学者与会，共话出土木漆器保护和研究的前沿进展，展望未来的发展方向。

3. 夯实长江文明考古根基，助推文化自信走深走实

以持续开展长江中游文明进程研究为抓手，不断强化考古研究和阐释，深入挖掘长江文化的内涵价值，用更多考古成果为文化自信提供重要支撑。

一是加强机构队伍建设。独立设置湖北省文物考古研究院，建成开放湖北省考古博物馆。湖北省文化和旅游厅与武汉大学共建长江文明考古研究院，旨在进一步促进湖北乃至全国文物考古专业人才培养、文博专家智库建设、学术科研及文物考古成果传播，为建设中国特色、中国风格、中国气派的考古学贡献力量。全省专职文物考古工作者达到近 200 人。与湖北大学共建文化遗产学院，围绕共建的目标任务，培养有情怀、有特长、留得住的文博人才，打造由学术带头人、科研骨干和青年后备力量组成的文博教育科研人才梯队，建成集文博人才培养、文物保护管理利用基础研究、项目技术咨询服务等于一体的应用型学科体系，为全省文物考古事业高质量发展提供智力支撑[1]，力争探索走出一条适合新时代需要的考古能力建设和学科建设的"湖北经验"。成立辛亥革命博物院—武汉大学国家革命文物协同研究中心，旨在发挥高校优势，整合各方力量，打造一批具有创新性、示范性、引领性的红色资源研究高地、革命文物保护利用高端智库、革命文化学术交流重要平台、红色资源共建共享中心，构建多学科交叉、跨领域融合、特色鲜明、布局合理的革命文物研究新格局，发挥好革命文物在党史学习教育、革命传统教育、爱国主义教育、思想政治教育方面的重要作用。[2]

---

[1] 鄂文旅：《湖北共建成立长江文明考古研究院和文化遗产学院》，《中国文物报》2021 年 1 月 15 日。

[2] 吴苡婷、黄艾娇：《国家革命文物协同研究中心名单公布》，《上海科技报》2024 年 3 月 22 日。

二是加强文物考古发掘。近年来，湖北先后 10 次获得"全国十大考古新发现"，9 次入选"考古中国"重大项目，梳理出了长江文明湖北段的完整发展脉络。曾随系列考古新发现揭示了一个史书上没有记载的方国，在周代系列诸侯国中文化面貌揭示最完整、最全面。其中，学堂梁子（郧县人）遗址新发现的"郧县人 3 号"头骨化石，为探讨东亚古人类演化模式、东亚直立人来源、东亚直立人与智人演化关系等重大课题提供了翔实而关键的化石及文化证据。

三是加强价值研究阐释。湖北组织开展"人类起源""长江流域史前文明"等 11 个专题研究，陆续出版《楚国八百年》《长江文明之旅》《长江文明通史》《长江文明》《汉江文化史》《千年文脉——长江文明考古展·湖北》《曾世家——考古揭秘的曾国》《曾侯乙》《湖北文物视听档案·荆楚文物说》《长江这 10 年》《汉江流域水文化遗产》等一批重大研究专著。

（二）加强长江文化系统保护

1. 不断强化顶层设计

一是 2023 年 2 月，湖北省文化和旅游厅等九部门联合印发了《关于推进湖北博物馆改革发展的实施意见》。该意见提出，到 2025 年，形成布局合理、结构优化、特色鲜明、体制完善、功能完备的湖北博物馆事业发展格局。博物馆管理更加科学、陈列展览水平显著提高、社会教育活动更加丰富、博物馆影响力大幅提升，实现博物馆高质量发展。到 2035 年，湖北博物馆数量位居全国前列，体系和功能更加完善，服务效能显著提升。

二是 2023 年 4 月湖北省人民政府会同国家文物局、文化和旅游部、国家发展改革委、自然资源部、水利部、重庆市人民政府联合印发了《三峡文物保护利用专项规划》，统筹推进三峡文物保护利用工作，大力保护传承弘扬长江文化。

三是 2023 年 9 月湖北省委省政府印发了《关于推动文旅深度融合加快新时代湖北旅游业高质量发展的意见》，提出了优化湖北旅游战略布局，构建"一核引领（武汉）、一带串珠（长江国际黄金旅游带）、三圈联动（武汉、襄阳、宜荆荆三大都市圈）、多极支撑"的文旅深度融合发展新格局。打造长江国际黄金旅游带核心区，融入长江经济带发展战略，抓住长江国家文化公园建设机遇，建设武汉、宜昌游轮母港和荆州、巴东、秭归、赤壁等节点港，打造一批高星级游轮，提升"船岸一体化"保障能力，打造内河游轮休闲度假旅游目的地，促进沿江文旅资源一体联动。

四是承办文化和旅游部 2023 年 10 月在武汉召开的长江国家文化公园建设推进会，中央宣传部、国家发展改革委、自然资源部、生态环境部、水利部等 19 个部门代表，长江沿线 13 个省（区、市）党委宣传部、发展改革委、文化和旅游行政部门、文物局代表参加会议，会议期间举办了长江国家文化公园建设重点项目图片展、"沿着长江读懂中国"主题宣传推广活动影像展、长江民歌汇之"极目楚天舒"音乐会等活动，充分展示了湖北推进长江国家文化公园建设的成就与决心，为争创长江国家文化公园示范区赢得了先机。

五是承办国家文物局 2023 年 4 月在武汉召开的国家考古遗址公园现场工作会，会议期间还举办了国家考古遗址公园博览会暨"考古中国·长江中游文明进程"专题展览、新时代国家考古遗址公园建设高峰论坛等配套活动。

六是 2023 年 4 月 17 日，国家文物局与湖北省人民政府签署《共同推进湖北文物事业高质量发展战略合作协议》强力推进长江国家文化公园建设中的文物工作。

七是 2023 年 7 月召开长江国家文化公园湖北段建设推进会，总结部署阶段工作，加快推进各项建设任务。

八是加强与水利部长江水利委员会、交通运输部长江航务管理局等中央在鄂机构合作，共同开展长江水利遗产保护工作。

2. 构建"大保护"工作格局

一是湖北始终以敬畏之心、珍爱之情、扎实之举推进文物和文化遗产系统性保护。省委常委会审议通过《关于在城乡建设中加强历史文化保护传承的具体措施》，统筹推进城乡建设中的历史文化保护。召开全省历史文化保护传承及活化利用现场会、专家座谈会等，对全省历史文化保护传承、活化利用工作进行研讨交流和工作部署。明确将文物保护工作纳入综治考评、文明创建、综合绩效等考评体系，成立湖北省遗址公园联盟。稳步推进第四次全国文物普查，为"应保尽保"摸清基础数据。加强革命文物保护利用，成立辛亥革命博物院——武汉大学国家革命文物协同研究中心，构建多学科交叉、跨领域融合、特色鲜明、布局合理的革命文物研究新格局。①

二是博物馆展示利用亮点纷呈。湖北省博物馆举办建馆 70 周年系列活动，大冶铜绿山古铜矿遗址博物馆新馆对外开放。全年新增博物馆 7 家，累计登记备案博物馆 241 家，居全国前列；举办文物展览超 1200 个，开展线上线下宣教活动逾 2 万场次，接待观众 4600 万人次以上。

3. 树立"大考古"工作思路

一是围绕"中华文明探源工程""考古中国"战略部署，持续开展考古研究工作，不断深化对长江中游文明进程的认识，为我国百万年的人类史、1 万年的文化史、5000 多年的文明史进一步提供实证，取得一系列新成果。中央广播电视总台发布的 2023 年度国内十大考古新闻，屈家岭遗址入选。屈家岭遗址考古发现 5100 年前史前水坝，是迄今我国最早的水利设施之一，为研究早期人地关系、社会组织等问题提供了重要的考古依据。沙洋城河遗址最新发现距今约 5000 年的"水坝"遗存，见证了长江中游先民的治水智慧，为探索长江中游史前治水区域差异提供了关键样本。当阳九里岗遗址群新发现万年以前石器加工场，结合该遗址群采集与发掘的石制品资料，为探讨中国南方地区旧石器时代文化面貌、发展演变及旧—新石器过渡阶段石器技术变革、人群迁徙等研究提供了关键材料。

① 邓群刚、陈帅名：《新时代中国共产党保护利用革命文物的理论与实践》，《北华大学学报》（社会科学版）2024 年第 1 期。

荆州市的秦家咀墓地，发现大量战国楚简和文字，内容涵盖六艺、诸子、辞赋、术数、方技等诸多领域，是研究先秦时期的历史、文化、思想的珍贵资料。① 其中，出土的《九九术》将我国九九算法历史溯源至 2300 年前，是研究先秦时期的历史、文化、思想的珍贵资料。2023 年，武汉盘龙城王家嘴遗址、十堰学堂梁子（郧县人）遗址、天门唐马台遗址群、赤壁大湖咀遗址、荆州城墙 11 号马面遗址、十堰武当山五龙宫遗址（西道院区）六大考古项目入选"2022 年湖北六大考古新发现"。

二是湖北省考古标本库房开工建设，神农架考古研究中心（考古院士工作站）如期建成。2023 年，中国文化遗产研究院与湖北省文化和旅游厅、黄石市人民政府共建黄石工业遗产保护利用工作站，旨在推动打造全国工业遗产保护利用"黄石样板"，湖北长江文明考古基础设施不断完善。

（三）推进长江文化传承发展

1. 建设公共文化空间体系

以建设长江国家文化公园、实施荆楚大遗址传承发展工程等为牵引，依托重大国家工程、重大考古遗址，打造兼具科研、教育、游憩功能的特定公共文化空间。加强储备遴选，中国南水北调博物馆、世界文化遗产唐崖土司城址文物保护及展示利用、中国长江博物馆（筹）等 17 个项目入选国家文化保护传承利用工程（专精特新）项目储备库，部分项目已获中央预算内投资。中国长江博物馆（筹）完成项目选址、基本生态控制线和土地规划调整、防洪影响评价、涉地铁安全影响评估等审批，编制形成以"长江之歌"为主题的概念性展陈大纲，开展项目建筑设计方案国际邀请征集及优化完善，加快申报冠名工作。全省一批项目有序推进，屈原文化公园（中部山谷区域）建成开放，中国南水北调博物馆主体竣工，荆楚非遗保护传承基地项目（一期）等开工建设，石家河国家考古遗址公园等加

---

① 徐秀丽、翟如月：《四项"考古中国"重大项目取得重要进展》，《中国文物报》2023 年 12 月 22 日。

快推进。荆楚大遗址传承发展工程圆满完成，屈家岭等一批国家考古遗址公园、明楚王墓等湖北省文化遗址公园建成开放①，评定第三批湖北省文化遗址公园6家，累计创成国家考古遗址公园4处、立项7处（见表2），评定湖北省文化遗址公园18处（见表3），储备湖北省文化遗址公园项目28个。湖北省博物馆被纳入新一轮央地共建国家重点博物馆；盘龙城遗址博物院获国际博物馆协会主办的2023年度世界最佳遗产利用项目，宜昌博物馆荣获"湖北省文旅高质量发展创新案例"之"公共文化空间类别优秀案例"；2023年11月，湖北红安县入选第二批国家文物保护利用示范区创建名单；2023年12月，湖北遗址公园联盟成立，该联盟由全省已建成开放的国家考古遗址公园4处、立项考古遗址公园7处、评定公布的湖北省文化遗址公园三批次18处共同组成。

表2 湖北省国家考古遗址公园名录

名称	地址	备注
湖北熊家冢国家考古遗址公园	荆州	第二批国家考古遗址公园
盘龙城国家考古遗址公园	武汉	第三批国家考古遗址公园
屈家岭国家考古遗址公园	京山	第四批国家考古遗址公园
湖北龙湾国家考古遗址公园	潜江	第四批国家考古遗址公园
湖北楚纪南城（含八岭山、熊家冢）考古遗址公园	江陵	第一批国家考古遗址公园立项
湖北铜绿山考古遗址公园	黄石	第三批国家考古遗址公园立项
石家河考古遗址公园	天门	第三批国家考古遗址公园立项
苏家垄墓群考古遗址公园	京山	第三批国家考古遗址公园立项
湖北明楚王墓考古遗址公园	武汉	第四批国家考古遗址公园立项
湖北学堂梁子考古遗址公园	十堰	第四批国家考古遗址公园立项
湖北擂鼓墩考古遗址公园	随州	第四批国家考古遗址公园立项

资料来源：作者整理自湖北省文化和旅游厅官网及《湖北日报》等官方报道。

---

① 曹玲娟、姚雪青等：《保护传承弘扬长江文化》，《人民日报》2024年5月3日。

表 3　已公布的湖北省文化遗址公园名单

批次	公布时间	公园名单
第一批	2021. 9	荆门屈家岭遗址、武汉明楚王墓、潜江龙湾遗址、随州炎帝神农故里、黄冈东坡赤壁、宜昌关陵
第二批	2022. 9	古隆中、华新水泥厂旧址、赤壁古战场、屈原祠、走马岭遗址、建始直立人遗址
第三批	2023. 10	铜绿山古铜矿遗址、三游洞、李时珍墓、彭家寨、容美土司(屏山爵府)遗址、凤凰咀遗址

资料来源：作者整理自湖北省文化和旅游厅官网及《湖北日报》等官方报道。

2. 搭建长江文化普及和研学教育体系

打造"长江讲坛""大江论坛·长江文化报告会""礼乐学堂"等一系列长江文化普及研学教育品牌。其中，湖北省图书馆定期举办的"长江讲坛"以每周至少举办一场讲座的频率，共邀请了 350 名国内外著名专家学者先后做客"长江讲坛"，现场观众总数达到 19.8 万人次。此外，长江讲坛还通过印制宣传品、建立讲座读者 QQ 群、开辟讲座网页专栏、开发长江讲坛 App，与湖北广播电视台教育频道合作播出《长江讲坛》栏目，出版《长江讲坛》书籍及音像制品等方式，建立起与讲座相关的多方位服务，逐步将"长江讲坛"建成为一个影响范围广、业界知名度高的公益讲座品牌。武汉市社会科学院等举办的"大江论坛·长江文化报告会"，通过武汉广播电视台直播，已经形成聚焦前沿、面向公众的长江文化高端学术传播品牌；武汉市社会科学院创办的大江学术公众号成为传播长江文化，促进城市高质量发展的重要平台。2023 年 1 月，在文化和旅游部科技教育司的指导下，湖北省文化和旅游厅联合长江干流省份共建长江流域研学旅游长效协作新机制，共促健康有序新格局、共推协同发展新举措、共享新发展新成果。并推进研学旅游资源互相开放，实现异地研学互认，促进长江流域"文旅教体"深度融合发展。在此基础上，开展了一系列"守护美丽长江主题研学旅游活动"。2023 年推出的"暑期第一课"研学旅行品牌，共推出主题研学活动 120 多场次，接待研学旅游团队约 1.2 万个，研学总人次超过 100 万，其中，来自北京的 100 名青少年围绕"大江北去——南水北调溯源探究"主题，前往武当山风景区、郧阳区学堂梁子遗址、青龙山国家地质公园等地开展为期 5 天 4 晚的研学旅行，亲身感受汉水流域的文化和"一库碧水永续北送，甘洌清泉润泽京津"的故事。以湖北省博物馆"礼乐学堂"为代表的研学教育品牌，已构建六大体系 300 余个课程，多角度、全方位弘扬长江文化，获国家级奖项和荣誉 60 余次。武汉革命博物馆打造的"红巷里的思政课"项目入选国家文物局、教育部主办的以革命文物为主题的"大思政课"优质资源 10 个示范项目之一。辛亥革命博物院"博爱学堂——少年中国说"研学思政课、湖北省博物馆"云端打卡湖北省博物馆新馆"系列活动，入选"第二届全国文博社教十佳案例"。[①] 盘龙城遗址博物院紧抓"公共考古"和"盘龙城文化"两大主题，开发线上线下多样化的社教活动。[②] 其中，"小小考古人考古盘龙城"系列活动，依托上千平方米的互动区，打造科学有趣的模拟考古体验，配合专业考古人授课、资深讲解员解读，形成囊括"田野勘探""考古发掘""泥条盘筑"等一系列体验课程，成为湖北知名研学旅游品牌。实施传统工艺振兴计划和曲艺传承发展工程，大力建设非遗工坊，举办"非遗集市""非遗时装秀"等推广活动，让传统文化生活方式融入现代生活，成为人们新风尚。

3. 建立文旅融合展示利用体系

湖北省委省政府高规格召开全省旅游业发展工作会议，对旅游业发展进行全面安排部署，成立省旅游业发展领导小组，统筹协调全省旅游业发展。2023 年 9 月在宜昌举办主题为"绿色长江 壮美三峡"的第十四届中国长江三峡国际旅游节，旅游节期间将举行长江三峡区域旅游合作 2023 年鄂渝轮值主席会议等 18 项活动。十多年来，湖北省和重庆市围绕共同举办长江三峡国际旅游节，共塑长江三峡旅游品牌、共建长江国家文化公园不断深化合

---

① 海冰、王嘉祺：《8 年服务超 2 亿人次 湖北博物馆"大学校"社教活动有声有色》，《湖北日报》2023 年 11 月 22 日。

② 瞿祥涛：《湖北武汉盘龙城国家考古遗址公园：活化历史场景 让观众亲临"现场"》，《中国文化报》2022 年 11 月 3 日。

作，对推动长江大保护和生态文明建设、促进三峡区域经济社会发展和提升人民福祉发挥了积极作用。① 2023 年 4 月举办以"美丽中国、美好生活"为主题的第二届中国（武汉）文化旅游博览会，集中展示中国文化和旅游最美形象、最靓风景、最新成就以及各省（区、市）的地方特色文化、精品文旅线路、特色文旅产品等。湖北展区，集中展示湖北文旅亮眼风景、发展成果以及湖北各市州有代表性的特色文旅产品和新兴业态。坚持以文塑旅、以旅彰文，推动公共文化场所进行旅游化功能提升，推进历史文化遗存景区化打造，累计创建大遗址类 5A 级景区 3 处、4A 级景区 5 处、3A 级景区 5 处；推出"世界遗产之旅""楚文化之旅""炎帝寻根之旅""问道武当之旅""智慧三国之旅"等文化旅游线路。近年来，湖北深耕旅游演艺，创新文旅业态，丰富游客体验，涌现一批具有示范价值的旅游演艺品牌，引领湖北文旅产业高质量发展。其中，枣阳中国汉城的《寻梦大汉·汉颂》、武汉文旅集团的《知音号》、荆州方特大型 AR 剧场表演项目《屈原》入选全国 40 部旅游演艺精品名录，为推动湖北文旅产业深度融合和高质量发展提供了新动能。②

（四）加强长江文化弘扬创新

1. 传播课题研究成果

利用各种渠道传播湖北省长江国家文化公园建设课题研究成果。一是和传播力和影响力稳居国内新媒体第一阵营的澎湃新闻智库栏目开辟了"寻迹·长江文化公园"栏目，目前已刊发湖北省国家文化公园建设研究成果 12 篇。二是和国务院发展研究中心主办的中央级内参《经济要参》合作，在 2023 年第 41 期推出了《湖北省长江国家文化公园建设课题研究成果专刊》，共刊发湖北省专家学者撰写的决策咨询报告 8 篇，并被国务院发展研究中心分送中央领导参阅。

2. 开展系列主题宣传

近年来，湖北围绕推动长江国家文化公园建设，积极开展长江文化宣传

---

① 程芙蓉：《第十四届长江三峡国际旅游节启幕》，《中国旅游报》2023 年 9 月 18 日。
② 李志雄、雍艳香等：《"演"火旅游 "艺"彩纷呈》，《广西日报》2023 年 12 月 29 日。

推广活动，带领广大市民游客品读长江千年文脉，弘扬长江文化时代价值。2023年4月，由文化和旅游部资源开发司指导，湖北省文化和旅游厅主办的"沿着长江读懂中国——万里长江行"主题宣传推广活动启动，由文史专家、媒体记者、网友代表等方面组成的探访团，历时9个月完成从长江源头青海沱沱河到长江入海口上海崇明岛的长江全流域实地探访，沿着长江探访具有代表性的长江文化符号，通过视频、直播、文图、海报等融媒体方式展示长江文化的时代价值。活动受到社会广泛关注，各大主流媒体纷纷报道，中央级媒体和地方媒体共发布稿件1.2万余篇次，全网阅读量超7亿次，其中，重磅报道《源头一滴水·世界一条江——在长江源感悟习近平总书记的长江情怀》得到中央网信办高度肯定和社会各界广泛关注，被多家媒体置顶转发。此外，湖北还借助承办国家考古遗址公园现场工作会的契机，举办"惟见长江天际流——考古中国·长江中游文明进程研究成果展"等配套活动，集中展示2020年以来鄂、湘、赣、皖、豫五省考古最新成果。借助庆祝湖北省博物馆成立70周年活动契机，联合长江沿线17家文博机构举办长江文明特展，生动展示长江千年文脉。借助举办屈原故里端午文化节、长江三峡国际旅游节、楚文化节、长江三峡（巴东）纤夫文化旅游节等一系列节会活动契机，传播长江文化、普及长江文化，营造建设长江国家文化公园和长江文化保护传承弘扬的浓厚氛围。①

3. 推进长江文艺精品创作

鼓励广大艺术工作者从长江文化资源宝库中提炼主题、获取灵感、汲取养分，推出京剧《连心带》、舞剧《洪湖水浪打浪》《橘颂》、话剧《屈原》《狂澜》等一批底蕴深厚、涵育人心的优秀作品，近年来先后有165台（个）作品（项目）入围国家级艺术评奖和展演。坚持以演出为中心环节，扎实推进振兴武汉戏曲大码头工作，承办第三届全国戏曲（南方片）会演，组织举办第五届湖北地方戏曲艺术节、第八届湖北省楚剧艺术节、第四届湖北省荆州花鼓戏艺术节、第十一届湖北省黄梅戏艺术节等200余项艺术活动。成功申

---

① 瞿祥涛：《打造传承长江文脉的现代载体》，《中国文化报》2023年11月1日。

办第十四届全国美术作品展览漆画展，举办"中国姿态——第六届中国雕塑展""大漆世界：变·通——2023 湖北漆艺三年展"两个"三年展"项目和"荆风楚韵——首届湖北舞台艺术主题美术作品展"，社会反响良好。创新举办湖北省人工智能技术展示展演，用人工智能技术展示荆楚文化之美。

4. 加强文化交流互鉴

2023 年 5 月 4 日至 6 日，2023"长江主题旅游海外推广季"启动仪式暨"长江主题国家级旅游线路"发布仪式在湖北宜昌举办。来自外国驻华使馆、文化和旅游部、长江沿线省市文化和旅游主管部门、经营入境旅游的龙头旅游企业和泰国、马来西亚、越南等国旅行商和新闻媒体等约 100 人参加活动。启动仪式主要包括 2023"长江主题旅游海外推广季"启动仪式、中外旅游推介、"发现中国长江之美"主题图片展、长江主题国家级旅游线路和精品线路路书发布等内容。2023 年 9 月 7 日，ICOMOS 中国国家委员会（ICOMOS China）、湖北省文化和旅游厅、万里茶道联合申遗办与中国建筑设计研究院建筑历史研究所共同主办"万里茶道跨国联合申遗国际学术研讨会"。此次研讨会的召开进一步加强了中国与国际古迹遗址理事会及其科学委员会的专业合作，为建立中国、蒙古国与俄罗斯有关万里茶道遗产的专业技术交流奠定了基础，探索了跨国联合申遗的专业合作与行政协调途径，有效推进了万里茶道跨国联合申遗工作进程，有效地提升了万里茶道遗产的国际认知度和影响力。2023 年 10 月 22 日至 25 日，湖北省旅游协会、湖北文旅集团、湖北省武术协会在十堰市武当山共同主办了主题为"天下太极会武当"的 2023 世界武当太极大会。世界武当太极大会期间还同步举办第七届武当太极拳国际联谊大赛，共有 1503 名运动员报名参赛，其中 128 人来自意大利、法国、英国等 32 个国家和地区。大会期间还举办了"歌武剧"《传奇·太极武当》演出、"世界太极观"高端对话、百名中医问健康等活动。① 2023 年 11 月 2 日至 7 日，由湖北省文化和旅游厅（湖北省文物

---

① 朱江：《世界武当太极大会 10 月 22 日至 25 日在武当山举行》，《十堰日报》2023 年 10 月 19 日。

局）指导，湖北省博物馆主办，中国文物交流中心和奥克兰中国文化中心共同支持的"荆楚文明之光——中国湖北出土文物展"巡展在新西兰奥克兰市举办。该展览以图片展的形式，用40余张中、英双语的版面从"人类起源""文明曙光""周代荆楚""文明交流"四个部分翔实凝练、图文并茂地介绍了湖北地区重要出土文物，展示了湖北丰富的地域文化、悠久灿烂的荆楚文明及其在中华文明中的地位。2023年10月10日，第七届中俄蒙三国旅游部长会议在湖北武汉成功举办，三方共同签署了《第七届中俄蒙三国旅游部长会议纪要》和《中俄蒙建设和推进"万里茶道"跨境旅游线路联合行动方案》。2023年5月21日，湖北省文化和旅游厅与墨西哥中国文化中心在墨西哥州特拉尔内潘特拉市共同举办"茶和天下"·雅集文化等活动，举办了《中国茶文化与健康养生》主题讲座、茶文化和湖北文旅图片展，直观诠释了"好山好水出好茶"的真谛，展示了灿烂的荆楚文化和美丽的湖北风光。

二 湖北长江文化发展经验与模式

湖北高度重视长江文化保护传承弘扬，充分挖掘长江文化的深刻内涵与时代价值，大力推进长江国家文化公园湖北段建设，为谱写中国式现代化湖北篇章提供强大的精神力量。

（一）长江文化保护传承弘扬经验

1. 突出思想引领，加强理论学习

一是理论学习不断强化。突出"思想引领、学习在先"，湖北坚持不懈用习近平新时代中国特色社会主义思想凝心铸魂。坚持带着问题学理论、奔着问题去调研、对照问题抓整改，通过专题学习、集中自学、专题党课、廉政党课、青年学理论小组等，有重点、分层次、多渠道推动主题教育走深走实，引导广大党员干部坚定拥护"两个确立"、坚决做到"两个维护"。组织全省文旅系统在浙江大学举办"推进文旅高质量发展专题研讨班"，提高

了广大文旅系统干部职工干事业的积极性和主动性。

二是调查研究深入开展。落实党中央、中共湖北省委关于大兴调查研究的决策部署，在全省文旅系统启动大调研工作，紧扣制约高质量发展的瓶颈难题和群众关切问题，形成大调研课题清单共25个，湖北省文旅厅党组形成调研报告8篇，荣获文化和旅游系统优秀调研报告3篇，纳入省重大调研课题基金项目1篇；梳理问题清单19个，全部整改完成。开展"共享大脑"智力支持专项计划，针对基层文化和旅游发展难题，湖北省文化和旅游厅会同市州文旅部门、高校研究智库共同开展8项重点课题研究，形成10份调研成果共计50万余字。

2. 突出规划引领，加强沟通汇报

一是长江国家文化公园建设稳步推进。突出规划引领，科学编制《长江国家文化公园（湖北段）建设保护规划》，着力构建"一轴两廊三片四区"的长江文化空间保护利用格局；统筹编制《湖北省长江文物保护利用规划》，推动形成"一轴一廊三片区多组团"的长江文物保护利用总体布局。突出打造文化地标，立项或启动实施屈原文化公园、南水北调博物馆等一批标志性文化工程，中国长江博物馆（筹）选址武汉市核心区域黄金滨江地段，完成建筑方案全球征集、基本生态控制线调整、展陈大纲初稿编制。

二是重视沟通汇报。2023年10月，文化和旅游部长江国家文化公园建设推进会在湖北省举办。会前，湖北省国家文化公园专家咨询委员会秘书处及时编印了《湖北省国家文化公园建设研究专报汇编》，作为会议材料分送给中央宣传部、文化和旅游部等19个中央和国家有关部门以及长江沿线13个省区市的参会代表，得到了参会领导和代表的充分肯定和好评。

3. 强化交流协作，加强战略合作

湖北积极拓展与国内外有关部门的交流协作，促进长江文化走出去。

一是联合申遗取得进展。积极推进"万里茶道"联合申遗，举办国际研讨会、城市市长论坛等学术活动，召开申遗工作推进会，完成对国内11所城市和俄罗斯、蒙古国两国申遗点调研，基本掌握万里茶道全线遗产要素，达成与俄蒙两国建立官方联络机制及申遗策略的共识。

二是发起筹建长江文化促进会理论与政策研究专业委员会，打造长江文化学术研究共同体。为深入贯彻习近平文化思想和落实习近平总书记关于长江文化保护传承弘扬的重要论述和重要指示精神，由湖北省国家文化公园专家咨询委员会秘书处和武汉大学国家文化发展研究院、武汉市社会科学院、南京市社会科学院、四川省社会科学院等长江沿线 60 多家高校、科研院所联合发起筹建的以"凝聚长江文化学术力量，激活丰富历史文化资源，深挖长江文化时代价值"为宗旨的长江文化促进会理论与政策研究专业委员会，经长江文化促进会研究批准，于 2023 年 12 月 22 日在北京宣布成立。该专业委员会秘书处设在武汉大学国家文化发展研究院，傅才武为长江文化促进会理论与政策研究专业委员会主任委员，曹劲松、樊志宏、聂武钢、张学标为长江文化促进会理论与政策研究专业委员会副主任委员，陈庚为长江文化促进会理论与政策研究专业委员会秘书长，张学标、邓攀、王光艳、陶维兵为长江文化促进会理论与政策研究专业委员会副秘书长。

4. 加强保护利用，促进文化润鄂

一是加强革命文物保护利用，调查统计湖北省红色标语文物 104 处、177 条，形成《湖北省红色标语调查报告》；英山县长征国家文化公园建成开园，红安县入选第二批国家文物保护利用示范区（革命文物专题类）创建名单。

二是博物馆特色明显。3 项展览入选国家文物局"弘扬中华优秀传统文化、培育社会主义核心价值观"主题展览重点推介和主题推介项目，1 项展览荣获全国博物馆十大陈列展览推介优秀奖。95 家博物馆被列入全省"大思政课"实践教学基地名单，武汉革命博物馆"红巷里的思政课"被评为全国"大思政课"（革命文物类）优质资源 10 个示范项目之一。

三是非遗活化利用工作扎实推进，承办 2023 年全国非遗曲艺周，144个曲艺类国家级非遗代表性项目、57 位国家级非遗代表性传承人、209 个保护单位千余演职人员登台演出，共开展曲艺惠民演出 120 余场，现场观看人次达到 2.6 万。印发《关于推动湖北传统工艺高质量传承发展的措施》，完成非遗传承人研修培训年度计划，培训学员 280 余人。评定"非遗＋旅游""非遗＋互联网"优秀案例 20 个，认定非遗工坊 73 家，带动就业超 3.4 万人。

5. 重视方志事业，夯实文化根基

地方志是记录传播长江文化的重要载体，湖北高度重视地方志事业。

一是志书年鉴编纂成果创历史新高。《罗田县扶贫志》成功入选中国扶贫志丛书编纂计划，荆门市京山市《新市镇志》入选第八批中国名镇志丛书，恩施州利川市《柏杨坝镇志》、孝感市孝南区《袁湖村志》申报中国名镇志、名村志文化工程稳步推进。编纂出版《湖北年鉴（2023）》，指导出版 116 部市县综合年鉴，出版首部湖北文物年鉴。《武汉年鉴（2022）》入选第七批"中国精品年鉴"，《黄冈年鉴（2023）》《汉阳年鉴（2023）》争创"中国精品年鉴"已通过初审，武汉市方志办入选第二批中国精品年鉴区域试点单位。第九届全国地方志优秀成果（年鉴类）评审中，湖北省获评特等年鉴 3 部、一等年鉴 6 部、二等年鉴 6 部、三等年鉴 5 部，创历史新高。①

二是地情资源开发利用不断深入。"湖北要览丛书"出版 14 册。指导各地编辑出版《武汉市情概览》《襄阳之重》《宜昌年鉴·简明市情手册》《黄冈年鉴简本》等系列实用读物，不断在服务中心工作中彰显方志作用。湖北方志馆在省图书馆开馆，数字方志馆运营良好，湖北省方志馆"两阵地"建设取得重大突破。

6. 深化以文塑旅，强化以旅彰文

以文塑旅，以旅彰文，湖北加速长江文化与旅游融合。

一是政策支持力度加大。湖北出台《关于深化文旅融合加快新时代湖北旅游业高质量发展的意见》，设立 2 亿元文旅奖励专项资金、100 亿元旅游产业发展基金等，大力推动全省旅游业高质量发展。

二是市场活力强劲复苏。2023 年，湖北投入 6.7 亿元财政资金用于发

---

① 孟亚男：《70 年成就斐然，新时代任重道远》，《中国年鉴研究》2019 年第 3 期。

放文旅消费券，奖励"引客入鄂"和奖补旅游营销，提振行业发展信心。争取中共中央宣传部、文化和旅游部等部委在湖北举办长江三峡国际旅游节等十余个全国性重大节会，自主举办"钟情湖北过大年""相约春天赏樱花"等品牌节会，持续激发市场活力。

三是项目建设提速提质。举办长江文化产业带投融资促进活动，推出文旅项目投资招商综合评价指数，量化评比各市县文旅项目建设强度，推动各地大抓文旅项目建设，孝感方特项目签约半年内落地开工，宋城·三峡千古情等一批优质项目加快建设。联合农业银行开展"三全"工程，探索在全省文旅市场主体全覆盖、文旅金融产品全对接、提供全链条金融服务。

四是品牌创建再创佳绩。组织新评国家 4A 级旅游景区 17 家，其中位于长江干支流域核心地带的景区 11 家，占比 64.71%；新增省级旅游度假区 5 家，其中位于长江干支流域核心地带的度假区 4 家，占比 80%；新增省级全域旅游示范区 10 家、荆楚文旅名县 10 个、湖北旅游休闲街区 6 家、湖北旅游名镇 10 个、湖北旅游名村 20 个、湖北旅游名街 5 个，都是富有荆楚文化特色的地区。

7. 发掘古籍价值，催开老树新花

一是古籍保护利用不断加强。"六月六，晒家谱"，2023 年 7 月 23 日，首届华夏晒谱节暨湖北第十四届晒谱节在湖北省图书馆开幕，邀请广大市民一同续牒"寻根"，了解中华姓氏文化，吸引了 20 余万人观展。承办"册府千华"湖北省藏国家珍贵古籍展，展览分宋元宝笈、明版珍椠、清代琳琅三部分，在两个展厅分批展出 150 部入选国家、省珍贵古籍名录，以及能够反映湖北特色的古籍。包括写本、稿本、抄本、刻本、套印本、活字本等多种版本类型，官私家坊等多方刻书机构齐备，可谓册府千华，异彩纷呈，吸引 22.5 万人观展。

二是开展古籍保护利用工作专题调研。2023 年 6 月至 8 月，按照湖北省文化和旅游厅有关工作部署要求，湖北省博物馆对全省博物馆古籍工作进行专题调研。湖北省现有收藏古籍的博物馆 90 家，占全省博物馆总数的 38.1%，全国古籍重点保护单位 2 家，分别是湖北省博物馆、浠水县博物

馆。古籍总量达 155632 册，占全省博物馆藏品总量的 6.2%，仅次于陶瓷、金属、玉石等传统优势类别，是湖北省博物馆重要的特色文物资源。全省博物馆古籍具有 5 个突出特点：分布广泛、藏量集中、价值突出、类型多样、特色鲜明。此外，湖北省图书馆（湖北省古籍保护中心）通过全国古籍重点保护单位、古籍修复技艺传习所复核。

8. 推广有声有色，交流彰显魅力

一是全方位宣传推广提升湖北文旅形象。经多轮征集论证，报省委省政府审定，推出"知音湖北，遇见无处不在"全新文旅形象宣传语并面向全球发布。与中央媒体合作，2023 年在中央电视台、新华社、《人民日报》等刊发信息 400 多篇。"湖北文旅之声"新媒体矩阵账号一年涨粉 260 多万，粉丝量达 570 万，综合影响力稳居全国省级文旅政务新媒体前列。注重搭建活动平台，世界武当太极大会、荆楚乡村文化旅游节等活动，产生了良好的社会反响。

二是对外交流合作彰显荆楚文化魅力。组团赴新西兰、日本、英国等10 多个国家开展文化交流和旅游推广，组织参加中国国际旅游交易会，全力促进入境旅游恢复。承办 2023 长江主题旅游海外推广季启动仪式，面向全球推出长江文明溯源之旅等 10 条长江主题国家级旅游线路。

三是对港澳台交流合作增进情感认同。在全国率先组织赴港澳开展"极目楚天 钟情湖北"湖北旅游宣传推介会，组织赴港澳台参加香港旅游展、澳门旅博会和台北夏季旅展等展会活动，开辟湖北文旅体验店，达成湖北旅游产品上线上架、旅游包机、旅游专列、引客来鄂等多个合作项目。接待全国疫后首个港澳旅行商踩线团、"万名港人游湖北"首发团、"相约春天赏樱花"港澳台赏花团，文旅部组织港澳旅行商和媒体记者等 30 余人来鄂开展 2023"美好中国·新体验"之楚风湘韵踩线活动，湖北省港澳台入境旅游赢得先机。开展"百万青年看祖国"——港澳青少年荆楚行等活动，实施"才聚荆楚"港澳青年大学生实习交流计划，举办武汉"香港周"活动，促进旅游往来和民心相通。

（二）长江文化保护传承弘扬模式

湖北进一步增强责任感和紧迫感，调动各方面积极性，逐步形成政策引领与规划编制先行、考古研究与成果推广同步、上级支持与主动作为并重、绿色理念与主题宣传同行的长江文化保护弘扬传承体系。

1. 政府主导，协调各方，政策引领与规划编制先行，有序推进长江文化建设

一是重视中央政策的落实。湖北积极响应党中央、国务院关于建设五大国家文化公园的战略部署，特别是长江国家文化公园的建设。在全省范围内统筹考虑沿江水岸，编制了长江国家文化公园湖北段建设详细的规划和保护方案、实施方案等，确保长江文化的保护和传承工作有章可循、有序推进。建立跨区域跨部门协作机制。湖北加强与沿江其他省区市的合作，共同推进长江文化保护传承弘扬工作。在省内建立跨部门协作机制，整合各方资源，形成工作合力，提高工作效率和效果。

二是规划编制先行。对接国家保护规划与方案，编制完成《长江国家文化公园（湖北段）建设保护规划》，着力构建"一轴两廊三片四区"的长江文化空间保护利用格局。规划编制分6阶段进行（前期、建议稿、初稿、中期稿、评审稿和最终稿阶段），经前期调研、三轮市州项目征集、二轮相关部门及市州意见征求、四次项目座谈会等阶段，完成中期深化稿。加强文物保护利用，对接国家长江文物保护利用专项规划纲要，编制完成《湖北省长江文物保护利用规划（核准稿）》，推动形成"一轴一廊三片区多组团"的长江文物保护利用总体布局。组织起草《长江国家文化公园湖北段建设实施方案》。

2. 创新形式，突出重点，文明研究与成果推广同步，赋能长江国家文化公园建设

一是持续开展长江中游文明进程研究。国家文物局公布2023年度文物事业高质量发展案例、2024年度中华文物新媒体传播精品推介项目及第六届最美文物安全守护人名单，三项全国大奖湖北省均榜上有名。盘龙城遗址博物院申报"考古研究守护城市记忆 创新展示赋能遗址新生"荣获文物事业高质量发展十佳案例。《"郧县人"3号出土记》荣获2024年度中华文物新媒体传播十佳精品推介项目。

二是湖北在全国率先组织开展长江国家文化公园课题研究和成果推广。2022~2023年,湖北设置专项经费,遴选确定课题支持研究,编发《湖北省国家文化公园建设工作研究专报》,有5项研究成果得到中央领导同志的肯定性批示,21篇重要成果被国务院发展研究中心《调查研究报告·摘要》《经济要参》、中央党校《行政改革内参》等刊发。围绕长江国家文化公园建设,举办8场长江学术报告会,召开"长江国家文化公园建设与长江文明国际传播研讨会"、第三届长江文化学术研讨会,为长江国家文化公园湖北段建设提供理论支撑。湖北省国家文化公园专家咨询委员会秘书处等单位完成了《湖北省国家文化公园建设研究专报汇编》和《长江国家文化公园建设与长江文明国际传播研究》2本书稿的编辑工作,共70多万字,提交武汉大学出版社正式出版。

三是配合文化和旅游部举办长江国家文化公园建设推进会。2023年10月,湖北承办文化和旅游部在武汉召开的长江国家文化公园建设推进会,会议总结了长江国家文化公园规划建设工作,部署下一阶段任务。会议期间举办重点项目图片展、"沿着长江读懂中国"主题宣传推广活动影像展、长江民歌汇之"极目楚天舒"音乐会,组织现场调研。会议取得圆满成功,受到国家部委和兄弟省份高度肯定,充分展示了湖北省推进长江国家文化公园建设的成就与决心,为争创长江国家文化公园示范区赢得了先机。

3. 深入调研,因地制宜,上级支持与主动作为并重,落实落细文化遗产项目

一是重视调研工作。湖北以调研为基础,以长江国家文化公园(湖北段)重点项目建设为抓手,深入推进创新保护传承工作。利用全国人大常委会副委员长铁凝率队来鄂开展《文物保护法》修订工作调研、湖北在京全国人大代表专题调研契机,加强汇报,争取支持中国长江博物馆(筹)落户武汉。落实大兴调查研究要求,湖北协助文化和旅游部资源开发司分别

于 2023 年 3 月、4 月赴武汉、十堰、黄冈等市开展长江国家文化公园建设调研；6 月，湖北省文旅厅会同湖北省人大赴蕲春县开展李时珍中医药文化核心展示园调研，推动长江国家文化公园（湖北段）重点项目建设。受文化和旅游部委托，配合对外经济贸易大学在湖北省开展长江国家文化公园建设与政策改革专题调研。

二是推动中国长江博物馆（筹）建设。湖北积极向国家有关部委汇报沟通，争取认同与支持；做好冠名申报准备，组织咨询调研，加强沟通对接，推进机构落实，争取中央编办支持；开展中国长江博物馆（筹）建筑设计方案征集工作，初步完成国际邀请征集。目前，已完成项目选址和建议书编制、土地规划调整、防洪影响评价、涉地铁安全影响评估等审批，积极推进生态底线调整、建筑规模审定、地块拆迁等工作。

4. 文旅融合，宣传赋能，绿色理念与主题宣传同行，实现长江文旅展高质量发展

一是坚持绿色发展。湖北坚持绿色发展理念，将长江生态保护与文化旅游产业发展相结合，推动长江经济带高质量发展。通过建设长江大保护公园、开展长江大保护文明实践志愿服务项目等方式，提高公众对长江生态保护的关注度和参与度。精心策划"沿着长江读懂中国——万里长江行"主题宣传推广活动，在第二届中国（武汉）文化旅游博览会上举行启动仪式，组织"长江民歌汇"演出，举办"在武汉 读长江"媒体峰会，先后完成青藏源头段、云贵段、川渝段、湘赣皖段、苏浙沪段探访，2023 年 12 月 10 日在上海举办收官发布会，发布"沿着长江读懂中国——万里长江行"主题短片、打卡长江国家文化公园精品旅游线路、《共建长江国家文化公园"上海倡议"》，举行长江流域非遗传承创新设计联盟签约仪式，受到社会广泛关注，各大央媒和地方媒体发布稿件 12000 余篇次，全网阅读量超 7 亿次。

二是组织举办展览节会，解锁长江文化密码。湖北省文化和旅游厅（湖北省文物局）、湖南省文物局、河南省文物局、安徽省文物局、江西省文物局主办，湖北省博物馆、湖北省文物考古研究院承办的"考古中国·长江中游文明进程研究成果展"，主要展出 2020 年以来湖北、湖南、安徽、

江西、河南五省考古新成果，聚焦公元前 3700 年至公元前 221 年的长江中游地区，从新石器时代的文明曙光，到中原夏商文化对本地文明的催生、周王朝对南方的经营、楚对南方的开发直至秦统一这一重要而长时段的历史进程。① 此外，湖北还通过举办楚文化节、长江读书节、长江三峡国际旅游节等系列活动，促进荆楚文化当代转化和活态传承，营造了湖北建设长江国家文化公园的浓厚氛围。

三 湖北长江文化发展未来展望与建议

面向未来，湖北将深入学习贯彻习近平文化思想，认真落实《长江文化保护传承弘扬规划》部署安排，立足国家重点建设区定位，持之以恒，加快推进长江国家文化公园（湖北段）建设，努力将湖北建设成为集长江文化生态走廊引领区、长江文化开放合作示范区、长江国际黄金旅游带核心区于一体的长江文化创新高地。

（一）重点实施五大工程

一是实施湖北长江文化传承研究工程。立足当前、面向未来，从传承发展中华文明的角度和延续历史文脉、坚定文化自信的高度，推进人类起源、长江中游文明进程和楚文化考古研究，深化长江文化内涵研究，挖掘代表性文化符号，创作生产长江文化题材艺术精品，建设长江文化展示平台，增强荆楚文化的国际交流能力。

二是实施湖北长江文化区域合作工程。依托长江中游三省旅游合作发展联盟、长江三峡区域旅游合作会议、长江流域研学旅游联盟等合作机制，推进长江流域沿线城市合作发展；办好中国长江三峡国际旅游节、屈原故里端午文化节、炎帝故里寻根节等重要节会活动，推进文化旅游市场一体化建

---

① 张晓云：《庆祝湖北省博物馆建馆七十年 创建中国特色世界一流博物馆》，《文物天地》2023 年第 9 期。

设，塑造区域文化旅游新格局、新动力，推动长江文化旅游高质量发展。

三是实施湖北长江生态文化城镇带建设工程。秉持"绣花"功夫，联合住建部门加强历史文化名城名镇名村、历史文化街区、名人故居保护和城市特色风貌管理，做好古村落、传统民居、历史建筑、革命文化纪念地、农业遗产、工业遗产保护，推动将民族民间文化元素融入新型城镇化和美丽乡村建设，发展有历史记忆、地域特色、民族特点的美丽城镇、美丽乡村，打造一批将"历史文化、山水文化与城乡发展相融合"的特色文化乡镇。[①]

四是实施长江国际黄金旅游带核心区建设工程。挖掘楚文化、三国文化、革命文化、工业文化、少数民族文化等特色资源，擦亮黄鹤楼、长江三峡、神农架、武当山、恩施大峡谷等核心旅游产品品牌，促进长江内河旅游提质升级，建设一批富有文化底蕴的世界级旅游景区、旅游度假区和文化特色鲜明的国家级旅游休闲城市、休闲街区，努力建设世界知名、全国一流的文化旅游目的地。

五是实施湖北长江文化形象传播工程。围绕"一带一路"倡议，强化顶层设计，整合文化资源，提炼具有全国和国际影响力的文化标识，从服务国家外交大局、深化部省合作、自主搭建对外平台三个层面，构建湖北长江文化形象展示传播体系，多层次、多渠道、全方位推介长江文化，讲好长江故事，展示长江文化独特魅力，持续擦亮长江文化的品牌，进一步加强知音文化挖掘，让"知音湖北"走向世界，把湖北真正建设成为展现中华文化自信自强的重要窗口。

（二）加快推进长江国家文化公园（湖北段）建设

一是组织第四次全国文物普查。按照国家普查领导小组统一部署，健全普查机构，落实实施方案，强化普查队伍，开展实地调查，全面摸清湖北文物特别是长江流域文物资源新家底，服务重大国情国力调查，为保护传承弘扬长江文化提供翔实的基础资料。

---

① 《弘扬长江文化 讲好长江故事》，长江云，https：//news.hbtv.com.cn/p/1968659.html。

二是完成规划编制。落实《长江国家文化公园建设保护规划》《长江文物保护利用专项规划纲要》等文件要求,高质量编制完成《长江国家文化公园(湖北段)建设保护规划》《湖北省长江文物保护利用规划》,并指导督促推进落实。

三是加强项目建设。加快中国长江博物馆(筹)争取与建设进度,推进项目建筑方案设计,积极做好申报冠名工作,优化展陈大纲内容,力争尽快向中央编办申报,确保项目开工建设。统筹全省重点项目建设,以创建国家文物保护利用示范区、国家考古遗址公园为契机,争取更多项目纳入国家支持名单,加快开工和完成一批项目。

四是持续开展基础研究。围绕"中华文明探源工程""考古中国"战略部署,持续开展考古研究工作,不断深化对长江中游文明进程的认识,为我国百万年的人类史、1万年的文化史、5000多年的文明史[1]进一步提供实证。组织开展2024年度湖北省长江文化保护传承弘扬课题研究,侧重于实践问题,编发多期研究专报,力争取得一批重要成果。同时,举办长江文化有关研讨会,做好成果转化利用。

五是深化拓展宣传效应。深化"沿着长江读懂中国"湖北千里行、万里长江行活动成果,探索"让世界沿着长江读懂中国"主题宣传推广活动,2024年拟赴法国、卢森堡开展让世界沿着长江读懂中国——欧洲行宣传推广活动。推动建设东坡行旅、万里茶道等文物主题游径,讲好湖北故事。举办2024长江非遗大展、"长江读书节"、"长江讲坛"、"大江论坛·长江文化报告会"等系列活动,营造湖北建设长江国家文化公园的浓厚氛围。

六是推出更多体现新时代长江文化的文艺精品。举办"长江文化艺术大汇",复排打造地域风情舞蹈诗《家住长江边》等经典长江文化剧目,推进长江文化进校园、进企业、进社区、进乡村。举办"相约长江"长江合唱周,着力打造享誉全国乃至国际的湖北合唱活动品牌。

---

[1] 张锐、夏静、黄敏:《方勤:不负时代,讲好文化遗产故事》,《光明日报》2022年10月5日。

B.5

2023~2024年度安徽皖江特色
长江文化发展研究

吴树新*

摘　要： 长江流经安徽416公里，安徽长江文化源远流长、底蕴深厚，南北文化在这里碰撞、交融和演变，内容包罗万象，在思想、文学、艺术、宗教等方面都有巨大贡献与成就。近年来，安徽省正在探索深入发掘弘扬长江文化时代价值，进一步发挥本省资源禀赋优势，整合资源力量，打造各具特色和更有影响力的五个沿江城市品牌。针对安徽省发掘弘扬长江文化的不足之处，本文提出主动塑造更多工作抓手的对策建议：一是保护好长江文化，彰显文化魅力；二是传承好长江文化，提升文化价值；三是弘扬好长江文化，增强文化张力。同时，对今后如何弘扬长江文化的时代价值进行了展望，以期努力打造更具影响力的文化和旅游产品，使长江文化成为展示安徽形象的亮丽名片。

关键词： 长江文化　皖江特色　文化保护　文化传承　安徽

安徽，襟江带淮。长江文化源远流长，历史悠久且人文荟萃。从新石器时代的薛家岗文化到现代的文化繁荣，长江文化在安徽历经多朝变革与融合，展现了其多元共生、开放包容的特质。此外，安徽在长江流域拥有丰富的文化资源，包括文物、非遗、博物馆等，这些资源为长江文化的传承与发

---

* 吴树新，安徽省社会科学院社会学研究所所长，安徽省社会工作研究院常务副院长，安徽省中国特色社会主义理论体系研究中心安徽省社会科学院基地研究员，主要研究方向为应用社会学、文化等。

展提供了坚实基础。近年来，安徽省正在探索深入发掘弘扬长江文化时代价值，进一步发挥本省资源禀赋优势，整合资源力量，主动塑造更多工作抓手，努力打造更具影响力的文化和旅游产品，使长江文化成为展示安徽形象的亮丽名片。建议安徽加大长江文化研究力度，创新传播方式，利用新媒体和 AI 技术活化文化内容，打造更多群众喜闻乐见的文化产品。同时，加强顶层设计，统筹皖江文化保护传承，推进文化旅游融合发展，以更好地发挥长江文化的价值，推动安徽文化繁荣发展和高质量增长。

一　安徽长江文化的资源禀赋

长江文化具有多元共生、开放包容、积累厚重和创新创造等内涵与特质。长江流经安徽 416 公里，安徽长江文化源远流长、底蕴深厚，南北文化在这里碰撞、交融和演变，内容包罗万象，在思想、文学、艺术、宗教等方面都有巨大贡献与成就。

（一）安徽长江文化历史悠久

考古发掘表明，安徽长江流域史前就有人类生存和活动，并与其他地区的人们发生了相当频繁而密切的交往。

在 200 万年至 240 万年前的旧石器时代，在现芜湖市繁昌区境内就有古人类活动，这是已知的亚洲最早的古人类活动遗址。繁昌地处长江下游，该地区在更新世早期为森林草原环境，随着气候的变化，尤其是第四纪冰川的影响，森林逐渐消失，形成小的山间盆地，这种地理环境十分有利于早期人类生息。繁昌县考古发现的更新世早期灵长类化石和其他同时期哺乳动物化石，以及石制品、骨制品等人类遗物，证明安徽是人类起源的重要地区之一。

旧石器时代和县猿人化石发现于安徽省马鞍山市和县龙潭洞，出土一个相当完整的头盖骨，是中国南方迄今为止的直立人中的唯一，其年代距今至少 20 万年以上。和县猿人化石是迄今发现的安徽地区最早的人类化石，表明当时江淮大地已有人类繁衍生息。与和县猿人化石一起还发现了许多骨片、鹿角以及脊椎动物化石，表明当时的和县人以采集、狩猎为主，依靠群体的力量，用简单的工具与大自然做斗争，求得自己的生存发展，渡过漫漫岁月。

新石器时代的遗存潜山薛家岗文化因首先被发现于安徽省安庆市潜山县薛家岗而得名。分布地域西到鄂皖交界的黄梅和宿松地区，东到安徽境内巢湖地区，北抵淝水，南达长江。主要遗址还有安庆市的宿松县和望江县等处。薛家岗文化年代为公元前3700年至公元前3000年，考古发现其中有陶器图案规整地绘以红色花果形，为国内所罕见，住房则有地面建筑和半地穴式两种，显示当时人们过着以稻作农业为主的定居生活，同时辅助采集、渔猎和家畜饲养活动。薛家岗文化的先民在近2000年的发展历程中，生产力水平不断提高，生产关系也随之发生一些变化。从墓葬发现，氏族公社内部开始出现贫富分化。而在位于马鞍山市含山县城南凌家滩遗址，发现了祭坛遗迹和大批玉礼器，揭示了深刻的社会变革内涵，其遗址面积大，可能是5000年前江淮流域的一个中心聚落，是一个政治、文化的中心，当时的社会已出现金字塔式的阶层结构，迈入了方国文明时代。

夏代包括安徽在内的长江流域文明程度虽不及黄河流域的中原地区，但受中原地区文化影响，与本地原有文化因素结合，形成既有联系又有区别的地方文化特点。商代安徽江淮地区的文化遗存分布普遍，铜器、陶器与中原文化面貌大体一致，可以窥见古皖文化与中原文化的吸收、融合和全方位交流，开启安徽进入文明社会的最初篇章。两周时期，楚文化崛起于长江中游，播散到长江下游和淮河中下游，出现了淮夷文化、吴越文化，深刻影响了江淮地区。昔日楚都寿春的考古发现，近期淮南武王墩墓的考古发现，都可看到安徽是战国晚期楚文化的重要滋生地。

（二）安徽长江文化繁荣发展

秦汉是中国大一统时期，安徽地处南北要冲，文化上出现许多新气象，涌现了一大批杰出人物，在学术思想、尊儒兴学等方面均有成就。淮南王刘安的《淮南子》在哲学、社会历史观和政治思想上都有贡献，其中还保留了大量的自然科学史料，对后世的自然科学研究不乏启迪意义，而豆腐的发明也对传统文化作出了贡献。中国木板船制造业在秦汉时期获得空前大发展，位于长江下游的庐江郡是重要的造船基地，庐江楼船非常形象具体地展示了那个时代安徽地区造船技术的先进水平。汉代是我国漆器制造业发展的鼎盛时期，漆器应用拓展到日常生活的方方面面，安徽漆器产品制作工艺有长足的发展和进步，器型丰富，精品迭出。安徽江南铜矿采冶业也在秦汉时期得到发展，是当时著名的铜矿采冶的铜器铸造中心。

三国时期，北方人口的大量南迁，在给江南带来大批劳动力的同时，也带来了先进的生产技术和文化，长江中下游通过屯田得到开发和很大发展，长江流域的造船业、水运交通、商业贸易都很发达。魏晋南北朝时期，安徽地区再次发生了南北文化大碰撞，长江中下游以南散布的以山越为代表的土著文化和汉族文化进一步融合。南朝时，梁武帝令周兴嗣作《千字文》，周兴嗣世居姑孰（今安徽省当涂县），《千字文》叙述有关自然、社会、历史、地理、伦理道德、学习教育以及行为规范等方面的知识，堪称我国蒙养教材之冠，并流传至今，影响甚广。

隋唐五代时期的安徽长江文化进入一个崭新阶段，佛教文化相当繁荣，安徽此时期虽未出现著名的佛学家，但自朝鲜高僧金乔觉中唐时来九华山，佛教得到逐步发展并出现高潮，九华山也成为我国四大佛教圣地之一，"地藏菩萨"金乔觉被推为九华山佛教的开山祖师。

宋元时期是长江文化高度发展、高度繁荣时期，在安徽形成了以歙州为中心的江东文化区和以庐州为中心的淮南文化区，歙州（治今歙县）、池州（治今池州市）、太平州（治今当涂县）、庐州（治今合肥市）、和州（治今和县）等地文化比较发达。宋代沿江安徽区域书院兴起，并形成制度，历经元、明、清代的发展、勃兴以至鼎盛，成为皖地重要的教育形式。自宋代起，科技、文艺也都有长足的进步。

明代包括安徽在内的长江流域经济、文化上处于全国最先进地位，也是医学兴旺发达时期。清代前期，长江文化呈现前所未有的发展盛况，并与海外文化相交融，位列清初四大家的安徽桐城人方以智等具有民主进步思想。虽有文字狱对长江文化的摧折，但清代长江流域较之前代产生特殊的文化效应，人才聚集和输出，商业与商帮活跃，安徽长江文化在西学东渐中深化。

（三）安徽长江文化人文荟萃

魏晋南北朝时期，曹操、曹丕、曹植"三曹"的诗文创作，在中国文学史上有着重要地位。乐府民歌《孔雀东南飞》脍炙人口，是我国古代最长的一首叙事爱情诗，也是中国古代最优秀的民间叙事诗。作为安徽省怀宁县、潜山市民间文学，被列入第四批国家非物质文化遗产代表性项目名录。

唐代涌现了一大批有建树的诗人，他们游历或为官安徽时多有吟咏诗篇。张籍，中唐时期重要的乐府诗人，祖籍苏州，因先世移居和州，便定居于此，他的诗作反映了时代的苦难和人民的心声，具有积极的思想意义。杜荀鹤，晚唐后期重要诗人，池州石台人，他的诗继承和发扬杜甫、张籍、白居易的现实主义创作传统为唐诗律体开辟了新途径。中唐以后，经安史之乱浩劫，江淮之间尤其是江南一带，社会相对稳定，经济也趋于繁荣，引起诸多诗家浓厚兴趣，他们或来此做官，或专程游玩，所吟咏诗篇为唐代安徽文坛增添异彩。其中吟咏最多的、成就最大的有盛唐诗人李白，中唐诗人韦应物、白居易、李绅、刘禹锡，晚唐诗人杜牧、许浑、罗隐等。李白晚年往来于宣州、金陵之间，最后定居于当涂，病逝于此。刘禹锡在和州，于厅事堂侧筑一小斋以作公余歇息之所，题名"陋室"，作名篇《陋室铭》以志。

两宋时期的文坛星光闪耀，范仲淹、欧阳修、王安石、苏轼等都在安徽留下足迹。范仲淹，北宋著名政治家、军事家和文学家，幼时读书青阳，成年考中进士授官广德，在江淮留下政绩。北宋文坛领袖欧阳修多次来安徽，并任滁州太守数年，与安徽山水结下不解之缘，留下脍炙人口的文章《醉翁亭记》。同为北宋著名政治改革家、文学家的王安石也曾在安徽任职舒州通判，后在今含山县写下很多诗文，其中有传诵千古的名作《游褒禅山记》。北宋文坛大师苏轼，不仅在安徽当过官，颇有政绩，还在江淮沿途不少地方往返多次，留下足迹遗篇。

清代著名小说家吴敬梓的《儒林外史》是中国小说史上具有开创性意义的杰作，在文学史上有崇高地位，对后世也有较大影响。清代中叶以后，"桐城派"是文坛上文学成就最大且影响甚广的散文流派，创始者均为安徽桐城的散文家方苞、刘大櫆、姚鼐等人。民国时期，安徽长江流域是新文化运动的重要基地，陈独秀、胡适是中国这场思想启蒙运动的杰出代表。近代以来，在美学方面也是人才辈出，宗白华、朱光潜、邓以蛰等著名美学家奠基了中国现代美学。在戏曲方面，诞生和兴盛了傩戏、青阳腔、徽剧、黄梅戏等影响广泛的剧种，京剧则是徽班进京演出与昆曲、汉调融合形成的新的剧种。

安徽长江流域一代又一代思想家紧跟时代步伐，保持了与时代同步的精神内涵，近代安徽在军事界、工商界、教育界、文化界涌现了一批力图挽救中国、复兴民族的有识之士，他们既渊源于长江文化，又在不同领域积极变革，从不同方面和角度推动了长江文化的进一步演变。

二 安徽长江文化整体保护利用现状

由于安徽省境内沿长江流域文化资源十分丰富，加强资源梳理整合，实施保护利用项目，丰富文化和旅游业态，对于建设长江国家文化公园，服务新阶段现代化美好安徽发展具有重要意义。

（一）系统规划整合碎片资源

为全面摸清全省长江流域文物资源现状、切实加强长江流域文物资源的保护利用，根据国家文物局统一部署，安徽省 2022 年开始组织开展了全省长江流域文物资源专项调查，同年底完成野外调查，2023 年完成调查报告，本次调查共确认长江流域内文物点 10371 处，基本摸清安徽长江流域文物资源家底，为下一步保护展示利用奠定了基础。

按照部署，2023 年 11 月国家文物局启动第四次全国文物普查工作，安徽正进一步细化、深化长江流域的不可移动文物普查，将更多的文化资源纳入文物保护范畴。同时，安徽省文化和旅游厅公布了第六批省级非遗代表性项目名录 147 项，长江流域各市县共 76 项。认定 99 个省级非遗传承基地，公布了 36 个省级非遗工坊，其中长江流域各市县分别有 55 个、15 个。发布安徽非遗主题旅游十大精品线路，涉及长江流域 4 条。发布实施《安庆戏剧文化生态保护区总体规划》。

在加强城乡建设中的文化资源保护方面，文旅、住建等部门加强沿江市县旧城改造、传统村落保护等工作中的文化遗产资源保护利用，开展安庆、桐城等历史文化名城名镇名村保护利用工作检查，保护文物及其生存环境，严格控制破坏文物及其风貌的行为，切实保护好安徽长江文化的物质载体。目前，《长江国家文化公园（安徽段）建设保护规划》将整合资源，明确定位，突出安徽重点特色资源，串联沿江资源，为建设高质量国家文化公园贡献力量。

（二）深入挖掘提升文化品位

提升资源保护级别。在国家文物局将启动第九批国保单位申报推荐工作的同时，安徽也将启动第九批省保单位的申报工作。文化和旅游部门督促各地积极梳理本地文物资源，提升保护级别，及时将符合条件的文物点公布、申报为市县保、省保、国保单位。认真开展第七批省级非遗代表性传承人认定工作，提升非遗保护能力。

丰富长江文化内涵。结合考古中国长江下游文明模式研究、中华文明探源工程等重大课题，加强安徽长江流域文物考古发掘工作。积极推进繁昌人字洞、含山凌家滩等考古发掘，加快凌家滩、繁昌窑国家考古遗址公园，潜山薛家岗，铜陵、芜湖大工山——凤凰山铜矿遗址等省级考古遗址公园建设，深入挖掘沿江历史文化资源，丰富长江文化内涵，充分展示安徽长江文化独特魅力。

打造文旅精品项目。积极打造沿江文旅精品项目。全力推动"双招双引"，举办"双十佳"项目评选（十佳谋划项目、十佳落地项目），芜湖数字经济产业园、马鞍山长江不夜城、安庆云上金顶数字创意产业园等 15 个沿江项目入选。积极培育夜间文旅消费行业标杆，合肥金大地东西街、罍街，芜湖古城等6个街区入选第二批国家级夜间文化和旅游消费集聚区。组织开展第二届安徽夜间文旅消费品牌"四个十佳"评选，马鞍山创客文化园、安庆前言后记安庆劝业场店等沿江21个项目入选。推荐芜湖市中国视谷申报国家对外文化贸易基地。

（三）与时俱进形成传播合力

长江文化内涵丰富，建设长江国家文化公园，加强长江文化保护传承涉及多个部门，安徽省文化和旅游厅积极会同宣传、发改等部门以及高校、科研院所等单位，形成合力，在资源保护、基础建设、交流合作、宣传推介等方面持续发力。以长江国家文化公园建设为抓手，加强沿江文物资源保护和活化利用，推进东至华龙洞、含山凌家滩、怀宁孙家城、芜湖繁昌窑、芜湖老海关等重要文物保护利用工程建设，全面展示安徽长江流域深厚的文化底蕴和取得的重要成就。加强沿江铜陵、繁昌等市县博物馆、陈列馆建设和展陈提升，进一步发挥博物馆公共文化服务功能。加强安庆陈独秀墓、无为戴安澜故居等革命文物保护利用，传承革命精神，加强爱国主义教育。持续举办中国非物质文化遗产传统技艺大展、长三角城市非遗特展、非遗购物节等活动，加强安徽长江文化宣传，吸引公众积极参与长江文化保护、传播、创新。

2023年11月23日，安徽省文化和旅游厅召开长江国家文化公园（安徽段）建设推进会暨《长江国家文化公园（安徽段）建设保护规划》讨论会。会议强调，长江国家文化公园是以习近平同志为核心的党中央的重大决策部署，是推动新时代文化繁荣发展的重大工程。省委省政府高度重视长江国家文化公园建设，省委书记韩俊、省长王清宪专门就长江国家文化公园建设作出批示。各市文化和旅游部门要充分认识到长江国家文化公园建设的重要性，立足自身工作职责，紧扣"长江文化"核心点，大力推进长江国家文化公园（安徽段）建设。当前，长江国家文化公园（安徽段）建设要以规划编制为抓手，广泛充分吸纳各方意见，强化与国家层面规划、长江经济带发展规划、文化强省和旅游强省实施意见、各地旅游强市实施意见相衔接，做好结合文章，推动形成共识，合力推进长江国家文化公园（安徽段）建设。

三 安徽沿江五市保护利用长江文化的特色

（一）马鞍山市：打造具有本土特色的长江文化品牌

马鞍山市认真落实习近平总书记 2020 年 8 月在马鞍山市考察时的重要论述精神，深入研究长江马鞍山段文化内涵，从中汲取所蕴含的营养与智慧，加强对长江文化的保护、传承和弘扬，着力绘就山水人城和谐相融新画卷，在新征程上书写长江文化的崭新篇章。

1. 厘清马鞍山长江文化文脉

深入研究长江马鞍山段的文化内涵，从长江文化所蕴含的优秀传统文化、革命文化、社会主义先进文化中汲取营养和智慧，讲清楚马鞍山与长江文化之间的紧密联系，厘清马鞍山长江文化六条文脉。一是悠久的长江文明源头文化。在长江文明演进和发展过程中，以和县猿人遗址、凌家滩遗址为代表的源头文化，形成了马鞍山独特的长江文化气质。二是灿烂的长江诗歌文化。马鞍山诗歌文化底蕴深厚，有以《千字文》《陋室铭》为代表的国学经典，以及项羽、李白、刘禹锡、王安石、苏轼、陆游、李之仪等历史名人。从中国著名山水诗人谢朓开始，以诗仙李白流连终老于此为标志，据不完全统计，600 多位著名诗人曾先后栖居马鞍山，留下了 1000 多首脍炙人口的诗文。① 三是光荣的长江红色文化。马鞍山西梁山是长江中下游在长江北岸的唯一制高点。1949 年 4 月，在人民解放军百万雄师全面发起渡江战役之前，在这里率先打响渡江战役第一枪。四是繁盛的长江工业文化。1956

① 魏伦、安姗姗、孙思雨：《基于 CIS 战略的马鞍山城市形象构建与传播》，《安徽工业大学学报》（社会科学版）2022 年第 6 期。

年，马鞍山建市，1958 年、1959 年毛主席两次视察马鞍山，并指出"马鞍山条件很好，可以发展成为中型钢铁联合企业，因为发展中型的钢铁联合企业比较快"，为马鞍山发展指明了方向。历经几代人的艰苦创业、不懈奋斗，马钢已发展成为特大型钢铁联合企业，在我国钢铁工业发展史上留下了一个又一个光辉足迹。① 五是独特的长江山水文化。马鞍山依托天赋异禀的山水文化，以"玉美"凌家滩、"泉美"香泉、"诗美"太白、"幽美"濮塘、"壮美"南山、"康美"横山为六个片区主体，打造"六美"长江山水文化品牌。六是蝶变的长江生态文化。近年来，马鞍山市坚持绿色发展、创新发展理念，全面推进长江沿线综合整治工程。目前，长江东岸的薛家洼生态园、杨树林、采石矶景区等一批湿地公园，与滨江生态绿色长廊、文化旅游景区已"串珠成链"；长江西岸的零点公园②、浮沙圩湿地公园也已"以线连片"。2023 年 12 月 13 日，马鞍山市人大决定将每年的 8 月 19 日设为"马鞍山长江保护日"，这是全国首个为保护长江设立的节日。

2. 加强长江文化主题宣传

马鞍山市薛家洼是践行习近平生态文明思想的突出成就，蕴含着长江文化绿色发展的朴素理念，马鞍山市提炼出本地长江文化具有传播力与亲和力的品牌和 IP，让"人民保护长江、长江造福人民"深入人心，打好"长江牌"，举办首届长江文化论坛，不断提升马鞍山长江文化的影响力。加强与中央媒体合作，推出系列理论文章，推动"人民保护长江、长江造福人民"理念进一步升华。推出"在这里看见美丽长江"宣传活动，以人物讲故事，重磅推出"三姑娘"等一批典型宣传；用景色讲故事，生动呈现薛家洼的巨大变化；用数字讲故事，突出展现马鞍山的发展成就。通过不断创新宣传形式，让薛家洼这块金字招牌擦得更亮、传得更开、推得更广。

3. 打造长江文化主题文艺精品

马鞍山市加强长江诗歌文化研究，以长江大保护为背景，推出以"人

---

① 安姗姗：《媒介环境学视域下马鞍山城市旅游品牌形象设计与传播研究》，硕士学位论文，安徽工业大学，2021。

② 邓婷婷：《守一江碧水 织锦绣河山》，《马鞍山日报》2023 年 9 月 5 日。

民保护长江、长江造福人民"为主题的报告文学、舞台剧、纪录片、广播剧等。其中，儿童剧《小江豚归来》、黄梅戏《姑溪谣》等入选安徽省庆祝中国共产党成立 100 周年新创优秀剧目展演。该市作家栗亮的长篇儿童小说《许船船上岸记》和郭治安的长篇小说《造雨者》成功入选 2022 年度安徽省中长篇小说精品创作工程项目。黄梅戏《姑溪谣》、电视纪录片《三姑娘上岸记》、广播剧《热血丹心》荣获安徽省第十六届精神文明建设"五个一工程"优秀作品奖，话剧《炉火照天地》、黄梅戏《碧水恋》（原名《三姑娘上岸》）、纪录片《探秘凌家滩》、第二届中国凌家滩文化论坛 4 个项目入选安徽省 2023 年度重点文艺项目（全省 6 类 34 个项目）。栗亮的长篇儿童小说《江水清清到我家》入选 2023 年 1 月至 2 月"中国好书"推荐书目、《中华读书报》月度好书榜等榜单。

4. 开展长江主题群众文化活动

马鞍山市坚持以人民为中心，围绕长江文化主题和重要时间节点举办一系列重大文化活动，不断增强人民群众文化自信、精神力量。自 1989 年起，马鞍山以李白诗歌为主题，连续举办了 35 届李白诗歌节。并以第 36 届李白诗歌节为新的起点，举办系列长江文化主题活动，丰富诗歌节的文化内涵。近年来组织开展"人民保护长江　长江造福人民"主题摄影展、儿童剧《小江豚归来》进校园演出、"长江之歌"第 38 届"江南之花"群众歌手大赛、"我家住在长江岸"乡村振兴主题摄影征集等活动。高规格举办第二届中国凌家滩文化论坛、"诗画马鞍山"美术文旅融合写生创作交流会、长篇儿童小说《江水清清到我家》现场讨论会、《长江之歌》安徽省金钟奖获奖歌手专场音乐会、长江音乐节等丰富多样的群众性文化活动。各项文化活动满足了广大市民的精神文化需求，增加了市民保护传承弘扬长江文化的参与热情与自豪感。

（二）池州市：持续推动长江国家文化公园建设

池州市有 1400 多年历史，孕育了深厚、灿烂的地域文化。池州傩戏、九华山庙会、青阳腔、东至花灯舞是国家级非物质文化遗产，该市还有 31

项省级非物质文化遗产，63 项市级非物质文化遗产。近年来，池州市充分发掘池州长江文化、诗词文化、茶文化、民俗文化等资源优势，加强研究阐释，做好保护传承文章，让传统文化真正活起来。同时，全方位多层次开展宣传推介，讲好池州文化故事，提升池州文化影响力。①

1. 推动文化保护传承弘扬

池州市不断加强文化资源铸魂和塑形，增强"内生力"，推动文化赋能，助力文旅行业高质量发展。一是"保"文物。制定文物系统安全生产治本攻坚三年行动实施方案，启动第四批全国文物普查，储备全国重点文保单位 14 处，争取知源堂本体修缮等项目获得 2024 年省级文物保护专项经费530 万元。二是"传"非遗。印发《池州市文化基因解码赋能工程方案》，举办全市文化基因解码赋能工程培训，编制《池州傩文化生态保护区建设规划纲要》，推进第八批非遗"名师带徒"申报。目前，全市共获省级非遗项目及传承人传承活动补助资金 72.4 万元。三是创"精品"。创作文南词《红玉桴鼓》、青阳腔《六税两费》、新河龙船调《龙船调传医保》等节目，推荐《田家有杏不需梅》等 5 部小戏和《富贵的图》等 3 部大戏作品申报2024 年度安徽省戏剧创作孵化计划，贵池傩戏《章文显·赶考》、青阳腔《送饭》入选文化和旅游部艺术司《优秀传统戏曲折子戏复排计划名录》公示，漆工艺创作项目首次获得国家艺术基金资助。

2. 推动长江国家文化公园建设

池州市深入贯彻落实习近平总书记关于国家文化公园建设、长江文化挖掘传承弘扬系列重要指示精神，深入实施文旅兴市、文化强市战略，以大黄山世界级休闲度假康养旅游目的地建设为主线，以全域旅游创建为抓手，持续谋划推进长江国家文化公园（池州段）建设。一是高站位统筹推进。编制《池州市傩文化保护区建设规划纲要》《池州市旅游发展国土空间专项规划》《文物保护国土空间规划专项规划》，启动池州长江文物资源调查工作，建立长江文物资源基础数据库。二是高标准保护传承。全面推进池州市文化

---

① 何根海：《区域协同创新的策略——以池州学院为例》，《大学》（学术版）2013 年第 3 期。

基因解码赋能行动。系统挖掘梳理分析池州市历史人文资源435项，形成《池州市历史人文资源调研报告》。建立池州市非物质文化遗产专家库，全市现有国家级非遗4项，省级非遗31项，国家级项目代表性传承人5人，省级项目代表性传承人40人。三是高质量融合发展。池州祁红长江文化公园项目申报长江国家文化公园项目，目前已通过省级评审。持续推动各类旅游品牌打造，立足诗歌文化、戏曲文化、民俗文化等特色文化，推出乡野农耕体验、健康运动等一批文旅融合产品。四是高声量宣传营销。邀请央视《地理中国》《寻找杏花村》《传奇中国节·清明》栏目宣传池州文化旅游。创新开展杏花村文化旅游节等地方节庆活动，举办海峡两岸（安徽）旅行商大会台湾旅行商考察团等大型宣传活动，赴上海、南京、杭州、合肥、沈阳、西安等重点旅游客源市场举办宣传推介30余场，增加游客对池州长江文化的认识度。

3. 推动历史文化遗产与旅游深度融合

池州市围绕传承保护、产品供给、融合发展激活文化基因，推动历史文化遗产与旅游深度融合。一是"保护+"传承有载体。编制《池州傩文化生态保护区建设规划纲要》，积极创建省级池州傩文化生态保护区，推进第八批非遗"名师带徒"申报。储备全国重点文保单位14处，华龙洞考古遗址公园等6个项目入选文化强省建设重点项目，申报中央预算内文化传承"专精特新"项目3个，争取知源堂本体修缮等项目获得2024年省级文物保护专项经费530万元。二是"供给+"传承有内涵。开展"送戏乐万家""悦动池州"等各类品牌文化活动490余场次，启动"百场黄梅唱响百家景区"演出活动，全市确定15个重大文化IP，具有池州辨识度的文化品牌逐步形成。贵池傩戏《章文显·赶考》、青阳腔《送饭》入选文化和旅游部艺术司关于《优秀传统戏曲折子戏复排计划名录》的公示，漆工艺创作项目首次获得国家艺术基金资助。三是"融合+"传承有活力。联动景区资源，依托秀山门博物馆红色主题VR体验、傩文化街区"傩仙镇"沉浸式体验、"太白吉市"清溪河综艺剧场等产品，构建"场馆+文旅街区+N个阵地"文旅融合空间，"线上+线下"呈现文物、曲艺戏曲、非遗项目，编制传统文化旅游线路 15 条，受众超 500 万余人次。

4. 推动公共文化服务提质增效

池州市坚持文化为民、文化惠民，着力在"筑阵地、强队伍、创精品"上下功夫，"三度"全力推动公共文化服务提质增效。一是加大设施完善力度。组织开展公共图书馆评估定级，市图书馆获评国家二级馆，东至县、青阳县图书馆获评国家一级馆，石台县图书馆获评国家二级馆。全市 71 家公共文化场馆（站）深入贯彻落实免费开放精神，预计全年县级及以上公共文化场馆累计接待群众 240 万人次。推动优势资源下沉，加强总分馆体系建设，成立 24 家分馆及 5 家流动服务点，建成村级文化服务中心 681 个。二是扩大文化供给广度。推出"点单式"公共文化服务，拓展文化活动形式，举办"艺培公益工程""艺术优课"等公益培训 20 期，开设 162 个艺术辅导班，开展系列阅读推广活动 400 余场次，惠及群众 4.8 万余人次。开展"我爱图书馆·小小管理员"体验、"你选书·我买单"读者现场选书等品牌活动，延伸服务链条。三是提升特色文化亮度。推动公共文化服务数字化、网络化、智能化建设，策划博物馆非遗沙龙、清溪河综艺剧场、秀山门博物馆红色主题 VR 体验等一批高品质演艺项目及沉浸式体验产品。创新推出"图书馆+"新概念，建设数字资源库 8 种，创新制作"有声读书墙"，共 20 万集有声图书。积极打造"小且美"、业态多元的新型文化空间，新建运营 15 个阅读空间，实现公共文化服务精准供给。[1]

（三）芜湖市：打造主客共享、近悦远来的区域文旅中心

芜湖市围绕高水平建设省域副中心城市的目标，加快文旅融合、数实融合，构建产品供给、宣传营销、市场治理"三大体系"，打造主客共享、近悦远来的区域文旅中心。

1. 坚持创新融合，文旅产业发展闪耀"新光彩"

拓业态创品牌。充分挖掘芜湖山水资源和历史文化底蕴，深入推进

---

① 陈淑芬：《池州：奏响文旅产业复苏"春之曲"》，《池州日报》2023 年 3 月 25 日。

"旅游+""+旅游"，推动产品迭代、业态更新。实施乡村旅游"七大行动"，新增省级旅游度假区1家、特色美食村1家、精品主题村3家、乡村旅游风景道1条。新增全国甲级民宿1家、丙级民宿9家，培育"鸠兹小住"精品民宿53家。鸠江区入选国家文旅产业融合发展示范区建设单位，湾沚区入选首批全国文化产业赋能乡村振兴试点。鸠兹湾共富乡村成为中国农民丰收节主场。抓项目增后劲。聚力打造全省数字创意产业重要增长极，深入开展"双招双引"。组建数字文化安徽省产业创新研究院。全市新签约、开工、投产数字创意产业项目290个，总投资643.82亿元。老船厂·智慧港等重大项目进展顺利。促消费激活力。以"520"安徽文旅惠民消费季为抓手，策划"爱在鸠兹"芜湖文旅惠民消费季系列活动，联动举办各类促销活动80余场，发放文旅消费券3338万元，带动消费5.29亿元。芜湖神山音乐节引爆文旅热潮，引流超13万人次；首届长江文化艺术交流周汇聚11个省区市的50余种非遗美食、民俗表演，让"烟火气"更具"文化味"。芜湖古城入选第二批国家级旅游休闲街区。三只松鼠主题街区入选第三批国家级夜间文旅消费集聚区。7家文旅企业入选皖美消费新场景百强。

2. 强化供需对接，公共文化服务焕发"新活力"

高水平打造艺术精品。黄梅戏《杏林春暖》等3部戏入选2023年省戏剧创作孵化计划。梨簧歌《党旗放光芒》获首届长三角合唱歌曲创作大赛银奖。原创黄梅戏《铁画情缘》赴京演出获满堂彩。推出《全国水墨名家邀请展》等高品质书画展21场，引流超48万人次。高标准建设文化设施。总投资9.5亿元、总建筑面积8.5万平方米、集"六馆一中心"的市公共文化艺术中心项目开工。全市新建城市阅读空间60个，举办各类阅读推广活动超7000场次，被中国作协评为全国首批"全民阅读推广城市"。4家县级公共图书馆获评国家一级馆。高质量举办群文活动。创新"文艺演出+非遗展演+特色美食+直播带货+技能竞赛"模式，举办"大地欢歌"四季文旅活动。完成"周末剧场"263场、"送戏进万村"842场、"戏曲进校园"200场、"濒临失传剧种公益性演出"200场，各类文化惠民活动超1500场次，覆盖群众超5000万人次。通过安徽文化云等平台线上直播活动62场，观看人次达 2022.19 万。"文化走亲"东接上海松江、西连新疆皮山。"鸠兹春雨"芜湖文化志愿者总队入选全国"最佳志愿服务组织"。

3. 赓续历史文脉，文化遗产保护传承展现"新亮点"

让文物"活"起来。系统推进考古研究，省文物考古研究所芜湖工作站正式揭牌。新开工文保项目7个，竣工4个。启动《皖中革命文物保护利用片区专项规划》编制。实施革命文物保护利用"五个一"工程。发布优秀文物建筑"一房一册"项目成果。人字洞考古发掘成果首次亮相国博。繁昌窑、人字洞大遗址公园建设取得实质性进展。让非遗"热"起来。举办2023年文化和自然遗产日安徽省主场活动。"鸠兹遗韵"沉浸式美育美学传播项目荣获"沉浸城市故事会"国家级试点。持续推动非遗"六进"，打造"非遗后备箱""青年博创市集"等品牌，让非遗更加可感可及。加强芜湖铁画传承发展，发布铁画数字藏品，推动铁画珍品赴长三角地区巡展。

4. 扩大品牌传播，文旅交流合作呈现"新气象"

强化品牌营销。策划"爱在鸠兹"系列推广活动，开展"皖美好味道·芜湖名小吃"主题活动，高质量办好神山音乐节、长江艺术周、航空马拉松等品牌活动，提升"月上西河""村长有约""乡村渔趣大赛"等民俗节庆活动。扩大联动营销。深耕主要客源地、拓展高铁沿线、联动长江沿岸市场，开展城市宣传营销和旅游商品推介。赴外举办4场文旅专题推介会，达成客源互送等成果。开展台湾中华两岸旅行协会恳谈会、中澳徽商文旅商务教育投资洽谈会等活动，扩大文旅"朋友圈"。积极参加各类经贸展会活动43场。实施融媒体营销。芜湖文旅被中央级主流媒体报道386次、央视报道19次，旅游广告在央视曝光量超40亿次。芜湖文旅自媒体联盟全网粉丝量近1000万。深化与抖音等社交平台、携程等OTA平台、重点企业自有宣传平台的合作，持续点亮"欢乐芜湖"文旅品牌。

（四）铜陵市：打响"铜冠天下·休闲铜都"文旅品牌形象

铜陵市围绕打造"长三角特色休闲旅游目的地"总体目标，深入推进国家公共文化服务体系示范区和国家文化旅游消费试点市建设，努力促进文旅融合发展，扎实推进文旅产品供给，做足特色、做优服务、做强品牌、做大规模，不断打响"铜冠天下·休闲铜都"文旅品牌形象。

1. 公共文化服务创新新体系

铜陵市顺利通过国家公共文化服务体系示范区创新发展复核，数字文化资源量、与社会力量合建的新型文化空间，较上年分别增长 44.24% 和 250%。"图书馆+"服务生态圈日益完善，"三全"服务，"三圈"叠加，新建新型阅读空间 22 个，公共图书馆服务拓展至商场、银行、景区等场所，典型做法在全省交流推广。枞阳县乡村"漂流书屋"，被《人民日报》长篇报道。利用并服务社会资本举办了 2 场大型群星演唱会。文艺舞台走近群众，每周一场"铜都好戏"，吸引市民走进剧场，2024 年以来已演出 14 场，"送戏进万村"演出 339 场。创新"铜都文艺角"平台，打造老百姓身边的舞台。文化交流亮点纷呈，依托"春雨工程"，"月读公社"走进新疆，志愿服务获高度赞誉，西藏错那市文化交流团连续两年来铜交流演出，以文化为纽带增进民族团结。举办铜陵市场馆免费开放服务绩效评价培训暨铜陵市公共图书馆联盟业务辅导培训班，进一步提升了各级公共文化场馆工作人员业务素质和管理服务水平。

2. 文化遗产保护开创新模式

枞阳腔（吹腔）作为徽戏主腔之一，在中国戏曲史上具有重要地位，并一直依存于全国 50 多个地方剧种中。铜陵市在枞阳腔（吹腔）几近失传的情势下，围绕"挖掘、弘扬、普及、创新"四位一体的保护发展战略，仅利用短短 3 年时间就使其重焕新姿，成为铜陵的区域文化"新名片"。枞阳腔（吹腔）保护传承探索出一条赓续优秀传统文脉的全新路径，被戏曲研究界誉为"一次文化基因再生的实验"，得到文旅部相关司局领导和中国戏曲学院领导高度肯定，并拟纳入中国戏曲学院国家社科基金"戏曲音乐传承与发展研究"的重大项目。2023 年，枞阳腔（吹腔）表演人才培养项目获国家艺术基金项目资助，为全国地方戏曲剧种培训输送了表演骨干人才。铜陵市艺术剧院申报的大型舞台剧和作品创作项目"黄梅戏《汤生与鹂娘》"成功入选国家艺术基金（一般项目）2024 年度资助项目，这是该市连续第三年有项目获国家艺术基金资助扶持，也是首度入选大型舞台剧和作品项目。积极筹备 2025 年国家艺术基金资助项目申报工作。枞阳腔（吹腔）经典剧目《贩马记》复排并公演，获多方好评。召开第二届全国枞阳腔（吹腔）学术研讨会，理论研究再获新进展。借助"送戏进万村"等活动，构建根植于当地的枞阳腔（吹腔）活态传承空间。这不仅创新了文化遗产保护新模式，也让国有艺术院团焕发出生机，市艺术剧院被文旅部艺术司列为基层院团联系点。

3. 旅游发展提升新质效

围绕"长三角特色休闲旅游目的地"的新定位，推进"六大工程"，构建"一核五线八片"旅游发展新格局，不断彰显"休闲铜都"魅力。2023 年全年旅游接待人次和旅游收入同比分别增长 71.66%、87.04%，并全面超出 2019 年度数据。2024 年第一季度，全市共接待国内游客 691.3 万人次，国内旅游花费 58.1 亿元，同比分别增长 13.4%、22.1%，增幅均超全省平均水平，国内旅游市场强劲复苏。铜文化研学开创新局，成功举办"2023 安徽研学旅游大会"，初步制定铜陵市青铜文化节（暂定名）方案，推进 30 个铜文化产品向研学旅游产品转化，开发精品研学课程 13 个，推出研学示范线路 8 条，接待研学团队首次突破 20 余万人次。2024 年印发《关于鼓励铜工业企业打造工业旅游示范点的认定办法（试行）》，认定铜陵铜官府文化创意股份公司、铜陵新九鼎铜文化产业有限公司 2 家单位为首批市工业旅游示范点，已吸引合肥、潜山等中学生团队 5 批次 3200 余人来铜开展铜文化研学。推进旅游景区提档升级，浮山、大通古镇、永泉小镇、犁桥水镇等景区完成了景观提升和设施升级等建设项目，2023 年累计投资 13.8 亿元。2024 年大通历史主题展馆二期项目、"飞行影院"项目已完工对外运营，浮山旅游区综合开发项目持续推进，浮山大酒店墙体砌筑完成 95%，装修施工完成 62%，水上餐厅墙体砌筑 20%，钢构安装完成。制定《旅游高质量发展 2024 年工作要点》《关于促进铜陵市旅游民宿发展的指导意见》，《长江文化公园建设2024 年工作要点》《皖南国际文化示范区铜陵 2024 年工作要点》等文件编制正在加紧推进中。

4.全域旅游取得新成果

义安区获评省级全域旅游示范区，铜官区入选长三角高铁旅游小城，大镇古镇获得"第五届长三角古镇一体化发展大会"承办权。永泉小镇创建国家级旅游度假区工作有序推进，2023年全年接待游客114万人次，较上年度增长约一倍，其中长三角游客占比56%，2024年五一期间接待游客12.6万人次；犁桥水镇景区自2023年4月28日开园以来累计接待游客450余万人次，2024年五一期间接待游客13.2万人次。"政企互助"发展模式成就一个网红景区。2024年春节期间，铜陵市紧抓省文旅厅"我们的节日——欢欢喜喜过大年"在铜启幕的契机，组织举办了200场次活动，8天假日期间，全市共接待游客215.54万人次，同比增长256.8%；国内游客出游总花费11.85亿元，同比增长310.2%。2024年五一假期全市共接待游客148万人次，同比增长54.83%，较2019年同期增长75.65%；旅游总收入8.14亿元，同比增长216%，较2019年同期增长420%。2024年5月，铜陵市文化和旅游局与铜陵职业技术学院举行政校合作签约仪式并授牌，打造政校合作新模式，力求为铜陵经济社会发展和旅游产业转型升级培养更多的高素质技术人才。

（五）安庆市：文化和旅游融合打造文化强市

安庆市位于安徽西南，地处长江北岸、大别山南麓，素有"安徽之源、禅宗之祖、文化之邦、戏曲之乡"美誉。现有国家历史文化名城2处、全国重点文物保护单位16处、国家级非物质文化遗产8项。近年来，安庆市积极探索以文塑旅、以旅彰文，深化文化和旅游融合的安庆探索，发掘弘扬长江文化时代价值，努力打造文化强市。

1.在赓续历史文脉中读懂安庆

在历史文化名城建设方面，安庆市坚持"保护、利用、开发""规划、建设、管理"一体推进的原则，全面实施振风塔、英王府、二陈（陈延年、陈乔年）读书处、赵朴初故居等历史建筑以及倒扒狮、大观亭、大南门等历史文化街区整体性保护，全面推进薛家岗遗址、孙家城遗址、张四墩遗址等文化遗存的保护性利用，全面加强徽派建筑、古村落、老字号、工业遗产、珍贵古籍等历史文物抢救性保护，打造富有特色的历史人文景观。在自然风景名胜建设方面，安庆市紧抓"大黄山"世界级休闲度假旅游目的地建设机遇，以天柱山为龙头，以巨石山、花亭湖等20多家4A级景区为重点，围绕山水、戏曲、文化、康养、乡村五大旅游主题板块，将旅游景区连线成片，开发观光游、休闲游、研学游、康养游等精品旅游线路和产品。在打造红色文化名片方面，安庆市大力弘扬伟大建党精神，加强独秀园、红二十八军军政旧址、王步文故居、两邓（邓石如、邓稼先）故居等革命纪念设施保护，加强红色革命故事宣传教育。

2. 在长三角一体化发展中考量文化

安庆市依托资源禀赋优势和交通枢纽功能，着力打造成为长三角区域的"后花园"。在联动建设大景区方面，加快推进武汉—安庆—杭州、长沙—安庆—南京等高铁前期工作，优化推进安庆海口过江通道建设，预留六安—安庆—景德镇铁路安景段过江功能，稳步推动天柱山机场开通国际航线。深化与上海、南京、杭州、苏州、常州等城市文化旅游营销合作机制，定期举办"美好安庆、迎客长三角"系列文化旅游推介会，打造长江旅游精品线路。设计统一的旅游标识体系，构建"政府引导、景区结对、旅行社联动、媒体共推"整体营销模式，建立以景区服务标准为核心、管理标准和工作标准相配套的旅游服务标准体系。在驱动实施大项目方面，以建设长江国家文化公园为牵引，谋划实施长江近代工业文化记忆公园项目，在安庆内军械所和中国造币厂旧址修缮基础上，设计建设中国近代工业史展览馆、中国近代军事工业记忆馆；以建设安徽文化大数据产业基地为牵引，谋划一批文化体验园、文化体验馆等文化消费新场景，强化文化大数据产业化开发应用，孵化培育一批新型文化企业，加快建设文化数字化产业、文化大数据体系；以建设"黄山—黄梅戏"文旅融合发展样板区为牵引，系统推出戏曲朝圣之旅、戏曲博物馆之旅、戏曲古戏台之旅等多样化旅游线路，建立戏曲演艺产品中央厨房体系，构建线上点单、线下消费的综合营销平台，打造丰富的"戏曲+文旅"融合消费场景。在带动引育大企业方面，推动"中华老字号"创新发展，支持胡玉美、麦陇香、柏兆记等老字号企业更新产品工艺、拓宽销售渠道。推动文旅头部企业落地安庆，围绕文旅创意产业发展链，做优做活市文旅投资平台；大力引进中旅、景域、携程等国际旅游运营集团，整合旅游资源，争创国家级、省级文化产业示范基地，实现旅游效益最大化。

3. 在文旅深度融合中做实产业

在推进文旅产业发展方面，加快新河沉浸式夜游、大观亭大王庙历史文化街区、市级旅游集散中心、白鳍豚水泥厂文创改造、大别山国家风景道等项目建设；全面落实乡村旅游高质量发展三年行动计划，加强传统村落的开发和利用，支持优质乡村民宿开展连锁化经营，发展民宿集聚村；与安庆师范大学建好用好皖南文旅融合发展研究院。在扩大文旅品牌影响方面，谋划推进明堂山风景区和天悦湾温泉公园争创 5A 级旅游景区、国家旅游度假区；实施乡村休闲旅游精品示范工程，培育一批国家级、省级乡村旅游重点村，推广潜山"皖美潜宿"、岳西"一宅两院"等模式，培育环天柱山、环花亭湖、岳西石关和鹞落坪等高端民宿集群，打造 50 家以上等级民宿。在组织节庆展演活动方面，坚持持续举办中国（安庆）黄梅戏艺术节和安庆"十一"黄梅戏展演周，统筹开展黄梅戏优秀剧目展演、长三角戏曲交流等活动，高水平办好全市村晚示范演出活动，高质量开展大别山（安徽·岳西）映山红旅游文化月、中国怀宁蓝莓文化旅游节、望江油菜花赏游等系列活动。在文化遗产保护利用方面，加快实施独秀园提升项目，全力推动薛家岗遗址公园争创国家考古遗址公园，持续推进国家级、省级重点文物保护单位修缮、馆藏文物预防性保护及修复等文物工程；加强望江挑花、潜山痘姆陶器烧制技艺和黄梅戏、岳西高腔等非物质文化遗产的传承和保护，培养一批乡村文化带头人、非遗传承人。

四 安徽发掘弘扬长江文化时代价值的思考

近年来，安徽省深入学习贯彻习近平总书记重要讲话重要指示精神，全面领悟习近平文化思想，加快建设繁荣兴盛的文化强省和高品质旅游强省，积极实施长江经济带发展国家战略，富有成效。今后，应进一步充分发挥资源禀赋优势，在保护、传承、弘扬中深入发掘长江文化的时代价值。

（一）保护好长江文化，彰显文化魅力

2020 年 8 月，习近平总书记在马鞍山市考察时强调，要增强爱护长江、保护长江的意识。安徽省牢记习近平总书记嘱托，加强历史文化遗产系统性保护，在长江生态修复中彰显文化魅力。近年来，中办国办印发《关于实施中华优秀传统文化传承发展工程的意见》，提出规划建设一批国家文化公园，坚持将文化遗产系统性保护作为国家文化公园建设的首要任务，为传承中华文化、赓续历史文脉提供深厚滋养。文化和旅游部、国家文物局、国家发改委也已印发《长江文化保护传承弘扬规划》，综合考虑长江干流、长江经济带区域以及长江国家文化公园建设范围，以长江经济带沿线为重点拓展至其他干流区域，其中包括安徽在内有 13 个省（自治区、直辖市）。安徽现已启动《长江国家文化公园（安徽段）建设保护规划》项目，加快建设大运河安徽段国家文化公园。以这些重大文化项目带动，将开展中华文明探源、"考古中国"等国家重大课题研究，推动凌家滩遗址等申报世界文化遗产。今后，在对长江文化资源全面保护方面，强化沿江文物本体及其历史环境风貌整体性保护，并加强长江相关可移动文物抢救性征集、保护、修复工作。同时，推进长江两岸重要遗址考古工作，建设一批展现长江文化且各具特色的载体，如马鞍山市凌家滩遗址的考古发掘，铜陵市工业遗产的保护与利用，芜湖市长江文化特色资源展示，淮南市武王墩墓考古发掘保护工作等。特别要加大资金的投入，并积极争取中央财政专项资金的支持，建设若干地标专题博物馆，且注重在遗址遗存的发掘中处理好保护与创新利用的关系。

（二）传承好长江文化，提升文化价值

要传承好长江文化，就要在全方位研究中挖掘长江文化内涵。一是加强安徽长江文化调查研究，在推动国家徽学研究院建设中，把持续跟进长江文化研究作为实施徽学研究提升工程的重要内容。建立安徽长江文化资源数据库，聚焦重大理论和实践问题开展基础性、前瞻性和原创性研究，阐释长江文化、航运文化的内涵和价值，拓展长江文化研究领域，如加大长江文化与淮河文化、徽文化的融合、比较研究，加强对老庄文化、佛教文化、桐城文派等传统文化研究，深化红色文化研究，并注重创新研究方法，将定量方法、"互联网+"、大数据等应用于长江文化研究。融合大别山精神、老区精神等，形成具有高度概括力、表现力的话语方式，发挥其精神动员功能。二是加强文旅深度融合。目前，安徽正大手笔进行"大黄山建设"，大黄山的范围包括黄山、池州、安庆、宣城四市全境。长江文化旅游发展带规划（2023～2027年）项目也在酝酿中，其目的是发挥大黄山龙头示范带动作用，着力构建高水平的"一区三圈四带"文旅发展格局。建议在规划长江、淮河、新安江、江淮运河文化旅游发展带时，特别要考虑把长江沿线乃至全省的凌家滩、武王墩等古迹遗址作整体统一规划。努力建设唐诗宋词水墨写意的烟雨江南，打造品质高端服务精致的乡村都市，绘就业态时尚景美民富的青绿山水现实画卷。①

（三）弘扬好长江文化，增强文化张力

着力加强国际传播能力建设，在多维传播中增强安徽长江文化国际影响力。长江横贯安徽，安徽长江流域拥有优美的自然环境和深厚的人文传统，长江城市带有马鞍山、芜湖、池州、铜陵、安庆五市，这五座城市的全国重点文物保护单位有50处之多，要用好用活这些城市资源禀赋，建设一批特色街区，凸显长江沿线特色风貌，推动长江历史文化、山水文化与城乡规划

---

① 吴江海：《黄山如何引领"大黄山"》，《安徽日报》2024年4月8日。

建设有机融合，提炼长江文化标识性概念和塑造辨识度高的城市形象，打造具有世界影响力的长江文化带。通过聚焦文化交流和传播体系建设，讲好中国故事安徽篇，构建文明对话合作网络，策划"美好安徽与世界对话"、大黄山全球推广等品牌活动，开展历史文化名城对话、省际合作共建长江国际黄金旅游带等，促进交流互鉴。继续高质量办好安徽国际文化旅游节、中国非遗传统技艺大展、中国农民歌会、李白诗歌节、文房四宝节、黄梅戏艺术节、铜文化节等展会节庆活动，推动安徽长江文化题材的舞台艺术、文创产品、影视作品、文学作品"走出去"，不断开创新时代宣传思想文化工作新局面。

五　安徽发掘弘扬长江文化的展望

安徽将坚持以习近平新时代中国特色社会主义思想为指导，深入学习贯彻习近平文化思想，坚持"谋划长远"与"干在当下"相结合，同时谋划开展"六大提升行动计划"，即长江文化时代价值发掘提升行动、文化遗产保护传承发展提升行动、优秀文艺作品创作提升行动、公共文化服务设施提升行动、文旅深度融合发展提升行动、创新宣传推介提升行动等，以重点项目为支撑，延续传承历史文脉，发掘弘扬时代价值，打造安徽亮丽名片。

（一）加强顶层设计，统筹皖江文化保护传承

立足安徽省长江流域文旅资源分布和特点，开展长江文化资源专项调查，编制实施《长江国家文化公园（安徽段）建设保护规划》《长江文化旅游发展带发展规划》《江淮运河文化旅游发展带发展规划》《合肥都市科创文化休闲旅游圈发展规划》，助力构建全国"一轴七区多点"长江文化保护传承弘扬空间布局。

（二）加强挖掘阐释，弘扬皖江文化价值内涵

推进"中华文明探源工程"和考古中国"长江中游文明进程""长江下游文明模式"等研究，开展人字洞、华龙洞、凌家滩等发掘研究，进一步

阐释长江文化对中华文明起源、发展的意义和作用。支持皖江历史文化研究中心、皖江文化研究会等建设，组织开展长江文化专题研究，形成一批重大标志性成果。推动长江沿线文保单位、文博资源、非遗项目与旅游产品开发有机衔接，促进文物的活化利用和非遗的活态传承。

（三）加强创新创造，推进皖江文化遗产保护利用

拍摄电视纪录片《八百里皖江》，举办长江文化论坛，提炼地域文化标识。推动中国（芜湖）长江渔文化博物馆等新馆建设。推进长江国家文化公园（安徽段）建设，推动凌家滩遗址、"万里茶道"等申报世界文化遗产，加快明中都皇故城、蚌埠双墩等国家考古遗址公园建设。建成凌家滩、双墩、繁昌窑、垓下等遗址博物馆。加强宣纸制作技艺等非物质文化遗产保护传承利用，整合资源打造非遗文创品牌，举办第六届中国非遗大展，促进非遗活态传承。推出一批传统村落保护利用典型示范案例，打造一批传统村落精品旅游线路，推动传统村落保护利用。

（四）强化融合创新，深入推进文化旅游融合发展

打造文化旅游优质产品。以长江水韵、岸上风光、历史故事等为载体，大力推动生态文化、红色旅游、城市旅游、乡村旅游、特色民宿、度假休闲、中医康养、研学旅行等高质量发展。培育文化旅游精品线路。以长江为纽带"串珠成线"，推进优质文旅资源一体化开发，建设长江黄金旅游带。同时推动"黄金水道"与"沿江自驾""高铁旅游"联动发展，加快建设长江旅游风景廊道。文旅产业高质量发展。聚焦现代文化产业和市场体系建设，实施数字创意产业提升、文旅融合发展、文化消费提质升级等行动。深入开展大景区提升、大项目建设、大企业培育、大招商突破行动，建设100个标志性、牵动性文旅项目，遴选100个重点景区实施改造提升。

（五）聚焦惠民便民，扩大优质文化供给

实施艺术质量提升、文艺作品传播推广、文艺领军人才培养等行动，推

出更多增强人民精神力量的优秀作品。办好中国（安庆）黄梅戏艺术节，实施黄梅戏曲本典藏工程，推动黄梅戏、徽剧等地方戏曲创新发展。聚力提质升级，加快健全现代公共文化服务体系。优化公共文化服务设施布局、资源配置和运行机制，实施"公共文化新空间"行动，推出一批"小且美"、业态多元的新型文化空间。创新实施文化惠民工程，更好满足人民群众精神文化需求。

（六）突出文化传承，深入推进文化价值弘扬

聚焦文化交流和传播体系建设，讲好"长江故事"安徽篇，策划"美好安徽与世界对话"、大黄山全球推广等品牌活动，持续增强皖江文化影响力。扩大新媒体传播，借助境内外传播平台和渠道，建立品牌传播矩阵。创新营销方式，大力实施"引客入皖"行动。高质量办好安徽国际文化旅游节、中国非遗传统技艺大展、中国农民歌会等展会节庆活动，擦亮叫响"美好安徽　迎客天下"品牌，推动中华文化更好走向世界。

B.6

2023~2024年度江苏江南水乡
特色长江文化发展研究

郭新茹　叶元琪*

摘　要： 江苏长江文化是多元共生的"包容文化"、开拓创新的"进取文化"、厚德载物的"仁爱文化"、至善至美的"精致文化"、人与自然的"和谐文化"，更是面向世界的"开放文化"。江苏省从体制机制创新、优化改善沿江生态、重大项目平台载体建设等方面进行了积极探索和创新实践，不仅以"三重保护"打造了文化传承示范亮点、以"数字赋能"铸就了文旅融合示范亮点、以"多元机制"建设了生态治理示范亮点，更以"老城焕新"展现了产城融合示范亮点、以"品牌带动"彰显了文化出海示范亮点、以"主客共享"构建了文化消费示范亮点。同时，江苏省以建设长江国家文化公园为契机，全方位创新传承弘扬长江文化，进一步在"强保护、促协同、创品牌、引资金、深融合、育人才"等方面精准发力，孵化一批具有前瞻性、创新性、示范性、落地性的重点工程，走出长江文化建设的江苏路径，做好保护传承长江文化的"江苏文章"。

关键词： 长江文化　水乡特色　文化建设　文化传承　江苏

江苏，地处长江之滨，自古以来便是文化繁荣、商贸兴旺之地。作为长江国家文化公园先行示范区，江苏立足长江文化资源繁荣富集、创新要素多

---

* 郭新茹，南京师范大学新闻与传播学院教授，博士生导师，南京大学长三角文化产业发展研究院研究员，主要研究方向为文化产业、文旅融合、文化创意传播；叶元琪，南京师范大学新闻与传播学院博士研究生，主要研究方向为文化产业。

元集聚等比较优势，深挖长江文化精神内核、时代价值，先后出台《江苏省长江经济带发展实施规划》《江苏省长江经济带生态环境保护实施规划》《长江国家文化公园江苏段建设推进方案》等系列政策文件，大力实施长江文化保护工程，高水平建设具有江苏特色的生态长江、人文长江、幸福长江，开启了城市肌理与文脉传承互促互进的新局面。近年来，江苏通过实施"三重保护"策略，成功打造了文化传承的典范；借助数字化技术，展现文旅融合的新活力；利用多元机制下的生态治理和产城融合，为长江沿岸城市带来新机遇。同时，以品牌建设推动文化出海，通过主客共享的文化消费模式，促进长江国家文化公园南京段高质量发展。

一 江苏长江文化概述

（一）江苏长江文化精神阐释

长江，在浩渺的历史长河中，孕育了辉煌的中华文明，滋养了伟大的中华民族。奔流不息的江水，雕琢出江苏人民开明睿智、开放包容的文化风骨；沉积千年的气韵，滋养了江苏深邃博大、海纳百川的胸怀。多元文明的交汇融合，铸就了独树一帜、璀璨夺目的江苏长江精神。鱼米之乡，细耕精绣，孕育了江苏长江的拼搏之勇、幸福之质；千帆远渡，万朋云集，彰显了江苏文明枢纽的开放之心、包容之度；崇古博今，生生不息，塑造了江苏的传承之力、开拓之能。

1. 江苏长江文化是多元共生的"包容文化"

"依江迎千友，敞怀纳百川"，无论是细腻温婉的吴文化，还是浪漫雄厚的楚汉文化，抑或是厚重博深的中原文化，都在这里交汇互融，共同铸就了异彩纷呈的江苏长江文化。江苏长江文化的包容性，不仅体现在对不同地域文化的接纳与融合上，更体现在对不同思想、不同观念的尊重和包容上。开放包容的文化底色，让南方的婉约和北方的豪迈在这里同频共振，让长江全流域姿态各异的文化音律在这里鼓乐齐鸣，滋养了江苏人民"兼容并包"

的精神气质。

2. 江苏长江文化是开拓创新的"进取文化"

几千年来，长江以丰裕的水产资源滋养着江苏儿女，沉积的肥沃泥沙造就了富庶的"鱼米之乡"。"仓廪实而知礼节，衣食足而知荣辱"，江苏儿女在长江的滋养下形成了崇文尚读的优良传统，也涵养出开拓进取的拼搏精神，自此文人墨客长居，商贾名流齐聚。食足而工，工足而商，世世代代的江苏人在长江的滋养下不断开拓着新空间，孕育出具有家国情怀与创新精神的企业家文化，不断建构和赋新着底蕴深厚、充满生机的江苏地域文化生态系统。

3. 江苏长江文化是厚德载物的"仁爱文化"

深受儒家思想之熏陶，长江铸就了江苏人民崇高的道德修养与深沉的仁爱胸怀。在日常生活中，江苏人不仅将仁爱精神内化于心，更外化于行，将之作为促进社会和谐稳定的强大动力。在处理纷繁复杂的人际关系时，江苏人民始终恪守诚信之道，尊老爱幼，扶贫济困，他们以修身为本，推己及人，不断拓展仁爱的边界，共同缔造了一个守望相助、和衷共济的文化共同体。江苏历来崇文重教，这里的人民不仅承载着传承文化的使命，更以兼济天下的胸怀，勇于担当起时代的责任与使命。他们以铿锵有力的实际行动，践行着社会主义核心价值观，不断为中华文化注入新的活力，展现了新时代江苏人民的人文情怀与崇高追求。

4. 江苏长江文化是至善至美的"精致文化"

江苏，钟灵毓秀，英才辈出。生活在这片热土的江苏人民，以他们的严谨态度、对事业的深沉热爱以及对完美的执着追求，共同铸就了力求至善至美的"精致文化"。无论是构思精巧、布局别致的江南园林，还是工艺精湛、栩栩如生的云锦艺术，抑或是那婉转悠扬、感人肺腑的昆曲唱腔，每一处细节都凝聚着江苏人民对技艺的极致追求与匠心独运。这种融入骨髓的工匠精神，不仅是对传统技艺的精湛传承与完美展示，更是对江苏长江"精致文化"最为淋漓尽致的演绎。"精致"不仅是一种标准，更是一种信仰，一种对美好生活的不懈追求与坚定信念。正是力求至善至美的卓绝匠心，创造出了无数令人叹为观止的文化瑰宝，让江苏长江文化熠熠生辉。

5. 江苏长江文化是人与自然的"和谐文化"

长江，这条中华文明的摇篮与母亲之河，其生态环境的繁荣稳定，关乎整个国家的根基与未来。自古以来，深受"天人合一"哲学熏陶的江苏人民，始终以和谐共生的理念，精心维系着与这片江河的亲密关系。为让长江的壮丽景色与人民的日常生活更加交融，江苏省在生态保护和环境修复上锐意进取，力求打造一条绿意盎然、景致独特的长江岸线，使之成为人们休闲放松的胜地。这些高瞻远瞩的举措，不仅彰显了江苏省在人与自然和谐共生道路上的坚定信念与远见卓识，更在经济发展与生态保护之间，奏响了一首恢宏的"和谐交响曲"。

6. 江苏长江文化是面向世界的"开放文化"

作为连接东西方的黄金水道，长江自古以来就是中外交流的重要通道。江苏，作为长江经济带的重要组成部分，始终秉持开放合作的理念，以开放包容的姿态，汇聚着多元文化的精粹，向世界展示着中华文明的博大精深。从古典的昆曲艺术到现代的苏绣工艺，从江南水乡的韵味到古都南京的历史厚重，每一处都闪耀着江苏长江文化的独特光芒。这种文化不仅深深植根于江苏这片热土，更以开放的姿态主动拥抱世界，倾听不同文化的声音，同时也将自己的韵律传递给世界，是中华文化走向世界的重要桥梁。

继古而接今，传承而创新。江苏长江文化是一首气势磅礴的史诗，是一幅风华绝代的瑰丽长卷，它镌刻着江苏儿女的辉煌征途，闪耀着他们不朽的智慧之光与超群的才情之火。江苏长江文化的精神，既镌刻于历史的深处，又激荡在未来的潮头，它将持续引领我们勇攀未知之巅、实现自我超越，在新的历史洪流中绽放出更为夺目的光芒。江苏长江精神与江苏长江演变、家国发展一脉相承，开放、包容、传承与创新兼有的江苏长江精神在新时代历久弥新，秉承着传统与现代交融的精神，江苏的儿女们正以前所未有的豪情壮志，续写江苏长江文化的辉煌篇章，铸就新时代的传奇。

（二）江苏长江文化区位分布

长江江苏段横贯东西 433 公里，流经南京、镇江、常州、无锡、苏州、扬州、泰州、南通 8 个城市。《长江国家文化公园江苏段建设保护规划》中明确指出，要构建以长江干流为主线，以秦淮河、胭脂河、胥河、滁河、南官河（济川河）等 8 条文化支流为支线，打造南京滨江、江河交汇、环太湖、江海交汇四大重点建设片区，布局建设"一主八支四片"。地理位置和周边环境的差异带来了不同的文化生态圈，从区位上大致可以将江苏长江文化分为南京滨江区域、江河交汇区域、环太湖区域和江海交汇区域四大区域。

南京滨江区域位于长江江苏段的上游，这一区域历史悠久，文化底蕴深厚，是江苏乃至中国的重要历史文化中心之一。作为首批国家历史文化名城，南京具有 7000 多年文明史、近 2600 年建城史和近 500 年的建都史，素有"六朝古都，十朝都会"的美誉。数据显示，古金陵 48 景中与长江有关的景点多达 11 处。沿江集聚了众多历史文化遗迹和文物保护单位，其中全国重点文物保护单位和省级文物保护单位 8 处、市级文物保护单位 20 余处，多样资源共同描绘了沿江的文化盛景。[①] 明孝陵、中山陵、夫子庙等景区享誉海内外，紫金山、秦淮河、长江、明城墙"一山两水一城墙"优势资源全国闻名，云锦织造技艺、金箔锻制技艺、金陵琴派等非物质文化遗产通过数字化传播、衍生品开发等进入大众视野，系列特色文化独具魅力、异彩纷呈，成为南京重要的文化名片。古韵新貌相交融，一脉相传的历史文化也孕育了独特的文学气质，2019 年，"天下文枢"南京成功入选"世界文学之都"。千年书香文化代代氤氲，绵延的历史文脉为毕飞宇、苏童、叶兆言等一大批文人才子提供了源源不断的创作灵感。丰富的文化资源造就了南京独特的城市气质。

江河交汇区域位于长江江苏段的中下游，包括镇江、扬州等长江大运河交汇地区。这一区域自然风光瑰丽，长江与大运河在此交汇，形成了焦山、北固山、金山、世业洲等独特的地理景观，为文人墨客提供了无尽的灵感，留下了许多脍炙人口的诗篇，形成了独特的诗词文化。作为运河和长江的汇

---

① 郭新茹：《南京长江国家文化公园价值评估体系构建研究》，《南京学研究》2022 年第 2 期。

聚地，这里见证了众多历史事件的发生，形成了独具特色的古渡文化，也留下了丰富的历史遗迹和文化遗产，如镇江西津渡历史文化街区、扬州瓜洲古渡国家水利风景区、三江营湿地公园、谏壁船闸、京口闸、救生会旧址、十二圩、六圩口门等重要历史文化载体，其中西津渡更是被誉为"中国古渡博物馆"。同时，这一区域也蕴藏了丰富的非物质文化遗产，扬州作为历史文化名城，更是拥有包括扬剧、扬州评话、古琴艺术、高邮民歌、剪纸、刺绣、玉雕等在内的多项国家级非遗项目。深厚的历史文化底蕴，悠久的古渡文化以及丰富的非物质文化遗产，共同构成了一幅多元文化的璀璨图景。

环太湖区域位于长江江苏段的中下游，包括苏州、无锡、常州。这一区域地势平坦，河网密布，地理位置优渥，同时自古经济富饶，是重要的文化经济中心，也是长江三角洲的重要组成部分。这里的文化以吴文化、越文化等江南文化为主，其中苏州、无锡、常州都拥有丰富的历史文化遗产，如苏州的拙政园、留园，无锡的惠山古镇、泰伯庙和墓，常州天目湖石窟、雨花台等，都是江南文化的重要体现。此外，这一区域的非物质文化遗产数不胜数，苏州的宋锦、吴歌、昆曲、评弹，无锡的惠山泥人，常州的金坛刻纸、留青竹刻、梳篦，都体现了环太湖地区多元融合、历史悠久、精致典雅的水乡风情。

江海交汇区域位于长江下游与黄海交汇处，包括南通及周边地区。这里的文化融合了吴越文化、江淮文化以及海洋文化等多种文化元素，区域文化南北融合，特色鲜明。在历史文化遗产方面，南通既有青墩遗址、余西古镇等古代历史资源，也有南通博物苑、大生纱厂等近现代历史的见证。在非物质文化遗产方面，南通更是拥有十大国家级非物质文化遗产项目，包括南通童子戏、跳马伕、海门山歌、梅庵派古琴、仿真绣、蓝印花布、色织土布、板鹞风筝、如皋盆景艺术和季德胜蛇药。这些物质文化遗产与非遗文化共同构成了南通地区兼容并蓄、开拓创新、独树一帜的文化特征。

在江苏长江文化的区划中，各区域之间既有各自的文化特色，又相互交融、相互影响。不同文化的交融和互动，不仅丰富了江苏长江文化的内涵，也促进了江苏地区经济社会的快速发展和文化的繁荣昌盛。

（三）江苏长江特色文化体系

长江江苏段风物清嘉、人文荟萃，自古以来就是我国政治、经济、文化最为发达的地区之一，文化资源璀璨丰厚（见表1）。截至2023年底，长江江苏段串联了大运河、明孝陵、苏州古典园林这三处世界文化遗产，沿线分布着23座全国文明城市、11座国家历史文化名城，拥有19个国家5A级景区、8个国家级旅游度假区、42个中国乡村旅游重点村镇，① 历史遗珍丰富。在地域文化的空间分布上，长江江苏段文化总体呈现南秀北雄、吴楚分明的态势，以吴越、金陵、江淮、楚汉等为代表的多样文化在这里和合共生。作为"六朝古都、十朝都会"的南京，以金陵文化、明文化、民国文化闻名全国，拥有明孝陵、中山陵、秦淮夫子庙等一批璀璨的文化遗产，金陵灯彩、云锦织造、金箔等非遗也大放异彩；以苏州、无锡、常州为代表的吴文化清新隽雅，孕育出了吴门画派、苏州评弹、"百戏之祖"昆曲等艺术精品以及无锡泥人、宜兴紫砂、苏州刺绣等传统技艺，拙政园、寒山寺等园林古寺全国闻名；以扬州为代表的江淮文化精致秀美，借长江和大运河两条水脉实现了沿岸文脉的相互交融，瘦西湖、个园、何园等一批古典园林精美别致，扬州漆器、扬派盆景、雕版印刷、淮扬菜系等也独具特色，影响深远；以南通为代表的江海文化开放包容，千年文脉与先贤张謇留下的近代历史遗存交相辉映，江风海韵孕育出蓝印花布、沈绣、梅庵琴派等一批地域特色文化标志，而大生纱厂、南通博物苑等国家重点文保单位更凸显了南通作为"中国近代第一城"的非凡气势。在"吴韵汉风"的滋润下，江苏省文化名人灿若繁星，刘勰、冯梦龙、曹雪芹、"吴中四杰"、"扬州八怪"等一批历史文人闻名遐迩，成就了《文心雕龙》《红楼梦》《世说新语》等众多鸿篇巨制。古韵新貌相交融，江苏省各城市凭借独特的文化资源禀赋和文化品牌，影响力持续增强，4座城市加入全球创意城市网络，其中，南京、苏州分别被评为"世界文学之都""工艺与民间艺术之都"，扬州、淮安入选

---

① 《加强长江文化传承发展 唱响新时代长江之歌》，《新华日报》2023年10月19日。

"全球美食之都"。多元多样的文化资源，绘就了江苏省鲜活的文化图景，并在中国特色社会主义文化建设过程中，孕育出了"苏南模式"、"四千四万"精神、"敢为人先，只争朝夕"的人文精神，不断建构和赋新着江苏地域文化生态系统。由不同亚文化板块组成的江苏长江区域文化，既有丰富内涵，又有鲜明特征，使江苏长江文化保持着统一性和多样性的协同持续发展，创造出江苏长江文化的多姿多彩，美美共生。

表1　江苏省长江沿线八市省级及以上文化资源梳理

城市	资源类别	文化项目
南京	文件遗迹	明孝陵、中山陵、钟山建筑遗址、明故宫遗址、龙江船厂遗址、大报恩寺遗址、南唐二陵、南京城墙、甘熙宅第等
	非遗技艺	秦淮灯会、龙舞、竹马、南京白局、金银细工制作技艺、南京金箔锻制技艺等
	文化名人	祖冲之、曹雪芹、陶弘景、叶兆言等
	特色景区	秦淮河、紫金山、牛首山、颐和路等
苏州	文物遗迹	网师园、拙政园、狮子林、留园、寒山寺等
	非遗技艺	昆曲、古琴、宋锦、缂丝、端午、苏州香山帮、苏绣、玉雕、二胡、江南丝竹、锡剧、剪纸(溱湖刻纸、金湖剪纸)等
	文化名人	唐伯虎、冯梦龙、范仲淹、顾炎武等
	特色景区	苏州博物馆、苏州大学、周庄古镇、金鸡湖景区、吴中太湖旅游区等
扬州	文物遗迹	何园、扬州城遗址、普哈丁墓、莲花桥与白塔、吴氏宅邸、小盘谷、大明寺、朱自清故居等
	非遗技艺	扬州剪纸、扬州玉雕、扬州漆器、扬州灯彩、扬州弹词、广陵琴派、十番音乐、木偶戏等
	文化名人	鉴真、秦少游、郑板桥、金农、郑燮、黄慎等
	特色景区	中国大运河博物馆、瘦西湖、扬州双博馆、马可波罗花世界乐园、扬州八怪纪念馆、东关街、茱萸湾风景区等
无锡	文物遗迹	阖闾城遗址、南禅寺、清名桥无锡古运河、崇安寺、蒋子阁、鼋头渚、蠡园等
	非遗技艺	惠山泥人、宜兴紫砂器、无锡留青竹刻、无锡精微绣、锡剧、梁祝传说、吴歌、宜兴均陶制作技艺、泰伯庙会等
	文化名人	倪瓒、徐悲鸿、刘半农、刘天华、钱锺书等
	特色景区	三国水浒影视城、中视股份影视基地、无锡灵山胜境风景区、太湖、锡惠名胜区等

城市	资源类别	文化项目
常州	文物遗迹	圩墩新石器遗址、春秋淹城遗址、天宁寺、红梅阁、文笔塔、诸葛八阵图村落等
	非遗技艺	董永传说、白太官传说、金坛封缸酒酿制技艺、芝麻糖制作技艺、素火腿制作技艺、萝卜干腌制技艺等
	文化名人	季札、萧道成、萧统等
	特色景区	常州中华恐龙园、天目湖、春秋淹城乐园等
镇江	文物遗迹	伯先路近代建筑群、西津古渡等
	非遗技艺	句容南乡花船、丹玉香醋酿造技艺、苏派装裱、镇江扬剧（金派）、古琴艺术、缸酒传统酿造技艺等
泰州	文物遗迹	高港口岸雕花楼、黄桥战斗旧址、古运盐河遗址等
	文化名人	著名地质学家丁文江、杰出女教育家吴贻芳、著名剧作家丁西林、京剧表演艺术家梅兰芳
南通	文物遗迹	水绘园、定慧禅寺等
	非遗技艺	海安花鼓、通剧、南通侗子会等
	特色景区	黄金海滩、狼山等
	文化名人	清代画家李方膺、近代实业家张謇等

资料来源：作者根据公开资料整理制作。

二　江苏长江文化发展成就

党的二十大报告指出，"建好用好国家文化公园""推进文化和旅游深度融合发展"。作为长江国家文化公园建设的重点建设区与先行示范者，江苏省立足长江文化资源富集、文旅产品多元、多重战略叠加等比较优势，积极作为，争当表率，坚持以文塑旅、以旅彰文，从体制机制创新、优化改善沿江生态、重大项目平台载体建设等方面进行了积极探索和创新实践。

（一）系统谋划布局，协同联动推进

江苏省紧抓长江经济带、长三角一体化、扬子江创意城市群等多重国家战略叠加契机，围绕"2025年基本完成长江国家文化公园江苏段建设任务"

的目标要求，通过成立领导专班、设置专门机构、召开专家座谈会、搭建"1+N"政策体系，形成统一领导、省市联动、多方参与、多元协同的"一盘棋"工作格局。在省委省政府的统筹领导下，南京、苏州、无锡等沿江8市也相继成立市级领导小组，印发《南京市保护传承弘扬长江文化行动方案（2022~2025年）》《长江国家文化公园无锡段建设推进方案》《长江国家文化公园扬州段建设推进方案》等市级工作方案，启动编制市级层面的长江国家文化公园建设保护规划。此外，规划打造长江国家文化公园数字云平台，基于大数据、区块链、知识图谱等技术开发了一批"'互联网+中华文明'数字体验项目产品"。长江保护与绿色发展研究院、长江大保护红色联盟、南京长江文化研究院等平台载体的相继落地，为长江国家文化公园的建设提供了智力保障。

（二）资源保护得力，特色文化彰显

江苏坚持"整体规划，特色保护，文旅融合"的原则，构建了"传承+转化"的保护体系。

在自然资源保护方面，坚持"政策先行，生态优先，专项治理"的原则，建立多元保护机制。一是依托《长江保护法》《长江水生生物保护管理规定》等国家法律法规，出台了一系列地方性政策文件。例如，江苏省生态环境厅会同省财政厅制定了《江苏长江流域生态保护和修复工程项目补助办法（试行）》，明确了市县作为长江流域生态保护和修复的第一责任主体；《江苏长江船舶污染防治条例》对长江水域航行、停泊、作业的船舶的水污染防治、大气污染防治等方面进行了规范。二是持续推进岸线整治清理，有效恢复自然生态环境。坚持山水林田湖草系统修复，推动实施高淳、金坛、宜兴等试点地区的50项生态保护修复工程。在苏州、无锡等沿江地区建成国家生态文明建设示范区20个、"绿水青山就是金山银山"实践创新基地3个，省级财政投入资金超过6000万元。深化"最美岸线"建设，构建新沙洲江心岛生态湿地、太仓长江林场生态公园等新田园综合体，打造了"春江十里"、三山矶岸线、江豚广场等生态景观。三是针对长江经济带生态环境突出问题、重点领域，江苏先后部署开展守护长江、江河湖海生态环境和资源公益保护三个专项监督，推动建立生态环境修复基地 35 个，督促清理污染和非法占用河道 200 余公里，推动治理被污染水域面积 3000 余亩。① 累计关停沿江化工企业 3505 家，有效解决了"重化围江"的问题，将长江江苏段自然岸线比例提升至 73.2%。

在文化资源保护方面，一是构建了文化资源保护"1+3"规划体系，即以《长江国家文化公园江苏段建设保护规划》为主，辅以长江文化价值阐释弘扬、文物保护利用、非遗保护传承利用三份专项规划，形成全面的规划架构。规划提出了"一主八支四片"的总体布局。二是实施了长江文物和文化遗产保护利用工程，开展沿线文物和非遗资源专项调查，已采集长江沿线文旅资源单体近百万个，重点推进了江南水乡古镇、海上丝绸之路、中国明清城墙保护和联合申遗等项目，江苏文脉整理研究与传播工程成果《江苏文库》已出版近千册，铸就了"文化传承"示范亮点。三是推动文化资源创造性转化。沿江八市深挖地域特色文化资源与长江文化的紧密联系，推进文化和旅游深度融合，打造具有中华文化标识、长江流域文化特征的世界级文旅产品。其中，无锡深入发掘和阐释高城墩良渚文化、祁头山马家浜文化等，依托江阴要塞、远望号、"渡江第一船"等资源打响革命文化品牌；镇江立足"江河交汇"地理特征，依托津渡文化、诗词文化、江豚保护特色，围绕 5 个千年运口、"苏南运河第一闸"，建设滨江文化公园、航运文化公园，打造"江河交汇"门户新形象；泰州积极挖掘长江沿线木商、盐税等工商业文化，彰显泰州"梅兰芳、里下河文学、郑板桥、泰州学派"四大城市文化标识。

（三）重大项目引领，载体建设加速

江苏省深入实施重大文化产业项目带动战略，加速推进长江经济带、长江国家文化公园高质量建设，先后编制了《江苏省关于进一步推动长江经

---

① 卢志坚、时以全等：《同饮一江水 共护长江美》，《检察日报》2023 年 7 月 24 日。

济带高质量发展的实施方案》《长江国家文化公园（江苏段）建设推进方案》，实施了江苏地域文明探源、长江文物和文化遗产保护利用等工程，在推进江苏文化资源的创造性转化、创新性发展方面成效显著。"长江文化博览园暨南京长江文化博物馆""扬州长江国家文化公园瓜州片区""泰兴长江生态廊道及拓展区乡村旅游建设""南通苏通长江生态文化旅游园""常州焦溪长江国家文化公园""长江文化走廊·张家港湾文旅产业融合提升"等重大项目的建成与运营，催生了文化产业新业态、新模式与新场景，带动了一批文化企业的快速成长，使江苏文化产业发展呈现千帆竞发、万马奔腾的壮观景象。

在资源保护和创新发展方面，在注重长江生态资源保护与修复的基础上，实施文旅资源普查，系统梳理和保护长江江苏段的文化资源，建立长江专项资源数据库，已登记收录文旅资源单体102.4万个。实施"长江文化IP孵化计划"，引导沿江各市网络文学、影视动漫、数字游戏等领域企业围绕长江文化打造一批富有地域特色的精品文化IP。

在生态协调与文化传承方面，规划文化保护传承工程、城乡风貌塑造工程、生态文化弘扬工程、新型业态培育工程、文旅融合发展工程、文化交流互鉴工程等主题重大工程。其中，无锡实施"澄艺空间"珠链计划，推动实施黄山炮台旧址、徐霞客故居等修缮工程，适园、周少梅故居等活化利用工程，并建成长江大保护展示馆、城市记忆馆等一批文化场馆。常州串联长江大保护展示馆、渔港码头等重要节点，建成全省首个"工业遗址式"长江大保护展示馆，按1：1比例复刻了"渡江第一船"。

在长江文化交流平台建设方面，充分发挥赛展节庆文化展示、投资促进、交流合作等溢出效应，推动中国（张家港）长江文化艺术节、南京融交会、南京创意设计周等品牌节展成为展示长江文化、讲述中国故事的优质平台，并创新打造长江文化发展论坛、江南文脉论坛、南京长江文化国际雕塑艺术邀请展、"长江·未来"国际公益海报设计邀请展等高品质展会，不断丰富长江文化与不同文明交流互鉴的平台载体。筹建了南京长江文化研究院，围绕长江文明探源、文明精神提炼、文化资源创造性转化等展开对话。

南京市文化投资控股集团特别开辟"云游长江（南京段）小程序设计项目"，推动数字赋能长江（南京段）文化体验产品开发，创新长江文化展陈方式。

（四）城市"再生式"焕新，传承历史文脉

1. 优化城市规划，改善居住环境

《江苏省城市更新行动指引（2023版）》《关于支持城市更新行动的若干政策措施》等系列政策规划，采用维修整治模式和适度改建加建等方式，对文化街区、居民楼宇实施渐进式微更新，打造宜居"生活"空间。加强历史风貌区和历史地段保护传承和活化利用，完善社区基础设施和公共服务配套，展现"全域"魅力。

2. 优化产业园区，打造特色街区

江苏省着重对低效产业用地活力进行了提升，采用"工业上楼""嵌入式园博"等方式，有效平衡了城市空间和产业升级之间的矛盾，打造了城市更新中颇具特色的、可推广的高效发展模式模版。对老旧工业片区开展摸排调查，通过整合集聚、整体转型、改造提升等方式，推动旧厂房、老菜场、老旧楼宇改造提升，建成一批城市硅巷、创新社区，激活高效"生产"空间。对古建筑采用保留与再利用的方式，在保留老厂房的基础上，注入研发、办公、文创等都市产业，通过设施嵌入、功能融入、文化代入等举措，打造一批精品特色街巷，在让老建筑焕发出新生机的同时，延续了城市的历史文脉。

3. 传承历史文脉，保护长江文化

合理布局建设管控保护、主题展示、文旅融合、传统利用功能分区，更新美化一批沿江历史文化名城、名镇、名村、名街，新建一批博物馆、规划馆、文化展示馆等长江文化展示载体，推动系统保护与活态传承相结合，弘扬与彰显了长江文化价值。充分利用长江的自然景观和历史文化资源，通过规划引领、项目带动等方式，大力推进历史文化保护传承工程，将长江国家文化公园的建设打造成为展示中华文化、传承历史文脉的重要平台。打造精

品水上旅游、水上竞技等时尚健身品牌；实施非遗传承创新工程，保护和传承地区非物质文化遗产，推动长江文化的创新发展。

（五）品牌建设创新，传播效能提升

江苏加快布局全球传播中心建设，整合新媒体资源，多维度打造"水韵江苏"全国文旅营销传播特色品牌，不断提高江苏文化的品牌传播力。

1. 持续推进"水韵江苏"特色品牌建设

深入推进"水韵江苏"全球传播中心在上海、东京、纽约、巴黎的建设工作，构建"一个中心、四个基地"的立体化国际传播网络。在五大境外社交媒体平台开展"2023水韵江苏·欢乐春节""全球新春祝福接力赛"等主题的系列推广活动。策划2023"水韵江苏·有你会更美"文旅消费推广季活动，举办"水韵江苏·流动的生机"生活节，推出"我的旅行日记"主题活动，围绕春季特色推出10个专题，发布作品253条，总点击量逾5000万。

2. 创新生产文旅融合产品

持续打造戏曲百戏（昆山）盛典、长江文化节等一批文旅融合品牌，创新开展"无限定空间非遗进景区"活动，培育省级示范项目24个。组织遴选"长江百景"和20条"水韵江苏"长江文化旅游精品线路，打造展现文化遗产和时代风貌之美的文化标识，促进优质文旅资源向优质文旅产品转化。策划推出"大江万古流——长江下游文明特展""考古里的长江文明展览"等一批沉浸式体验展，启动开展江苏"新四军东进北上"革命文物主题游径建设，让人们感受长江文化的独特魅力。

3. 打造非遗节事旅游品牌活动

沿江各市积极依托本地传统节日、民族节日、祭典仪式、庙会书会、灯会花会等，打造异彩纷呈的非遗节事旅游品牌活动，推动长江非遗与旅游高水平融合。5A级旅游景区南京夫子庙的秦淮灯会、泰州溱湖的溱潼会船先后入选全国非遗与旅游融合优秀案例。其中，秦淮灯会作为首批国家级非物质文化遗产名录项目，承袭六朝时期元宵夜游观灯风俗，已连续举办37届，

累计吸引游客超 1.5 亿人次，灯彩产品的销售额过千万元。泰州市姜堰区以国家级非遗代表性项目"清明节·溱潼会船"为核心资源带动区域旅游发展，开发的溱潼会船节已成为泰州乃至江苏旅游的一张重要"名片"。此外，江苏省文化和旅游厅、江苏省文物局联合推出的"博物知旅"主题活动季，在中国文化遗产日江苏主会场活动上重点推介博物馆、历史文化旅游街区、风景区、纪念馆等 13 组江苏长江非遗文旅精品，助推特色品牌扩大知名度，推动江苏省非遗品牌"走出去"。

（六）数字赋能显著，催生新业态新场景

1. 数字资产赋能长江文化保护传承

深入挖掘南京绒花、苏州刺绣、惠山泥人等非遗的文化内涵，开发系列数字藏品。如扬州推出首款世界级雕刻饾版非遗数字藏品《群仙贺寿图》，2999 份藏品上线当天"首发即售罄"。创作生产《运河上的舟楫》《千里江山图》《空灵之境》等数字艺术精品。

2. 推动文博场馆、文旅景区智慧化升级

打造"云上博物——江苏省博物馆数字展览空间"，建成集文物安全监控、行业数据分析、资金申报与项目管理于一体的江苏文物综合管理平台、江苏省大运河文化遗产监测管理平台等文博智慧管理系统。积极探索"传统文化+数字化"非遗文化发展新模式，举办"何以长江——长江文化数字大展"，将传统文化与现代技术相结合，为观众带来沉浸式的体验。

3. 完善文旅公共服务平台建设

建成"江苏智慧文旅平台"，实现对 620 家 A 级景区、561 个乡村旅游点、181 家文化场馆、308 个全国重点文物平台的实时监测，实现"一网统管"。完善江苏公共文化云平台功能，实现与国家公共文化云平台、江苏省文旅厅智慧文旅平台的互联互通，覆盖全省"1+13+N"文化馆（站）。搭建多元数字平台，集聚资本、人才、技术等高端要素，实现文化资源的数字化整合、创意展示和智能化管理。比如，"南京智能综合服务平台"集消费采购、文化消费数据采集等多种功能于一体，苏州依托"苏州文创会""苏

州文化云"等平台全面连接市内文化消费网点。编制联合审批标准并运用"数字长江"信息管理平台，升级数字化管理模式，建立生态环境监测数字化网络，实现环境监测全覆盖，以智慧赋能抓好长江大保护。

三 江苏长江文化创新发展模式

（一）以"三重保护"打造文化传承示范亮点

1.注重江苏长江文化遗产的原真性保护

制定和实施相关法律法规。完善"省—市—区"的法律法规体系，以"保护为主、抢救第一、合理利用、传承发展"为方针，明确长江文化遗产保护的标准和要求，确保文化活动符合文化遗产保护的原真性。[①] 全面普查和登记江苏境内长江沿线的文化遗产，建立详细的档案和数据库，为保护工作提供数据支持。例如，长江古都文化数据库收集了长江流域古都的历史文化信息，长江红色文化数据库整理了红色文化遗产，长江文学文化数据库涵盖了文学作品、文学人物、文学事件等文学文化遗产。利用科技手段保护与还原长江文化遗产。南京大报恩寺遗址博物馆利用数字技术，结合大量历史资料与文物遗存，以微米级精度高清复原明代大报恩寺琉璃塔；南京博物院利用3D扫描技术对重要文物进行建模，实现文物资源的数字化信息保护；如皋市采用无人机摄影、三维激光扫描、三维建模等技术手段，对历史建筑进行测绘建档。

2.注重江苏长江文化遗产的整体性保护

一方面，实施了地域文明探源工程，对长江下游、环太湖流域、淮河流域及大运河江苏沿线的重要遗址进行重点考古研究，揭示长江文化的历史脉络。推进长江文物和文化遗产的保护与利用，如江南水乡古镇、中国明清城墙

---

① 梁保尔、张朝枝：《"世界遗产"与"非物质文化遗产"两种遗产类型的特征研究》，《旅游科学》2010年第6期。

保护和联合申遗等，保护长江文化的历史连续性。秉持"最少干预"的理念，对明城墙、薛城等重要遗址进行整体性、原状性保护，保护和传承长江文化。

另一方面，通过规划编制和项目带动，建设江苏长江国家文化公园，强化长江文化资源的空间保护。镇江市实施"江河交汇·京口瓜洲千年古渡保护展示工程"，推进长江岸线保护、生态环境保护修复、长江湿地江豚保护等工作，强化对长江生态环境的保护。

3. 注重江苏长江文化遗产的活态化保护

对江苏长江文化遗产进行活态化保护，做好"人—物—空间—仪式—环境"的有机整体保护。对长江文化遗产进行充分挖掘和归类，针对不同文化遗产的特性进行微改造和数字化展示，使其与现代社会生活相结合，发挥教育、旅游、经济等多方面的功能。对鼓楼滨江的"下关火车主题公园"等历史街区、浦口火车站等历史遗存进行微改造和再利用，使其成为展示长江文化和提供文化体验的场所；利用 VR、全景投影等数字化手段，在"数字长江"元宇宙博物馆等场所提供沉浸式体验；依托现有的长江文化资源，打造江岸文化客厅、艺术廊道，引入各类文博会展、特色演艺等，提升江岸文化空间的文化民生价值。积极打造文旅融合项目，推出"长江传奇"号游轮，将长江沿线的文化遗产和自然景观相结合，为公众提供全新的旅游体验。举办一系列长江文化节等节庆活动，展示长江文化的魅力，增强公众对长江文化遗产的认识和保护意识。

（二）以"数字赋能"铸就文旅融合示范亮点

1. 深挖文化活水，利用数智技术推动长江文化资源"两创"

加强长江文化中非物质文化遗产的数字化应用，鼓励昆曲、灯彩、舞蹈等应用 AR+动作捕捉、AR+虚拟制片、VR 绘画+AR 互动、XR 虚拟场景等前沿科技创作"艺术+创意+科技"的精品力作。南京大报恩寺为游客提供VR 眼镜，帮助游客在数字世界中看到琉璃塔原貌；苏州丝绸博物馆采用"1+1+N"授权模式，打造了丝绸文化元宇宙实验室及线下体验空间。加速推动数智技术与长江文化资源的二次创作、传播与展示相结合，引导文艺院团、文旅演出场所培育线上演播项目，打造 3D 光影秀、无人机表演等数字体验场景。江苏省举办"何以长江——长江文化数字大展"，利用虚拟现实技术 1∶1 还原大展，观展者不仅可以沉浸式参观游览长江上、中、下游的风貌与风情，还可以通过页面上方的功能按钮解锁全景模式、VR 模式等多种特色功能，实现第一视角"入画"长江，亲身体验长江文化数字发展。构建文旅空间体系，推动沿江地区文旅特色发展。发挥长三角世界级城市群和滨江生态文化优势，展现城市山林、灯火沿流美好幸福生活图景，推动建设长江国际黄金旅游带。

2. 深化跨界融合，不断创新数字文旅业态

以内容创作为核心，以数字技术为支撑，与其他产业有机融合，实施品牌赋能战略，推出一批具有中国特色的数字文旅精品。增强体验性文旅产品与服务的开发设计，加快发展动漫游戏、数字影视、数字演艺等新业态在文旅场景中的应用，丰富"网络型"文旅产品与服务供给。围绕古镇风貌、江南水乡等主题，实施数字文化旅游精品建设工程，推动沉浸式演艺、娱乐体验产品与长江文化博物馆、美术馆等相融合。支持文旅景区、文博场馆、艺术院所与头部互联网企业合作，开发文化观光、科普研学、运动休闲等复合型长江数字文旅产品体系。实施"长江文化 IP 孵化计划"，通过政策扶持、资金奖励等方式，引导沿江各市网络文学、影视动漫、数字游戏等领域企业围绕长江文化打造一批具有长江文化特色的精品文旅 IP。截至 2023 年 10 月，江苏省建成沿线小剧场 597 座，培育"无限定空间非遗进景区"省级示范项目 24 家，遴选"长江百景"和 20 条"水韵江苏"精品文旅线路；创作大型画卷《长江春色图》，策划推出沉浸式体验展，开展革命文物主题游径建设；持续打造戏曲百戏（昆山）盛典、大运河文化旅游博览会、长江文化节等文旅融合 IP。

（三）以"多元机制"建设生态治理示范亮点

1. 出台相关政策规划，构建自然、文化资源保护体系

坚持"政策先行，生态优先，专项治理"的原则，强化"绿水青山就

是金山银山"理念，建立文化资源保护"1+3"规划体系。出台《江苏省深入打好长江保护修复攻坚战行动方案》《长江国家文化公园江苏段建设保护规划》等一系列长江保护修复方案，为保护江苏长江自然资源和文化资源提供政策依据。推动实施生态保护修复工程、长江文物和文化遗产保护利用工程、地域文明探源工程，对长江江苏段自然资源和文化资源进行统计调查，建立长江专项资源数据库。建立生态文明建设示范区，将长江自然资源与文化资源相结合，打造一系列生态景观。建立生态环境修复基地，开展专项监督，解决长江经济带突出的生态环境问题。

2. 加强协同联动，优化长江保护治理体系

探索建立跨区域、跨部门的沟通协商机制和管理机构，与长三角地区其他省份合作，通过协同立法，加强长江流域生态文明保护的法律保障，形成保护长江的法治合力。推动"省—市—县"多级联动保护治理平台体系建设，推动标准规范统一、平台互联互通、数据联动共享，实现相关长江自然资源与文化资源数据的高质量管理，提升保护治理的效能。以长江文化遗产数字化保护、长江文化展陈数字平台建设等重大文化产业项目为抓手，引导龙头企业、行业组织、科研机构协同构建江苏长江文化发展合作网络，凝聚发展共识与创新智慧。实行长江水系联动发展战略，与周边省市旅游景区、文博场馆等联合开展长江文化节、数字艺术展览等，提高长江文化资源利用效率。

（四）以"老城焕新"展现产城融合示范亮点

1. 推动重点景区和历史街区提档升级

加强旅游软环境建设，全力推进江苏 A 级旅游景区品质提升建设进程。苏州市坚持"使用是最好的保护"，打造了一批辨识度高、示范性强的保护更新项目，如苏州阀门厂旧址被打造成养老综合体、山塘街250号的新民桥雕花厅古建筑群变为美术馆等，建立了整体、系统的保护观，对历史文化遗产进行了包含单体与周围环境的文化景观整体性保护。南京市打造颐和路历史文化街区，推动了重点景区和街区的提档升级，形成了国内知名的旅游产业集聚街区；对江苏无线电厂、新街口艺术大楼等老旧厂房和楼宇进行提档

升级，盘活存量资产，以片区为单位进行更新项目研究策划，提升了城市更新的可持续性。无锡市通过"活化"利用工业遗产，在留住城市记忆的同时创造新的记忆。

2. 因地制宜，打造特色文化街区

推动产业园区体制机制改革，优化机构职能设置，鼓励探索市场化运营模式，实行管理机构与开发运营企业分离；提升土地集约利用水平，盘活利用存量土地，推进低效用地再开发，加大地下空间开发建设力度。南京市立足于历史文化遗产的保护传承，打造熙南里历史文化街区等特色街区，推动历史建筑变身公共文化空间或新消费空间；在老旧工业片区内进行旧厂房、老菜场、老旧楼宇的整合集聚、升级改造，建成一批城市硅巷、创新社区，激活高效"生产"空间。例如，南京晨光 1865 科技·创意产业园的前身为金陵制造局，如今已发展为融科技、文化、旅游、商业等于一体的综合性生活地标和创意产业中心。

3. 合理使用文化资源，彰显长江文化价值

充分利用长江的自然景观与历史文化资源，通过规划引领、项目带动等方式，大力推进历史文化保护传承工程。南京市把文创生产与生活休闲相融合、百年过江历史与数字文化体验相融合，将浦口火车站打造为数字时代的历史街区。南京幕府山矿区改造将生态修复与文旅融合相结合，将矿山码头改造为游轮码头[①]，构建起新的文化场景。通过立法保护、规划引领和科学管理等方式，建设一批沿江历史文化名城、名镇、名村、名街，以及博物馆、规划馆等长江文化展示载体，确保江苏长江历史文化得到有效保护和合理利用。

（五）以"品牌带动"彰显文化出海示范亮点

1. 建设高质量、国际化文化交流合作载体和平台

建设"水韵江苏"全球传播中心，坚持"一个中心、四个基地"，打造

---

① 曹劲松：《城市更新微改造中长江文化场域的构建——以南京市为例》，《艺术百家》2023年第 4 期。

线上线下相结合的全球传播体系，着力讲好江苏故事、长江文化，提升"水韵江苏"文旅品牌在国际社会的显示度和美誉度，增强江苏长江文化的国际传播力与影响力。成立江苏国际文化交流中心、江苏省国际交流中心、江苏省侨联国际文化交流促进会等机构，全方位、多层次、宽领域地对外传播江苏长江文化。设立江苏旅游（俄罗斯）推广中心，在文旅领域展开深入的交流合作，并通过连续参加俄罗斯的旅游展览和推广活动，深化与俄罗斯 15 个城市的友城关系。江苏 Now 国际传播中心与南京博物院、苏州昆剧院等签订宣传共建协议，共同推动江苏文化的国际传播。

2. 多元活动享誉全国，品牌效应持续释放

江苏省按照数字化、国际化、高质量、引领性的发展目标，打造了"南京网络文学周""常州国际动漫周""无锡数字电影之夜"等特色品牌活动，构建了以江苏版权博览会、江苏运河博览会、南京融交会、南京软件博览会、苏州文化创意设计产业交易博览会等为代表的品牌会展矩阵，系列品牌活动及会展有效提升了江苏长江文化的国际影响力。其中，中国（常州）国际动漫艺术周聚焦动画电影事业，瞄准专业化、产业化、品牌化、市场化方向，大力推进创意设计、拍摄基地、后期制作、产业园区、主题体验的全产业链平台建设，现已连续举办 20 届，累计签约 400 多个项目，交易额达 218 亿元。江苏版权博览会作为版权行业的重量级展会，加速了江苏网络文学、影视动漫、文创设计等优质数字版权资源集聚和转化，有效推动了《星辰变》《凰权》等优秀网络文学作品"走出去"。中国（南京）文化科技融合成果交易会直观展示国内大数据、云计算等前沿科技的文化应用，2018~2022 年累计服务各类市场主体 4000 余家，达成交易超 800 亿元，是全国文化科技融合专业展会代表品牌。多样化、特色化、专业化的品牌活动，有效增强了江苏长江文化的传播力和影响力。

3. 海外市场日益拓宽，文化出海成效显著

以"水韵江苏"文化交流品牌为抓手，着力培育具有国际影响力的文化企业和产品，文化出海精品不断涌现。加大对数字文化出口项目的扶持力度，培育出涵盖游戏、纪录片、电视综艺、数字出版等领域的多样化数字文化精品，多个项目入选"国家文化出口重点项目"（见表2）。其中，苏州企业制作的手游《浮生为卿歌》发行到韩国后，长期位居 App Store 韩国区游戏畅销榜前20；由万达影业、原力动画共同出品的电影《妈妈咪鸭》成为首部全球同步发行的中国动画电影，并创下国产动画电影在海外的最高销售纪录。外向型文化企业和文化出口基地蓬勃发展。全省入选2023~2024年度"国家文化出口重点企业"的32家企业中（见表3），苏州蜗牛数字科技股份有限公司作为中国最早的3D虚拟数字技术研发企业之一，自主研发的游戏作品在全球150多个国家与地区发行，全球注册用户超过2亿。此外，无锡、苏州工业园区国家文化出口基地及中国（南京）软件谷数字服务出口基地也聚焦网络游戏、数字传媒、移动通信应用服务等新兴领域，不断提升高科技、高附加值文化产品出口占比。对外交化交流合作持续深入。南京以"秦淮灯会"为媒，与50多个国家开展全方位交流合作，积极参加伦敦、巴黎等世界知名城市"南京周"活动，推动其成为新的文化交流品牌。"感知江苏"文化节活动集表演、宣传、交流于一体，已在世界上20多个国家的40多座城市成功举办，有效推动了江苏文化的国际传播。[①]"水韵江苏"在2024年中国香港国际授权展上亮相，展示了江苏文创的优秀成果。《鉴真东渡》《牡丹亭》等多部经典剧目出海巡演，用艺术讲好中国故事。

表2 近年来江苏省部分"国家文化出口重点项目"名单

项目名称	实施单位
爱洛克海外游戏发行中心建设项目	苏州爱洛克信息技术有限公司
《浮生为卿歌》手游	苏州好玩友网络科技有限公司
中英合拍纪录片《抗击新冠肺炎：生死前线》海外制播项目	江苏广电国际传播有限公司
综艺节目《非诚勿扰》海外发行项目	江苏广电国际传播有限公司
中美合拍纪录片《沿着运河看中国》海外制播项目	江苏广电国际传播有限公司
新媒体广告生态下互联网营销服务平台研发及推广	南京网眼信息技术有限公司
网络文学漫画多语言输出	南京辰趣优创信息技术有限公司

---

① 谭志云：《在服务"一带一路"中展示江苏文化作为》，《新华日报》2017年8月2日。

续表

项目名称	实施单位
捷成华视网聚全力打造海外影视融媒体传播项目	捷成华视网聚（常州）文化传媒有限公司
乐器出口设备和模具自动化升级改造项目	江苏奇美乐器有限公司
面向"一带一路"中国主题图书外文版 出版与推广项目	江苏求真译林出版有限公司
中国当代文学精品多语种国际传播工程	江苏译林出版社有限公司
面向港澳台地区教育类图书实物出口 暨版权输出项目	江苏凤凰教育出版社有限公司
智能画布框：文化产品的物联网应用	江苏凤凰画材科技股份有限公司
杂技剧《寓言》	南通市杂技团演艺有限公司

资料来源：《关于公示 2023~2024 年度国家文化出口重点企业和重点项目名单的通知》，商务部网站：https：//fms. mofcom. gov. cn/xxfb/art/2023/art_ 4e25e90a518e456c989998d0cf976fc8. html；《关于公示 2021~2022 年度国家文化出口重点企业和重点项目名单的通知》，商务部网站，http：//m. mofcom. gov. cn/article/h/redht/202107/20210703180727. shtml。

表 3　2023~2024 年度江苏省"国家文化出口重点企业"名单

所在地	企业名称
南京	江苏人民出版社有限公司 江苏凤凰科学技术出版社有限公司 江苏凤凰少年儿童出版社有限公司 江苏广电国际传播有限公司 江苏译林出版社有限公司 江苏求真译林出版有限公司 南京艾迪亚动漫艺术有限公司 南京爱德印刷有限公司 江苏原力数字科技股份有限公司
苏州	苏州爱洛克信息技术有限公司 苏州沁游网络科技有限公司 苏州欧瑞动漫有限公司 苏州乐志软件科技有限公司 苏州仙峰网络科技股份有限公司 苏州蜗牛数字科技股份有限公司
泰州	泰州市美画艺术品有限公司 江苏凤灵乐器有限公司 泰兴斯坦特乐器有限公司 江苏天鹅乐器有限公司

续表

所在地	企业名称
无锡	无锡市樱花卡通有限公司 无锡酷卡动画制作有限公司 无锡倍视文化发展有限公司 无锡市晟宇动漫制作有限公司 无锡杰夫电声股份有限公司 无锡影子传媒有限公司 无锡海悦动画制作有限公司 无锡旭阳动画制作公司
常州	吟飞科技（江苏）有限公司 江苏时光信息科技有限公司 捷成华视网聚（常州）文化传媒有限公司 常州米豆动画制作有限公司
淮安	淮安祖龙科技有限公司

资料来源：《关于公示 2023~2024 年度国家文化出口重点企业和重点项目名单的通知》，商务部网站：https：//fms. mofcom. gov. cn/xxfb/art/2023/art_ 4e25e90a518e456c989998d0cf976fc8. html。

（六）以"主客共享"构建文化消费示范亮点

实施消费振兴计划，文化供给质量不断提高，文化活动和文化消费载体丰富多元，文化消费新业态、新场景频现，文化消费提质扩容加速。

1. 打造高品质、多业态文旅消费集聚区

以"多园（园区）、多区（街区）、多片"的发展模式，打造了高品质、多业态的文旅消费集聚区。一方面以云端展示、网络直播等方式扩大线上文化消费空间，另一方面搭建各类数字化线下消费场景，积极开展商旅合作，创新推出数字化消费空间，如南京历史城区保护建设集团和腾讯棋牌等数字文化企业合作，搭建游戏产品线下体验空间"欢乐茶馆·南京小西湖"[1]；无锡拈花湾和完美世界合作，应用 AR、LBS 互动技术打造数字化景区。南艺后街引入海棠艺术馆、云锦博物馆、足球场，招引"喜马拉雅"

---

[1]　郭新茹、任文龙：《文化数字化赋能长江国家文化公园江苏段建设》，《群众》2023 年第10期。

"南京云锦""胡桃里"等网红体验店、夜间文创集市，已成为文、艺、体、旅、商深度融合的网红打卡地。

2. 丰富特色化、多元化文旅消费产品

依托文化资源，应用创新科技，生产了一批文化内涵丰富、品质高端的数字文化产品，如南京夫子庙景区制作《梦回金陵城》VR互动解密游戏，应用互动科技打造虚拟游戏与开放景区交融的数字文旅体验产品；苏州实施江南文化资源数字化发展工程，制作有声非遗故事、线上非遗地图，通过"线下展售+线上直播"推介苏州非遗产品。南京鼓楼区规划设计红色研学旅游、滨江水岸游、国际文商旅等"游鼓楼"特色文旅路线，常态化开展520嘉年华、时尚体育节、美术名品展销日等品牌文旅活动。此外，大力发展夜经济，涌现了南京"夜之金陵"、苏州"姑苏八点半"、常州"龙城夜未央"、扬州"二分明月"、徐州"国潮汉风·夜彭城"等一批夜间文化消费品牌。

3. 完善智能化、一站式文旅消费服务

形成区—街道—社区三级的文化设施服务体系，社区层面基于社区文化背景，开设了独具特色的微型展览馆。开展住宿业、商超、景区专项促进活动，如南京市鼓楼区首创政府联合抖音发放消费券新模式，鼓励景区景点减免服务价格，协助企业引流拓客。

四　创新发展江苏长江文化的对策建议

为深入贯彻党的二十大精神，全面落实习近平总书记关于保护传承弘扬长江文化的重要论述精神和对江苏工作重要讲话精神，江苏省以建设长江国家文化公园为契机，全方位创新传承弘扬长江文化建设，进一步在"强保护、促协同、创品牌、引资金、深融合、育人才"等方面精准发力，孵化一批具有前瞻性、创新性、示范性、落地性的重点工程，走出长江文化建设的江苏路径，做好保护传承长江文化的"江苏文章"。

（一）坚持保护先行，打造文化资源"两创"新标杆

1. 整合现有资源，推动智库建设

全面整合挖掘长江特色文化资源，建立覆盖全省的长江文旅资源数据库，详细绘制特色文化资源图谱，全面梳理长江遗产的保护、传承与利用现状。带动沿线场馆、公园等基础设施的建设，探索城市文化空间规划的新模式。成立长江考古研究院、长江国家文化公园专家咨询组、文旅融合创新实验室等智库平台，汇聚专家学者和业界精英，共同为长江文化的传承与创新出谋划策，进一步挖掘和阐释长江文化的独特价值和精神内涵。

2. 加速 IP 打造，实现跨界融合

科学制定"长江 IP 孵化计划"，充分发挥市场主体的积极性，支持江苏长江文化与旅游、影视、游戏、网络文学、工艺美术等行业广泛互联与深度融合。通过跨界合作，打造一批具有地方特色的长江文旅品牌。在挖掘长江故事的基础上，结合沿线区域特色，推出一系列具有地方特色的长江文旅产品，如长江主题的艺术品、手工艺品、特色美食等，丰富游客的旅行体验，为江苏长江文化的传承与发展注入新的元素。

3. 应用新兴技术，升级配套设施

积极利用虚拟影像、人工智能等现代技术和短视频等新媒体形式展现长江形象及文化品牌。完善长江公共文化基础设施建设，加强长江国家博物馆、长江大剧院等智慧旅游景区建设，提升游客的参观体验。依托现有文化遗产地、红色教育资源、文博场馆、非物质文化遗产展示场所等，建设一批安全适宜、主题鲜明、体验丰富的研学旅行基地。

4. 开发创新产品，打造丰富体验

积极开发长江特色文旅产品，设计一批研学旅行精品线路和夜游活动，让游客在旅行中深入了解长江文化的内涵与魅力。同时，开发一批长江文化与传统工艺美术、表演艺术等融合的文创产品，构建文化观光类、科普科研类、运动休闲类、节事会展类等类型多样、体验性强的长江文旅产品体系，为长江文化的传承与发展提供更多的可能性。

（二）抢抓数字机遇，建设"数智长江"发展新高地

江苏长江沿岸城市实施文化数字化战略，推动长江文化产业与旅游产业双向赋能与提质升级，增加长江国家文化公园的吸引力。

1. 优化数字基础设施布局

建设长江国家文化公园数字化基础设施，加强数字化资源管理系统、智能化导览交互系统在长江国家文化公园建设中的应用，不断优化赋能江苏文化产业高质量发展的重大载体，特别是数字文化产业平台载体。

2. 加强文化资源数字化保护与传承

利用虚拟现实、增强现实等技术，对长江文化进行数字化保存和展示。开发数字化教学工具和平台，宣传推广长江文化知识。盘活用好江苏省各级博物馆、图书馆、遗址公园、文保单位等优势文化资源，打破"数据孤岛"，共建共享长江文化江苏段数字资源体系。在旅游景区、博物馆等场所，利用数字技术打造沉浸式、互动式的长江文化展示体验。利用数字孪生等技术，构建长江文化的虚拟模型，实现对长江全线的实时监测、预测。

3. 打造数字治理新生态

大力支持智慧旅游建设，整合文旅行业数据、政务数据、旅游大数据等，实现旅游资源的优化配置和高效利用。创新省内长江文化数字化建设协同机制，明确各市域、各层级、各单位工作权责，建设长江文化数字化中心，以平台为枢纽，统筹各部门协调互通，构建与长江文化数字化相适应的市场准入准出、知识产权保护、数据信息安全等政策法律法规体系，加强文化数字化全链条安全监管，推动长江文化与旅游的深度融合，共同提升长江文化旅游的服务水平和游客体验。

4. 鼓励数字文化产品创新

鼓励文旅企业利用数字技术，依托江苏高水平科技、高质量人才的优势，加大科学研究成果转化力度，推动长江文化数字化研究阐释。着重发挥江苏高校、科研机构及高新技术企业的科技创新优势，以重大项目为纽带，

加大对高新技术应用转化研究的支持力度。加强区块链、人工智能、云计算、大数据等核心技术在智慧文旅平台中的应用转化，开发具有长江文化特色的文旅产品，满足游客的多样化需求。

（三）拓展资金渠道，健全文化产业投融资体系

1. 落实长江文化产业专项资金政策

出台有关金融扶持江苏长江文化产业发展的相关政策规划，设立长江文化产业基金委员会，推动组建紫金文化产业基金（三期），提供长江文化产业专项扶持基金，支持重大项目的开发、技术成果转让引导和培育长江文化产业发展。建立政府、金融机构、企业共担风险机制，设立风险资金池，利用补偿基金在资金链出现问题时进行宏观调控，协调各方利益，将风险最低化，维持并促进江苏长江文化产业融资生态圈的良性运转。积极引导资金投资处于种子期和成长期的企业，促进优质长江文化创业资本、项目、技术及人才集聚。

2. 扩大长江文化产业融资渠道

发挥政府投资引导带动作用，用好专项建设基金、政府专项债券等投资工具，加大对长江文化产业重大项目的投资力度。在《江苏省文化金融特色机构认定管理办法》基础上加强长江文化金融特色机构的评审和认定工作，选择特定区域试点推行"数字银行"、数字融资租赁公司以及"众筹融资"等模式，积极培育长江文化金融供应主体。充分利用"长三角数字文化产业基金"，建立江苏"天使投资"平台，加快 VC 和 PE 的创新发展，积极探索新型长江文化产业融资模式，鼓励符合条件的骨干文化企业通过发行债券的方式拓宽融资渠道。

3. 完善长江文化产业金融服务体系

建立长江文化企业信用增信机制，积极发挥融资担保增信功能，完善政策性融资担保体系。鼓励各类金融机构增加适合长江文化企业的融资品类，持续开展无形资产、艺术品和收益权抵押贷款业务，推广知识产权质押融资、供应链融资、并购融资、订单融资等业务。开展长江文化金融创新行

动，设立江苏长江文化金融服务中心、江苏长江文化银行等服务平台，开展投贷联动，加大长江文化企业贷款比重和授信力度，提供一站式文化企业金融服务。丰富长江文化金融产品，扩大"文创贷""小微贷""苏影宝"等产品的覆盖范围和业务规模。

（四）塑造特色品牌，擦亮江苏长江文化新名片

1. 找准发展定位，明确品牌方向

在深入调研长江江苏段的文化资源、市场需求和发展趋势的基础上，应用人工智能、VR/AR、5G等新兴技术，对长江文化进行深入挖掘与充分利用，打造长江文化特色品牌，形成多元化、层次化的品牌矩阵。以江苏长江文化特色品牌为核心，涵盖多个子品牌，形成多元化、层次化的品牌矩阵，共同构成江苏长江文化特色品牌的整体形象。例如，"金陵江韵"代表南京段长江文化的独特韵味，"吴越江韵"则展示苏州、无锡段长江文化的典雅与古朴。

2. 持续创新发展，擦亮品牌特色

在保持传统文化的基础上，积极融入现代元素和创新理念，推动长江文化特色品牌的持续创新和发展。注重挖掘长江文化中的新元素和新故事，通过创意设计和科技手段进行呈现和展示，深入挖掘长江文化中的经典元素和故事，推出"南京长江大桥夜景灯光秀""秦淮河文化游船"等一系列具有地方特色的长江文旅产品和文化活动。加强与其他地区的合作与交流，引进先进的文化旅游资源和管理经验，为品牌发展注入新的活力。注重打造精品项目，提升江苏文化旅游的知名度和吸引力。

3. 拓宽宣传渠道，扩大品牌影响

充分利用国内外知名的文旅展会和体育赛事等平台，展示江苏长江文化的风采和魅力。积极利用微博、微信、抖音等新媒体平台进行宣传推广，打造具有江苏长江文化特色的网络文化IP，增强内容的吸引力和互动性。与主流媒体建立深度的合作关系，通过新闻报道、专题节目、纪录片等多种形式，全面展现江苏长江文化的深厚底蕴和时代价值，提升江苏长江文化的品牌影响力和认知度。

（五）激发人才活力，建立文旅智力矩阵新优势

1. 加强专业人才引育

加大高端领军人才引进力度，深入实施文化人才"百千万工程"，引育一批懂市场、懂管理、懂文化、有丰富文化公园开发经验的复合型人才，优化人才队伍结构。探索文旅资源开发"产学研"一体化发展机制，开展产学研合作协同育人项目，推动企业、高校、研究院共建江苏长江国家文化公园文化旅游、长江文化创意 IP 设计、长江文化数字影音等领域的人才孵化培训基地。定期在江苏各大高校举办"长江青年"文旅发展论坛、"长江青年"创新设计比赛等活动，重点培养文化旅游、文化经济、文化创意、动漫制作等方面的专业性人才。

2. 实施长江人才兴业计划

构建长江文旅人才扶持制度体系，创设长江文化创作奖励制度、创业扶持制度、文旅人才培养制度、非物质文化遗产传承人制度等，孵化一批长江文化旅游、创意设计、长江影视等领域的专业人才。面向全国开展城市长江文化交流节、长江文艺精品展、长江文旅学术峰会等创意主题活动，为全国长江文旅人才间的交流对话搭建高端平台。打造江苏长江文旅人才引育网络平台，实现"云端"推介和"云上"揽才。鼓励高等院校、研究机构和企业开展文化创意人才的国际交流，设立文化创意产业人才信息库，对在库内人才的海外培训予以补助。

3. 完善人才激励机制

建立健全文化创意人才使用、流动、评价和激励体系。实施知识、技术、管理等生产要素按贡献大小参与价值分配的办法，对具有重大贡献的文化创意人才给予奖金、知识产权、技术要素等激励扶持。设立"长江青年"人才引育基金，设立文旅人才培养及引进专项基金，通过优化工作环境和加强实践激励的方式加大综合性文旅人才的培育和引进力度。面向国内外广泛吸引优秀文旅人才，扶持资助高端文旅人才主持长江文化公园重大课题。完善长江文化创作人才培养开发、激励保障机制，设立文化创作基金，打造领域多样、专业性强的文旅人才队伍。

（六）强化区域联动，构建协同合作创新共同体

共饮一江水，同下"一盘棋"。江苏应加强与长三角各城市的规划协同、衔接落实，共同在长江文化高质量发展过程中扛起应有使命，实行长江水系联动发展战略，推进政产学研联动，打造区域协同发展的示范样本。

1. 构建"共保联治"组织格局

建立长江江苏段区域内各市区"共保联治机制"，组建由省委宣传部牵头的长江文化发展领导小组，高起点调整完善"友邻市区共保共建"发展思路，构建长江江苏段各市区协同发展的大格局。健全组织协调机制和政府对话协商机制。依托长江经济带、长江国家文化公园、扬子江创意城市群等区域性国家战略，强化各城市间的规划协同与衔接落实。探索建立不同省市间政府、多部门、跨区域的高效沟通协商机制，围绕保护、传承和弘扬长江文化的专项政策衔接、项目整体规划、文旅资源整合、基础设施共享、文旅环境共治等方面展开交流，形成上下联动、整体推进的工作合力。建立临界省市区县级生态环境协作和跨省联防联控机制，引导跨行政区的生态受益地区与保护地区之间建立多元化生态补偿新机制。

2. 推进政产学研联动

充分发挥政府统筹职能，突破行政体制壁垒，推动人才、资金、技术等生产要素跨区域自由流动，加强对各地区文化旅游市场的监督与管理。加强与长三角其他省市的联动合作，引导江苏重点文化产业园区、龙头文化企业、行业组织、科研机构等牵头搭建长江文化高质量发展合作网络。以长江文化遗产数字化保护、长江文化展陈数字平台建设等重大文化产业项目为抓手，引导龙头文化企业、行业组织、科研机构协同构建长江国家文化公园创新合作网络，凝聚发展共识与创新智慧。

3. 搭建多元服务平台

发动公益组织、科研团体等社会力量，引导长江大保护红色联盟、文化发展基金、非遗国际博览会等项目实施落地，构建多层次沟通交流渠道，促进数据互通与信息共享，如实施长江文化研究工程，建设江苏长江文化遗产

基础数据库。鼓励沿江八市长江文旅融合相关职能部门、文旅企业、行业协会等联合成立"江苏长江文化与旅游融合发展联盟",定期举办"保护、传承和弘扬长江文化"交流峰会,围绕文旅高质量融合的发展需求,搭建起联盟工作组、成员企业交流和政企联络发展的交流平台,设立"政府领导—工作组执行—成员参与"的组织架构和运行机制。把握长江经济带建设契机,创新体制机制,与流域兄弟省市协作,发挥长江文化各区段优势,进一步打造高质量跨省长江文化旅游线。协力推动各省市重点旅游景区、文化场馆共促门票优惠活动,开展长三角主要城市滨江环游线路。

B.7

2023～2024年度上海现代都市特色
长江文化发展研究

刘士林　王晓静　周继洋*

摘　要： 上海作为长江流域的重要城市，积极履行保护和传承长江文化的使命，通过政策制定、重大项目实施、社会宣传教育、国内外合作交流等多维度措施，推动长江文化深度融入城市更新和生态保护。上海在长江文化保护传承弘扬中形成的经验主要有，政府引导与民间参与并重、多维实践加强保护传承、科技赋能创新方式，以及举办公共活动扩大影响力等。未来要继续优化文化传承载体、打造"一江一河"文旅品牌、全面推进长江生态环境保护等，以提升长江文化在上海乃至全球的影响力。

关键词： 长江文化　文化传承　城市更新　生态保护　文化旅游　上海

上海，作为长江流域的璀璨明珠，肩负着保护、传承和弘扬长江文化的重要使命。近年来，上海致力于保护传承弘扬长江文化，形成了推动长江文化保护传承深度融入城市更新、在实践中全面贯彻落实生态优先发展理念以及依托文体旅活动不断扩大长江文化的影响力等实践模式，总结了政府引导与民间参与并重、多维实践加强保护传承、科技赋能创新方式，以及举办公共活动扩大影响力四个经验，提出了做优文化传承载体、打造"一江一河"文旅品牌、全面推进长江生态环境保护等发展策略，为进一步提升长江文化

---

* 刘士林，博士，上海交通大学城市科学研究院院长，教授，主要研究方向为城市科学；王晓静，博士，上海交通大学城市科学研究院院长助理，副研究员，主要研究方向为城市文化；周继洋，上海市发展改革研究院经济师，主要研究方向为文创产业、城市文化。

在上海乃至全球的影响力作出了一定的贡献。

建议上海继续以崇明世界级生态岛和黄浦江、苏州河中心城段建设为重要着力点，将长江文化的保护传承弘扬贯穿城市文化建设全局，确保长江文化在上海的发展中发挥出更加重要的作用，进一步提升公共空间品质，打造文旅品牌，并推进长江生态环境保护，为城市的可持续发展注入新活力。

一 上海长江文化保护传承弘扬的实践与成就

长江国家文化公园（上海段）的规划范围包括崇明世界级生态岛和一江一河（黄浦江、苏州河）中心城段。近年来，上海致力于保护传承弘扬长江文化，从黄浦江"世界会客厅"、苏州河人民城市展示带、临港新片区创新展示带、长江生态文化示范带、上海早期文明探源带五个方面进行总体布局，进一步推动长江文化渗透城市肌理，融入群众生活，赋能城市发展。

（一）多措并举，全方位推动长江文化保护传承弘扬

1. 制定政策与战略规划

一是制定长江保护政策。上海积极响应国家对长江经济带发展的战略规划，结合地方实际，出台了《上海市深入打好长江保护修复攻坚战实施方案（2023~2025年）》。方案以习近平新时代中国特色社会主义思想为指导，旨在推动长江生态环境的持续改善，并将长江文化的保护传承弘扬融入生态保护与环境治理之中。

二是制定文化发展规划。为贯彻落实习近平总书记关于保护传承弘扬长江文化的重要讲话精神，上海在《"十四五"时期深化世界著名旅游城市建设规划》等相关文化旅游发展规划中明确提出了加强长江文化遗产保护、促进文旅融合、打造长江文化旅游品牌等具体措施，为长江文化的保护与发展提供了政策保障。

2. 实施重大项目与重点工程

一是加快推进文物保护领域重大项目建设。依托杨浦滨江上海船厂旧

址，积极推进长江口二号古船博物馆的建设工作。长江口二号古船博物馆的建设，不仅是一项重要的文物保护工程，也是展示长江文化的重要窗口。长江口二号古船位于长江口航道上，是古代海上丝绸之路贸易遗存，2015年在开展上海水下考古重点调查时发现。因水流长期冲刷导致船体逐渐露出海底，难以原址保护，长江口浑浊水域也无法实施全面系统的水下考古发掘，为确保古船安全，经多方论证，2021年确定采用整体打捞发掘方式进行长江口二号古船考古和保护工作，并将其列入国家《"十四五"文物保护和科技创新规划》。长江口二号古船的发现，填补了我国清代晚期木帆船研究领域的空白，是上海作为世界贸易和航运中心的宝贵见证，也大大丰富了"一带一路"倡议、"海洋强国"战略和长江经济带、长江国家文化公园建设的历史底蕴和文化内涵。① 2022年11月21日，长江口二号古船出水后，现场保护工作立即启动，目前，长江口二号古船博物馆的建设已经处于筹备阶段，并将在不久的将来开始实质性的建设工作，预计在"十五五"能够建成对外开放，届时将对标国际最高标准和最好水平，打造成具有世界影响力的古船与考古博物馆、全球一流水下考古的研究中心、国际航运贸易中心的展示窗口和人民城市"生活秀带"的文化地标。② 此外，上海还积极筹划建设上海古文化廊道国家考古遗址公园，旨在弘扬江南文化的长江中下游文明起源。

二是推出系列文旅融合项目，加强长江文化的宣传推广。结合黄浦江"世界会客厅"、苏州河"城市文化生活休闲带"等战略部署，上海推出了一系列文化旅游融合项目，如参与"沿着长江读懂中国——万里长江行"主题宣传推广活动，并发布《共建长江国家文化公园"上海倡议"》，提出共同开展长江文物和文化遗产系统保护，共同加强长江文化传承弘扬，共同提升长江流域公共文化服务水平，共同推动长江流域文化和旅游高质量发展，共同推进长江文化国际交流传播③等，加深了公众对长江文化的认识和

---

① 李婷：《长江口二号古船"安家"杨浦滨江》，《文汇报》2022年11月26日。
② 张苗：《激活工业遗产赋能新经济》，《检察风云》2023年第24期。
③ 瞿祥涛：《从沱沱河到崇明岛的文化寻根》，《中国文化报》2024年1月8日。

理解，促进了长江流域文化和旅游的高质量发展，增强了长江文化的国际影响力。

3. 加强社会宣传与教育推广

一是扩大媒体宣传。充分利用各类媒体平台，通过专题报道、纪录片、社交媒体话题等多种形式，广泛宣传长江文化的独特魅力和保护价值，提升公众对长江文化的认知度和保护意识。2023 年 11 月 14 日，由上海广播电视台牵头，联合长江国家文化公园建设范围内的江苏、浙江、安徽、江西、湖北、湖南、重庆、四川、贵州、云南、西藏、青海共 13 个省、自治区、直辖市的广电媒体精心策划、共同推出的大型全媒体融合传播项目"文物里的长江——十三省区市文明探源全媒行动"，在新媒体移动直播、慢直播、短视频、电视特别节目等平台播出，通过 13 地广电媒体新媒体矩阵同步播发，全国广电新媒体联盟成员单位主流新媒体平台同步推送，大小屏联动，立体探源生生不息的长江文明，形成了强大的传播声量。"文物里的长江"主要以长江流向为纵轴，从源头顺流而下，以青藏、巴蜀、滇黔、荆楚、湖湘、赣皖、吴越 7 个区域的地缘文化特色为横轴，"纵横"交织形成整体文化脉络，通过真实的考古场景梳理数千年的中华历史，激活了以长江国家文化公园建设为核心的丰富的文物资源，挖掘长江文化的时代价值，真正让文物活起来。

二是积极举办公共文化活动。举办一系列以长江文化为主题的公共文化活动，如讲座、展览、演出等，吸引市民和游客参与其中，亲身体验并感受长江文化的魅力。如中国航海博物馆、上海历史博物馆都推出了以"长江文明"为主题的展览，用文物之美谱写长江之歌。2023 年 7 月 10 日，中国航海博物馆推出《江海共潮生：长江与海洋文明·考古文物精品展》大展，聚焦"长江与海洋文明"，系统展示长江航运历史文化，侧重于长江与海洋文明的互动交融，彰显长江文明对世界文明作出的卓越贡献，展出的 34 项重大考古发现中，包括 13 项百年百大考古发现、15 项年度考古十大新发现。2023 年 7 月 8 日，SMG 纪录片中心携手上海市历史博物馆、上海博物馆、上海打捞局等 7 家单位共同主办的《江海撷珍——长江口二号科学考古进行时》展览，在上海市历史博物馆开幕，这是首次以"长江口二号"古船为主题举办展览。此外，SMG纪录片中心还全程纪录跟拍，推出纪录片《江海遗珍：长江口二号》，不仅记录了长江文化遗产的重要发现，也为推广长江文化、提升公众文化素养作出了贡献。

4. 扩大国内外合作与交流

上海积极参与长江文化的国内外合作与交流活动，提升长江文化的国际影响力。2023年4月，沪苏浙皖四地文旅部门在上海共同签署《长三角文化和旅游一体化高质量发展2023浦江宣言》，全面启动新一轮长三角文旅一体化高质量发展重点任务，提出联手推进长江国家文化公园建设，加强与长江流域城市深度合作，提升长江黄金旅游经济带辐射能级。2023年12月10日，在"沿着长江读懂中国——万里长江行"主题宣传推广活动收官发布会上，发布"打卡长江国家文化公园——'沿着长江读懂中国'精品旅游线路"，举行长江流域非遗传承创新设计联盟签约仪式。长江流域非遗传承创新设计联盟由上海大学发起，长江流域多所高校和科研单位联合成立，通过学术论坛、创新设计大赛、美育人才培养等项目，进一步推进长江流域各地区、各城市非物质文化遗产传承发展和产业振兴，用设计赋能非遗活态传承和社会创新。此外，上海还积极加强与长江流域其他省市文化交流合作，2024年3月，上海市文化和旅游局、四川省文化和旅游厅在上海博物馆签署战略合作协议，就文旅、文物等领域开展全方位、深层次合作。双方决定，在上海博物馆东馆开馆之际，支持两地文博机构合作举办"何以中国"考古文物大展系列之三星堆金沙古蜀文明特展，共同推动中华文明探源工程创新实践和成果展示。根据协议，未来双方将立足两地文旅文物资源优势，加强文物保护利用合作，共同推动长江文明考古成果展示传播、文物保护修复关键技术攻坚、考古领域多学科联合研究、长江国家文化公园建设、文物主题展巡回展联办等，为打造中国特色、中国风格、中国气派的考古学，打造长江上下游两端考古遗址公园优秀范例作出新贡献。[①] 还将通过加强文化

---

① 王雪娟：《川沪在文旅文物领域开展全方位深层次合作》，《中国文化报》2023年3月3日。

艺术交流展示，加强文旅宣传推广合作，共同打造以长江文化、古蜀文明、红色文化、海派文化、江南文化等为特色的文旅品牌。

（二）聚焦重点区域，彰显长江文化保护传承弘扬成效

1. 黄浦江持续擦亮"世界会客厅"品牌

黄浦江是长江汇入东海之前的最后一条支流，具有防洪、供水、排水、航运、生态、景观、旅游等综合功能，是上海城市的标志性空间。近年来，上海多维度发力，将黄浦江两岸打造成为面向世界的"会客厅"。

在空间营造方面，黄浦江南延北拓工程加速推进，公共空间不断延伸，2023年，浦江郊野公园滨江漫步区5.3公里的滨江岸线在5月全线贯通，浦东滨江南延伸工程在7月实现2公里岸线贯通开放，杨浦共青森林公园及中石化段滨江空间贯通提升工程加快建设；[①] 北外滩国客中心航海公园项目在7月建成开放，黄浦滨江外萃丰弄绿地加快建设，董家渡景观花桥建成开放。世博文化公园、三林楔形绿地等建设稳步推进。杨浦滨江持续推进儿童友好公共空间示范区建设，该示范区西起杨树浦路秦皇岛路，东至杨树浦路贵阳路，全长5.5公里，涵盖世界技能博物馆、皂梦空间、大桥公园、杨树浦电厂遗迹公园等34个儿童友好服务点。2023年10月，浦东东岸滨江"童心乐园"建成开放。2024年3月，上海市环城生态公园带（徐汇段）一期工程也揭开帷幕，秉持"公园城市"与"儿童友好型空间"理念的西岸自然艺术公园成为孩子们亲近自然、寓教于乐的成长乐园。

在精细化管理方面，在黄浦江沿岸景观照明提升的基础上，制定了"世界会客厅视角陆家嘴区域景观照明提升工程"实施方案。2024年2月，《上海市杨浦滨江公共空间无障碍环境建设项目》入选住房城乡建设部发布的城市更新典型案例名单（第一批），在设施建设、设计研究等方面形成了

---

① 《水泥厂华丽变身！黄浦江畔，两座造型特别的建筑马上亮相》，上观新闻微信公众号，https://mp.weixin.qq.com/s?__biz=MjM5ODI2NDMwMw==&mid=2653133792&idx=3&sn=d92ba4261e1ea749a510e775527a55f8&chksm=bd1a57608a6dde76eef80d1548ff1f36d0dee6fd69ae09b659ca358d96647d011254fd249d06&scene=27。

一批可复制、可推广的杨浦经验，如在硬件设施上，杨浦滨江对扶手、台阶、公共厕所、城市道路入口等 20 多个节点设施进行无障碍提升改造。除了空间建设的升级，杨浦还注重科技赋能游览体验。开发智能语音导览、户外服务系统、无障碍数字地图、多功能扶手等产品，打造基于 AR 技术的数字孪生可视化平台。在滨江公共空间部署自动感应导览机，提高特殊人群的游览体验。设置户外求助设备，为特殊人群提供紧急救援服务。

在活动举办方面，国际赛事不断，时尚活动纷呈。2023 年 9 月 23 日至 11 月 12 日，浦江森林艺术季活动在浦江郊野公园举行，无墙美术馆是核心展览部分，融入绿色植被和自然景观，艺术作品布置在树木和花草之间，与自然相互映衬，打破了传统展览场地的界限，让市民可以在大自然中欣赏艺术作品。2023 年 9 月 24 日，主题为"共栖"的 2023 第五届上海城市空间艺术季开幕式在徐汇滨江西岸穹顶艺术中心举行，本届城市空间艺术季主题演绎展区所在的徐汇滨江南段，包含龙耀路至淀浦河长约 5 公里的滨江区段，来自 14 个国家和地区的 140 多组参展人、团队或机构呈现了 30 余个室外展项和 70 余个室内展项，沿滨江岸线布局互动艺术装置、生态场景、六艺亭驿站等参展作品，整合建筑、景观、公共艺术、雕塑、装置和城市家具等多种表现形式。[①] 2023 年 9 月 26 日，由上海市人民政府主办，主题为"设计无界，造化万象"的 2023 世界设计之都大会（WDCC）在黄浦滨江开幕。2024 年 3 月 26 日，2024 上海帆船公开赛在黄浦江上举办，上海有着百年帆船历史，"上帆"赛事从 2024 年起举办，再启时代风潮。本次赛事由中国帆船帆板运动协会、上海市体育局、浦东新区人民政府、虹口区人民政府、黄浦区人民政府、临港新片区管委会、东浩兰生（集团）有限公司主办，参赛帆船数量为 35 条 ILCA6 级和 25 条 J80 级，吸引了包括国际顶尖帆船运动员在内共计 300 人参赛。上海帆船公开赛将对标国际知名帆船赛事，努力打造成为具有国际影响力的城市自主品牌赛事。[②] 上海帆船公开赛

---

① 舒抒、戚颖璞：《亚洲最大水泥厂变西岸梦中心》，《解放日报》2023 年 9 月 25 日。

② 《风起帆扬，2024 上海帆船公开赛起航》，澎湃新闻，https：//www.thepaper.cn/newsDetail_forward_26816562。

与上海马拉松、上海赛艇公开赛共同组成"三上"品牌，将在低碳环保、可持续发展等方面携手共进，传递体育与可持续互相推动促进的价值观，引领体育赛事对绿色环保理念的重视，为上海建设全球著名体育城市提供有力支撑。2024年4月18日，上海第17届国际花展开幕，主会场之一设在徐汇滨江，从徐汇滨江党群服务中心到龙华港桥以北的1.3公里岸线成为一片花海，沿路设有多个园艺展示区、赏花节点。2024年5月1日，上海国际咖啡文化节在上海徐汇滨江拉开帷幕，活动以"在上海 品世界"为主题，围绕"国际化""促消费"等关键词，举行形式多样的咖啡主题创意文化活动。2024年5月16日至19日，2024年巴黎奥运会资格系列赛上海站在黄浦滨江举行，主要选拔小轮车、滑板、攀岩、霹雳舞4个项目的巴黎奥运会正赛名额，并以"城市体育节"名义举行了多种周边活动，体现了国际奥委会的年轻化和城市运动主张。2024年10月，全球最大规模极限运动盛会FISE世界巡回赛中国上海站将在黄浦江畔打响"发令枪"，届时500多名全球顶尖极限运动选手将在上海展示风采。

在文化遗产保护方面，2023年6月，杨浦滨江围绕工业历史遗存保护及活化利用要求，发布《杨浦滨江南段工业遗产及相关资产保护利用管理办法（试行）》，集中成片推进工业遗存的保护和修缮利用工作。2023年10月，《关于推进上海杨浦生活秀带国家文物保护利用示范区长效建设加强工业遗产保护传承活化利用的若干举措》出台，提出要依托上海杨浦生活秀带国家文物保护利用示范区建设，着力加强对杨浦滨江以及垂江延伸区域内工业遗产的保留保护，充分挖掘多重价值，做好创造性转化和创新性发展，在有效利用方面拓展纵深，提高效能，深化科技创新、制度创新、业态创新和模式创新，切实担负杨浦作为中国近代工业文明发源地之一的独特历史使命，打造有效利用导向的文物领域"金字招牌"。依托"世界仅存的最大滨江工业带"，杨浦区积极推进区域文物资源、工业遗产集中连片有效保护和合理利用，推动文物保护利用与城市有机更新、产业创新升级、文旅融合发展的协同互进。经过数年建设，杨浦滨江文物建筑彰显海派风韵，工业遗迹融入时尚空间。沿江5.5公里连续不间断的工业遗产博览带，融合新旧、串联古今。2023 年 10 月，杨浦"生活秀带"国家文物保护利用示范区创建成功，并获得国家文物局第一批"国家文物保护利用示范区"授牌。2023 年 11 月 6 日，世界技能博物馆正式开馆，成为杨浦滨江新地标，该博物馆由百年历史建筑永安栈房改建而成，成为全球首家冠以"世界技能"之名的博物馆，让尘封的老建筑重获新生，承担起展示国际技能发展历史和最新潮流、彰显中国精湛技艺与大国工匠精神的新使命。与此同时，徐汇滨江也实现了从"工业锈带"到"生活秀带""科创绣带"的华丽转变。徐汇滨江地区曾是近代上海重要的交通运输、物流仓储和生产基地，聚集铁路南浦站、北票煤码头、上海飞机制造厂、龙华机场、上海水泥厂、白猫集团、上粮六库等大工业厂区，是一条封闭的传统工业岸线。① 借助 2010 年世博会的契机，徐汇滨江全面启动地区整体城市更新。经过多年改造、建设，工业遗产焕发新生，老厂房被改造成一系列美术馆和艺术设计机构，如西岸艺岛、穹顶艺术中心、油罐艺术中心、垂直玻璃宅、西岸美术馆、西岸艺术中心 A 馆、西岸艺术中心 N 馆、跑道公园、龙美术馆、星美术馆等，每一座都讲述着上海工业文明的故事。

此外，徐汇滨江共有 3 处上海首批工业遗产：上海铁路南浦站、上海北票煤码头、上海飞机制造厂旧址；4 处优秀历史建筑：龙美术馆（西岸馆）、西岸艺术中心 A 馆、西岸艺术中心 N 馆、海事塔及塔吊；1 处历史遗存活化：龙华机场跑道公园。2023 年 9 月，徐汇滨江南段区域成为第五届上海城市空间艺术季全市唯一的主题演绎展区，在主题演绎展区，北侧穹顶艺术中心全新亮相，并引入精彩的文化演艺活动，南侧淀浦河边原白猫洗涤剂厂库房建筑改造为主题展馆，滨江沿线邀请国内外艺术家、建筑师和生态专业团队通过互动艺术装置、生态场景营造等 20 余个专题作品吸引市民前来观展和体验。②

浦东东岸滨江工业遗存也焕发新生。民生码头 8 万吨筒仓，这个曾经作

① 许旸：《从上海年鉴中看城市工业遗存改造》，《文汇报》2019 年 7 月 30 日。
② 戚颖璞：《城市空间艺术季 9 月开幕重返西岸》，《解放日报》2023 年 7 月 1 日。

为亚洲最大粮仓的宏伟建筑，如今已经华丽转身，被赋予了全新的文化使命。它不再只是储存粮食的仓库，而是变成了一个多功能的城市公共文化空间，以艺术展览为主要功能，定期举办各类艺术展览和文化活动，成为上海文化新地标。

百年老船厂也焕发出了新的活力，经过精心改造升级，变身为"船厂1862"。这里不仅保留了老船厂的历史风貌，更探索出"艺术+商业"的多元发展模式。艺术空间、商业店铺、餐饮休闲等多功能业态在这里和谐共生，为市民和游客提供了一个独特的文化休闲体验空间。

艺仓美术馆的诞生同样令人瞩目。它将原本的"煤仓"改造成了充满现代气息的"艺仓"，成为上海艺术版图上的一颗新星。不断推出的各类高水平的艺术展览，涵盖了绘画、雕塑、装置艺术等多个领域，为公众提供了近距离欣赏和感受艺术的机会。

这些文化空间的成功转型，不仅丰富了上海的城市文化内涵，也展现了上海在城市更新和文化创新方面的独到见解和卓越成就，成为连接过去与未来、传统与现代的桥梁，让市民和游客在享受文化艺术的同时，也能感受到上海这座城市独特的历史韵味和时代气息。

在产业发展方面，杨浦区持续沉淀历史文脉，为产业导入提供大量各具特色的总部办公空间载体。目前，杨浦滨江已经集聚国内外知名头部企业，吸引投资总额超千亿元，预期到2025年，杨浦滨江将汇集30家以上在线新经济头部企业、3000家以上创新型企业，产业规模超过3000亿元；到2026年，杨浦滨江南段将有270万平方米商办体量投入使用，27万创新创业人才将汇聚于此。[①] 此外，杨浦滨江加快推进上海船厂、杨浦大桥、杨树浦发电厂三大区域组团规划发展，中交、中节能、美团、B站、抖音等项目正在施工中。徐汇滨江推进西岸金融城、数字谷、传媒港、热力秀场等产业组团建设，西岸传媒港地下商业空间开始装修施工，西岸国展中心进入主体施

---

① 胡幸阳：《杨浦滨江正汇聚大量在线新经济头部企业》，《解放日报》2023年12月14日。

工。[①] 2023 年，全国首个大模型创新生态社区模速空间也诞生在徐汇滨江，迄今已聚集 60 多家大模型企业。2024 年 3 月，"2024 全球开发者先锋大会"（GDC）在徐汇滨江举办，汇聚了国内外超过 100 家开发者社区、100 余家知名投资机构。OpenAI 前高管扎克·卡斯、硅谷"创投之父"史蒂夫·霍夫曼等"大咖"也来沪与全球开发者交流。[②]

浦东东岸滨江产业集聚效应不断显现，至 2023 年末，前滩国际商务区在营项目总建筑面积 320 万平方米。复合的功能、优越的配套，使前滩成为外资机构、总部机构最为青睐的商务区之一，目前集聚前滩的 340 余家企业中，总部机构超过 50%，外资企业占 54%。陆家嘴金融城作为上海国际金融中心建设核心功能区，已拥有 8000 多家各类金融机构，持牌金融机构集聚，贡献上海超 50%的金融业增加值。区域内拥有各类总部 600 多家，其中经商务部门认定的跨国公司地区总部占全市近 1/6。[③]

2. 苏州河聚力打造世界级"城市文化生活休闲带"

苏州河是黄浦江的主要支流，贯穿上海市中心城区。一江一河两岸堤防全长 605 公里，贯穿了全市除崇明区外的 15 个区。近年来，上海以更高标准、更宽视野、更大格局，扎实推进苏州河全方位发展，积极打造世界级"城市文化生活休闲带"。

在空间营造方面，2023 年 2 月，苏州河沿线面积最大、腹地最深的滨水空间"半马苏河"公园开放。作为一个儿童友好型公园，半马苏河公园设置了场所安全、功能丰富的儿童活动空间，如专门为孩子们准备的沙坑和亲水平台。2023 年 4 月，苏州河长宁段周桥四号地块公共绿地正式亮相。嘉定苏河源公园作为苏州河中心城段规模最大的滨水绿地之一，2023 年 7 月全面启动施工建设。梦清园滨水步道已实现改造提升和 24 小时开放，供

---

① 《杨浦创新发展的底色更加"五彩斑斓"》，上海市杨浦区人民政府网，https://www. shyp. gov. cn/shypq/xwzx-bmdt/20231103/440625. html。
② 杜康：《上海打造大模型产业高密度创新"苗圃"》，《经济参考报》2024 年 4 月 3 日。
③ 《"五彩滨江"扮靓浦江东岸 看"工业锈带"如何焕新升级》，上海市文化和旅游局网站，https://whlyj. sh. gov. cn/gqfc/20240424/fc797b8fef4b485e98153a419c8ea89a. html。

居民沿河散步、跑步或锻炼身体。

在精细化管理方面，2023 年，南北高架桥、北横通道桥、中环立交桥被纳入提前整治，增设景观照明点亮其跨河段，保证水域连续景观，苏州河外环以内的 33 座桥全线亮灯。梦清园码头于 2023 年底建成，共建设 2 艘 25m×4.5m 的趸船，有 2 个泊位，包含安检、测温、候船休息、站务等功能，预计 2024 年结合新的游船船型、旅游产品等正式投入使用。相关部门后续还将推动梦清园内历史建筑的修缮改造、梦清园规划展示馆的改造升级，进一步丰富水陆联动产品功能。目前，苏州河岸线共有 33 座跨河桥，有 2 座配置了电梯，2024 年下半年，上海将启动"一江一河"滨水空间无障碍环境建设的综合评估，其中包括重点评估苏州河桥梁加梯的可行性，以便于后续推动实施，打造适老适儿化、无障碍友好交通的出行环境。①

在宣传推广方面，2023 年 9 月 21 日，苏州河主题展上海站第一场《焕新：苏州河再出发》在上海总商会旧址开启，展览通过可观览、可体验、可分享的内容给观众带来上海与水的故事。《焕新：苏州河再出发》是呈现苏州河变迁的"精华展"，浓缩、提炼了苏州河及其上游吴淞江 1000 多年的变迁直至当代的治理建设成就，分"穿越、蝶变、活力、汇聚"四个板块。2023 年 9 月 26 日至 2024 年 6 月 30 日，苏州河主题展上海站第二场展览《悦读·苏州河》在上海图书馆东馆 4 层上海通志展示馆开启，展览内容覆盖苏州河在上海市区内流经的 8 个行政区域以及河上的 32 座桥梁，更全面、详尽地呈现了苏州河的变迁。苏州河系列主题展览由上海市地方志办公室策划，以方志、年鉴积累的数以亿计的文字资料以及陆杰等多位摄影师数十年的城市影像记录为依托，对苏州河历史文脉、沿岸自然人文风貌以及治理成就等方面进行了全面而系统的讲述。展览除在上海开设两场线下展之外，还将在 2024 奥运之年在巴黎、米兰等城市巡展。而依托上海城市形象资源共享平台"IP SHANGHAI"打造面向世界的元宇宙线上展，将于 2024

① 李佳蔚：《黄浦江苏州河沿岸越来越好玩，今年有什么新意？》，澎湃新闻，https：//www.thepaper.cn/newsDetail_ forward_ 27147540。

年 11 月进博会举办之际推出，面向海内外长期开放。普陀区则以"苏州河"为主题，在抖音平台发起了"行走苏州河"短视频大赛，作为 2023 年上海市民文化节专项赛事，自 2023 年 4 月 8 日发布征集令以来，受到热烈的社会反响和踊跃的公众参与，至征集结束，共收到参赛短视频 2000 余条。"行走苏州河"话题在抖音专区点击量超 2.1 亿次播放。①

在活动举办方面，2023 年 4 月 22 日，首届上海苏州河半程马拉松赛鸣枪起跑，作为上马系列赛其中一站，此次赛事主题为"海派烟火地，苏河新活力"，串联起跨越百年的工业文明和现代化的创意建筑群，赛事起点位于大洋晶典·天安千树（莫干山路），终点在半马苏河公园（云岭东路），赛道途经天安千树、上海造币博物馆、半马苏河公园等普陀地标性建筑，全程 21.0975 公里，共有 4000 人参赛。参赛者可以感受到"半马苏河"沿线鲜明的红色基因、厚重的工业文明、澎湃的发展活力、多彩的群众生活、宜人的生态基底。2023 年 4 月 29 日，2023"半马苏河"上海赛艇城市精英赛在苏州河泸定路桥段开桨，吸引了来自全国赛艇俱乐部、商学院队、高校队共 34 支队伍 460 余名参赛选手，其中包含上海万科赛艇队、上海同济大学赛艇队、华兄弟赛艇俱乐部等精英队伍，还特别邀请了中国香港赛艇协会及中国香港游艇会代表队参赛。② 2023 年 6 月 10 日，2023"苏河湾"上海桨板公开赛在苏州河静安段举行，设竞速赛、技巧赛、接力赛、巡游赛等不同竞赛项目，吸引了来自长三角地区的近 300 名选手参赛。2023 年 5 月 7 日，THE BANK MARKET"里弄时装秀"在苏州河畔的百年历史建筑衍庆里上演，上半场由百联股份战略合作伙伴 Ontimeshow 的新锐设计师培育计划"Young Talents"带来集合秀，下半场由百联股份旗下时尚买手店 the bálancing 携手国内外设计师品牌，发布"弄 Lòng"SHOW 主题秀，吸引了诸多时尚爱好者参加。2023 年 6 月 18 日，"兴业银行杯"2023 年中国龙舟

① 《上海市民文化节"行走苏州河"市民短视频大赛获奖名单揭晓!》，腾讯网，https：//new.qq.com/rain/a/20230912A0AXOL00。
② 《2023"半马苏河"上海赛艇城市精英赛启动》，中工网，https：//www.workercn.cn/c/2023-04-29/7821521.shtml。

公开赛（上海·普陀站）暨第十九届上海苏州河城市龙舟国际邀请赛开赛，52 支参赛队伍于幸福水岸中奋楫，于澎湃水流中摇桨，领略半马苏河的宜居宜赛与健康活力。2023 年 9 月 16 日，2023 上海赛艇公开赛在苏州河水域举行，赛事口号为"艇力潮头"，赛事升级扩容，除高校组、俱乐部组外，新增精英组和青少年组赛事，共有 51 支八人艇队伍、10 支四人艇队伍，以及 14 名单人艇运动员参赛，总人数近 700 人。① 来自世界各地的赛艇运动员齐聚上海，同场竞技，携手助力上海建设全球著名体育城市。苏州河上的这场比赛吸引了全世界的目光，这不仅有助于上海展示其城市形象、城市品格和精神，更生动地诠释了"人民城市人民建，人民城市为人民"的重要理念。2023 年 9 月 17 日，2023 年第三届"半马苏河"文化旅游节在普陀区开幕，现场同步启动苏州河彩船巡游。第三届"半马苏河"文化旅游节围绕"欢乐水岸·魅力普陀"主题，推出"趣玩乐游""艺享美好""非遗国潮""多彩社区""云上文旅"五大板块百余场精彩纷呈的文旅活动。据统计，共有 83.15 万人次参与各类线上线下活动，同比增长 66.3%。② 2023 年 9 月 26 日，为期 11 天的"Shining Shanghai"2023 静安国际光影节在苏河湾万象天地天后宫拉开帷幕，并向公众正式开放，让上海市民和游客可以在苏州河边感受包括多场沉浸式互动建筑光影秀在内的上海都市魅力。2023 年 11 月 11 日，首届"藝樹"千树艺术嘉年华在上海大洋晶典·天安千树开幕，此次活动结合大型公共艺术、中外艺术家展览、沪上知名美术馆、画廊、艺术集合店、艺术家行为表演、艺术工作坊、论坛讲座、脱口秀、线上数字艺术等多样化形式开展。

在文旅体验方面，静安区打响"艺术苏河"品牌。静安苏河湾占地 4.2 平方公里，滨水岸线全长 6.3 公里，历史建筑总量 50 万平方米，集聚 20 余家跨国公司地区总部，拥有风貌保护街坊 17 个，博物馆、美术馆、文化新空间等文旅资源点位 170 处，是中心城区独有的"一河两岸、中西合璧"

① 吴頔：《世界各地运动员苏州河上竞技》，《解放日报》2023 年 9 月 17 日。
② 王佳燕：《第三届"半马苏河"文化旅游节收官，超 83 万人次参与》，东方网，https://j.eastday.com/p/1697773752048949。

滨水活力中枢，吸引了上海苏富比空间、尤伦斯美术馆、Fotografiska 展览馆、没顶画廊等一批顶级艺术机构①入驻，形成了复合型艺术生态圈。通过举办柏林国立博古睿美术馆馆藏展等一流大展，开展各类国际文化交流活动等，持续创造艺术主题爆燃点。静安围绕联盟共建、载体共享、品牌共创、宣传共推、政策共申五个方面，全面建设苏河湾艺术生态高地。相邻的普陀区则通过水岸联动、串珠成链，打造了具有独特文化底蕴的苏州河世界级城市文化生活休闲带，同时引进上海少年儿童图书馆（长风馆）落地普陀，建设沪西工人半日学校史料陈列馆，以及打造"苏州河书房"主题空间等。其中，由 M50 创意园、上海纺织博物馆、上海造币博物馆、创享塔园区联合组成的苏河水岸工业旅游基地先后获评首批"上海工业旅游基地""国家工业旅游示范基地"。②苏州河旅游项目不断升级更新，日益完善。首批选址八处码头（外滩源码头、四行仓库码头、昌化路码头、长风公园码头、中山公园码头、丹巴路码头、西康路码头和梦清园码头），打造了 12 艘中小型绿色纯电动新能源游船，推出 30 分钟短航线、60 分钟长航线和 90 分钟完整航线三大类航线，自 2022 年 12 月 15 日正式向市民游客开放运营以来，每日线上开票均被"秒杀"，尤其是节假日和双休日期间，上座率达到 95%。③ 2023 年 7 月，苏州河上的游船"悠游苏州河"上线了 5 条新航线，包括长风外滩源码头对开航线、外滩源码头 60 分钟往返环线、中山四行码头对开航线等。通过不断升级和完善，苏州河旅游项目成功打造了多样化的航线选择和绿色新能源游船，吸引了大量市民游客，成为上海旅游的新亮点。

在产业发展方面，普陀区以打造"半马苏河·七彩秀带"为抓手，盘活独特岸线资源，提升城市发展能级。依托苏河水岸经济发展带，普陀区加快发展智能软件、研发服务、科技金融、生命健康四大重点产业，充分发挥区位优势，打造链接集聚长三角地区人才、资本、技术、文化等资源要素的

① 《聚静安在上海，为全球链世界》，《文汇报》2024 年 1 月 22 日。
② 颜维琦、孟歆迪等：《百年水岸 轻盈前行》，《光明日报》2023 年 9 月 18 日。
③ 陈斯斯：《上海苏州河年内再添 2 处游船码头，首批 12 艘游船已完成建设》，澎湃新闻，https：//www.thepaper.cn/newsDetail_ forward_ 25272087。

"会客厅"。随着上海清华国际创新中心、上海城市安全大脑等一批高知名度平台入驻，苏州河之畔也构建起动能强劲的创新平台。

静安苏河湾功能区锚定"世界级滨水新经济总部聚集区"一大产业核心定位，发挥总部经济与人文艺术融合发展带来的乘数效应，以及科技创新赋能产业人文发展带来的指数效应，依托现有产业发展基底，进一步打响"全球资产管理中心""国际时尚消费中心""国际科技创新中心""全球专业服务中心"四大高阶产业中心，提振苏河湾功能区片区形象与经济能级，致力于成为全球产业链、资金链、价值链的重要枢纽，向全球呈献苏河湾功能区的世界级滨水区"上海方案"。在商贸服务业方面，吸引了全球最大铁矿石供应商淡水河谷、全球领先轴承专家 NSK 中国经销商、英国气体处理设备供应商豪顿集团等全球顶尖企业中国大型分销商总部①，以高品质专业体育用品尤尼克斯、知名食品品牌三得利、知名生活日用品牌花王等时尚消费和食品日用类品牌商中国贸易总部。在金融服务业方面，汇聚了投资管理、保险资管、公募基金、私募基金等多种财富管理业态，尤其在私募基金领域，苏河湾汇聚了全球顶级资管机构三井住友德思私募和柏基投资、全美第一大银行亚太区机构富国银行。凭借优越的地理位置和完善的商务环境，成功吸引了众多国际知名企业和金融机构设立总部或分支机构，成为上海商贸服务业和金融服务业的重要集聚区，推动了区域经济的繁荣发展。

苏河湾还是专业服务业扎堆的地方，人力资源服务业、商务咨询、广告服务和法律服务行业等高度集中，全国领先，全国首个国家级人力资源产业园、全国首批国家级人力资源服务特色出口基地，集聚了 400 多家人力资源服务机构；聚集了服务高端商贸的广告企业 WPP，知名律师事务所国泰君安、罗兰贝格、科创投、国浩律所等，以及专注于城市化、绿色低碳化、数字化发展的技术性专业服务商 TUV 南德等。2023 年苏河湾挂牌首批"上海市科技服务业发展示范区"，加速吸引了一批科技企业。阿斯利康全球研发中心中国总部、恩智浦半导体、海格电气、蓝沙信息等科技龙头企业纷纷落

---

① 唐烨：《苏河湾首季税收增速超南京西路》，《解放日报》2024 年 4 月 14 日。

地。2024年4月，静安区官方数据显示，苏河湾功能区目前已集聚了阿斯利康全球研发中国中心、淡水河谷、花王、恩智浦等23家跨国公司地区总部，"十四五"以来功能区累计实现税收350亿元，连续三年实现两位数增长；2024年第一季度实现税收34.98亿元，同比增长12.8%，① 增速超过了南京西路功能区。

3. 崇明高标准推进世界级生态岛建设

崇明多年来坚持生态优先、绿色发展，牢牢把握建设"世界级生态岛"机遇，深入开展长江大保护，筑牢长江门户生态屏障，让一江清水奔流入海。2023年，崇明森林覆盖率超过30.7%，承载了上海市约40%的生态资源和50%的生态服务功能。

在生态环境保护方面，崇明深入开展长江生态大保护，推进退滩还江，实施环岛防汛提标工程，深化长江十年禁渔、长江流域重点水域禁捕退捕，崇明东滩鸟类国家级自然保护区正式成为世界自然遗产提名地。着力提升生态环境品质，滚动实施生态岛建设三年行动计划，持续加强水土林气等领域生态治理，地表水环境质量考核断面达标比例100%，受污染耕地和污染地块安全利用率达到100%，森林覆盖率达到30.7%，空气质量优良率达到88.6%，占全球种群数量1%以上的水鸟物种数达到12种，鸟类种数增加到298种。② 积极推动生产生活绿色转型，新能源发电占比达到31%，新能源公交车和出租车实现全区全覆盖，国内首艘新能源车客渡船投入运营，农村生活污水出水全面达到一级A标准。加快碳中和示范区建设，全面开展生态产品总值（GEP）核算和碳排放精细化管理，设立上海长兴碳中和创新产业园，长兴岛电厂10万吨级燃煤燃机全周期二氧化碳捕集与利用（CCUS）创新示范项目正式运行，生活垃圾资源回收利用率达到42.2%。③

在生态产业体系构建方面，做精现代新农业，大力引进国际先进技术和

---

① 《锚定"世界级滨水新经济总部聚集区"定位 正成为上海新的"聚宝盆"苏河湾首季税收增速超南京西路》，《解放日报》2024年4月14日。
② 王毅俊：《风物长宜放眼量》，《上海科技报》2023年8月2日。
③ 《崇明着力打造长江绿色发展标杆》，《新民晚报》2023年7月28日。

中外农业龙头企业，推进种源等关键核心技术攻关，推进农业数字化转型，推出"优农三兄弟"统一标识，打造"崇明米道"平台，全区绿色食品认证面积达到90%以上，农业绿色发展指数位居全国第一。做优先进制造业，全力推动产业结构绿色升级，加快各产业园区向科技研发、生态文创、智能制造方向转型。大力发展海洋经济，全力打造长兴千亿级海装产业集群，沪东中华、江南造船等龙头企业成功交付一批世界领先水平船舶。做强新型服务业，积极培育旅游休闲、文体康养等产业，扎实推进西沙明珠湖国家5A级旅游景区创建，引导民宿产业高质量发展，新增一批A级旅游景区、全国乡村旅游重点乡镇、中国美丽休闲乡村。打造生态旅游节、国际自盟女子公路赛等文旅节庆品牌和重大赛事活动，不断提高对经济发展的带动效应。① 2023年11月24日，为落实《崇明世界级生态岛发展规划纲要（2021～2035年）》，坚持生态立岛不动摇，助力崇明走出一条绿色可持续发展新路，展示中国式现代化"人与自然和谐共生"的建设范例，上海市发展改革委印发了《促进崇明世界级生态岛建设发展专项支持政策》，为崇明"2+3+N"（即都市现代绿色农业、海洋装备产业两大主导产业，高品质旅游业、特色体育产业、健康服务业三大优势产业）现代化生态产业构建注入新动能。

二 上海长江文化保护传承弘扬的特点与经验

上海深入挖掘区域内长江文化内涵，将长江文化保护传承弘扬深度融入社会主义国际文化大都市建设、"上海文化"品牌打造，同时坚持生态优先的原则，推动生态保护与文化传承相互赋能，将长江文化精髓细致融入城市肌理，在国际大都市中焕发新生。

（一）上海长江文化保护传承弘扬的特点

1. 推动长江文化保护传承深度融入城市更新

上海在推进城市更新的过程中，注重将长江文化与城市建设相融合。如

---

① 王毅俊：《风物长宜放眼量》，《上海科技报》2023年8月2日。

在"一江一河"战略中，上海通过城市更新和人文建设，把城市滨水地区打造成人民共建、共享、共治的世界级滨水区。在城市规划设计中，注重历史文化的保护与传承，通过制定详细的规划方案，确保长江文化的内涵得以保留与发扬。如《黄浦江沿岸地区建设规划（2018~2035年）》和《苏州河沿岸地区建设规划（2018~2035年）》均强调了在城市更新中要注重文化保护与传承，体现了"一江一河"滨水空间贯通的规划理念。在城市更新中，不仅要关注物理空间的改造，更要重视文化元素的保护与活化利用。比如，通过对工业遗产的改造，将其转变为文化、生态、休闲的空间，金陵机器制造局的改造就是一个典型案例。此外，上海还推动了颐和路、长江路等历史文化街区的保护与利用，有效地将历史文化和现代生活融于一体。通过巧妙地将长江文化与城市建设相融合，上海不仅保留了长江文化的历史记忆，还使城市在发展中焕发出独特的历史韵味和文化底蕴。

2. 在实践中全面贯彻落实生态优先发展理念

在长江文化的保护进程中，上海始终坚守生态优先的核心理念。崇明世界级生态岛的建设不仅致力于保护和恢复自然环境，更坚持寻求和当地文化的深度融合与和谐共生，如通过大力推进植树造林，崇明岛的生态景观得到了显著提升，绿意盎然的自然环境为长江文化的传承提供了更加鲜活的土壤；湿地保护举措的有效实施，不仅维护了生物多样性，更让珍稀物种在这片土地上得以延续，进一步丰富了长江文化的生态内涵；科学的水资源管理策略，既满足了岛上的生态需求，又为文旅活动的开展提供了坚实的支撑。可以说崇明岛的绿色转型，是生态与文化相互促进的美好愿景的成功实践，为长江文化的整体保护与发展探索出了一条可持续发展的道路。

3. 依托文体旅活动不断扩大长江文化的影响力

上海作为国际化大都市，自古以来就是多元文化交汇的中心，在保护传承长江文化的过程中，也积极推进多元文化的交流与融合，如积极在黄浦江、苏州河沿岸举办体育比赛、节庆会展等各类文体旅活动，既深入挖掘和展示了长江文化的独特魅力，又促进了长江文化与其他地域文化、国际文化的对话与交融，进一步丰富了城市的文化内涵，为长江文化的传承与发展注入了新的活力。

（二）上海长江文化保护传承弘扬的经验总结

1. 政府引导与民间参与并重

在长江文化的保护工作中，上海市政府发挥了重要的引导作用，通过制定相关政策、提供资金支持、加快人才培育等措施，为长江文化的保护提供了坚实保障。在政策制定方面，2023 年 5 月，上海市生态文明建设领导小组办公室印发《上海市深入打好长江保护修复攻坚战实施方案（2023～2025年）》，进一步夯实共抓大保护工作基础，把上海建设成为人与自然和谐共生的美丽家园；2023 年 7 月 20 日，杨浦区率先发布了《杨浦区儿童友好导览手册（2023 版）》，体现了对儿童友好型社区建设的重视和努力；2023年 12 月，上海市住房城乡建设管理委、市发展改革委、市妇儿工委办联合印发《"一江一河"儿童友好滨水空间建设指导意见》，进一步明确了未来的滨水空间建设将以儿童需求为重要导向。2024 年 3 月，上海市住房城乡建设管理委、市残疾人联合会共同发布《上海市"一江一河"两岸公共空间无障碍环境建设技术导引》，首次提出无障碍环境建设要满足全人群、全行程、全场景、全时段"四全"无障碍需求，在系列政策的指导下，长江沿岸空间不断优化，成为生产、生活、生态协调发展的理想空间。这些从儿童、弱势群体出发的政策文件也体现了上海对人民城市理念的充分实践。

在资金方面，一方面，政府设立专项资金，用于支持长江文化的保护、挖掘与传承工作，用途不仅包括文化遗产的修复和保护，还包括支持相关文化活动和项目的开展；另一方面，政府鼓励社会资本投入，引导和激励企业、社会组织和个人参与长江文化的保护工作，形成了多元化的资金投入机制。在人才方面，既注重培养和引进文化遗产保护、历史文化研究等方面的人才，又通过与高校、科研机构等合作，加强专业人才的培养和引进，为长江文化的保护、挖掘与传承提供了智力支持。同时，政府还鼓励文化志愿者参与相关工作，壮大了长江文化保护的力量。在技术方面，上海充分利用现代科技手段，推动长江文化的数字化保护和传承，如在长江口二号古船的打捞过程中，科技赋能在其中发挥了至关重要的作用，通过自主研发的水下成像装置、机器人水下考古装备等先进技术，成功实现了对古船的精准打捞和文物保护，技术的应用不仅提高了文化遗产保护的效率和准确性，也为长江文化的传承提供了新的途径。政府引导与民间参与的完美结合，不仅增强了公众的文化保护意识，也有效地推动了长江文化的传承与发展。

2. 多维实践加强对长江文化的保护传承弘扬

上海在城市建设和发展过程中，始终注重对历史文脉的保护和延续，通过修复历史建筑、挖掘和传承历史故事等方式，成功让长江文化的历史印记得以传承弘扬。这种对历史文脉的深刻理解和持续延续，不仅丰富了城市的文化底蕴，也为市民和游客提供了一个了解和体验长江文化的窗口。以"一江一河"沿岸历史文化遗产保护传承弘扬为例，第一，上海对黄浦江、苏州河沿岸进行了全面的文化遗产调查，包括对沿岸的古建筑、历史街区、码头、桥梁以及相关的非物质文化遗产进行详细的记录和分类，通过对历史文献的梳理、现场勘探以及与当地居民的访谈，挖掘出许多之前未被充分记录或被人遗忘的历史遗迹和文化信息。第二，对于已经发现的重要古建筑和历史遗迹，采取积极的修复措施，修复工程不仅注重保持其历史原貌，还融入了现代保护技术，以确保这些文化遗产能够长久保存，如对于一些古老的码头和仓库，通过加固结构、更换腐朽木材和使用防火材料等方式，既保留了其历史风貌，又增强了安全性。第三，通过与旅游部门合作，将文化遗产纳入城市旅游线路，吸引国内外游客前来参观，增强公众对文化遗产的认知和理解。第四，注重挖掘与两河相关的非物质文化遗产，如船工号子、沿岸的民间传说和风俗习惯等，通过收集老居民的口述历史、整理相关文献资料，以及举办非物质文化遗产展示活动等方式，努力保护和传承独特的历史文化记忆。第五，建立了完善的文化遗产保护机制，包括设立专项保护基金、制定保护法规、加大监管力度等，为文化遗产保护工作提供坚实保障。第六，鼓励社会各界参与到文化遗产的保护中来，形成政府、企业、民间组织和个人共同参与的多元保护格局。通过多方面的持续努力，上海在黄浦江、苏州河的文化遗产保护与挖掘方面取得了显著成效，在保留珍贵历史记忆的同时也为城市发展注入了强大动能。

3. 科技赋能创新长江文化保护传承方式

上海积极利用现代科技手段对长江文化进行数字化保护和展示，不仅提高了文化遗产的保护效率，也使得长江文化的传播更加广泛和深入。如为了深入挖掘黄浦江、苏州河沿岸的历史文化遗产，采用地下探测雷达、无人机航拍等先进的考古技术，帮助考古人员更精确地定位遗址位置，提高了考古工作的效率和准确性；在两河沿岸布置了多套环境监测设备，实时监测水质、空气质量以及生态环境的变化，为环境保护部门提供数据支持，既有助于快速应对环境问题，环境监测数据的公开和共享又加大了公众对环境保护的参与度和监督力度；利用3D扫描和虚拟现实技术保护和展示黄浦江、苏州河沿岸的文化遗产，让更多人能够通过网络平台身临其境地感受文化遗产的魅力；建立智能管理系统，对黄浦江、苏州河的保护工作进行集中管理和调度，实时监控各项保护工作的进展情况，及时发现并解决问题，提高保护工作的效率和质量。

4. 举办公共活动不断扩大长江文化影响力

上海通过策划并举办主题多元的文体旅活动，让更多参与者在休闲娱乐的同时感受到长江文化之美，以润物细无声的形式不断扩大长江文化的影响力与辐射力。比如，在黄浦江、苏州河沿岸的公共空间、艺术馆和博物馆中定期举办与两河历史文化相关的艺术展览，通过展示沿岸的历史照片、艺术品、考古发现等，让观众直观地感受到"一江一河"的历史变迁和文化魅力；举办历史讲座与研讨会，邀请历史学家、考古学家等专家学者，围绕黄浦江、苏州河的历史文脉等主题举办讲座、研讨会、沙龙等，为公众提供了与专家面对面交流的机会，进一步加深了人们对"一江一河"文化的理解；推出古建筑开放日，定期组织古建筑开放日活动，让公众能够亲身走进这些历史建筑，感受其独特的建筑风格和历史文化氛围；积极策划文化遗产旅游线路，将黄浦江、苏州河沿岸的文化遗产纳入城市旅游线路中，开发了系列与"一江一河"文化相关的特色文创产品等，推陈出新、目不暇接的各种活动有效推动了长江文化走入大众视野，长江文化的知晓度、美誉度不断上升。

三　上海长江文化保护传承弘扬的未来展望

保护和利用长江文化是上海在建设社会主义国际文化大都市过程中的重要使命。未来，上海应继续以崇明世界级生态岛和黄浦江、苏州河中心城段建设为重要着力点，将长江文化的保护传承弘扬贯穿城市文化建设全局，确保长江文化在上海的发展中发挥出更加重要的作用。

（一）做优文化传承载体，提升公共空间品质

"一江一河"的贯通是上海建设"人民城市"的重要实践之一，上海未来应继续多维度提升"一江一河"滨水空间品质，将"一江一河"滨水地区打造成为人民共建、共享、共治的世界级滨水区，成为长江文化保护传承弘扬的标志性示范区域。

"南拓北延"提升滨水岸线长度。应加快推动杨浦滨江、徐汇滨江等岸线"南拓北延"贯通，进一步拓展滨江新空间，如杨浦区要继续推进滨江中北段岸线贯通，实现杨浦滨江共青森林公园南园段、复兴岛地区部分区段等贯通；徐汇滨江要加快推进滨江公共空间南延伸段建设，全面启动龙腾大道南拓工程，有序推进相关区域的腾地拆迁工作；加快建设闵行滨江紫竹段樱桃河至紫星南路的岸线滨水公共空间，推进闵行紫竹滨江第一湾（长宁港—朱家浜）公园绿地及岸线贯通工作等。

持续打造滨水开放新空间。要积极关注建设滨水公共空间与生态节点，如全面建成开放浦东世博文化公园，加快推进三林楔形绿地各专项工程建设，杨浦滨江有序推进杨浦大桥公园二期、杨浦滨江公园城市示范区建设，徐汇滨江推动自然艺术公园建设，黄浦滨江全面建成开放董家渡花桥、外萃丰弄绿地（含配套服务市民驿站），闵行滨江推进兰香湖周边绿地的前期手续办理和施工建设等。

提升岸线基础设施品质。"一江一河"沿岸设置了大量"望江驿""水岸汇""杨树浦""苏河驿"等名称各异的驿站，提供卫生间、饮用水、无

线网络、充电设施等服务，每座驿站的服务半径为 500 米。目前此类驿站黄浦江岸线有近 70 处，苏州河沿线建设了 30 余处，要定期对沿线百余座驿站进行一次普查，并根据普查结果对滨水空间的驿站配套设施进行提升和优化。

打造更多儿童友好空间。要逐渐增加"一江一河"沿岸适合儿童的低位服务设施，多部门联手推进公共设施、驿站、配套商业、活动场地等的适儿化改造，加快推动上海市青少年科创体验中心、国际儿童中心等综合功能载体建设，在杨浦大桥公园二期、三林楔形绿地等绿地空间统筹建设儿童活动设施，提升打造小陆家嘴、杨浦滨江、徐汇滨江、浦东世博—前滩等儿童友好示范性节点区域。

打造更具人文温度的滨水空间环境。要总结推广杨浦滨江无障碍环境示范区创建经验，有序推进滨水空间整体无障碍环境提升；加强对日常遛狗行为的引导，适当扩大允许遛狗区域，加大滨水商业配套设施的宠物友好空间试点，持续提升水岸温度。

（二）打造"一江一河"文旅品牌，提升城市文化体验

聚焦挖掘黄浦江、苏州河沿线的民族工业历史和红色文化，打造更具影响力的"一江一河"文旅 IP。在苏州河沿岸打造"一区一亮点"，加快推进虹口—黄浦"河口会客厅"、普陀 M50—天安千树—梦清园—鸿寿坊慢生活新秀带、长宁中山公园—华东政法大学以及静安苏河湾—四行仓库等人文历史体验区建设。[①]

推动苏州河文旅品牌建设，打造"一区一品"特色文旅活动，引进培育大型国际赛事和综合性文化旅游节庆活动，推动赛艇公开赛、龙舟赛成为苏州河水上活动经典赛事，试点开展皮划艇、帆板等水上体育活动，策划推出系列"体育+文旅+商业"活动。

丰富"漫步苏州河"都市亲水旅游产品，以"街区+""公园+""生活

---

① 史博臻：《苏州河桥加梯可行性评估年内启动》，《文汇报》2024 年 4 月 24 日。

圈+"联动沿岸住宿、餐饮、娱乐、演艺等资源,打造精彩多样的亲子休闲、夜间集市、城市漫步等城市休闲产品系列。

依托红色资源、历史文化遗存、生态修复等资源,开发红色文化历史、遗产旅游、特色游学主题线路。如结合苏州河沿岸的历史建筑和工业遗产,如 M50 艺术区、上海纺织博物馆等,开发工业遗产旅游线路。利用黄浦江畔的外滩建筑群、老码头等历史建筑,打造海派文化体验区,展示上海近现代历史和城市发展。

在黄浦江沿岸新空间的扩展过程中,加快落地浦东、杨浦、徐汇等组团式保留建筑更新利用等,加快建设久事马术中心、西岸大剧院等一批文体旅新地标。

(三)多方入手,全面推进长江生态环境保护

生态环境是长江国家文化公园建设中不可或缺的部分,生态修复在彰显长江文化特质、挖掘长江文化内涵、提升长江文化价值等方面都起到了重要作用。上海要将崇明世界级生态岛打造成为引领全国、影响全球的国家生态文明名片、长江绿色发展标杆、人民幸福生活典范,向世界展示"人与自然和谐共生"的建设范例。具体而言,应从水环境治理、绿色发展、区域协作与联动以及执法与监管等多个方面入手,全面推进长江环境保护工作。

加强水环境治理。持续开展水环境综合治理,落细落实《上海市深入打好长江保护修复攻坚战实施方案(2023~2025 年)》,坚持水资源、水环境、水生态"三水"统筹,持续改善长江水环境质量;强化入河入海排污口排查整治,聚焦连接"岸上"和"水里"的关键节点——入河入海排污口,按照"查、测、溯、治、管"五字诀,分阶段开展排查整治和监督管理工作,以确保排污口达标排放。

推动绿色发展。促进绿色转型,以减污降碳协同增效为总抓手,推动源头治理,促进经济社会发展与资源环境承载能力相协调,实现绿色发展;提高资源利用效率,努力推动生活垃圾无害化处理率保持在 100%,生活垃圾回收利用率达到 45% 以上,化肥、农药利用率提高到 43% 以上,减少对长

江环境的污染。

加强区域协作与联动。加强长三角区域共保联治，通过联合长三角沿线地区开展港口和船舶污染治理等联合课题调研，推动长三角区域水环境的共保联治；强化重污染天气联动应对，落实《长三角区域重污染天气预警应急联动方案》，加强重污染天气联动应对，以保障长江流域空气质量。

加强执法与监管。严厉打击违法行为，持续保持对非法捕捞、非法排污等违法行为的高压态势，加大执法力度，切实保护长江生态环境；加强船舶污染防治，围绕长江沿线船舶污染物应急处置能力建设、地方政府船舶防污染协同共治机制运行等方面开展联合调研和执法行动。

作为长江流域的门户城市，上海与长江的深厚联系孕育了其繁荣发展的历史。长江文化不仅是上海城市精神的重要组成部分，更是其文化传承与创新的宝贵财富。展望未来，上海将充分利用其经济和社会发展的显著优势，致力于推动长江文化的普及、惠及民生、促进共享，使之成为推动全体人民精神生活共同富裕的重要力量，并为社会主义文化强国的建设提供坚实的支撑。

专题篇

B.8
2023~2024年度长江文化文艺
创作情况报告

戴　珩[*]

摘　要： 长江造就了惊世绝伦的文学艺术，为文艺创作提供了取之不尽、用之不竭的源泉。2023年以来，长江流域的作家、文艺家怀着对长江和长江文化的无限热爱，创作和推出了一批新的长江主题文艺作品，艺术地展示了新时代长江文化和长江大保护成果，推动了艺术创新及优秀传统文化创造性转化和创新性发展。长江流域各省区市要加强交流、合作，采取多种措施，进一步繁荣长江主题文艺创作。

关键词： 长江　长江文化　文艺创作　长江大保护

----

* 戴珩，江苏省文化馆原馆长，江苏省非物质文化遗产保护中心原主任，文化和旅游部国家文化和旅游公共服务专家委员会委员，中国文化馆协会副理事长，二级研究馆员，主要研究方向为文艺创作、公共文化、文化产业、文旅融合、非遗保护等。

233

长江，华夏文明的摇篮，横贯东西，滋养万民，象征民族精神。历史厚重，见证兴衰，寄寓美好向往。在 21 世纪的今天，长江魅力依旧，经济带发展带来新机遇。挖掘、传承、创新长江文化成为时代使命。在这样的背景下，许多人怀揣着对长江和长江文化的无限热爱，投身长江主题文艺创作的热潮之中。他们用笔墨书写长江的波澜壮阔，用镜头记录长江的秀美风光，用音乐抒发对长江的深情厚谊。这些作品不仅展现了长江的自然之美、人文之韵，更传递了人与自然和谐共生的理念，彰显了中华民族的文化自信与时代担当。

一　文艺创作的无尽资源

长江，是自然之江，也是历史之江、经济之江、人文之江。

长江有三个源头，正源位于唐古拉山脉主峰格拉丹东雪山西南侧的沱沱河，南源当曲，北源楚玛尔河。

长江是世界第三、我国第一大河，干流全长 6300 余公里，流经青海、四川、西藏、云南、重庆、湖北、湖南、江西、安徽、江苏、上海等 11 个省（区、市），注入东海。支流展延至贵州、甘肃、陕西、河南、浙江、广西、广东、福建等 8 个省（区）。流域面积约 180 万平方公里，占我国国土面积的约 18.8%。[①]

（一）长江是一条最适合人居的生态之江

长江，这条不息奔腾的巨流，与其密布的大小支流及散布的湖泊共同编织成一幅宏大的水系图景。其主干流穿越 11 个省（区、市），自源头至湖北宜昌南津关，界定为上游，绵延约 4500 公里，汇聚了约 100 万平方公里的广阔水源；随后，自宜昌至江西湖口，中游段蜿蜒约 950 公里，集水面积

---

① 马建华：《对表对标 理清思路 做好工作 为推动长江经济带高质量发展提供坚实的水利支撑与保障》，《人民长江报》2021 年 3 月 27 日。

扩展至 68 万平方公里；最终，从湖口流向上海崇明岛入海口，下游段长约 930 公里，集水面积缩减至 12 万平方公里。

长江水系中，支流繁多，总数达 2232 条，它们交织成网，其中 49 条支流的流域面积超过 1 万平方公里，尤为显著的是雅砻江、岷江、嘉陵江、乌江、沅江、湘江、汉江与赣江这八大支流，各自流域面积均跨越 8 万平方公里大关。在这些支流中，汉江以其绵长的身姿傲视群流，岷江则以充沛的径流量著称，而嘉陵江则凭借广阔的流域面积独占鳌头。

长江流域内，河网密布，湖泊星罗棋布，尤其是面积超过 1 平方公里的湖泊多达 84 个，总湖水面积广阔，达到 727.1 平方公里。在这片水域中，鄱阳湖、洞庭湖、太湖、洪泽湖与巢湖以其独特的魅力与重要性，并列为中国的五大淡水湖，共同滋养着这片土地上的万物生灵。

长江流域水资源总量为 9958 亿立方米，是黄河的 20 倍，占全国水资源总量的 35% 以上。人均占有水资源量为 2246 立方米，为全国平均值的 2 倍，居全国各大江河之首。长江流域山水林田湖草浑然一体，水生生境多样，河湖、水库、湿地面积约占全国的 20%。长江流域是我国珍稀濒危野生动植物集中分布的区域，物种种类丰富，生物资源独特，除白鳍豚、江豚等珍稀水生哺乳动物外，长江流域还分布有 400 多种鱼类，其中纯淡水鱼类约 350 种，占全国的 33%，珍稀濒危植物占全国的 39.7%。长江流域国家级自然保护区占全国的 30.7%，国家级水产种质资源保护区占全国的 51.0%，国家级森林公园占全国的 28.9%，国家级地质公园占全国的 29.3%，是我国重要的生态安全屏障区。[①]

（二）长江是一条重要的经济之江

长江流域拥有丰富的水资源，其多年平均水资源总量达到 9958 亿立方米，占全国水资源总量的 35% 以上，是我国水资源战略布局中的关键供给

---

① 马建华：《对表对标 理清思路 做好工作 为推动长江经济带高质量发展提供坚实的水利支撑与保障》，《人民长江报》2021 年 3 月 27 日。

源。长江流域水能资源极为丰富，技术上可开发的水力资源装机容量与年发电量分别占全国总量的47%和48%，是我国新能源战略部署中的重要基石。此外，长江流域在风能、太阳能、生物质能及地热能等可再生能源方面也展现了巨大潜力，是新能源开发的前沿阵地。

长江被誉为"黄金水道"，其干支流的总通航里程超过7.1万公里，占据了全国内河通航总里程的56%，凸显了其在交通运输体系中的核心地位。经济生产方面，长江流域是我国的重要粮食产区，年粮食产量高达1.63亿吨，占全国总产量的32.5%。同时，该流域矿产资源丰富，约有30种矿产的储量超过全国总量的50%。

从人口与经济规模来看，长江流域居住着约4.6亿人口，占全国总人口的33%，其国内生产总值亦占据全国总量的约34%。流域内城镇化进程显著，形成了多个城市群，如长江三角洲、江淮、长江中游、成渝、滇中及黔中等城市群，其中长江三角洲地区更是我国经济最为发达的区域之一。

长江不仅是长江经济带发展、长江三角洲区域一体化等国家战略实施的关键通道，也是连接"一带一路"的重要纽带。它融合了沿海、沿江与内陆开放的多重优势，具备东西双向开放的独特战略价值，在我国经济社会发展全局中占据着举足轻重的战略地位。

（三）长江是魅力四射的人文之江

长江流域山水相映，风光旖旎，千姿百态，气象万千。虎跳峡、长江三峡，九寨沟、神农架，江西的庐山、安徽的黄山、四川的峨眉山、湖北的武当山，西藏的布达拉宫、云南的丽江古城，四川的都江堰、重庆的大足石刻，安徽的西递、宏村，浙江的杭州西湖，江苏的苏州园林等，举世皆知。长江和黄河，同为中华民族的母亲河。长江哺育了人类，也孕育了灿烂的文明和深厚的文化。长江流域是重要的人类起源地，也是中华文明的重要摇篮之一。迄今为止，中国境内发现的古人类化石点70余处，长江流域有30余处。从现有考古成果看，长江下游地区在距今200多万年前就已有古人类生存活动，其文明化进程奠基于距今1万年前后，起步于距今8000年前后，而在距今约 5300 年则率先进入了国家阶段。长江下游地区依靠稻作农业经济的支撑，完整演进了"古文化—古城—古国"的发展全程。

在中华文明的璀璨历史长河中，长江下游的良渚文化与中游的石家河文化均占据了举足轻重的地位，深刻影响着文明的演进轨迹。中国长江流域，作为稻作文明的摇篮，其稻作文化的起源与发展不仅滋养了本土社会，更跨越地理界限，向环太平洋区域乃至全球广泛传播，为世界稻作文化的多样性贡献了重要力量。

长江流域，这片文化底蕴深厚的土地，孕育了丰富多样的文化遗产。依据第三次文物普查的详尽数据，长江沿岸各省（区、市）共登记有国家级不可移动文物超过 30.6 万处，这一数量占全国同类文物总量的近四成（39.8%），充分彰显了长江流域在文化遗产保护与传承方面的重大价值。

截至目前，长江沿岸各省（区、市）共有全国重点文物保护单位 1872 处，省级文物保护单位 7320 处，市县级文物保护单位 45252 处，涉及古宫、道观、寺庙、古桥梁、古祠堂、民居、牌坊、古石刻、古塔、古代名人墓穴、古文化遗址、古窑址、革命旧址、古城墙关隘等，数量多，内涵丰富，在中华文明发展史上占有举足轻重的地位。[1] 长江流域有国家历史文化名城 52 座，省级历史文化名城 78 座，中国历史文化名镇 160 个，中国历史文化名村 142 个，中国传统村落 2954 个，划定历史文化街区 571 片，确定历史建筑约 3 万处。[2] 截至 2022 年，长江流域共有 852 项国家级非物质文化遗产代表性项目，1293 名国家级非物质文化遗产代表性传承人，11 个国家级文化生态保护（实验）区。长江造就了从巴山蜀水到江南水乡的千年文脉，是中华民族的代表性符号和中华文明的标志性象征，羌藏、巴蜀、滇黔、荆楚、湖湘、赣皖、吴越这些诞生于长江流域的文化区域交汇融合，相映生辉，闪烁着中华文明独特的光芒。连续性、创新性、统一性、包容性、和平性，中华文明的五个突出特性无不深刻蕴含在长江文化之中。

---

① 吴国瑛：《文化自信视野下长江文化遗产保护路径探究》，《改革与开放》2022 年第 18 期。
② 蔡恩泽：《长江经济带迎来高质量发展时期》，《中国审计报》2020 年 11 月 30 日。

（四）长江造就了惊世绝伦的文学艺术

长江气象宏大，景色壮美，文明悠久，文化璀璨。它哺育和造就了一代代文学家和艺术家，也产生了数不胜数的文学艺术作品。

在文学领域，长江流域自古以来便是文人墨客辈出的沃土，佳作连篇，其文学贡献蔚为壮观，几乎占据了中国文学史的半壁江山。特别是在楚辞的瑰丽、唐诗的繁盛、宋词的婉约、元曲的灵动以及明清小说的辉煌中，长江流域的文学家们以其卓越才华，留下了不可磨灭的印记。

戏曲艺术方面，长江流域更是百花齐放，争奇斗艳。藏戏的神秘、川剧的泼辣、昆曲的典雅、汉剧的庄重、楚剧的激昂、越剧的柔美、苏剧的细腻、沪剧的都市风情、扬剧的清新、黄梅戏的淳朴、凤阳花鼓的活泼、湖南花鼓戏的乡土气息、江西采茶戏的生动，共同编织了长江流域戏曲的斑斓画卷。在这一艺术殿堂中，如被誉为"东方莎士比亚"的汤显祖，以及京剧界的开山鼻祖谭鑫培等杰出戏曲家，以其非凡的艺术造诣，为中国传统戏曲的繁荣发展立下了汗马功劳。

至于书法绘画，长江流域同样展现了独特的艺术魅力与深厚的文化底蕴。其书画艺术不仅在内容、形式上自成一派，更在表现手法上追求意境深远，成就斐然。这些作品不仅是艺术的瑰宝，更是长江流域悠久历史与灿烂文化的生动写照。长江流域既有唐寅、黄庭坚、苏轼、八大山人、郑板桥、齐白石等画坛巨匠，也有《兰亭序》《韩熙载夜宴图》《富春山居图》等惊世名作。[①]

（五）长江为文艺创作提供了取之不尽、用之不竭的源泉

古往今来，书写长江的诗文卷帙浩繁。从《诗经》《离骚》到唐宋诗词，无数文人墨客借景抒情，或凭吊历史，或寄托相思，或感慨人生。新中国成立后，许多作家把目光聚焦长江，既写了长江带来的生活多艰（小说《长

---

① 吴宏堂、李贝：《长江文明简说》，《文物天地》2021 年第 4 期。

江三部曲》、诗歌《川江号子》），写了对长江水环境恶化的忧思（报告文学《只有一条长江》《江河并非万古流》《长江传》），也写了今天生态文明建设取得硕果，长江焕发新的容颜，人与长江和谐相处的美好景象（《中国梦·长江行：写给长江的报告》《儿行千里——沿着长江上高原》《中国人的长江史诗变奏曲——"2019 美丽中国行"参访三峡大坝》）。

描绘长江的美术作品也数不胜数。因为长江之于中华文明具有特殊的地位，千百年来，在图像史上留下了许多具有堪舆和图志属性的关于长江的图谱，如明代章潢的《万里长江图》及留存在不同图谱中的《岷山图》《金沙江江源图》《巫山段大江图》《湖口段大江图》《明江阴段大江图》等具有实用性质的图谱，形象地记录了长江流域不同段落的山河景象、风土人情、城乡容貌。千百年来，长江也激发了无数丹青高手的创作灵感与激情，他们挥毫泼墨，留下了许多描绘长江景色的经典之作。吴道子挥毫泼墨，绘就《嘉陵江三百里风光图》。南宋的夏圭、赵黻（芾），明代的戴进、吴伟，都为长江挥毫泼墨。现代画家张大千的《长江万里图》创作于 1968 年，在近20 米的长卷中，作者选取了从"岷江索桥"到长江出海的一段，分十段分别绘出岷江、嘉陵江、宜昌、武汉、鄱阳湖、黄山、南京、镇江、吴淞口、长江出海等十处江山胜景。在这幅长卷中，以四川省为起笔，开卷是都江堰的"岷江索桥"，而后，随长江滔滔而下，越三峡，过江陵，纳百川，最后投入大海的怀抱。① 画作布局宏大，气脉流贯，繁复变化却又浑然天成，充分展示了长江之壮美，歌颂了中华民族不畏艰难险阻的伟大气魄。吴冠中的《长江万里图》创作于 1973~1974 年间，其尺寸恢宏，长达 509 厘米，而宽则为 22.5 厘米。这幅画卷以非凡的笔触，细腻地勾勒出了万里长江沿途的万千气象：从巍峨的云山到幽深的峡谷山村，从错落有致的城乡建筑到江面上悠然前行的风帆，每一幕都栩栩如生。在吴冠中的笔下，不仅展现了雪域中挺立的青松、天府之国层叠的梯田、巫峡间神秘的女神峰、黄山缭绕的云雾等自然奇观，还巧妙地融入了金陵大桥的雄伟、滨江两岸璀璨的灯火，乃

---

① 陈晶晶：《新金陵画派创作内容中的地域因素研究》，《新美域》2023 年第 11 期。

至疾驰而过的火车这一现代元素，使得整幅作品既充满了历史的厚重感，又洋溢着时代的活力。陈作丁、诸文龙、刘一原、魏康祥、乐建文、黄志等1986年集体创作的《万里长江图》长150米，是我国有史以来反映长江题材的最大的一卷巨幅长卷中国画。[①] 全图分为茫茫源头、玉碧金川、巴山蜀水、高峡平湖、极目楚天、浪下三吴、沧海旭日7个部分，描绘了长江源头到出海口的全貌，展现了20世纪80年代全长江的磅礴浩荡气势、悠久的历史胜迹、全新的人文景观。近年，张善平的《迷醉江峡图》，浓墨重彩，生动逼真地描绘了峡江美景。李翔的《江南山水写生》，将江南的水光山色表现得淋漓尽致。李颖婷的《武汉江滩》则以细腻柔和的淡墨线条勾勒出新时代的武汉绿色江景。2021年，画家李劲堃等创作的国画《长江之歌》，勾勒出了新时代长江的万千气象。这是一幅青绿水墨山水的巨型长卷。画作用中国画独有的平远式构图，呈现了长江百转千回、奔流不息的景象，描绘了一座座横跨天堑的长江大桥，山峰上密密麻麻的风力发电装置，以及层峦叠嶂之间的神农架、神女峰、恩施大峡谷等雄奇景观，不仅体现了绵延千里的长江、俊美的山川等自然风景，更体现了新时代长江脉动，体现了人民日新月异的美好生活和走向中华民族伟大复兴的磅礴力量。2022年，江苏省国画院组织31名美术工作者深入长江沿线实地写生，分5个创作小组，历时一年创作完成长125米、高1.2米的中国画《长江春色图》。长卷以流动的视野、水墨与青绿相结合的手法，全景式描绘了长江流域的自然形胜，展现长江流域的历史文化、风土人情和沧桑巨变，不仅绘制出长江沿岸山峦起伏、云蒸霞蔚的自然景观，还将散落分布的中山陵、三峡大坝、黄鹤楼等地标"串珠成链"，用独特的艺术方式生动阐释长江文化蕴含的精神内涵和时代价值。这幅巨制传承弘扬了新金陵画派风格，笔墨精纯、构图宏阔、意境深远，展长江之气概，彰长江之气韵，让长江流淌出新的风采、意象、神韵，堪称具有中华美学精神和时代恢宏意象的一幅精品之作。

---

① 李瑞洪：《画家陈作丁的长江情缘》，《武汉文史资料》2009年第3期。

歌唱和赞美长江的歌曲也不计其数，其中，以《长江之歌》最为经典。《长江之歌》由胡宏伟作词、王世光作曲，是纪录片《话说长江》的主题曲，该曲创作于1984年。2019年6月，该曲入选"庆祝中华人民共和国成立70周年优秀歌曲100首"。大型交响乐（合唱）《长江》从自然、历史、人文的角度，以大写意的手法描绘了长江美丽而神秘的风姿，揭示了长江博大而精深的内涵，作品大气、深沉、委婉、飘逸、空灵。《长江流进新时代》《又见长江》《中国大三峡》等一批音乐作品反映了新时代长江沿岸人民创造美好生活的良好精神风貌。

创排于2006年的地域风情舞蹈诗《家住长江边》，是湖北舞台艺术的精品代表作之一。作品集歌舞音画于一体，融山水人文于一炉，热情讴歌荆楚大地、长江两岸的千秋神韵和万里风流。

二 2023年长江主题文艺创作硕果

长江是中华民族的母亲河，也是中华民族发展的重要支撑。习近平总书记高度重视长江的保护和发展。党的十八大以来，习近平总书记的足迹遍及大江上下，登大坝、乘江船、访农家……一次次深情眺望，一句句殷切叮嘱，一项项深远谋划，情牵母亲河保护，指引高质量发展。[①]

为贯彻落实习近平总书记关于保护传承弘扬长江文化的重要讲话精神，2023年7月，文化和旅游部、国家文物局、国家发展改革委联合印发了《长江文化保护传承弘扬规划》，提出挖掘弘扬长江文化内涵、全面推进长江文物和文化遗产系统保护、推出长江题材优秀文艺作品、提升长江流域公共文化服务水平、推动长江流域文化产业和旅游业提档升级、加强长江文化国际交流传播、发挥长江文化的引领作用等多个任务，推动长江文化更好惠及人民群众，使长江文化成为社会主义文化强国建设和长江经济带高质量发展的重要支撑。

---

① 吴晓华：《以长江经济带发展推动经济高质量发展》，《中国水运报》2018年5月6日。

2023 年以来，作家、文艺家怀着对长江和长江文化的无限热爱，创作和推出了一批新的长江主题文艺作品。

（一）2023年长江主题文艺创作主要成果

1. 报告文学《和平长江》——百科全书式解读长江

徐春林的长篇报告文学《和平长江》是一部反映长江流域文明重大主题的长篇报告文学作品。徐春林生长在长江支流的修河岸边，打小就在九江长江大桥上目睹了长江的波澜壮阔，对书写长江有着强烈的激情和冲动。从 2019 年开始，他从家乡修水出发，将长江的源头以及长江沿线的很多重要城市、支流、河流走遍，用 5 年的时间倾听长江、感受长江、书写长江，从历史、当下和未来的多重视角解读长江，梳理水文与人文、水脉与文脉，编织了一条人与生态相依共生的故事轴线，书写了敬畏历史、敬畏生态、敬畏文化的崭新篇章。[①]

《和平长江》的结构很有特点，全书五个章节的内容看似分散，但其有着自身的内在逻辑和道理。全书第一章从"我"出发，从母亲河出发，带领读者初识长江。第二章是探源，勾起读者去探究长江源头的欲望。第三章基于河流造就文明，书写了长江流域的重要城市。第四章写人类通过三峡工程和南水北调工程来控制长江、利用长江。第五章写人类如何从不同的角度重新认识长江、保护长江。全书把长江作为一个具体的对象，对长江进行了一次解剖式的观察。

《和平长江》在写作上也有其特色。一是采用第一人称。作者采用第一人称的平民化视角来书写，从他最熟悉、最亲近的故乡修河写起，从太阳升镇杨梅渡古樟林写起，引领读者跟随他的视野和脚步一步步走进长江，起到了小切口、大断面的功效。二是注重细节和故事。作品讲述了一个个真实的引人入胜的人物故事，书中出现的各类人物近百位，使得作者笔下的长江可

[①] 陈菁霞：《报告文学〈和平长江〉多维度反映长江流域文明》，《中华读书报》2024 年 3 月 6 日。

感可触、可亲可敬。三是融进了许多知识性内容和学术性信息。《和平长江》以深邃的笔触融合了抒情与纪实的手法，既细腻地抒发了对长江历史变迁、现实风貌、人文传说及自然万物无尽情感的咏叹，又详尽地呈现了一幅长江流域生态万象的百科全书式画卷。书中广泛涉猎了长江及其众多支流的自然风光、丰饶土地、多样植物群落与鱼类生态，同时不忘聚焦各地方为保护这一自然遗产所采取的种种有效措施，展现了人与自然和谐共生的美好愿景与实践努力。对涉及长江的水文、人文、动植物、商贸、历史知识描述得非常具体，而且书中还采取了学术专著中注释的方式，用小标签来凸显这些知识性内容，保证了读者在流畅的文学阅读感之外，还能得到非常具体和扎实的学术性信息。四是突出了对长江治理、开发和保护的书写。在第二章"一卷河山"中，作者讲述了大禹治水的历史传说，对比了都江堰、大运河的古今变化，呈现了先人在开发利用长江过程中的智慧，展示了长江流域的古代治水文化。在第四章"长风破浪"中，作者描写了1998年长江抗洪过程中九江大堤堵口的场景，再现了三峡工程、南水北调工程两大国之重器的决策、建设和运行过程。在第五章"一碧万顷"中，作者聚焦新时代我们党以全新的视野重新认识长江、审视长江，在推进长江经济带建设中"共抓大保护、不搞大开发"的伟大实践，如对国家一级保护野生植物红豆杉以及荷叶铁线蕨、野生白头翁等珍稀植物的保护，河湖长制在长江干支流的普遍建立，无数志愿者加入保护长江的浩浩大军中，生动展现了我们党坚持以人民为中心的发展思想，坚持正确的政绩观，敬畏历史、敬畏文化、敬畏生态的崭新篇章。五是笔法多样。《和平长江》并没有拘泥于传统的报告文学写法，具有较强的兼容性，涵括了文化随笔、纪实游记、文化散文等多种写法，这也使得全书的不同章节有着不同的特点和意义。六是突出"和平"主题。《和平长江》贯通历史和现实，熔铸自然和人文，在多角度凝视长江、多维度讲述长江的前世今生中，作者把笔墨集中在当下和现实，向读者介绍了长江流域的几个重点城市、重大的水利工程、保护长江的重大举措，重点书写今天栖息在长江流域的人类、动物、植物的生存样态，突出了"和平"这一主题，向读者呈现了一个现代与历史交融的长江，一部别人没有写过的"新长江",将长江写出了新意,让人感到眼前一亮。

《和平长江》的主题主线鲜明,反映了作者对长江的深邃思考,全景式、立体式展现长江的自然变迁、文明演进、文化流变、历史脉络、生态演变,涉及长江治理保护、历史文化、经济发展的方方面面,充分体现了长江的博大、深邃、奥秘、迷人。

2. 美术作品:万古长江的视觉礼赞

写长江之韵、抒长江之情、展长江之彩、塑长江之魂,是艺术家特别是长江流域艺术家的共同心愿。2023年1月6日,由中国美术家协会、中共重庆市委宣传部指导,重庆市文化和旅游发展委员会、重庆市文学艺术界联合会、中共重庆市九龙坡区委员会和九龙坡区人民政府主办的"2022同源·同向——长江流域十三省市自治区美术作品邀请展"在重庆当代美术馆举行。展览展出了来自青海、西藏、四川、云南、贵州、重庆、湖北、湖南、江西、安徽、江苏、浙江、上海13个长江沿岸省(区、市)的250件长江主题美术作品。这些作品呈现了邈远、壮阔、丰满的长江流域的自然和文化的形象,展现了长江流域人民追求和创造美好生活的多彩风貌及奋斗精神,也呈现了当下长江主题美术创作的整体风貌,构成了今天献给浩浩长江的视觉礼赞。

这个展览展出的长江主题美术作品,具有以下几个鲜明的特点。

一是倾情描绘与赞美长江流域自然山川的胜景和人民创造美好生活的时代景象。参展的美术作者,有在艺术创作上成就卓著的艺术名家,有活跃于创作第一线的中坚力量,也有崭露头角的艺术新锐。这些艺术家生活、工作于长江流域不同的空间、不同的地域,但是他们同饮一江水,同受长江文化的滋养与惠泽,是成长于长江文化带上的审美文化共同体,对长江怀有同样的感恩和热爱。他们精神上"同源",文化上"同源",审美上"同源"。他们都怀着对长江的感恩之情和无限热爱,倾心、倾情描绘眼中的山川、心中的胜景。他们的画作呈现了长江流域丰富多样的山川景色、自然风韵。高原雪域的雄奇苍茫、巴山蜀水的奇秀多姿、洞庭的温润波光、江南的迷蒙烟雨……一幅幅作品,将长江流域绮丽壮美的景色形象、完整、生动地呈现在人们面前。进入新时代以来，中国人民开启了追逐梦想的新征程。画家们的画作生动描绘了新时代长江流域人民高扬奋斗精神、开创美好生活的时代景象。随着长江经济带发展战略的实施，长江流域的生态保护、城乡建设、社会发展进入新阶段，人们的生活水平与精神面貌也发生了巨大变化。美术工作者在用画笔描绘长江自然与人文之美的同时，更以当代审美观照长江流域的时代新貌，图绘人们奋斗逐梦的火热实践。所描绘的人物，有城市和乡村普通的劳动者、建设者，他们在这片古老而充满生机的土地上生息、劳作与奋斗，他们淳朴善良，他们怀揣梦想而又勤恳踏实，他们坚定沉着而又乐观自信地建设家园、创造新的生活。罗贵荣版画《向海而生》、墨建杰版画《白鹤滩水电站》、许鑫华中国画《沪通长江大桥》等作品，或刻或画，或概括或具象，塑造了一个个动人的精神肖像，并通过对人物劳动场景的描绘，巧妙地展现了壮丽山河的建设新貌。流淌于长江血脉中的精神力量，也在画家的笔下接续传递。赵培智油画《纤夫》以象征的手法赞美了长江儿女不惧艰难的坚韧品格。黄胜贤油画《百万迁移的世界壮举》以纪实的叙事方式，讴歌了三峡库区移民的奉献精神。庞茂琨油画《辉耀九龙》、徐君华粉画《浦江之梦》等作品，以充满诗意的语言展现了日新月异的城乡面貌与丰富多彩的现实生活。近年来，一批重大工程的实施，为百姓生活带来便利，使长江流域涌动活力。作品中，一个个怀揣梦想又踏实肯干、坚定沉着又乐观自信的普通人形象，生动地为观众解答了滔滔江水何以奔腾不息。一些美术工作者充分发挥视觉艺术的力量感，反映长江流域建设成就。比如，贺思恩版画《蓄势——破译雅砻密码》依托丝网版画色彩表现力较强的艺术特色，以俯瞰视角，展现了长江流域水电站的时代风采。艺术家们以真诚的情感和生动的画笔，为观众塑造了一个个动人的人物形象，展示了长江流域各民族人民的生活样态，体现了深厚的人文情怀，呈现了更为丰厚多样的长江流域人民的生活世界和人文内涵。

二是以活力绽放的艺术探索表达关于长江的全新视觉感受。在描绘长江、表现长江、赞美长江的过程中，美术工作者的创作灵感被充分激发，在媒介、语言、风格上力求拓展与创新，使长江主题美术创作呈现多元面貌。

长江主题美术作品含中国画、油画、版画、水彩·粉画、综合材料等多种表现形式，擅长不同画种的美术工作者不断突破媒介边界，力求实现语言创新。譬如，邱志杰《长江诗境图》将传统水墨与现代装置相结合，为观众带来关于长江的全新视觉感受。邬烈炎、邬羽乔、于西合作的混合材料装置《长江记忆》，则让观众在沉浸式体验中领略长江文化的独特魅力。这些作品在一定程度上体现了当代艺术媒介转向、交互的发展特点。开放包容是长江的品格与胸怀，长江主题美术作品则对这种品格与胸怀作出了形象、生动的视觉呈现和视觉表达。

三是以守正创新让传统精神与时代同频共振。长江主题美术作品内容丰富、风格各异、面貌多样，但其共同的特点是，都体现了传统文脉与当代意识的相融，体现了创新的活力和开放性、包容性的气质，也折射出长江流域艺术家在艺术风貌与价值取向上的趋同性。这种趋同性体现在他们对艺术传统的尊重与努力激活和转换上，体现在他们在开放视野下努力构建独特的话语方式表达当下的审美趣味上。新唐卡的风采，新云南画派的气息，巴蜀韵味的现代表达，江南画风的当下转换，共同营造出传统精神与时代同频共振的场域氛围。美术工作者都力求在守正中创新，在传承中发展，在时代语境中更自觉地以在地性的审美视野与情感体验、表达方式，抒发对自然、时空、现实、生命的审美感知与体悟，构建独特的艺术风格。长江主题美术创作的风貌，形象地诠释了经过不断融合而凝聚起来的、延绵涌动的长江文化精神。

3. 大型民族歌剧《汉水丹心》：艺术再现南水北调工程壮丽画卷

大型民族歌剧《汉水丹心》由湖北省歌剧舞剧院创作排演。该剧聚焦生态保护和库区振兴，突出"为了一江清水永续北送"主题，艺术地呈现了南水北调工程中"战略决策、移民搬迁、生态环保、重建家园、感恩回报"几个维度的感人故事，讴歌荆楚儿女在南水北调工程建设中自强不息的奋斗精神、库区人民舍小家顾大家的大爱情怀、广大库区干部不负使命忠诚担当的高尚情操，以及受水库区人民"滴水之恩，涌泉相报"的感恩情义。①

---

① 《民族歌剧〈汉水丹心〉成功试演》，《歌剧》2023 年第 8 期。

大型民族歌剧《汉水丹心》在艺术上有这样几个特点。

一是大主题、小切口。《汉水丹心》是一部以南水北调工程为背景，展现普通人奉献与牺牲精神的原创大型民族歌剧。该歌剧讲述了在南水北调这一宏大工程背景下，关于"奉献、牺牲、关爱、回馈、自强和他助"的故事。作品主题宏大，但切口很小，通过小切口反映大主题，以小人物的生活经历映射出大时代的变化，聚焦普通人的生活，将真实生活艺术化地表现出来。

二是聚焦"水"与"情"。《汉水丹心》在艺术呈现上围绕"水"和"情"两大主题展开，旨在传达水的纯净与人的深情相结合的理念。剧情讲述的是，南水北调中线工程送水在即，而就地内安的移民却面临着新的发展困难，为了保持库区水质，以前的漫坡果林、黄姜种植或是网箱养鱼，不是沉入水底就是因此叫停，而刚刚发展起来的家畜养殖业也必须按下停止键。面对移民们的损失与付出以及由此引发的强烈矛盾，年轻的大学生村官李小菲承受着巨大压力，探索一条库区长远的绿色发展之路……全剧在感动与感恩、生存与发展、生命的滋养与灵魂的丰盈等交织演进的情感故事中，谱写南水北调背景下"人与自然、痛与希望、爱与付出、历史积淀与时代精神"的宏伟交响，唱出"同饮一江清水，共拥一片丹心"的时代强音。

三是以歌叙事，以歌传情。"歌"是歌剧之魂，该剧的音乐旋律、唱词充满中国气韵，尤其是汉江号子、十堰民歌等素材的融入，使得该剧音乐大气磅礴、情感充沛且湖北风味浓郁。整部剧故事感人，音乐动听，库区人民的大爱情怀令人感动。

4. 交响曲《长江》：全景性和时代性的文化表达

交响曲《长江》由杨帆、张巍、张艺馨、黄凯然、郑阳五位青年作曲家创作，江苏省演艺集团交响乐团演奏。交响曲《长江》由五个篇章组成，以金木水火土五行为篇章主题，涵盖了长江之发源流域、历史人文、生态植被、精神传承、家园守望。第一篇章《巨川》是源流与无限的交响，音乐整体至柔又强韧，水容万涓，脉流绵然。第二篇章《江之土》是大地与根脉的交响，灵动的旋律中融入了埙这门古老的乐器，远古的声音与现代的乐器交相辉映，风起尘落，土沃地厚，万物一体。第三篇章《锵锵》是风骨与铸就的交响，弦乐加上钢琴透出无形的能量，男中音吟唱着《楚辞》的沧浪歌，壮怀慨然，风骨铮铮。第四篇章《枯荣》是万物与共生的交响，古琴协奏以琴化人、以琴喻人，充分挖掘了古琴这一中国古代地位最崇高的乐器的演奏技法与音韵样态，叶生花开，木高林茂，草木欣然。第五篇章《光之灵》则是烈火与传承的交响，雄浑的打击乐彰显长江之壮阔，水与火的意象交融，历史与现代的激烈碰撞，燃烧淬炼，火尽薪传，涅槃焕然。

五大篇章，既有开阖舒张之抒情，又有民生民情之故事，既有地理地貌之刻写，又有历史学术之思考，从而开创长江主题大型音乐作品的全景性和时代性。

交响曲《长江》具有这样几个艺术特点。

一是以中华传统的哲思精髓"五行"为要义抒写长江文明的生生不息。中国古代哲学家用五行理论来说明世界万物的形成及其相互关系。依据五行理论，水生万物，水蕴五行。水源水流，以及林木生灵、土地沃野、文脉文运乃至生生不息的中华民族精神都是由江河之水而生，绵延不绝。五位作曲家根据自身的创作特点分别依托金木水火土的底蕴与意象，在遵循交响乐表达方式的基础上，辅以不同的音乐形态进行创作，形成了交响曲《长江》。作品由细微现宏观，由生命解哲思，既有对当下的思考，又有对历史的审思，具有全景性和时代性。

二是以中西乐器巧妙结合运用的方式形成新的音乐表达和文化表达。交响曲《长江》第二乐章《江之土》以土为题材。中国民族乐器埙的加入，使作品增添了古老而又厚重的韵味，低音乐器大管、大提琴对主题的描绘，再配以浓重的弦乐音色，表现出天地广大、土沃地厚的画面感。第四乐章《枯荣》以木为题材，古琴与管弦乐队相互竞奏，音乐一直是在上行、下行中游动，时而激起，时而下沉，最大限度地表现了草木盛衰枯荣的景与意。

三是五个乐章既各自独立，又浑然一体。交响曲《长江》五个乐章以"万水归一""高天厚土""金石为开""草木人心""薪火相传"作为篇章结构的核心，以新的音乐语言对长江文化的精华进行新的阐释和表达，给人带来一种新的音乐气息和文化气息。

5. 舞剧《大湖之灵》：演绎人与自然如何和谐共生

舞剧《大湖之灵》，由江西省文联、九江学院联合打造。长江中下游南岸的鄱阳湖，是我国最大的淡水湖泊。这里是长江江豚最后的栖息地，是白鹤等珍稀候鸟最重要的越冬地之一，更是300多个传统渔村超10万名渔民赖以生存的母亲湖。然而，过度捕捞等行为导致美丽的母亲湖渐渐变得面目全非。为了修复长江生态，从2020年1月1日①开始，鄱阳湖区开启为期十年的全面禁捕。世代在此繁衍生息的渔民"洗脚上岸"，告别水上家园。舞剧《大湖之灵》以鄱阳湖区开启为期十年的全面禁捕为故事背景，从四年之后的今天，回望禁捕政策下达的历史性时刻，以一位年轻渔女为主人公，通过她的视角，展现禁捕政策实施前后渔民生活与心态的变迁，从小人物的角度探讨"个人与鄱阳湖""人与自然"的关系。

舞剧《大湖之灵》在艺术上有这样几个特点。

一是题材贴近现实生活。《大湖之灵》是一部以鄱阳湖生态为主题的现实题材舞台作品。所谓"大湖之灵"，既是指鄱阳湖的候鸟，更是指生活在这里的每一个平凡却又倔强、坚韧的个体生命。舞剧《大湖之灵》借助多种表现手段紧扣社会热点、民生焦点，直面现实生活中的问题，突出鄱阳湖生态保护历程中发生的矛盾冲突，让现实题材有了富有冲击力的表达。②

二是舞蹈呈现具有艺术张力。舞剧《大湖之灵》将舞蹈语言与道具巧妙融合，增强了作品的艺术张力，创造出令人印象深刻的意象。舞台上，一张硕大的黑色巨网延伸到河床之下，恨不能将鱼子鱼孙捕捞殆尽，而捕鱼人仿佛也被困在这欲望的巨网之中，一网一网向大自然不断索取。这一幕营造了极具压迫感的剧场氛围，推进了剧情走向。高科技多媒体视频的运用，提

---

① 张婷：《舞剧〈大湖之灵〉：演绎人与自然如何和谐共生》，《中国文化报》2024年1月11日。

② 张婷：《舞剧〈大湖之灵〉：演绎人与自然如何和谐共生》，《中国文化报》2024年1月11日。

高了舞台时空转换的速度和流畅性，也提升了视觉冲击力。河水由清变黑、河滩遍地死鱼、候鸟离去……一张张生态写实照铺满舞台，看得人心痛、不安。观众随之对修复长江生态有了多层面的具象感知，明白了"10 年禁渔"的必要与重要。①

三是舞蹈给人希望和光明。舞剧《大湖之灵》呼吁保护生态，更深切的意味是探讨"命运"。生态环境危机是人类命运共同体面临的首要挑战。全人类、全物种命运相连，共建一个生生不息的美丽家园，是人们的共同追求。《大湖之灵》展开的修复长江生态的画卷，蕴含着现实主义的关切，也荡漾着理想主义的浪漫。剧中，精灵般的白鹤贯穿始终，最后父亲化身白鹤带女儿翱翔空中……这些意象为该剧增加了青春与梦幻的色彩。舞剧结尾，微风徐徐、碧波荡漾，数不清的白鹤如精灵般跃然水上，时而觅食、时而歇脚、时而振翅高飞……这一幕，也强化了光明、积极的艺术底色。

6. 数字大展"何以长江"：长江文化数字呈现的积极探索

2023 年 11 月 24 日，"何以长江——长江文化数字大展"在江苏大剧院开幕。该展览是首个长江原创 IP 展览，由 16 位艺术家以及制作团队打造。展览从历史的维度出发，借助人文、数字艺术和东方意境三个视角，通过微观到宏观的叙述，传达农耕文明演变为多元经济生态的丰富历程，呈现长江流域的深厚文化底蕴。

何以长江——长江文化数字大展有这样几个艺术特点。

一是将长江文化与现代科技相结合，打造一场沉浸式的长江文化探索之旅。何以长江——长江文化数字大展以"天际流"作为开篇序言，从"通天河源·生命奇迹""巴山蜀水·壹江共频""云梦泽·日月岁新""扬子春潮·江河湖海城""奔流入海·河海同脉"五个主题切入②，通过水、米、土、木、文、言、丝、茶、舟、桥等十个线索，在 2500 平方米空间里，浓

---

① 张婷：《舞剧〈大湖之灵〉：演绎人与自然如何和谐共生》，《中国文化报》2024 年 1 月 11 日。

② 刘兆权、柯高阳：《数字+艺术，让长江文化"活"起来》，《新华每日电讯》2024 年 1 月 26 日。

缩180万平方公里山河氤氲的万千气象，构建起属于每一个人的长江。开篇数字影像空间作品《天际流》，在"唯见长江天际流"的地势气象中，融入"数字奔流"的时代意象，长江之水循环往复，溯回从之，一下子就让观众体验到长江之水的奔涌之姿，沉浸在长江和长江文化的氛围中。

二是通过新媒体艺术、数字技术应用，呈现一条可读可品的"立体长江"。何以长江——长江文化数字大展借用数字技术和数字逻辑，高度凝练、诗意表达了穿越千古奔腾而来的长江文化，并以数字为舟，通过数字长卷、纸本水墨、分屏影像、水印木刻、手工艺装置、声音可视化装置等，让观众在立体长江中开启"文化漂流"。何以长江——长江文化数字大展的体验性、参与性很强。《长江诗境图》精选脍炙人口的历代经典诗句，融入相对应的山川河岳，诗意与地形交织出一幅长江流域的文化水墨图。作品前是长江流域沙盘，观众用手机扫一扫，屏幕上立刻就会跳出与当地有关的诗行，并可以顺带了解长江边曾经发生的故事。

三是多维度、多视角、多方式阐释"何以长江"，讲述好"中国故事"。何以长江——长江文化数字大展将艺术、科学、技术相融合，从灿若星河的传统文化中汲取精华，形成有效的长江文化当代解读、当代表达和当代传播，唤醒、澎湃人们心中的长江，通过讲好长江故事，进而讲好中国故事。在大展的"江河湖海城"单元，杨泳梁的《夜游记》用城市建筑的影像作为元素，以宋代山水绘画风格为蓝本，创作出一幅人造与自然、历史与当代共生交叠的超现实城市影像。董文胜的一组"江河湖海"作品，以动态视频的形式呈现最能代表江苏段长江自然风貌的"燕子矶"、太湖第一胜地"包孕吴越"，以及万里长江在启东的入海口。刘建华的作品《气体》由金属釉烧制的器物造型、四方体、喷雾装置三部分组合而成，装置中缓缓升出的白色雾气呈现了水元素的物态，讨论了长江与人类生存的关系，拓展了人们对长江文明和所有大河文明的思考。何以长江——长江文化数字大展用数字艺术方式展现长江文化，将物理长江变成数字长江，将文化长江变为艺术长江，引发线上线下观展热潮，对弘扬长江文化、讲好长江故事和中国故事，起到了积极作用。

（二）长江主题文艺创作现状分析

1. 主要成就

一是长江流域普遍重视并采取多种措施推动长江主题文艺创作。长江是中华民族的摇篮，万里长江孕育了长江文化，哺育了源远流长的中华文明。习近平总书记强调，"深入发掘长江文化的时代价值，推出更多体现新时代长江文化的文艺精品"①。为深入学习贯彻习近平文化思想，贯彻落实习近平总书记关于长江文化的重要讲话精神，引导广大文艺工作者深入发掘长江文化的时代价值，创作出更多彰显时代主题、凸显长江文化内涵的文艺精品，长江流域各省、区、市高度重视长江文化主题文艺创作，并召开专题创作会议推动长江文化主题文艺创作繁荣。2023 年 12 月 22 日至 23 日，江西省文联在九江召开江西省新时代长江主题文艺精品创作研讨会，与会人员共同探讨如何深入挖掘长江文化的内涵精神、时代价值，用各种艺术形式创新讲好新时代长江故事。为了推动长江主题文艺创作，有关部门、机构以及各地采取了许多具体措施。中国国家画院以长江为主题，在 2023 年度启动了长江主题美术创作项目。在文化和旅游部艺术司的大力支持下，邀请了长江沿线 11 个省、自治区、直辖市的著名艺术家和中国国家画院艺术家共同创作。湖北省文联持续组织湖北文艺家开展写长江、摄长江、画长江、唱长江等系列文艺创作，先后举办了"写意长江——湖北省中国画作品展""视觉长江——湖北省摄影作品展"等展览，举办了"长江原创歌曲音乐会"等展演。②

二是推出了一批弘扬长江文化和长江精神的优秀文艺作品和艺术展览。除了上面所重点提及的报告文学《和平长江》、"2022 同源·同向——长江流域十三省市自治区美术作品邀请展"、大型民族歌剧《汉水丹心》、交响

---

① 《习近平主持召开进一步推动长江经济带高质量发展座谈会强调 进一步推动长江经济带高质量发展 更好支撑和服务中国式现代化》，《人民日报》2023 年 10 月 13 日。

② 《以人民为中心 与时代同步伐 文艺鄂军砥砺奋进 70 年》，湖北文明网，http：//www.hbwmw.gov.cn/wmywtj/202009/t20200925_166090.shtml。

曲《长江》、何以长江——长江文化数字大展外，值得一提的还有四川艺术基金 2023 年度青年艺术人才培养项目话剧《同饮一江水》，该剧以四川宜宾为缩影，以李庄古镇和多所名校互帮与反哺的历史事件为背景，将长江大保护、围江化工转型、大学生回乡创业、乡村振兴等串联，展现了《长江经济带发展规划纲要》颁布以来沿江城市经济高质量发展的历程，展现了沿江城市共有的长江文化基因，在协同联动的命运共同体中唱响"同饮一江水，建功新征程"的新时代之歌。中共江苏省委宣传部、江苏省文化和旅游厅、江苏省文学艺术界联合会、凤凰出版传媒集团主办的"大美长江——孙晓云长江主题书法手稿特展"也很有特色，展览展出由南京大学莫砺锋教授遴选、中国书法家协会主席孙晓云书写的 89 件长江主题古典诗词书法作品，根据诗词所表现的不同内涵，展览共分为五个篇章，分别是一泻千里，东奔入海；五湖九派，气象万千；人文景观，流光溢彩；江声万里，歌咏千秋；大哉长江，与天同休。这些作品内容互相交叉，彼此渗融，展现不同时代、不同风格诗人眼中与心中的长江。展览延续千年以来普遍广泛使用的信笺书写形式，以现代展陈方式呈现汉字的笔画牵连和微妙变化①，综合传递了长江之美、诗词之美、书法之美。

三是艺术地展示了新时代长江文化和长江大保护成果。艺术家们坚持以人民为中心，深入长江沿线采风，亲身感受长江大保护和长江经济带建设给长江以及长江流域城市所带来的巨大变化，从长江文化中汲取营养和智慧，紧扣时代变迁与发展新貌，融合传统笔墨与现代表达，描写人民的追求和奋斗，彰显长江文化的历史风华，描绘长江沿线的沧桑巨变，勾画山水人城和谐相融的美丽图景。

四是推动了艺术创新及优秀传统文化创造性转化和创新性发展。从近年的长江主题文艺创作中，我们看到了艺术家们汲取奔腾不息的长江文化和勇于创新的长江精神的滋养，坚定文化自信，秉持开放包容，坚持守正创新，不懈追求艺术创新的积极探索。他们利用先进技术和时代艺术语言对中华优

---

① 《孙晓云长江主题书法手稿特展开幕》，《书法》2023 年第 11 期。

秀传统文化和长江文化进行创造性转化和创新性发展，使其具有更加丰富的表现形式，焕发出新的时代魅力。

2. 存在的不足

一是一些地方重视程度不够。文化和旅游部、国家文物局、国家发展改革委联合印发《长江文化保护传承弘扬规划》，要求推出长江题材优秀文艺作品，展示更多体现长江文化的文艺精品，展现中华历史之美、山河之美、文化之美。但有些省份重视程度不够，没有出台具体的长江主题文艺创作计划，也没有采取具体的繁荣长江题材文艺创作的措施，造成鼓励和扶持长江主题文艺创作的力度不够。

二是长江主题文艺作品的数量不多，质量也不够高。盘点2023年长江主题文艺创作我们发现，作品总体数量偏少，和长江文艺创作资源的丰富和丰厚完全不成比例、不相匹配，而且质量大多平平，也不够高，很少有在社会上产生广泛影响、被人们交口赞誉的精品力作。不少作品还停留在解读政策、表象化、概念化的层面上，不能引起人们内心对长江、对长江文化的强烈共鸣。此外，长江主题文艺创作的体裁、类型也不全，不够丰富。反映长江和长江文化的大型舞蹈、戏剧以及人们喜闻乐见的曲艺作品、网络文艺作品很少见，有的艺术门类几乎空缺。

三是对长江文化的时代价值挖掘不够。不少作品还停留在对长江自然风光、山川形胜的描摹上，没有能够深入长江文化的内部，对长江精神的内涵和时代价值缺乏新的揭示和阐释，也未能提供更多的对长江文化和长江文明新的发现与新的思考。

三 长江主题文艺创作对策建议

（一）充分认识推出更多体现长江主题文艺精品的重要性

1. 推出更多体现长江主题文艺精品是推进文化自信自强的具体举措

文化自信，作为根基深厚、广泛深远且持久稳固的力量源泉，是支撑国家命运、维护文化安全及保障民族精神独立性的基石。强化文化自信，是关乎国家兴衰、文化根基稳固及民族灵魂挺立的重大议题。

长江，这条穿越广袤地理版图、串联无数名山大川的巨流，不仅是自然界中一道壮观的线性文化遗产，更是流域内丰富文化遗产的集大成者。长江文化，根植于这片流域的自然地理之中，历经岁月洗礼，既承载了历史的厚重，又展现了当代的活力，涵盖了物质与精神的双重维度。它不仅是中华民族独特身份的象征，也是中华文化不可或缺的组成部分，体现了中华民族文化的多样性与包容性。

长江文化，作为一个跨越时空、层次丰富、维度多元的文化综合体，在历史的长河中逐渐凝练出了一种普遍而持久的精神内核——即创新、进取与开放。这些精神特质，如同长江之水，滔滔不绝，激励着中华民族不断前行。

因此，积极推出更多以长江为主题的文艺精品，不仅能够生动展现长江文化的独特魅力，促进长江文化的传承与发展，更是增强文化自信、推动文化自强、凝聚实现中华民族伟大复兴精神力量的重要途径。

2. 推出更多体现长江主题文艺精品是在新的历史起点上继续推动文化繁荣的迫切要求

步入新时代，我们肩负着推动文化持续繁荣、建设文化强国、建设中华民族现代文明的新使命。长江文化，作为社会主义精神文明建设的鲜活范例与文艺创作的宝贵源泉，对于这一进程具有不可估量的价值。

在新的征程上，为了进一步促进文化的蓬勃发展，我们必须充分挖掘和利用长江文化的丰富资源，以之滋养文化事业与产业，让其中蕴含的社会主义先进文化、革命文化及中华优秀传统文化成为引领人、凝聚人、激励人的强大力量。这要求我们不仅要深化对长江文化的研究与传播，更要将其精髓融入各类文化产品与服务之中。

同时，加强长江主题文艺作品的创作与生产显得尤为迫切。我们应聚焦长江这一独特题材，深入挖掘其背后的故事与情感，创作出更多展现长江文化魅力、反映时代精神的优质文艺作品。这些作品将成为人民群众精神文化生活的重要组成部分，为他们提供丰富多样、滋养心灵的精神食粮，从而满足人民群众日益增长的美好生活需要，特别是精神文化层面的追求。

3. 推出更多体现长江主题文艺精品是促进人类文明交流互鉴的重要途径

河流是文明的摇篮。世界上许多原生文明都诞生于大河流域，黄河—长江流域、印度河流域、两河流域、尼罗河流域分别孕育了中华文明、古印度文明、古巴比伦文明、古埃及文明。在各国前途命运紧密相连的今天，不同文明包容共存、交流互鉴，在推动人类社会现代化进程、繁荣世界文明百花园中具有不可替代的作用。今天，中国正在以中国式现代化全面推进强国建设、民族复兴伟业，推动构建人类命运共同体，中国的前途命运和人类的前途命运紧密联系在一起。① 推出更多体现长江主题文艺精品，对于讲好中国故事，向世界传递中国声音，传播中国文化，展示中国形象，让世界更好地了解中国，促进人类文明交流互鉴将起到积极和重要的作用。

（二）采取多种措施切实繁荣长江主题文艺创作

1. 深入挖掘长江文化的时代价值

深入挖掘长江文化的时代价值，是推出长江主题文艺精品的前提和基础。长江文化源远流长，博大丰富，多姿多彩，其中，蕴含着重要的哲学思想、人文精神、价值理念、道德规范和民族认同感。要组织专家、学者、文艺工作者，共同深入研究长江流域丰富的历史文化，从中华文明的连续性、创新性、统一性、包容性、和平性视角出发，将长江文化放置于时代背景中，完整准确全面理解长江文化，深入挖掘长江文化的本质特征、美学意义和时代价值，凝练长江文化所展现的和合共生、创新创造、开放包容的特质，为长江主题文艺创作融入新的时代内涵和时代精神。

2. 加强长江主题文艺创作生产的规划和扶持

新时代长江主题文艺精品的创作，是保护传承弘扬长江文化的重要途径、有效手段和具体形式。各级宣传、文化、文艺部门，特别是长江流域各

---

① 《世界大河文明论坛·郑州宣言》，《人民日报》2023 年 9 月 20 日。

省、自治区、直辖市宣传、文化和旅游部门以及文联，要增强繁荣长江主题文艺创作的责任感，结合本地实际和当前我国正在推进中国式现代化的实际，共同制定长江主题文艺创作生产的规划，根据长江文化的丰富内涵及显著特点，确定新时代长江主题文艺精品创作的方向和重点内容。要围绕长江大保护、长江经济带建设、长江国家文化公园建设、乡村振兴等题材开展文艺精品创作，贯彻"生态优先、绿色发展"和"共抓大保护、不搞大开发"等现代生态文明理念，把长江经济带绿色文化、生态文化作为新时代长江文艺精品创作的方向和重点，进一步助推长江经济带走"生态优先、绿色发展"之路，永葆长江"一江碧水向东流"。要大力弘扬红色文化，运用现代艺术创作形式，充分挖掘和展示长江红色文化，激励全国各族人民更加昂扬斗志、奋发有为地投入强国建设和民族复兴的伟业中去。[①] 同时，要加大对长江主题重点文艺创作生产项目的扶持力度。要充分用好国家艺术基金和各省设立的艺术基金，用好扶持精品艺术创作的政策，加大对长江主题文艺创作生产的资金扶持力度。

3. 强化对长江主题文艺创作生产的引导

要组织和鼓励文艺创作者深入长江流域采风，深入生活，提高对长江主题文艺精品创作的自觉性，激发创作灵感。创新是文艺的生命。新时代长江主题文艺创作，既要根植传统，传承长江美学精神，弘扬长江人文风范，彰显长江文化底色；又要开拓创新，不断提高艺术原创能力和水平。要鼓励广大文艺工作者以习近平新时代中国特色社会主义思想为指导，聚焦长江经济带高质量发展、长江生态优先绿色发展、长江区域协调发展和高水平改革开放，从对长江流域的生态整治和经济社会发展全面绿色转型的奋斗中汲取不竭的源泉。要引导和鼓励艺术家坚持创新，坚持古为今用、推陈出新，向着历史的深度、社会的广度、生命的力度和艺术的难度进发，向着广阔的生活与心灵开放，努力刻画新时代中国式现代化进程中的新人与英雄，书写出关乎新时代民族大义、家国情怀的长江文艺新篇章，写出描摹河山之形、彰显时代之

---

① 《大江奔流起诗情》，《中国艺术报》2023 年 12 月 29 日。

魂的传神之作、传世之作。要发挥文艺评论引导创作、推出精品、提高审美、引领风尚的作用，客观评价长江主题文艺作品，推介长江主题文艺精品。

4. 加强长江流域各省（区、市）在重大长江主题文艺创作中的合作

繁荣长江主题文艺创作，推出长江主题文艺精品，是文艺工作者的共同责任，更是长江流域各省（区、市）宣传思想文化部门共同的使命担当。长江主题文艺创作，应立足于长江文化的整体认知和流域特色。长江流域各省（区、市）之间可以强化全流域在重大长江主题文艺创作中的合作、交流互鉴，整合并共享文化资源，在已经取得成功经验的基础上，联合组织开展大型长江主题文艺作品创作。应建立和完善长江流域各省（区、市）长江文化保护弘扬交流、合作机制，将共同组织开展长江主题文艺创作作为重要内容，立足于长江文化的整体认知和流域特色，协同打造全景式、史诗式的长江主题文艺经典。要加强长江流域各省（区、市）各层级、各文艺创作生产部门、各艺术门类在长江主题文艺创作中的交流互鉴，整合、共享文化资源和文艺创作资源，在已经取得成功经验的基础上，进一步推动全流域长江主题文艺创作的活跃与繁荣。要发挥中国艺术节、国家级艺术评奖和国家艺术基金的导向作用，对长江流域合作共创的长江主题文艺作品给予关注和扶持。要用好长江文化节等全国性长江文化交流展示平台，促进长江流域各省（区、市）长江主题文艺创作交流、合作长效开展。

（三）加强长江主题文艺精品的推广传播

1. 融入长江国家文化公园建设

2021年底长江国家文化公园建设启动以来，各项工作有序开展，组织机制不断健全，顶层设计逐步完善，项目建设稳步推进，社会影响持续扩大。长江国家文化公园建设坚持保护优先、强化传承，文化引领、彰显特色，总体设计、统筹规划，积极稳妥、改革创新，因地制宜、分类指导，建好为本、用好为要六个原则，重点建设好四类主体功能区，实施好五大工程，努力把长江国家文化公园建成传承中华文明的历史文化长廊、凝聚中国力量的共同精神家园、提升人民群众生活品质的文化和旅游体验空间、展示中国形象的亮丽名片。① 根据长江国家文化公园建设的规划和要求，我们应该将长江主题文艺精品的推广、传播融入长江国家文化公园建设当中，让长江国家文化公园建设获得优秀产品支撑，同时，也借助长江国家文化公园建设，让长江主题文艺精品拥有更大的传播空间和更丰富的传播载体，使思想精深、艺术精湛、制作精良的长江主题文化产品和文艺作品，更好地满足人民享受文化、陶冶性情、拓展境界、升华精神的需要，丰富人民精神世界，增强人民精神力量。

2. 融入长江经济带建设

长江经济带是我国经济重心所在、活力所在。文艺作品在塑造社会风尚、启迪民众智慧、服务社会各界及促进全面发展方面扮演着关键角色。为此，我们应积极将长江主题文艺精品的推广与传播融入长江经济带的发展蓝图，使之成为推动区域高质量发展的坚实文化支撑。

通过精心策划与创作长江主题文艺精品，并广泛传播其影响力，将有效促进长江流域文化事业与产业的蓬勃发展。这包括培育新型文化企业、探索文化新业态以及创新文化消费模式，让长江文化产业成为引领长江经济带增长的新引擎。

同时，将长江文艺与长江文化深度融入城乡建设之中，旨在打造符合人民高品质生活需求的居住环境。致力于利用长江文艺与长江文化的力量，焕发新农村面貌，提升乡村人居环境，传承乡村文化的历史底蕴，丰富乡村群众的精神世界，培育文明乡风与淳朴民风，共同绘制一幅人与自然和谐共生的美好图景。

此外，致力于构建文旅深度融合的品牌体系，通过文化引领、数字赋能与跨界融合的策略，推动内容创新、品牌塑造及数字技术应用。这些举措将激发长江主题文艺精品在沉浸式、体验式旅游中的活力，进而带动整个长江经济带文化产业的繁荣兴盛，实现文化与经济的共赢发展。

---

① 喻珮：《推进长江国家文化公园建设 保护好传承好弘扬好长江文化》，《新华每日电讯》2023 年 10 月 13 日。

3.融入加强国家传播能力建设

习近平总书记对宣传思想文化工作作出重要指示，强调要着力加强国际传播能力建设、促进文明交流互鉴。加强国际传播能力建设，促进文明交流互鉴，必须结合新阶段新形势新要求，找准着力点，不断提升中华文明的传播力影响力。讲好中国故事，是国际传播的最佳方式。长江主题文艺精品，体现的就是讲好长江故事、中国故事。要将长江主题文艺精品的推广、传播融入加强国家传播能力建设，通过长江主题文艺精品的对外传播，坚持弘扬平等、互鉴、对话、包容的文明观，引导世界人民读懂长江、读懂中华文明、读懂中国、读懂中国特色社会主义、读懂中国共产党；阐明中国特色社会主义是人类文明进步事业的一部分，塑造可信、可爱、可敬的中国形象，促进各国人民相知相亲，共同应对各种全球性挑战①，构建人类命运共同体。

---

① 王会民：《加强国际传播能力建设 促进文明交流互鉴》，《红旗文稿》2023 年第 23 期。

B.9
2023～2024年度长江文化
学术研究情况报告

周　锦　高文岭＊

摘　要： 本文主要对2023～2024年度长江文化研究情况和研究主要方向进行分析总结。总体来说，长江文化持续受到学术界的重视，在统计期间陆续有高质量论文发表。其中，武汉市和南京市为长江文化主题研究的主要发文地，研究机构中高校和社会科学院对长江文化的关注程度最高，学者们在研究过程中多与文化、旅游、考古等学科相互联系。进一步对研究者合作情况和研究关键词分析发现，部分研究者已经形成小规模研究合作网络，在研究过程中主要围绕长江文化、长江经济带、文化产业等关键词展开。最后，以长江文化研究论文、长江文化研讨会和长江文化出版物为主题进行综述，多维度分析长江文化的研究进程，为讲好长江故事、加强长江文化交流作出贡献。

关键词： 长江文化　学术研究　研究主题　研究领域

长江文化既是抽象的，也是具体的，既是概念性的，也是实践的，对长江文化研究成果进行解读和分析，有助于我们在新时代保护、传承和弘扬长江文化。在实践发展层面，2023年7月，文化和旅游部、国家文物局、国

＊ 周锦，经济学博士，南京信息工程大学雷丁学院副院长，副教授，硕士生导师，南京大学长三角文化产业发展研究院特聘研究员，江苏文化产业研究基地副主任，主要研究方向为文化产业经济学；高文岭，南京信息工程大学江北新区发展研究院助理研究员，主要研究方向为文化产业经济学。

家发展改革委联合印发《长江文化保护传承弘扬规划》，提出了七个方面的主要任务，为长江文化保护传承弘扬工作的持续推进提供了指引。在理论研究层面，截至2024年5月，在中国知网以"长江文化"为主题的学术期刊论文共有965篇，研究内容包括长江流域、长江经济带、长江文明、长江国家文化公园、文化产业等，涉及文化、考古、旅游、文化经济等多个学科，对长江经济带建设具有重要的理论价值。

回顾和梳理长江文化研究成果，有助于在学理层面深化长江文化领域的研究共识。本文重点梳理了2023年以来长江文化的学术论文、研讨会、出版物等相关信息，以期进一步关注长江文化研究的新进展，为后续长江文化研究提供新方向。

一　长江文化整体学术概况分析

（一）长江文化重点研究区域分析

在中国国家知识基础设施数据库（CNKI）中利用高级检索工具以"长江文化"为主题检索，检索时间范围为2023年2月至2024年5月，共得到131篇研究文献，其中北大核心期刊28篇、CSSCI期刊19篇、AMI期刊66篇。下面从发文机构所在城市、发文期刊名称、发文机构名称、文章所属学科4个维度进行长江文化主题学术研究概括分析。

对发文机构所在城市的统计结果如表1所示。其中，湖北省武汉市的发文量最多，为43篇，其次是江苏省南京市和北京市，分别为32篇和15篇，重庆市、江苏省无锡市、河南省郑州市、四川省成都市等地区关于长江文化主题研究也有所涉及。由此可见，我国对于长江文化的研究主要集中于武汉、南京，说明研究长江文化的机构所处城市多与长江流域的地理位置相关。

表1 长江文化研究领域主要发文城市

单位：篇

序号	省级行政区	城市	发文量	序号	省级行政区	城市	发文量
1	湖北	武汉	43	13	海南	海口	1
2	江苏	南京	32	14	浙江	杭州	1
3	北京	北京	15	15	湖南	吉首	1
4	重庆	重庆	6	16	山东	济南	1
5	江苏	无锡	5	17	云南	昆明	1
6	河南	郑州	5	18	河南	漯河	1
7	四川	成都	4	19	广西	南宁	1
8	江西	南昌	3	20	山西	太原	1
9	湖南	长沙	3	21	青海	西宁	1
10	内蒙古	呼和浩特	2	22	江苏	常州	1
11	山西	大同	1	23	上海	上海	1
12	黑龙江	哈尔滨	1				

注：统计时间范围为2023年2月至2024年5月。

资料来源：由笔者根据知网检索结果统计得来。

对2023年2月至2024年5月国内发表长江文化相关主题的期刊进行统计，结果显示，《唯实》期刊对于长江文化相关主题的研究最感兴趣，发文最多。其次为《江苏地方志》《档案记忆》《黄河科技大学学报》《漯河职业技术学院学报》等期刊。另外，《商业经济研究》、《炎黄春秋》、《文史杂志》、《海南师范大学学报》（自然科学版）等期刊对长江文化主题的研究也有所涉及。由此可见，各地期刊对长江文化均有所关注，发表期刊所属地集中程度最高的为江苏省南京市。

对2023年2月至2024年5月国内发表长江文化相关主题论文的发文机构进行统计，其中主要发文机构统计结果如图1所示。统计结果显示，排名前5位的机构分别为南京大学、武汉大学、南京农业大学、华中师范大学和南京市社会科学院，其他排名较靠前的机构还有安徽工业大学、湖北大学、河海大学等。由此可见，在所有的研究机构中高校和社会科学院对长江文化的关注程度最高。

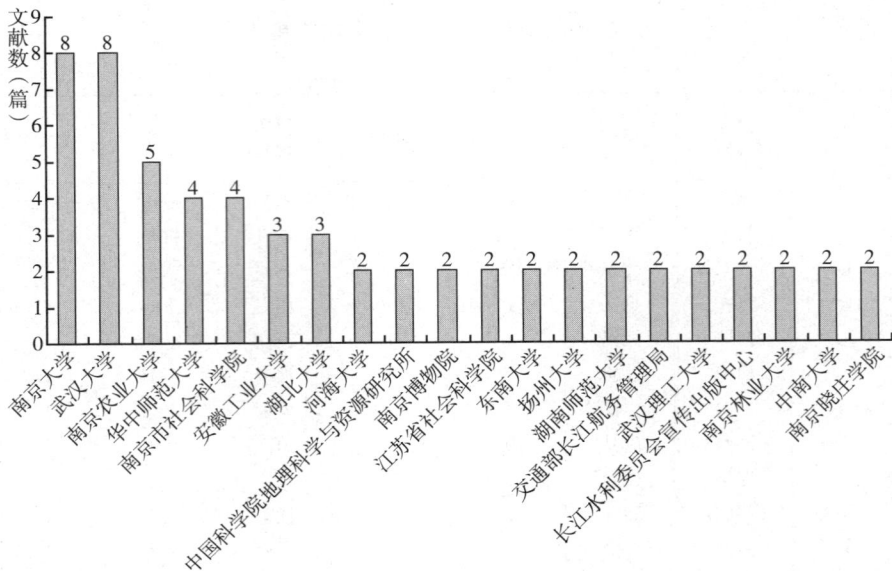

图1 长江文化研究领域主要发文机构

注：统计时间范围为2023年2月至2024年5月。
资料来源：由笔者根据知网检索结果统计后绘制。

对2023年2月至2024年5月国内发表的长江文化相关主题论文所涉及的学科进行统计，其中，一篇论文存在覆盖多种学科的可能性。主要学科分布统计结果如图2所示。其中，文化学科的研究论文数量最多，共97篇，占比42.17%，旅游、考古学科的研究论文数量也相对较多，均占比9.57%，文化经济、建筑科学与工程、经济体制改革、美术书法雕塑与摄影等学科也有涉及。由此可见，长江文化在研究过程中多与文化、旅游、考古等学科相互联系。

相较而言，长江文化主题相关研究主要集中于长江流域地区的研究机构和高校，研究过程中常常与其他学科交叉研究。然而，长江文化是中华民族优秀的传统文化，是全体中华儿女共同的精神财富。因此，长江文化的相关研究应当不只在长江流域的研究机构展开，在全国其他地区同样应当引起重视，共同助力长江文化的传承与发展。

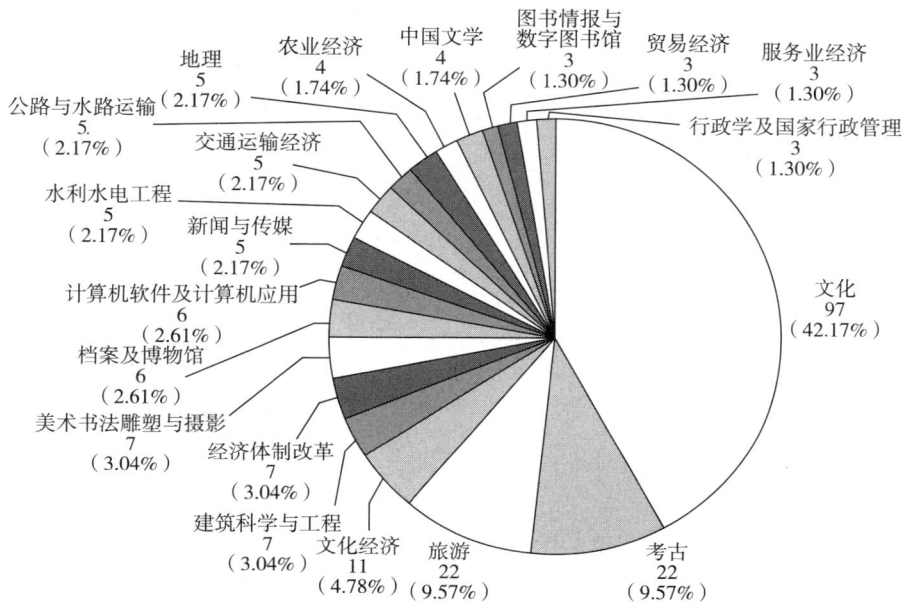

图 2　长江文化研究领域学术期刊主要学科分布

注：统计时间范围为 2023 年 2 月至 2024 年 5 月。

资料来源：由笔者根据知网检索结果统计后绘制。

（二）长江文化研究领域作者合作和关键词图谱分析

进一步延长研究区间，分析长江文化研究领域作者合作和关键词图谱情况。首先，在 CNKI 中利用高级检索工具以"长江文化"为主题检索分析近10 年长江文化领域研究情况，检索时间范围为 2014 年 6 月至 2024 年 5 月，共得到 500 篇学术期刊研究文献。其次，使用 VOSviewer 软件分析长江文化领域作者合作情况（见图 3）和长江文化领域研究关键词图谱（见图 4），得出研究作者合作情况和研究重点。

研究论文作者合作情况能够反映不同学者在该领域的研究贡献。如图 3所示，2014 年 6 月至 2024 年 5 月，主要论文作者相互合作形成了以段渝、包启安、郝健为核心的小规模合作网络，以胡利民、周家华为核心的小规模合作网络，以杨华、卢世菊为核心的小规模合作网络，以邓先瑞、宁业高、

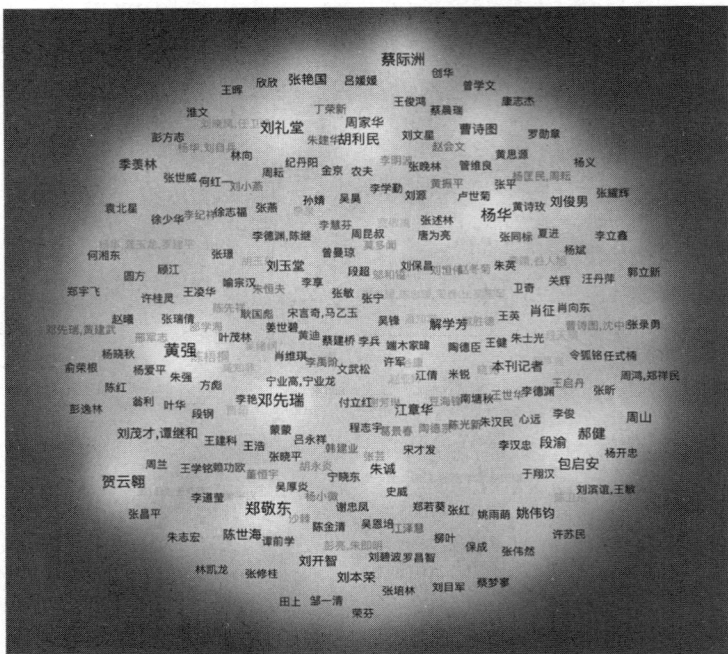

图 3　长江文化研究领域作者合作共现

注：统计时间范围为 2014 年 6 月至 2024 年 5 月。
资料来源：由笔者使用 VOSviewer 软件绘制得来。

李艳为核心的小规模合作网络等。

从图 4 可以看出，长江文化领域的研究热点涉及长江文化、长江经济带、文化产业、长江国家文化公园、文化软实力、非物质文化遗产、长江文明、长江、长江流域等研究热点，文化建设、旅游产业、文旅融合、地域文化、黄河文化等研究方向也常常与长江文化的研究相互联系。此外，还包括文化内涵、文化基因、中华优秀传统文化、中华民族共同体等更高站位的研究热点。

综上所述，长江文化主题的相关研究在不断引起学者们的关注，近十年的研究热度持续。研究合作模式中，部分学者已经形成较为稳定的合作网络，仍有部分学者倾向于个人进行研究。长江文化相关主题在研究过程中，常与其他主题相互联系研究，包括跟随国家文化发展政策指导、区域协调发

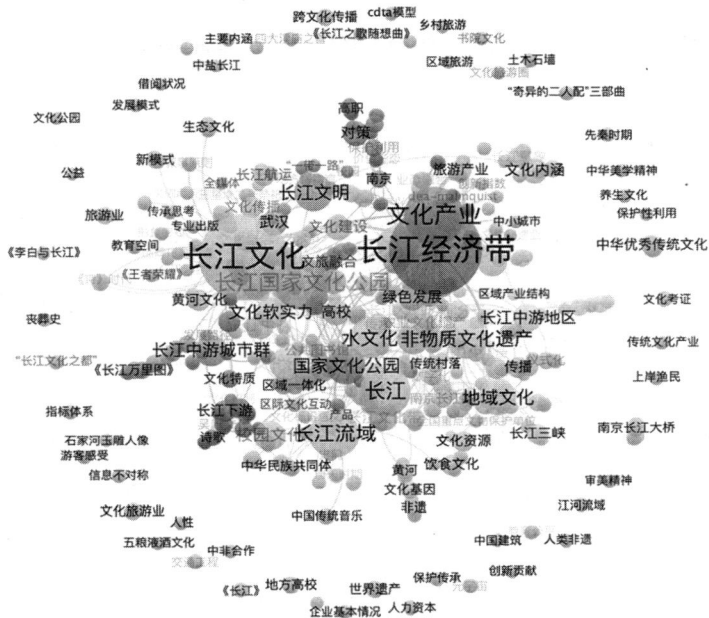

图 4　长江文化研究领域文献关键词共现网络图谱

注：统计时间范围为 2014 年 6 月至 2024 年 5 月。

资料来源：由笔者使用 VOSviewer 软件绘制得来。

展、与其他文化相互联系共同发展等。因此，长江文化的研究不应该是独立的，而是与其他优秀文化共同发展，共同助力中华优秀传统文化传承。

（三）长江文化研究主题分析

长江不断哺育着中华儿女，是中华文明形成和发展的摇篮。长江文化不只带动了巴山蜀水，也带动了江南水乡，是长江流域文化的集合体。依靠长江而形成的长江文化是底蕴深厚的文化，是开放包容的文化，是创新创造的文化，正是因为长江文化有如此优良的品质才塑造出长江文化今日开放包容的文化系统，使得长江文化生生不已、历久弥新。长江作为中华民族的母亲河，习近平总书记也时常挂念着长江的保护和发展。在全面推动长江经济带发展座谈会上，习近平总书记指出："要把长江文化保护好、传承好、弘扬好，延续历史文脉，坚定文化自信。"① 长江文化历史悠久，研究成果丰富，涉及研究领域比较广泛，包括文化、经济、社会、生态等多个方面。全面推动长江经济带发展旨在保护、传承和弘扬长江文化，分析长江文化研究思路和方向，探索新时代发展背景下长江文化在社会经济中的作用机制和发展路径具有重要意义。

推动长江文化的传承对实现长江经济带高质量发展具有重要意义，长江文化与经济的高质量结合恰恰回应了人文经济的发展内涵。习近平总书记2023年10月12日在江西省南昌市主持召开的进一步推动长江经济带高质量发展座谈会上强调，积极推进文化和旅游深度融合发展，建设一批具有自然山水特色和历史人文内涵的滨江城市、小城镇和美丽乡村，打造长江国际黄金旅游带。② 长江流域贯穿东西、承接南北，其独特的地域优势是其他河流所不能比拟的，能够更好地承载和发展沿岸的文化资源。在此优势上，文化旅游是带动长江经济带高质量发展的重要载体。长江流域不仅诞生了丰富多样的非物质文化遗产，包括湖南花鼓戏《海哥与九妹》、重庆川剧《玉支叽》、江西采茶剧折子戏《采桑》等传统戏剧和金银铜、竹木、砖石、木板年画等雕刻技艺，长江沿岸历史名城还带来了深厚的文化旅游资源，包括四川眉山、湖北武汉、江苏苏州、安徽芜湖等。通过创新活化优秀的传统文化资源，强化区域间协同发展，实现人文经济高质量发展。由此可见，长江文明涉及地域范围广泛、人口数量众多，保护和传承长江文化对延续历史文脉和建成文化强国具有重要意义，对实现经济高质量发展的重要性也同样不容忽视。

1. 长江文化综合性研究

《人民日报》在2023年11月13日第10版汇集多位文化领域研究学者深入探讨长江文化内涵。南京大学贺云翱提到长江是中华民族的代表

---

① 《习近平关于社会主义精神文明建设论述摘编》，中央文献出版社，2022，第234页。
② 《习近平主持召开进一步推动长江经济带高质量发展座谈会强调 进一步推动长江经济带高质量发展 更好支撑和服务中国式现代化》，新华网，http：//www.xinhuanet.com/politics/leaders/2023-10/12/c_ 1129913439.htm。

性符号和中华文明的标志性象征，应当从长江文化源远流长、长江文化独特内涵以及推动长江文化传承发展三个方面深入探讨长江文化的时代价值。此外，还应当借助文化和旅游支撑长江经济带发展，坚持党的二十大所提出的"以文塑旅、以旅彰文"原则，发挥旅游在文化传播中的重要优势，让长江文化在经济高质量发展中发挥其独特的优势。武汉大学傅才武认为长江文化蕴含的哲学思想、人文精神、价值理念、道德规范等，随着长江文化而诞生的农耕文化等深刻影响了中国传统的生产方式、文化创造和社会结构，对中华文明的发展产生了深刻的影响。长江文化具有包容、开放的独特品质，是能够继续推动文化繁荣、建设文化强国、建设中华民族现代文明的宝贵资源，要推动长江文化展现新气象新风貌。西南大学蓝勇认为长江是我国重要的战略水源地，承载着水运交通、人工养殖、工矿用水等职责，在国民经济发展中起到不容忽视的作用。长江流域的经济社会繁荣发展，彰显人与自然和谐共生理念并积累了人与自然和谐共生的智慧。

此外，不少学者以"长江文化"为主题发表学术性研究论文，其中包括长江文化美学思考、长江文化资源保护、长江文化价值转化、长江文化与其他文化资源的关系等研究主题。

其一，长江文化与中国传统美学具有相似之处。祁林在《长江文化的奔流意象及其创新美学精神》（《江海学刊》2024年第1期）中提到，长江流域的自然资源和地质条件造就了"大江奔流"的景象，潜移默化地影响了中华民族传统的审美观念。李健在《长江文化的瀚漫审美意象及其美学精神》（《江海学刊》2024年第1期）中提到，长江文化在某种程度上影响了中国人的时空观、历史观和宇宙观，而长江文化因其流域广泛而具有文化包容性，这与中国传统美学高度契合。周宪在《长江文化的美学思考》（《南京社会科学》2024年第2期）中提到，长江文化不只是过往的遗产资源，更是面向未来不断开放的精神结构，要坚定地把长江文化保护好、传承好，延续历史文脉，坚定文化自信。

其二，高质量发展长江文化的前提是对长江文化资源进行合理的保护，这不仅关乎民族文化自信，更是维系民族精神的关键。何淼等在《长江文化资源保护利用的基本维度与价值形态》（《南京社会科学》2023 年第 2 期）中提到，在长江文化资源的保护过程中要注重其原真性的保护，使得长江文化原本的历史价值得到有效的延续，实现长江文化独特文脉的保护；要注重其整体性的保护，传承长江流域文化系统的宏大格局，通过整体性保护实现长江文化的时空连续性；要注重其活态化的保护，长江文化的发展要注重与人民日常生活相互联系，为人民生活提供文化依托和精神寄托，促使长江文化可持续发展。

其三，通过对丰富的长江文化进行资源转化实现其经济效益的产生和可持续性的发展。毕浩浩在《论长江文化的时代价值及其创造性转化》（《学习与实践》2021 年第 5 期）中提到，长江文化作为我国代表性文化，不仅具有精神价值，还具有经济价值，是新时代文化。要高度重视长江文化的创造性转化，促进长江文化带高质量发展。可以借助当下正火的文化旅游带动长江文化经济化发展，借助 5G、物联网、大数据、云计算等现代技术充分实现文化资源创新，丰富文化传播方式、提升文化传播内容质量，带动人文经济高质量发展，扩大长江文化影响范围。

其四，长江文化与其他流域文化的关联研究有助于发展中国的水系文化。中国的七大流域包括长江、黄河、淮河、珠江等，虞和平在《淮河文化与长江文化关系研究之我见》（《学术界》2020 年第 2 期）中将长江文化与淮河文化的关系作为研究切入点，分析区域文化研究和区域社会经济建设相结合的路径，为长江三角洲一体化建设提供参考。

2. 长江亚文化和文化专题研究

长江流域包括四川、重庆、湖北、湖南、安徽、江苏等省（区、市），具有独特的自然地理和人文地理优势，长江流域诞生了丰富多样的文化，长江文化是集合多种文化元素的生态体系。无论是长江上游的巴蜀文化、中游的荆楚文化，还是下游的吴越文化等长江亚文化，都是长江文化体系的构成。因此，深度挖掘长江亚文化对传承长江文化基因、丰富中国地域文化具有重要的借鉴意义。

巴蜀文化区主要地处四川省和重庆市，巴蜀人民土风醇厚、吃苦耐劳、不畏艰险的特点造就了如今的巴蜀文化，是中华优秀传统文化之一，也是中华文化重要文化元素表现的集合。王川等学者在《中华民族共同体视阈下巴蜀文化的特征与时代意义》［《湖北民族大学学报》（哲学社会科学版）2024年第3期］中提到，在巴蜀文化的不断传承与发展过程中，巴蜀文化具有连续性、创新性、统一性、包容性、和平性等特征，是铸造中华民族共同体意识的宝贵资源。此外，巴蜀地区还有翠云廊古蜀道、三星堆博物馆等影响范围广泛的旅游景点。《活力南丝路》《三星堆：再现失落的文明》等皆是以巴蜀文化为创作主题展开，为巴蜀文化在国内外创新性发展提供了新思路。侯梦瑶在《"巴蜀文化"题材纪录片的跨文化传播研究》（《四川戏剧》2023年第11期）中认为，拍摄讲述巴蜀文化的纪录片对坚定中华民族文化自信有着积极意义，能够增强中华民族文化自信，有助于推进构建"人类命运共同体"。在拍摄时要建立起巴蜀文化与不同文化受众之间的联系，进而促进受众对巴蜀文化和中华文明的认知。因此，要不断抓住巴蜀文化在国内外的影响力，建设具有文化特色的文旅品牌，提升巴蜀地区文旅产业竞争力，这对于发展川渝地区的人文经济具有重要意义。

滇文化是云南文化的象征与符号，也是中华文明源头文化之一，在悠悠历史长河中，滇文化不断吸收外来文化的优秀成果，逐渐形成如今自身鲜明的特征。在滇文化的影响下，云南地区在古代就表现出较高文明的文化特征，包括以青铜器为代表的青铜文化，以盘发、农耕、崇尚歌舞为特色的安居乐业的生活方式等，造就了云南地区独具特色的文明体系。邢琳在《滇文化青铜器动物形象浅析》（《四川文物》2017年第1期）中提到，在滇文化的影响下，云南地区出土的滇文化青铜器主要将动物形象作为装饰。动物形象完美地诠释了滇人的艺术思想和审美，反映了滇文化对当地人生活和艺术创作的影响。杨霞等在《古滇文化与云南城市公共空间设计》（《现代园艺》2022年第20期）中分析了古滇文化与现代城市空间设计的设计风格和设计特点之间的关系，认为通过保护和保持城市公共空间文化的独特性能够延续滇文化的文脉。张慧聪在《古滇文化在云南地域景观设计中的应用——以晋宁古滇文化旅游城为例》（《现代园艺》2021 年第 21 期）中提到，景观设计是对地域文化的传承与应用，云南晋宁古滇文化旅游名城在景观设计时结合古滇文化，打造出诗情画意、寄情山水、怡然自得的旅游体验场景，使其呈现独特化、地域化景观特征，提升其在文化旅游中的产业竞争力。由此可见，从古至今滇文化影响着云南人民生活的方方面面。此外，滇文化具有强大的开放包容性。在云南地区有众多的少数民族，各民族都有自己长期的历史发展进程，但是在滇文化的包容之下，各民族相互融合、和谐共生，形成了"各美其美、美美与共"的融合发展状态。由此可见，滇文化是长江上游的代表性文化之一。

荆楚文化主要分布于目前的湖北省地区，是华夏民族文化的重要组成部分之一，以"长善若水"的和合精神为精神内核。荆楚文化蕴涵着丰富的物质文化和精神文化，是中华优秀传统美德的传承，是符合社会主义核心价值观的优秀文化，具有引领时代发展的价值。魏群等在《基于荆楚文化的黄鹤楼文创产品设计研究》（《设计》2023 年第 19 期）中提到，以荆楚文化为核心创作元素的黄鹤楼文创产品在塑造品牌视觉形象时应当采取文化寄托的形式，通过可视化的方式传递文化产品的艺术精髓，赋予文创产品更深层次的文化内涵。李玉琴在《乡村振兴背景下荆楚文化与乡村旅游融合路径研究》（《现代化农业》2023 年第 3 期）中提到，在发展乡村文化旅游时，可以将荆楚文化与乡村旅游相结合，通过扩大融合范围、形成区域优势、增强融合深度等方式发展荆楚文化下的乡村旅游，以此迎合农村经济发展的时代需求。优秀的荆楚文化的影响，造就了当地人上下求索、一诺千金的优秀品质，也为产品设计、旅游发展等方面带来动力。因此，要加快构建荆楚文化的保护传承机制，延续荆楚文化血脉，对其进行创造性转化和创新性发展，使珍贵的文化资源成为全人类共享的精神财富。

吴越文化是长江下游的代表性文化之一，目前主要聚集于中国的江浙地区。吴越文化是经过自然资源和人文资源反复沉淀塑造而成的，深刻影响了当地人的生活习俗和城市发展的方向。居阅时在《吴越文化的历史原型及其现代意义》（《晨刊》2022 年第 4 期）中提到，吴越文化通过影响人的行为准则进而转化为现代城市精神，展现了吴越文化巨大的张力和影响力。在吴越文化的影响下，上海、苏州、杭州等城市以包容、进取、卓越等为城市发展的内涵，成为人文经济发展的模范城市，既推动了自身持续性发展，也推动了长三角一体化区域性协调发展。而优秀的吴越文化也造就了吴越人为人谦和、注重礼节、外柔内刚、真实独立等特性。陈雨康等在《吴越文化与江苏新时代发展》（《戏剧之家》2020年第20期）中指出，吴越文化在创新发展中采纳新文化优势，丰富自身文化内涵，凭借自身优势为江苏地区现代化发展、经济高质量发展注入新动力。如今，讲好中国故事是事关我国发展的重大战略策略。朱梦清在《新媒体视角下的吴越文化传播路径研究》（《西部广播电视》2024年第4期）中提到，吴越文化主要聚集的江浙地区不仅文化底蕴深厚，新媒体行业的发展也在全国处于领先地位，因此可以借助传播技术的革新，讲述吴越文化的精彩故事，借鉴国内外成功案例打造吴越文化具有影响力的文化IP，通过各界联动优化吴越文化的传播路径，利用好新媒体这一工具，提升吴越文化的影响力和传播范围，向世界讲好中国文化故事，展示全面真实立体的中国。

3. 长江文化资源利用及现实性意义

2023年7月，文化和旅游部、国家文物局、国家发展改革委联合印发《长江文化保护传承弘扬规划》，从挖掘弘扬长江文化内涵、全面推进长江文物和文化遗产系统保护、推出长江题材优秀文艺作品、提升长江流域公共文化服务水平、推动长江流域文化产业和旅游业提档升级、加强长江文化国际交流传播、发挥长江文化的引领作用七个方面提出主要任务，为保护传承弘扬长江文化工作的持续推进提供指引。而长江文化的发展与长江经济带的发展密不可分，沿江省（区、市）能够通过资源调动、全域共建、发展共享等方式带动提升长江文化的时代价值，推出更多符合新时代发展旋律的长江文化的文艺精品，更好地助力长江经济带发展战略的深入实施。

长江文化是长江经济带高质量发展的底层逻辑，长江经济带是弘扬长江文化的具体表现形式。李玲在《保护传承弘扬长江文化 推动长江经济带高质量发展》（《中国文化报》2023年7月5日）中指出《长江文化保护传承弘扬规划》是发挥文化和旅游优势推动长江经济带高质量发展的重要举措，能够更好助力长江经济带发展。在长江文化与长江经济融合互动的发展过程中，可以借助城市的自身优势。城市作为人类生产生活的聚集场所，是文明发展的重要载体之一。南京市社会科学院院长曹劲松在《城市更新微改造中长江文化场域的构建——以南京市为例》（《艺术百家》2023 年第 4 期）中提到，可以长江沿岸的城市为载体，推动长江文化的空间结构及其功能性拓展的动态演进，这不仅对提升人民生活品质具有重要意义，更对经济发展带来深刻影响，从历史维度、自然维度、空间维度、交流维度和知识维度上构建其特色场域，优化人民文化生活体验，改善人民城市生活的居住条件，进一步激发人民对生活的热爱，为江河文化赋予生命意义，充分体现长江文化的价值所在。

国家文化公园作为中国首创的新体制创新，是文化生态系统各要素之间的关系重建和结构重构，充分迎合文化强国战略的新需求，目前我国已经建设的国家文化公园包括长江国家文化公园、大运河国家文化公园、长征国家文化公园等。其中，长江国家文化公园的建设综合考虑了长江干流区域和长江经济带区域，深入挖掘长江文化的经济价值和时代价值，为中华文明的发展和长江经济带的发展起到了极为重要的作用，是做大做强中华文明的重要标识。多位学者针对长江国家文化公园的建设和长江文化资源的应用展开讨论。贺云翱在《高起点推进长江国家文化公园江苏段建设》（《群众》2023年第 5 期）中提到，长江国家文化公园的建设是促进文化繁荣、提升文化自信、建设文化强国的重大举措与战略工程。建设长江国家文化公园江苏段，高标准打造国家文化地标，需要从深入调查研究，做优分层规划；注重体系建构，推进统筹协同；立足文化主旨，统筹五位一体；强化特点，打通线下线上四个方面推进。郑海鸥在《把长江国家文化公园建设成展现中华文明的重要标志》（《人民日报》2024 年 5 月 3 日）中认为，长江造就了从巴山蜀水到江南水乡的千年文脉，是中华民族的代表性符号和中华文明的标志性象征，要建好用好长江国家文化公园，把长江国家文化公园打造成展现中华文明的重要标志。赵雪芹等在《档案赋能国家文化公园文化建设的内在逻辑与路径研究——基于长江国家文化公园的视角》（《档案与建设》2024年第2期）中提到，基于长江国家文化公园视角，从内涵挖掘、资源开发、组织规划三个维度分析了长江国家文化公园建设所面临的难题及其产生的原因，提出档案可以为国家文化公园文化建设提供信息资源支撑，提升长江国家文化公园的文化价值和影响力。

长江作为中华民族的母亲河，在中国人的心中具有象征性。IP的含义为知识产权、文化传播赋予生命力，能够提升文化传播范围，对于发展文化创意产业和内容产业具有强大的带动能力。崔保国等在《传统文化IP化：新型主流媒体的创新传播路径》（《中国编辑》2024年第4期）中提到，传统文化IP化是新型主流媒体在文化传播中的创新路径，要扎根传统文化的人文精神，打造能够立足的经典传统文化IP，增强传统文化的传播力。因此，围绕长江文化所诞生的长江文化IP在社会多方面具有广泛的影响力、号召力等。傅才武等在《"文化长江"超级IP的文化旅游构建逻辑——基于长江国家文化公园的视角》[《福建论坛》（人文社会科学版）2022年第8期]中提到，长江文化旅游是长江文化空间的有机构成，是长江文化资源运用的具体体现。因此，可以将围绕长江文化形成的超级IP进行价值转换，以旅游为桥梁将长江文化通达客源市场。以长江文化旅游作为长江文化传播的有效载体，借助居民生活场景提升游客的文化旅游体验，为长江文化空间构建提供源源不断的动力。长江文化IP既是符号系统又是符号使用规则。通过促进旅游者的文化消费行为促使长江文化IP进行商业化转化，将长江文化符号所表征的价值意义转化为个体的文化身份认同。

综上所述，长江文化的研究主题主要围绕着长江文化综合性研究、长江亚文化和文化专题研究、长江文化资源利用及现实性意义等方面开展。长江文化是中华儿女的精神财富，是开放包容的文化系统，更是带动经济发展不可或缺的资源。因此，要重视长江文化的传承，重视对长江文化资源的活化，深入发掘长江文化的文化价值和时代价值，用文化繁荣发展为经济发展注入内涵，带动经济高质量发展。

二 2023年至今长江文化研究论文综述

自2023年以来，长江文化研究论文主题主要集中在"长江国家文化公园建设"、"长江流域文化遗产"以及"长江经济带文化产业"三大类。

（一）长江国家文化公园建设研究

党的二十大报告提出："加大文物和文化遗产保护力度，加强城乡建设中历史文化保护传承，建好用好国家文化公园。"2022年正式启动建设长江国家文化公园，至2023年7月，文化和旅游部会同相关部门印发《长江文化保护传承弘扬规划》，表明国家愈发重视对长江流域文化的保护和传承。基于此，众多学者从历史背景、资源禀赋和文化资源保护开发等角度对长江国家文化公园进行了深入的研究。

武汉市社会科学院樊志宏、赵煌和张学标以长江国家文化公园为视角，通过探究长江商业文明演进过程，深入挖掘深藏其中的价值内涵，以期持续推进长江商业文明的传承与创新发展。他们将目光聚焦武汉地区，进一步提出建设长江国家文化公园，应通过打造以武汉地区为主要的长江商业文明传承创新核心区、建设长江商业文明博物馆群、策划商业高峰论坛和商业文化主题旅游等路径，凸显长江商业文明的创造性。[①]

学者李叔鸿以长江国家文化公园宜宾段为切入点，依靠职能同一性、历史渊源等因素，进一步分析公共图书馆支持长江国家文化公园建设的必然性和可行性，并重点叙述了公共图书馆助力传承长江优秀历史文化的创造性措施。此外，其希望通过公共图书馆在助力长江国家文化公园建设的同时，反向推动公共图书馆服务提质增效，为区域社会经济发展作出贡献。[②]

---

① 樊志宏、赵煌、张学标：《长江国家文化公园视域下的长江商业文明创新表达研究》，《武汉社会科学》2024年第1期。
② 李叔鸿：《长江国家文化公园建设背景下公共图书馆服务创新研究——以长江国家文化公园宜宾段为例》，《四川图书馆学报》2024年第3期。

学者张帆以长江国家文化公园武汉先行示范区规划探索为视角，从长江流域历史文明演进脉络入手，深入挖掘不同阶段丰富且立体的文化创意主题，并基于武汉现状文化遗产核密度量化研究，借助时空维度来分析，逐步明确武汉长江文明的空间标志体系和保护策略。[①]

南京农业大学人文与社会发展学院教授李明等认为以高质量手段推动长江国家文化公园建设至关重要，并从地理空间、文化空间等视角对大运河、长江国家文化公园建设进行比较分析，提出利用地理空间特点推进国家文化公园建设的思路，并认为建设过程中需要重点建构"想象空间"。[②]

学者田美玲、方世明和寇圆圆基于文化 IP 解码角度，采用量化的方法，通过构建长江国家文化公园文旅融合理论框架，建立文旅融合发展评价指标体系，进一步采用地理探测器模型探析长江国家文化公园文旅融合发展的驱动因素。他们发现，区域内文旅融合协调态势较好，长江国家文化公园文旅融合发展呈现"东高西低—双核扩散—板块发展"的空间结构模式，而资源基础力、消费需求力、创新潜在力等因素不断驱动长江国家文化公园文旅融合协调发展。在此基础上，他们认为只有突出长江文化 IP 的独特性、强化文化 IP 的整体性，才能建设好国家文化公园。[③]

学者杨中华等从网络关注度视角出发，对长江国家文化公园湖北段内 28 个文化旅游资源进行关键词搜索，分别从纵向和横向的视角，以及从季节性趋势和黄金周假期变化趋势出发，分析了 2018~2022 年长江国家文化公园湖北段文化旅游资源网络关注度的变化趋势。结果表明，纵向比较上看，2020 年疫情后网络关注度明显下降，网络关注度峰值主要集中于七八月份，近 5 年"十一"黄金周峰值时间和峰值数值有差异；横向比较上看，不同景区网络关注度差距极大，黄鹤楼、武汉大学的网络关注度较高，而绿

① 张帆：《文化价值引领的长江国家文化公园武汉先行示范区规划探索》，载《人民城市，规划赋能——2023 中国城市规划年会论文集》，2023。
② 李明、李婷：《多维空间视角下大运河、长江国家文化公园建设的比较研究》，《江南大学学报》（人文社会科学版）2024 年第 2 期。
③ 田美玲、方世明、寇圆圆：《基于文化 IP 解码的长江国家文化公园文旅融合研究》，《地域研究与开发》2024 年第 1 期。

林山、虎啸滩风景区关注度较低。[①]

湖南师范大学何银春、陈果等学者利用 ArcGIS 软件，通过最近邻指数、核密度分析、空间自相关分析方法对长江国家文化公园高质量景区空间分布及影响因素进行分析。他们研究发现，一方面，在空间分布数量上，总体上长江国家文化公园景区数量呈现"东多西少"的分布态势，而在空间分布密度上，长江国家文化公园高质量景区空间分布密度差异较大，总体在东西方向上呈现自西向东逐级递增的趋势；另一方面，地形地貌、河流水系、旅游资源禀赋、社会经济、交通条件及旅游发展水平等因素对长江国家文化公园高质量景区空间分布的影响显著。对此，他们还提出建设长江国家文化公园应坚持跨地区协同联动、保护与开发并举、坚持生态文明思想，以资源环境保护为先导以及因地制宜，探索旅游经济开发与环境保护整治、文化传承发展多举并行的新模式，以此解决长江国家文化公园在建设和发展中出现的问题。[②]

因此，长江文化公园的建设是长江文化传承的载体。开展长江国家文化公园的建设有助于文化资源的保护，还能够通过开发和活化长江文化资源提升文化旅游产业的发展水平，带动全民参与到文化旅游之中，让长江文化不只是引起学术界的关注，更能走进大众生活的方方面面，真正实现文化传承的意义，凸显长江文化的商业价值，并以此提升大众的生活水平。

（二）长江流域文化遗产研究

长江流域的文化遗产，不仅承载着中华民族的悠久历史和灿烂文化，也凝聚着古代人民的智慧和创造力。这些文化遗产保存着长江流域人民的集体记忆，是中华文明的重要标识之一，在为我们提供宝贵的历史和文化资源的同时，也让我们了解和认识到自己的文化根源，从而树立文化自信。因此，

---

① 孙亦晴、杨中华：《长江文化公园湖北段文化旅游资源网络关注度研究》，《内蒙古科技与经济》2024 年第 1 期。

② 何银春、陈果等：《长江国家文化公园高质量景区空间分布格局及其影响因素》，《地域研究与开发》2023 年第 6 期。

保护、传承和开发这些文化遗产显得极为重要与迫切。

中国工程院院士王建国将视角聚焦江苏，认为要充分意识到水乡文化的重要性，处理好长江文化带与历史城市唇齿相依的山水格局关系。同时，要进一步发掘并密切大运河文化遗产保护传承利用与江苏城乡发展建设的关系，将中国文化特征遗产融入时代发展中。此外，他还提出要将自然地理、文物遗产、名城名镇名村及非物质文化遗产等各类单项保护的研究工作进行整合，使物质载体与非物质载体紧密联系，以形成一个整体系统。①

南京市社会科学院研究员李惠芬重点关注宝船遗址，认为宝船遗址是长江文化体系中重要的文化符号之一，研究其在长江文化符号中所承载的价值内涵，不仅有助于在学理层面建构和丰富长江文化符号谱系，而且有助于在实践层面提出可复制、可借鉴和可推广的传播路径与传承策略。具体而言，她提出，首先要坚持国家站位，将宝船遗址打造成长江国家文化公园保护传承的示范点。其次，持续深化文旅融合，将宝船遗址塑造成展示丝路精神与和平发展理念的重要基地。最后，积极构建文创体系，将宝船遗址构筑成中华民族精神家园的重要组成部分。②

学者王红、赵玥玥和甘晓静从非物质文化遗产的起源时间出发，运用GIS空间分析方法，探究出不同时期流域内非物质文化遗产的数量特征和空间分布状况。他们发现不同历史时期非遗的空间集聚性与其数量关联较大，明清时期集聚非常显著，分布中心主要沿东—西走向，并主要分布在长江中下游地区。而根据以上时空分布特点，可以建立有益于非遗的重点发展区域和个别类型非遗的针对性保护区。③

学者成章恒从文化生态视角入手，结合数字中国建设布局规划背景，研究长江流域湖北段历史文化发展的资源、环境特征，分析其数字化保护路径

---

① 王建国：《大运河和长江文化遗产保护如何走深走实》，《群众》2023 年第 17 期。
② 李惠芬：《宝船遗址的当代符号价值与传承策略》，《唯实》2024 年第 4 期。
③ 王红、赵玥玥、甘晓静：《长江流域国家级非物质文化遗产的时空分布特征》，《地理空间信息》2023 年第 11 期。

和实践行为。他认为数字化极大地丰富了历史文化资源的外延，但依旧需要从文化资源的本体、社会环境和利用主体上共同建构文化生态，对长江流域文化进行系统性的保护和开发。[①]

扬州大学长江文化研究院姚冠新、张勇提出应着重传承与弘扬新时代长江航运文化。将长江航运历史文化价值与时代价值有机结合，大力推进长江航运文化研究，深入发掘和展现长江航运文化的历史内涵、文化价值，继而积极打造长江航运文化 IP。[②]

学者余满意认为良渚文化在长江流域生长，被长江水滋养，构成了华夏文明辉煌的篇章，因此，其从长江流域良渚文化的纹饰入手，深度解构良渚文化的纹饰内涵。其以神人兽面纹和羽人纹为切入点，从历史渊源、形象分析和象征意义三个方面来探讨其具有的含义，通过对神人兽面纹和羽人纹的深入研究，不仅感受到良渚文化的魅力，也体会到文明传承的重要意义，更加觉得良渚文化研究任重而道远。[③]

因此，长江文化是历史悠久的文化，对文化遗产具有重要意义。长江文化的发展带动文化遗产的产生和发展，文化遗产是长江文化的具体表现符号。这就要求学者们在研究过程中关注长江文化与文化遗产之间的关联，而不是将二者割裂。深入了解长江文化背后的故事和文化遗产的来源，更有利于对长江文化的理解和文化遗产的传承。

（三）长江经济带文化产业研究

文化产业是地区经济发展的重要支柱，根植于长江悠久的历史文化，长江经济带文化多彩多样，人文风貌不尽相同，这也为各地区独特的长江文化创造性转化和创新性发展提供了前提基础。在此背景下，针对长

①　成章恒：《文化生态视域下长江流域湖北段历史文化资源的数字化保护与展示》，《新楚文化》2024 年第 10 期。
②　姚冠新、张勇：《传承与弘扬新时代长江航运文化》，《群众》2024 年第 7 期。
③　余满意：《解析长江流域良渚文化的纹饰内涵——以神人兽面纹及羽人纹为例》，《水文化》2023 年第 12 期。

江经济带的文化产业研究，学者们从不同视角切入，大力传承弘扬长江文化，以期保护好长江文物和文化遗产，将其历史价值转化为社会、经济价值。

重庆社会科学院刘嗣方认为习近平总书记关于推动长江经济带发展论述的贡献在于，其展现以新发展理念为指引推进长江经济带保护、开发和治理，有力破解超大流域发展和治理难题的原创经验；充分展现中国式现代化国家治理理论方面的原创性贡献，打造了超大流域发展和治理的崭新格局；展现发挥黄金水道"黄金经济带"的效应，形成了超大流域发展和治理的实践样本；展现构建新发展格局、统筹发展和安全，强化了超大流域发展和治理的支撑保障；展现探索中国特色自主知识体系，推动了超大流域发展和治理的学科体系、学术体系和话语体系建构；展现促进世界大江大河流域发展和治理全球文明交流互鉴，拓展了超大流域发展和治理的中华民族现代文明意蕴，为世界治理超大流域提供了中国智慧。①

武汉大学国家文化发展研究院院长傅才武认为长江流域创造出了丰富的物质文化和非物质文化遗产，依托于长江流域的民族集体记忆，充分发挥长江文化的时代价值。具体而言，他提出借助数字信息技术，将长江文化遗产与现代文化场景相融合，以形成当代中华文化的再生产系统，进而推动中华民族现代文明建设。②

南京大学长三角文化产业发展研究院学者顾江和刘玉杰认为长江流域既是中华文明的重要发祥地，也是世界文明的重要符号。在物质文明与精神文明相协调的中国式现代化新征程中，应从文化产业和文化事业两方面提升发展动能，相互支撑，共同发力，共推长江文化焕发时代新光彩。在文化产业发展层面，学者提出要加强区域联动，强化全国一盘棋和国内统一大市场建设，并在数字赋能助力下，打造长江文化产业创新示范高地，同时也要优化

---

① 刘嗣方：《习近平总书记关于推动长江经济带发展重要论述的内涵要义、内蕴方法及创新贡献》，《改革》2024 年第 2 期。
② 傅才武：《沿江城市在长江文化传承创新中的时代价值——以武昌古城为例》，《决策与信息》2023 年第 12 期。

政企合作，推动有为政府和有效市场的协同发力。而在文化事业发展层面，一方面，树立人民情怀，推动文化精品守正创新；另一方面，建构文化品牌，铸就和提升地区文化自信。①

学者李林、高威从实证角度出发，探究养老产业与文化产业的融合发展态势，通过构建养老产业与文化产业发展水平评价指标体系，对2015~2020年长江经济带养老产业和文化产业的发展水平以及融合发展情况进行测度和分析。他们发现长江经济带地区养老产业与文化产业呈现相互赶超的发展态势，值得注意的是，上游地区融合水平增幅领先。此外，产业融合呈现养老产业与文化产业同步发展、协同共进的特点，其中，上游地区和下游地区分别是文化产业和养老产业发展相对突出，中游地区则是同步发展。他们提出，一方面，长江经济带要依托战略优势打造新时代协调发展平台，积极提高养老产业与文化产业融合质量；另一方面，要关注新时代老年文化消费趋势，努力促进欠发达地区养老产业发展。②

学者丁浩以长江经济带11省市为研究对象，通过构建文化产业和旅游产业的综合发展水平评价模型，研究二者之间的协调性。结果发现，一方面，2015~2019年长江经济带11省市文化产业均呈现快速发展趋势，但11省市文化产业发展水平的差距在加大；另一方面，长江经济带西部的旅游产业竞争力呈上升趋势，东部和中部的旅游产业竞争力呈下降趋势，长江经济带11省市旅游产业发展水平的差距在缩小。基于此，他认为文化产业发展较好的地区可采用"文化+旅游"的策略，依靠文化产业吸引力，开发各种文化主题的旅游线路，促进旅游业发展。而旅游业发展较好的地区可以利用旅游业的牵引力，在游客旅游过程中促进文化传播。③

学者吴铖铖、王丹和项桂娥从经济效应、社会效应、协调效应、创新效

---

① 顾江、刘玉杰：《让长江文化焕发时代新光彩》，《群众》2023年第10期。
② 李林、高威：《养老产业与文化产业融合水平测度——基于长江经济带的实证》，《统计与决策》2024年第6期。
③ 丁浩：《长江经济带文化产业与旅游产业发展水平及协调性研究》，《商业经济研究》2023年第21期。

应与开放效应 5 个维度构建文化产业高质量发展综合评价指标体系，并采用障碍度模型分析不同省份、不同层级与三大区域文化高质量发展的障碍及制约因素。他们发现不同区域的发展障碍因素各不相同，经济效应、创新效应与协调效应是制约文化产业高质量发展的主要障碍因素。[①]

张志鹏和黄小丽等学者认为如何把长江文化保护好、传承好、弘扬好，是沿江城市发展中需要思考回答的时代命题。他们以南京市为例，对长江文化助力南京产业振兴进行路径探析，提出要将长江文化融入新时代城市发展中，探索形成以长江文化八大主题助推旅游产业、以城市"硅巷"助推现代生产性服务业、以产业园助推文化创意产业发展等长江文化助力产业振兴的创新路径。[②]

因此，长江文化是文化及相关产业高质量发展不可或缺的资源。在发展的过程中，需要正确认识长江文化的内涵、特性和意义，正确地将长江文化运用到产业的高质量发展中。深入贯彻习近平文化思想，深挖长江文化的时代内涵，发掘长江文化的时代价值，推动长江文化传承与发展，创立具有文化特色的优秀文化品牌，把长江文化传承好。以文化思想为指导带动产业经济高质量发展，丰富人民的生活内容，提升人民的思想高度。

三　2023 年至今长江文化研讨会综述

2023 年至今，包括重庆、武汉、南京等多地在内，召开了相关学术研讨会。会议主题包括"长江文化传承发展""弘扬长江文化时代价值，建设中华民族现代文明""中华民族现代文明与长江文化""发掘弘扬长江文化的时代价值"等。

2023 年 6 月，由重庆大三峡文化旅游研究院主办，重庆市文化和旅游

① 吴铖铖、王丹、项桂娥：《长江经济带沿线省域文化产业高质量发展水平测度与障碍因素分析》，《海南师范大学学报》（自然科学版）2024 年第 1 期。
② 储东巍、张志鹏、黄小丽：《长江文化助力南京产业振兴的路径探析——基于文化资本理论的视角》，《江苏商论》2024 年第 5 期。

发展研究会、四川省经济发展促进会、四川省统筹城乡研究会、重庆新闻旅游集团协办,重庆市社科界第八届学术年活动"长江国家文化公园与三峡诗路建设研讨会"在渝召开。此次研讨会是重庆提出深入实施成渝地区双城经济圈建设"一号工程"后首个"长江国家文化公园"主题研讨会,旨在打造长江国家文化公园标志性品牌,助力重庆加快建设"文化强市"和"世界级休闲旅游胜地"。

2023年8月,由长江文化促进会主办的"新时代长江文化保护传承弘扬实践探索与展望"研讨会在湖北省宜昌市三峡坝区召开。此次研讨会组织政产学研等各方长江文化领域专家学者与嘉宾围绕挖掘弘扬长江文化内涵和时代价值、长江文物和文化遗产系统保护、长江文化与长江生态环境保护、长江文化和旅游与长江经济带高质量发展、长江国家文化公园建设和长江文化国际交流传播等7个方面重难点问题展开研讨。[①] 会议认为,要努力打造长江优秀文化保护传承弘扬平台、长江文化学术研究交流和成果转化平台、长江文化产品培育展示推广平台、长江文化+产业合作共享平台,积极培育品牌影响力、行业公信力、成果转化力,助力长江文化的创造性转化和创新性发展。

2023年9月,2023长江文明论坛于重庆正式开幕。论坛以"长江文化传承发展"为核心议题,由中国社会科学院和重庆市人民政府共同主办。论坛的主旨在于"深入保护、传承与弘扬长江文化,延续历史文脉,坚定文化自信",致力于构建一个开放、包容的学术交流平台,汇聚全国乃至世界各地的智慧和力量,共同推动长江文化的保护、传承与弘扬。来自全国各地的知名专家学者齐聚一堂,围绕"宅兹中国:长江文明探源"与"千年文脉:从巴山蜀水到江南水乡"两大专题展开深入讨论。

2023年10月,长江国家文化公园建设与长江文明国际传播研讨会在湖北省宜昌市盛大举行,此次研讨会以"共话文明传承,共促文化建设"为主题,吸引了来自全国高校、科研单位的专家、学者,以及湖北省内外文化

---

① 丁美栋:《长江文化保护传承研讨会举办》,《人民日报》(海外版)2023年8月7日。

和旅游行业的 170 多位代表共同参与。本次研讨会从国家文化公园的价值定位、政策意义，建设的现状、问题和策略，长江国家文化公园建设重点与难点、路径及国际传播等方面展开交流研讨，旨在深入研讨坚定文化自信自强、扎实推进中华民族现代文明等重大理论和实践问题，研讨长江国家文化公园建设、长江文明的历史价值和当代价值，进一步促进文化繁荣发展，为中华民族现代文明建设和社会主义文化强国建设贡献湖北力量。①

2023 年 10 月，"大家论百景"长江文化主题研讨会在南京新华报业传媒集团大厦举行，本次大会汇集了长江江苏段百个特色景观。此次由江苏省文旅厅与新江苏客户端、中国江苏网联合举办的评选活动获专家好评，强调其科学性、创新性、群众性和权威性。专家们从人文历史、生态保护、文化传承和产业创新等角度深入讨论，共同探寻长江文化的深层内涵和价值。

2023 年 11 月，中共南京市委宣传部、南京市文化和旅游局、南京市社科联以及新华社中国经济信息社联合在南京举办了以"弘扬长江文化时代价值，建设中华民族现代文明"为主题的 2023 长江文化发展研讨会。来自全国各地的专家学者和长江流域城市的代表们齐聚南京，深入研究长江文化。学者们从内涵与价值、脉络与关联、方法与路径等方面，共话长江文化发展，阐发长江文化的精神内涵，发掘长江文化时代价值，为保护传承弘扬长江文化、建设长江国家文化公园提出建议②，为长江文化的发展贡献智慧。

2023 年 11 月，第三届长江文化学术研讨会在武汉隆重举行，会议主题为"中华民族现代文明与长江文化"。此次盛会由中共湖北省委宣传部、湖北省文化和旅游厅、武汉大学、长江水利委员会以及长江文化促进会联合主办，同时得到了中共武汉市委宣传部、武汉大学国家文化发展研究院、湖北省国家文化公园专家咨询委员会、湖北省社会科学院、武汉市社会科学院、武汉市文化和旅游局以及长江水利委员会宣传出版中心的共同承办。来自全

① 赵昱婷：《长江国家文化公园建设与长江文明国际传播研讨会召开》，《人民长江报》2023 年 10 月 14 日。
② 邢虹、李子俊：《2023 长江文化发展研讨会在宁举行》，《南京日报》2023 年 11 月 10 日。

国各地的专家学者齐聚一堂，共同探讨了长江文化的精神内涵，深入发掘了长江文化的时代价值，旨在为保护、传承和弘扬长江文化贡献智慧与力量。同时，为长江国家文化公园的建设提出了宝贵的建议和意见，以期进一步推动长江文化的传承与发展。

2023年11月，由上海、江苏、浙江、安徽一市三省的文史研究馆共同主办，安徽省文史研究馆承办的第四届"长三角文化论坛"在合肥举办。论坛主题为"江南文化助推长三角一体化发展"。此次会议强调，沪苏浙皖文史研究馆要继续聚焦长三角文化交流合作发展，发掘、整理、保护和发扬光大长三角文化，努力培育形成具有中国风韵、国际影响的文化活动品牌，为推进文化自信自强，铸就社会主义文化新辉煌，建设社会主义文化强国，建设中华民族现代文明作出新的更大贡献。

2024年1月，一场关于文化自信与长江文明探源的学术研讨会在湖北大学隆重召开。此次研讨会吸引了来自全国各大高校和科研院所的60余位专家学者齐聚一堂，聚焦"长江文化与中华文明""长江文明探源的进展及成效""长江文化价值特征"等核心议题，深入探讨了长江文化对中华文明历史发展的贡献及其在现代社会的价值。

2024年1月，由湖北省社会科学院主办，文史研究所、楚文化研究所承办的"发掘弘扬长江文化的时代价值"研讨会于湖北武汉召开，旨在深入学习贯彻习近平文化思想，大力发掘弘扬长江文化，推动长江文化创造性转化和创新性发展。

综上所述，长江文化持续引起各地区各部门的关注，2023年至今已举办多场长江文化相关研讨会，包括对长江文化传承、长江文化发展进程、长江文化发扬、长江生态环境保护等方面的深入探讨。长江文化研讨会为长江文化更好地传承和发展作出了贡献。

四 2023年至今长江文化出版物综述

2023年至今，各大出版社出版了众多与长江文化有关的书籍，从整体上来看，可以分为以下三类：长江文化总体研究、长江地域文化研究以及长江流域考古研究。

（一）长江文化总体研究

2023年9月，由新华出版社出版的《文明的韧性：溯源长江文明带》问世，该书作者为新华社高级记者、武汉大学金融学博士皮曙初。本书通过对最新考古成果的大量采访、历史文献和研究资料的广泛研读，梳理长江文明起源、发展及其历史传承，追溯"经济带""文化带""生态带"三带合一的长江文明带形成和发展历程，从中探究中华文明绵延不断的密码，继而提出长江文明以开放、融合为主要特征的成长基因。全书分上、中、下三篇，上篇以中华文明探源工程新成果为切入点，从水稻的起源、城市的兴起、文字的创造等方面，溯源长江文明从萌芽到发生的过程。中篇以两周时期的楚文化为重点，从政治、文化、经济等领域，探究长江文明历史上"高光时刻"的开放、融合属性。下篇则从商业文明、制度文明、诗歌文明以及移民流动和生态等维度，追溯长江文明在古代中国大一统时期的传承与发展。

2023年6月，湖北教育出版社正式出版了《长江！长江！》，作者是知名科普作家刘兴诗、李赞谦。该书以科学与人文兼具的地理学视角、波澜壮阔的全景式手绘画卷和饱含激情的叙事语言，系统完整地呈现了长江流域震撼、丰富、多变的自然风貌和文明成就，全书格局博大、知识面广，可使读者近距离了解长江的地理、历史和文化，感受长江作为中华文明之源的深厚底蕴和精神力量。

2023年11月，上海、江苏、浙江、安徽一市三省党委宣传部总结了长三角文化产业一体化发展成果，联合发布了《2023长三角文化产业发展蓝皮书》，作者为南京大学商学院教授、江苏省文化产业学会会长顾江。全书将目光聚焦长三角地区，目的是更好地对长三角文化产业发展现状、内在动因、发展趋势进行阐释，归纳总结出长三角文化产业高质量发展的模式路径与典型经验。该书共分为总报告篇、文化科技融合篇、文化资本篇、文化消费篇、文化产业集聚篇五个篇章，以期能为赓续中华文脉、推动中华优秀传统文化创造性转化贡献更多的理论支撑，以及为社会主义文化强国建设提供鲜活而丰富的实践样本。

2024 年 1 月，湖北教育出版社出版了《长江文化传承》，作者为张硕，该书提及长江文化以其众多的历史悠久、异彩纷呈的文化形态而独树一帜，成为中华文明演进的动力之源。在长江流域形成的社会主义先进文化、革命文化和中华优秀传统文化，是中华文明的重要标识，诠释了中华民族共有的精神特质。该书通过向广大青少年介绍长江沿岸珍贵奇特的自然景观、人文景观，母亲河孕育的博大悠远的华夏文明（楚文化、吴文化等）、传统民俗等，让广大青少年了解、认同和传承长江文化的精神内涵，以自己的实际行动成为长江文化传承、传播的积极参与者，通过自身的实际行动和努力，让长江文化在我们的时代中焕发新的活力与魅力，保护好长江文化，为中华民族的伟大复兴贡献力量。

2024 年 1 月，江苏人民出版社出版了《水润华夏大长江》，作者为历史地理学家、西南大学教授蓝勇。作者认为，在数千年的历史进程中，长江通过其干流和众多支流将东西南北的资源、文化融通在一起，同时吸收外来文明元素，为中华民族的发展提供了广阔的空间和强大的生命力。特别是近1000 年里，中国经济、文化重心完成东移南迁，长江已成为中国的核心河。他详细梳理了长江的地质历史、文明起源和千古兴衰，全面介绍了长江独特的人才、城市、饮食、民俗和交通等文化以及自然景观，最后在自然与人文、传统与现代的交汇点上，从比较的视野重新思考了长江文明在世界文明和中华文明中的定位。

2024 年 3 月，湖南文艺出版社出版了《长江小史》，作者为历史学家许倬云。该书讲解了长江文明的缘起与发展、长江文明与世界文明的关系，以帮助读者更好地了解长江历史文化。作者认为现代中国的发展源自长江流域，今后其也将肩负着大部分的发展重任。特别是长江文化的形成，关系中国族群、经济、文化、政治以及军事等诸多方面的起源与发展。该书意在鼓励年轻人更好地了解长江文化及其与世界文化的关系，增强他们对社会发展的理解能力，同时指导他们对未来社会发展的探索和努力。

综上所述，长江文化已经引起学者们的注意，并且在不断地探讨和研究之下已经取得了一定程度的研究成果，近年来不断有长江文化相关著作问世。学者们在研究过程中重视文化传承的重要性，重视交叉学科研究的重要性，包括人文地理学、社会学、经济学等，在研究过程中不是将长江文化作为一个孤立的个体进行研究，而是关注长江文化的开放包容性。

（二）长江地域文化研究

2023 年 8 月，《融合创新：长三角文旅高质量发展新使命》由上海人民出版社出版，该书作者为上海社会科学院应用经济研究所研究员、博士生导师曹祎遐。作者认为，文旅产业融合发展对我国经济发展具有重要意义，因此此书在现有研究的基础上，聚焦长三角地区，结合相关的案例分析，从供给端、需求端和外部环境三个层面对文旅产业融合的影响因素进行分类和讨论，指出我国文旅产业目前存在有效供给不足的问题，而消费升级、文旅产业的相关投资和外部环境支持对文旅产业融合发展起到了明显的促进作用。最后基于分析结果，从供给端、需求端和外部环境三个角度提出政策建议，以期促进长三角地区文化与旅游产业协调发展。

2023 年 9 月，由"长三角文化论丛"编委会主编的《新时代长三角文化繁荣与高质量发展》出版，该书精选 2022 年长三角文化论坛上浙江、江苏、安徽、上海四地专家和学者的 54 篇论文，按一市三省分为四辑，包罗了经济、文化、历史和社会发展等多个维度。该书主要突出长三角区域的历史文化特色，挖掘内藏于长三角区域千年文明中的人文精华，围绕长三角历史文化与创新发展展开研究。该书出版有助于贯彻落实党的二十大精神，积极服务长三角区域一体化发展国家战略，深入挖掘长三角地区历史文化资源，弘扬中华优秀历史文化，讲好中国故事、长三角故事，助力长三角区域一体化高质量发展。

2023 年 10 月，江苏人民出版社出版了《南通长江文化研究》，该书的主编为赵明远。南通有"万里长江入海口，中国近代第一城"之称，因而说长江孕育了南通这片土地，塑造了南通的城市品格和人文特色，让南通成为长江沿线一颗明珠。全书以南通长江文化为主题，从历史学、历史地理学、经济学、社会学和文化学等多个学科视角，对南通长江文化的内涵特征与演进、独特风貌与文化精神、产业发展与生态保护，以及南通段的长江国家文化公园建设的未来展望进行了系统性的整理和阐释。从广义上的文化视野对南通长江文化进行专题研究，该研究成果带有一定的咨政建言的特点，既是南通也是江苏社科界的首次尝试。

2023 年 12 月，由长江文化促进会汇编完成的《新时代长江文化保护传承弘扬实践探索与展望研讨会论文集》，汇集了各界学者智慧，深入研究长江文化保护传承弘扬的现状、问题及机遇，并在此基础上，进一步提出相关的创新性方法，探索长江文化在新时代的弘扬与传承之路。论文集囊括了一系列优秀的研究论文，涵盖长江文化的多个方面，包括历史、艺术、文学、生态、经济等。一方面，这些论文充分体现了对长江文化保护传承的独立思考；另一方面，又对长江流域文化生态系统进行系统性的呈现。读者可以从中了解、体会到长江文化作为长江流域的文化纽带和中华文明源头的重要地位，深刻理解中华文化的延续性、统一性、包容性与创新性。

2023 年 12 月，湖北人民出版社出版了《香溪文化研究》，该书作者为李敏昌。其从全流域视角首次提出香溪文化的概念，提出香溪符合流域文化和地域文化的一般特征，是长江母文化中的一个分支。书中以流域文化和地域文化理论为经，以香溪文化的构成要素为纬，全面系统性地梳理了香溪文化的历史地理特征，阐述了香溪文化与楚文化、巴文化和蜀文化的关系，提出要将香溪文化精神在新时代进行弘扬光大，拓新香溪文化发展的思路与举措。与此同时，亦对全流域文化资源的一体化开发和利用，对非物质文化遗产的保护、传承以及传统文化与现代社会发展有机结合进行深层次且有益的探究。

综上所述，学者们在撰写长江文化主题的著作时倾向于关注长江文化在不同地域的表现并且与其他文化相联系，重视长江文化资源的重要性。长江文化作为中华文化的枢纽，具有其独特的价值，更具有文化的包容性，不断深入探讨有助于为更好地传承长江文化作出贡献。

（三）长江流域考古研究

2023年3月，科学出版社出版了《长江流域原史时代考古学研究》，作者为湖南大学岳麓书院向桃初。该书共分为三个部分，通过对整个长江流域商周时期考古学文化背景和青铜器的系统研究，展现了不同于国内外学术界关于湖南出土商周青铜器群传统认识的新的解释体系，核心突出、相互关联，是长江流域古代文明研究的典型个案。

2023年5月，浙江大学出版社出版了《江汉泱泱 商邑煌煌》，作者为武汉盘龙城遗址博物院院长万琳。盘龙城遗址是长江流域发现的夏商时期规模较大、出土遗存较为丰富的城邑遗址，是武汉市城市文明的源头。"江汉泱泱 商邑煌煌——盘龙城遗址陈列"是盘龙城考古发掘与研究、大遗址保护展示利用、考古遗址公园建设、遗址博物馆建设与展陈、公共考古成果的集中反映。全书以陈列为依托，系统性总结与回顾展览策展实践。该书分为序言、展览导览、策展解读、观展评价和结语5个部分，首次全面展现立项、筹备、策展、布展以及不断升级改造等各阶段，多视角、多层次解读展览特色与亮点，生动形象地重现盘龙城遗址陈展策展过程，带领观众透过纸张细读展览，可以使读者对盘龙城遗址产生更为深入的理解，促进学术交流，留存展览记忆。

2023年11月，文物出版社出版了《长江下游地区夏商时期考古学文化研究》，作者为白国柱。全书将长江下游地区分为里下河及运湖西地区、滁河流域、巢湖流域、皖西南地区、宁镇皖南地区、太湖流域6个不同的区域，分别进行系统的考古学研究。该书共分为9个部分，整体来看，首先，作者对各区域内夏商时期遗存进行分期，之后进行系统性梳理，建立各区域夏商时期考古学文化的分期框架。其次，对各区域内夏商时期遗存进行文化因素分析，以求更加明确各自存在的背景和内涵。再次，按照文化性质不同，将区域内夏商时期的遗存划分为考古学文化或类型，并对其进行重新定义和阐释。最后，讨论了长江下游地区夏商时期考古学文化的编年和动态演变及跨区域的文化互动情况。

2023 年 11 月，四川大学出版社出版了《三峡后续考古发现》（第二卷）。该书由重庆市文物考古研究院编著，是集科学性与普及性于一体的考古发现图集，以重庆区县为单元介绍三峡后续考古成果。该书由万州、忠县、开州、石柱 4 个区县组成，每个区县均是单独成篇，在总结三峡后续考古收获的同时，对既往相关特别是三峡考古工作也进行了梳理，在一定程度上相当于是对该区县自新中国成立以来考古工作的总结。作为一部资料性的考古图集，作者以真实、严谨和科学的态度进行编写，因而对峡江地区的历史与考古研究来说具有较高的参考价值。

2023 年 12 月，由同济大学出版社出版的《贵州省长江流域文化资源保护研究》发行，主编为贵州省文物保护研究中心副主任石斌和娄清。该书介绍了贵州省长江流域概况、贵州省长江流域文物资源概况，全面梳理了贵州省长江流域四大水系分布的"长江文物"，涵盖全流域所属范围内的史前文物、古代文物和近代文物等，系统记录相关文物保护利用项目、保护规划编制情况、考古发掘状况以及文物保护研究现状等，对贵州省长江文化中的特色文物资源进行深度挖掘，通过对贵州文物资源在长江文化中的地位和特色定位，对后续保护和文物活化利用提出方向和建议，这对我国文物保护相关研究具有重要的参考和借鉴价值。

2024 年 1 月，长江出版社出版了《长江考古史》，作者是南京大学历史系教授、博士生导师贺云翱，该书是"长江专门史丛书"中的一本。长江考古是认识长江文化的基础性学术事业，为深入揭示长江沿线的文化发展史，该书系统整体地梳理了长江流域考古成果，展现博大精深、源远流长的中华文明。全书分为上下两卷。上卷为"发现编"，主要涉及相关区域的考古发现及其学术史；下卷为"研究编"，涵盖了相关考古学文化、文化专题研究等。总而言之，作为长江流域专门性的考古史著作，该书可以为学界研究提供重要参考。

　　综上所述，长江流域的考古研究已经陆续开展，并且已经取得了一定程度的进展，多部长江文化考古相关著作已问世并且反响热烈。

B.10
2023~2024年度长江文化传播情况报告

余伟婷　陈玉莹*

摘　要： 近年来，长江文化传播研究受到了学术界的广泛关注，但对其整体研究态势和知识结构的分析和探讨较少。本文旨在系统梳理长江沿线城市长江文化传播实践路径，分析国内网络空间中长江文化传播情况，并在此基础上提出长江文化传播与表达的路径思考。目前，该领域的学术影响力和创新性依然存在可提升的空间，多学科交叉研究尚未形成系统性理论框架，跨学科交流亟待加强，需进一步提炼展示长江文化的精神标识和文化精髓，系统推进长江文化的全媒体传播体系建设，持续增强长江文化的国际传播能力建设，推动长江文化传播研究迈向更高水平。

关键词： 长江文化　跨学科交流　传播体系建设　国际传播能力

　　人类文化的发展和进步离不开文化交流和传播。长江作为中华民族的历史文化长廊，蕴藏着我们民族的文明基因，凝聚着我们的共同情感，全方位展示、传播长江文化，对于坚守中华文化立场，构建中国话语体系和中国叙事体系具有重要意义。

　　近年来，长江沿线城市在传播长江文化方面进行了积极探索与实践。通过举办专题学术研讨会，不仅推动了长江文化的研究深度，还拓宽了其传播广度。文旅融合项目的打造，将长江文化的魅力与旅游紧密结合，实现了文

---

* 余伟婷，新华社中国经济信息社江苏中心专供信息部副主任，主要研究方向为区域经济、文化产业；陈玉莹，新华社中国经济信息社江苏中心资讯师，主要研究方向为文化传播、网络舆情。

化与旅游的相互促进。长江文化出版物的推出，以书面形式展现了长江文化的精髓，为大众提供了更多了解长江文化的途径。此外，跨国文化交流活动的开展，有效提升了长江文化在国际上的影响力。

一 长江沿线城市长江文化传播实践路径分析

长江之水万古奔流，千年文脉生生不息。在漫长的中华文明历史进程中，长江文化不断发展演变，成为中华民族精神的重要标识，造就了从巴山蜀水到江南水乡的千年文脉。2022 年 1 月，我国正式启动长江国家文化公园建设，长江流域 13 个省区市抢抓历史机遇，持续开展长江文化保护和发展工作。

（一）举办专题学术研讨会，推动长江文化的研究和传播

长江流域沿线城市举办长江文化主题研讨活动，汇聚全国各地深研长江文化的专家学者，与长江流域城市代表，从内涵与价值、脉络与关联、方法与路径等方面共商、共话长江文化发展，为保护传承弘扬长江文化、建设长江国家文化公园提出建议，并形成一批重点研究成果。

在加强学术交流沟通方面，各地深入共商、共话长江文化研究的理论聚焦点和实践发力点。例如，湖北宜昌召开"新时代长江文化保护传承弘扬实践探索与展望"研讨会，组织政、产、学、研等各方长江文化领域专家学者与嘉宾，围绕挖掘弘扬长江文化内涵和时代价值、长江文物和文化遗产系统保护、长江文化与长江生态环境保护、长江文化和旅游与长江经济带高质量发展、长江国家文化公园建设和长江文化国际交流传播等 7 个方面重难点问题展开研讨。[①] 安徽马鞍山举办 2023 马鞍山首届长江文化论坛，与会专家深入阐释长江文化的丰富内涵和时代价值，并围绕"保护·传承·弘扬——使长江成为安徽标志性文化符号"主题进行了研讨交流。

---

① 瞿祥涛：《从沱沱河到崇明岛的文化寻根》，《中国文化报》2024 年 1 月 8 日。

在深入研究长江文化内涵方面，各地加强合作，成立专业研究平台，并形成一批重点研究成果。例如，南京举办 2023 长江文化发展研讨会，发布《中国·长江文化发展城市指数报告（2023）》《长江文化发展蓝皮书（2022~2023）》，系统梳理长江流域代表性城市在文化遗产保护、创造性转化、创新性发展等方面的实践，提出新发展阶段保护传承发展长江文化的路径思考等。武汉举办"在武汉 读长江"长江国家文化公园武汉段建设媒体峰会，发布《长江国家文化公园建设传播协作武汉共识》，加快推动长江国家文化公园建设，丰富长江文化传播思路。

（二）打造文旅融合标志性项目，助力以文塑旅、以旅彰文

在大力推进中国式现代化进程中，长江文化是担当文旅深度融合发展的重要载体，长江流域也是文旅产业高质量发展的重要区域。长江沿线城市发挥沿江优越的生态资源和人文优势，培育了一批富有长江文化内涵的文旅融合标志性项目，促进优质文旅资源向优质文旅产业转化，推动文旅资源融合共享、长江风情交汇碰撞。

南京：举办全球首个长江主题数字大展。"何以长江——长江文化数字大展"以新鲜灵动的艺术表达、天衣无缝的科技美学、贯古通今的哲学思考，对长江流域风物进行再回望、再创作，进而激发长江文明切面的"可意向性"，让无数观众在参与"数字媒介叙事"中，完成了一场时间穿越、空间漫游和想象生产，把远古的、当下的、附近的、远方的"长江"融于一体，重构了包含具身性、仪式性和社会性的新型"地方情感"。展览在不到 70 天的时间，总传播量突破 2 亿，引发全网关于文化传播和文明交融的广泛探讨。

张家港：连续 20 年举办长江文化节。20 年来，长江文化节共开展各类跨区域大型公益文化活动 180 余项，线上线下共吸引超 5 亿人次参与其中，先后荣获第二届文化部创新奖、中国优秀民族节庆"最具国际影响力节庆"、全国群众文化活动品牌计划"区域联动品牌活动"，被明确为江苏重点培育的三大地方特色文化品牌之一，获江苏省首批群众文化"百千万"

工程优秀文化活动品牌等多项荣誉。①

马鞍山：打造国内首个长江文化主题文旅街区。长江不夜城是一个集国潮场景、灯光艺术、行为艺术、科技体验、特色美食、网红打卡、水景水秀、裸眼 3D 全息、沉浸式巡游演出于一体的综合型休闲旅游度假胜地。消费者在这里可以体验到长江流域文化的古今交融和多元发展，他们可以在历史长河中自由穿梭，感受传统文化遗产和风土人情，也可以与现代科技交流接触，欣赏现代科技所带来的震撼视觉效果。

宜宾：打造长江上游首个以竹生态、竹文化为主题的长江竹岛。长江竹岛以竹文化为载体，结合不同特性品种的竹子，营造不同的空间感受、文化气氛，共栽植竹类植物 400 余种。这个围绕竹文化、竹生态等主题打造的多功能绿色生态系统公园，为市民和游客提供观、感、识、玩四大体验。在岛上，游客可以登观景平台远眺长江，近距离感受一江清水向东流的美景，还可以漫步亲水步道，偶遇林间野兔，观赏孔雀开屏。

（三）推出长江文化出版物，展现长江文化精髓

长江流域沿线城市、学界发布一批反映长江文化精髓、具有深厚历史底蕴和鲜明时代特色的长江主题优秀出版物，让广大读者能够深入地了解长江、感受长江，进一步激发全社会对长江文化的热爱和尊重。②

《和平长江》：是一部反映长江流域文明重大主题的长篇报告文学作品，来自长江支流修河的水利青年作家徐春林用 5 年的时间，倾听长江、感受长江、书写长江，从历史、当下和未来的多重视角解读长江，梳理水文与人文、水脉与文脉，编织了一条人与生态相依共生的故事轴线，书写了敬畏历史、敬畏生态、敬畏文化的崭新篇章。③

《长江档案》（全十册）：是近代长江档案文献的首次完整汇集影印出

---

① 朱艳：《"长江文化引领之城"的品牌之路》，《群众》2021 年第 1 期。
② 汤广花：《以书为媒，讲好长江故事》，《中国新闻出版广电报》2024 年 5 月 13 日。
③ 陈菁霞：《报告文学〈和平长江〉多维度反映长江流域文明》，《中华读书报》2024 年 3 月 6 日。

版，本书首次完整汇集影印出版了近代长江档案文献，弥补了过去长江档案文献零散出版的不足，进一步整合了档案资源，立体呈现了近代长江风貌，是近代长江档案文献珍贵原大影像的悉数呈现，将中国国家图书馆、南京图书馆所藏的长江水利刊物原大影印出版，以方便读者查阅和学界研究，推动高质量档案走向社会、走向大众。

《长江文化史》：是"长江专门史丛书"（第一辑）中的扛鼎之作，由著名历史学家李学勤和浙江省社会科学院二级研究员徐吉军主编，从全新的角度系统阐述长江文化的独特风貌，展示长江流域在中华文明中的重要地位，时间跨度从旧石器时代直迄当代，悠悠 100 余万年，不啻半部中国通史。2024 年 6 月，长江出版社与加拿大皇家柯林斯出版集团达成出版该书英文版的合作意向，计划出版后面向全球发行销售，充分发挥其对外宣传和交流长江文化、中华文明的积极作用。

《文明的韧性——溯源长江文明带》：全书分上、中、下三篇，上篇以中华文明探源工程新成果为切入点，从水稻的起源、城市的兴起、文字的创造、音乐的发生等方面，溯源长江文明从萌芽到发生的过程；中篇以两周时期的楚文化为重点，从政治、文化、经济等领域，探究长江文明历史上"高光时刻"的开放、融合属性；下篇则从商业文明、制度文明、诗歌文明以及移民流动和生态智慧等维度，追溯长江文明在古代中国大一统时期的传承与发展。

《大江本纪》：以"本纪"为题，选取长江沿岸重要城市、自然景观及历史事件，将长江流经的 11 个省、自治区和直辖市串联起来，体现了写作者的气魄。作品风格大气磅礴、充满激情，叙述基调轻松，可读性强。作者用 20 多年时间沿长江两岸采访，把水脉与文脉有机结合，从长江源头开始，聚焦长江对沿岸文学、文化、文明的滋养与影响，文化价值高。在艺术上，作者用移步换景的手法，采用俯瞰视角，从时间和空间两个维度呈现中华文明从高原到大海的不同侧面、不同形态、不同气质。作品写出了自然流变与文明演变，写出了长江在中华民族文明发展史中的重要地位。

（四）开展跨国文化交流活动，提升长江文化国际影响力

长江文化早在新石器时代就开始与世界各地展开交流，代表性物产通过海上丝绸之路贸易传遍世界各地，对当地文化产生了深远影响。进入新时代，讲好长江故事并通过长江文化与世界对话，能够有效促进长江文化研究成果的互相借鉴，为长江文化的国际传播增添动力和活力。长江沿线城市积极开展跨国文化交流活动，助力提升长江文化的全球影响力和说服力。

中国外文局联合12家中央和地方宣传文化机构参展2024年法国巴黎国际博览会，共同举办"遇鉴中国"中华文化主题展。其中，长江出版传媒亮相文化主题展，集中展示了一批传播中华文化、呈现长江文明、彰显荆楚特色的精品图书和文创产品，包括精神文明建设"五个一工程"奖获奖作品《冷湖上的拥抱》、茅盾文学奖获奖作品《繁花》（批注版）、文津图书奖获奖作品《长江！长江！》、国家出版基金项目《中国传统皮影造型图考》《中国十二时辰》、"中国好书"榜入选图书《树孩》《北流》、2023～2024年度国家文化出口重点项目"百年百部中国儿童图画书经典书系"以及"元青花四爱图梅瓶"衍生文创——"四季之爱"系列产品等，展现长江文化多元一体、包容并蓄的独特魅力和丰富内涵。

南京开展2024南京长江文化国际传播系列活动。其中，第十届世界水论坛特别对话会被纳入同期在巴厘岛举办的第十届世界水论坛议程，旨在围绕弘扬全人类共同价值，共商河流文化、生态、经济面临的机遇与挑战，共同探讨大河流域文化的可持续发展与包容性。研讨会上，多国代表围绕文化如何影响不同文明的河流管理、河流管理如何有助于实现可持续发展目标等议题展开探讨。此外，多位专家还分享了水文化研究、水资源管理等领域的案例。

武汉成立长江国际传播中心，开展国际传播系列活动。长江国际传播中心是由中国日报社与武汉广播电视台共同打造的中部地区首个国际传播中心，旨在积极探索央地深度合作新模式，充分发挥双方在资源、渠道、人才、国际影响力等方面优势，着力打造立足武汉、辐射长江流域的中部地区

国传基地。2023年5月，中心启动"Hi Wuhan 全球短视频征集大赛"首个大型活动，面向全球读者、网友开展以"发现武汉、认识武汉、推介武汉"为主旨的短视频拍摄征集，让世界看到更加真实、立体、全面的武汉。2023年7月，联合《长江日报》推出"你好！朋友"——寻访幸福新丝路上的武汉"筑路人"跨国传播行动。

二 国内网络空间中长江文化年度传播概况分析

互联网是传播人类优秀文化、弘扬正能量的重要载体。截至2024年5月，长江文化在国内公共舆论场的直接声量超7.25亿，传播热度较高的领域涉及学术论坛、城市建设、文旅活动等，主要分布在微博、新闻网站、新闻客户端、微信等载体。

基于新华社舆情系统监测分析，2023年1月1日至2024年5月31日，国内网络空间涉及长江文化的传播信息量呈现多个高峰期和平台期交替演化趋势。其中，2023年7月6日、2023年7月28日、2023年8月11日、2023年9月6日、2023年10月13日分别形成五个比较突出的传播热度峰值（见图1），主要涉及"《长江文化保护传承弘扬规划》出台""习近平总书记在四川省广元市、德阳市分别考察了翠云廊古蜀道、三星堆博物馆""各地各有关部门深入贯彻落实文化传承发展座谈会精神""进一步推动长江经济带高质量发展座谈会"等政策动态和重要会议精神，以及"沿着长江读懂中国——万里长江行""长江文化数字大展""2023年长江文化节"等主题宣传推广活动等。

其中，2023年长江文化节、南京长江文化旅游节、首届（安徽·芜湖）长江文化艺术交流周等文化交流活动，以及2023长江文化发展研讨会、第三届长江文化学术研讨会等长江沿线城市主题学术研讨会，带动长江文化相关话题热度上升。舆论一致认为，长江沿线省区市充分发挥资源禀赋优势，在保护、传承、弘扬中深入发掘长江文化的时代价值，相关做法取得显著成效。

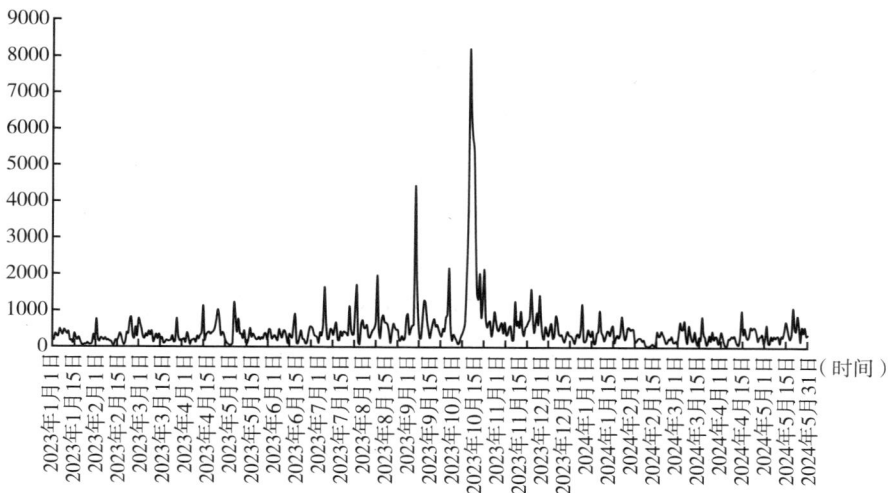

图1　国内网络空间涉长江文化传播信息趋势

资料来源：新华社中国经济信息社数据库。

（一）传播热词分析

对舆情大数据的词云分析显示，2023 年 1 月 1 日至 2024 年 5 月 31 日，国内网络空间涉及长江文化的传播信息主要关注长江文化建设文化内涵与时代价值、长江文化创新传承的实践路径、长江文化建设未来着力方向等方面，报道议题涉及"长江文化""文化内涵""时代价值""创新传承""长江国家文化公园""高质量发展"等传播热词（见图2）。

在涉及长江文化建设文化内涵与时代价值的主题报道中，"千年文脉""文化底蕴""文艺精品"等成传播热词。例如，《人民日报》刊发《深入发掘长江文化的时代价值》，集纳保护好长江文物和文化遗产，深入研究长江文化内涵等主题专家观点。《瞭望》新闻周刊发布《一江文脉贯古今》，从历史遗迹、文化遗存中感受长江文化千年文脉，体会中华民族精神在不断传承中历久弥新。《光明日报》刊发《长江：诗性文化与家国情怀》，从诗性文化的视角解读长江文化的深层次内涵以及对中国人的国民文化结构和精神世界产生的深远影响。《光明日报》刊发《让长江沿线古籍文献"亮"出

文旅融合 中华文明
交流传播 时代价值 文化遗产
文物 高质量发展 文化服务
协同发展
文艺精品 长江文化 文化底蕴
长江国际黄金旅游带
长江国家文化公园 创新传承
数字赋能 文化内涵 活态传承
精神文化生活
长江经济带 千年文脉 长江故事

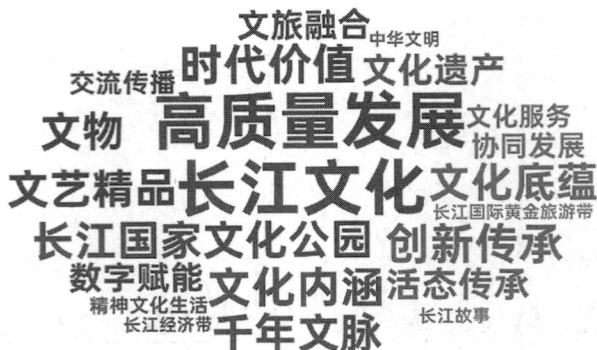

图 2 国内网络空间涉长江文化传播热词

资料来源：新华社中国经济信息社数据库。

来"活"起来》，通过讲述四段人与长江沿线古籍的故事展示长江文化对赓续中华文脉、弘扬民族精神、增强国家文化软实力、建设社会主义文化强国的重要意义。

在涉及长江文化创新传承的实践路径的主题报道中，"文物""文化遗产""长江国家文化公园""活态传承""文旅融合"等成传播热词。例如，《经济参考报》刊发《"天下文枢"的创新传承路径——南京长江文化建设观察》，从加强长江文化遗产系统性保护、活态传承、生态文化和文旅融合发展、促进长江文化交流互鉴四个方面解码南京全方位建设长江文化的实践路径。《中国旅游报》刊发《传承巴渝文脉 铺展长江美丽画卷》，报道重庆将长江国家文化公园（重庆段）建设作为深入推动文化繁荣发展的重点举措，决心将长江国家文化公园（重庆段）建设成为品牌样板。《中国文化报》刊发《江流千古文韵长——长江文化保护传承延续的马鞍山答卷》，关注马鞍山开展长江文化保护传承、研发挖掘、文化传播三大工程建设，深入推进文旅融合发展。

在涉及长江文化建设未来着力方向的主题报道中，"数字赋能""协同发展""交流传播"等成传播热词。《新华日报》刊发《长江文化数字大展传播量破亿——数字技术赋能 长江文化出圈》，关注南京举办长江文化数字大展，以艺术为媒，通过数字化手段再现长江文化内涵，诠释人地和谐共生理念。湖北文网刊载《城市"抱团"，共推长江文明考古研究》，报道武汉、长沙、南昌等长江中游城市协同合作、深入研究、创新发展，助力长江山水焕发新姿，沿江地区优秀传统文化升级转化。《长江日报》刊发《"沿着长江读懂中国——万里长江行"探访千年文脉 湖北搭起长江文化交流互鉴平台》，关注"沿着长江读懂中国——万里长江行"主题宣传推广活动，全面系统地触摸长江文化，解读长江文化，传承长江文化。

（二）媒体分布分析

2023 年 1 月 1 日至 2024 年 5 月 31 日，国内主流媒体新闻网站、电子报纸等传统渠道和客户端、微博、微信、短视频等新媒体渠道联动关注长江文化发展动向，构建形成立体化传播新格局，共同助力讲好新时代长江文化故事。

1. 中央媒体：高屋建瓴，提高传播能级

以《人民日报》、新华社、中央广播电视总台为代表的 18 家中央媒体围绕长江文化的核心价值、文化之美、创新实践等发布相关新闻报道，为长江文化传播提供高品质传播素材，助力提高长江文化传播能级。

以人类共通的情感追求讲好长江文化的核心价值。长江文化是中华民族精神的重要标识，中央媒体围绕长江文化的精神内涵，推出一批高品质的报道，展现当代中国的精神风貌和价值追求。例如，《人民日报》刊发《在美好家园建设中处理好人与水的关系 发掘长江水文化的时代价值》，系统阐述充分发掘长江水文化的时代价值对传承弘扬长江文化、延续历史文脉的重要意义。《光明日报》刊发《发掘弘扬长江文化丰富内涵与时代价值》，围绕长江文化的现实意义、时代价值，论述进一步发掘弘扬长江文化对弘扬中华文明深厚底蕴，助推长江经济带高质量发展的积极意义。中国新闻社发布《长江文化，如何由江入海奔向世界？》，从长江文化的内涵、萌芽和发展、文化特征和沟通中外等方面解读长江文化的延续性和丰富性。

从长江文物、历史遗存等视角解读文化之美。长江文化底蕴深厚，流域

沿线历史文化遗产众多，中央媒体从长江文化的长江文物、历史遗存等方面着手，探寻长江流域的文化根脉，溯源中华文明发展。例如，《人民日报》刊发《抒写新时代长江的视觉诗篇》，聚焦长江主题艺术创作，多彩呈现长江自然景观与人文精神的时代风貌。新华社发布《传承长江文化的"古老之地"》，深入上海福泉山、江苏寺墩、浙江良渚、安徽凌家滩等考古遗址，探寻长江文化根脉。《光明日报》刊发《在"日常书写"中亲近长江》，以行草书新作《大美长江》作者视角，讲述一个南京人歌颂长江的真实感受，展现长江主题文化作品焕发的新活力。

以长江沿线城市实践展现文化创新特质。长江沿线城市文化资源各具特色，中央媒体围绕各地保护传承弘扬长江文化的创新做法，展现长江文化生生不已、历久弥新的发展态势。例如，《人民日报》（海外版）刊发《为了那一份"长江嘱托"》，报道重庆、江苏宜兴、安徽六安、湖北武汉等地积极参与长江经济带生态修复和环境保护建设的创新做法。《新华每日电讯》刊发《大江奔流歌未央 江苏积极探索建设中华民族现代文明》，系统阐述江苏深挖长江文化时代价值，推动中华优秀传统文化创造性转化、创新性发展的生动实践。《光明日报》刊发《两江奔涌，绘就山水之城人文底色——重庆水岸发展调研》，探寻两江与重庆的记忆与情缘，讲述两江文化助力重庆勇立潮头、创新发展的精神动力和相关做法（见表1）。

表1　2023年至今国内网络空间涉长江文化重点央媒报道

时间	媒体	标题
2023年1月6日	新华网	重庆长江文化艺术周启幕:光影艺术作品点亮涂鸦街
2023年4月20日	中国新闻网	长江流域青铜文明特展在安徽展出
2023年7月10日	《半月谈》	巴蜀文旅走廊加速崛起
2023年7月13日	《光明日报》	两江奔涌,绘就山水之城人文底色——重庆水岸发展调研
2023年8月7日	《人民日报》（海外版）	为了那一份"长江嘱托"
2023年11月5日	《光明日报》	在"日常书写"中亲近长江
2023年11月22日	《新华每日电讯》	大江奔流歌未央 江苏积极探索建设中华民族现代文明

续表

时间	媒体	标题
2024 年 1 月 1 日	中国新闻社	长江文化,如何由江入海奔向世界?
2024 年 1 月 21 日	《人民日报》	抒写新时代长江的视觉诗篇
2024 年 2 月 7 日	《光明日报》	发掘弘扬长江文化丰富内涵与时代价值
2024 年 3 月 5 日	《人民日报》	在美好家园建设中处理好人与水的关系 发掘长江水文化的时代价值
2024 年 4 月 20 日	新华社	传承长江文化的"古老之地"

资料来源:新华社中国经济信息社数据库。

2. 省市媒体:密集发布,呈现多彩文明

长江沿线各省区市媒体聚焦各地举办的长江文化主题论坛、展览、活动,围绕长江主题国家级旅游线路,长江流域沿线文化特质等密集推出相关报道,呈现绚烂多彩的长江文明。

聚焦沿线城市长江文化主题论坛、展览、活动,促进交流互鉴、展示多元文化。例如,《重庆日报》刊发《探源长江文明 共话千年文脉》,报道重庆举办 2023 长江文明论坛,汇聚来自中国社会科学院和长江沿线高校的著名专家学者共话文明传承、共商文化交流。"北京西路瞭望"微信公众号发布《这项国家重大文化工程,南京如何发力》,以 2023 长江文化发展研讨会成功举办为切入点,系统阐述了南京努力打造长江国家文化公园江苏段核心示范区和长江流域璀璨明珠的生动实践。文汇 App 发布《重磅开馆!上海博物馆东馆将迎来三星堆金沙古蜀文明特展》,报道上海、四川两地文博机构合作举办"何以中国"考古文物大展系列之三星堆金沙古蜀文明特展,推动中华文明探源工程创新实践和成果展示。①

聚焦 10 条长江主题国家级旅游线路的地域解读,彰显长江文化一体多元特色。例如,扬州发布刊载《两条线路涉及扬州!文旅部推出 10 条长江主题国家级旅游线路》,介绍扬州江都水利枢纽、里运河—高邮灌区和瘦西

---

① 简工博:《黄金面具、竖披发青铜人像"各就各位"》,《解放日报》2024 年 1 月 30 日。

湖景区的独特风貌。紫金山新闻发布《文旅部推出 10 条长江主题国家级旅游线路，南京 11 处文旅资源点入选全省第一》，关注南京依江而生、伴江而兴的文化发展背景，期待南京 11 处文旅资源点助力强化南京长江文化旅游特色。《成都日报》锦观新闻发布《10 条长江主题国家级旅游线路发布 成都多家景区位列其中》，称 10 条长江主题国家级旅游线路中，有 9 条都和四川息息相关，并都以四川作为起点，贯穿四川境内多个大家耳熟能详的景区、景点和文化旅游带。

聚焦挖掘整合长江全域相关要素和资源推出联动式报道，突出展示长江流域沿线文化特质。例如，在长江文明论坛召开之际，《重庆日报》联合《青海日报》《西藏日报》《贵州日报》《云南日报》《四川日报》《湖南日报》《湖北日报》《江西日报》《安徽日报》《浙江日报》《新华日报》《解放日报》等长江流域省区市的党媒党端，推出"我从长江走来"大型全媒体报道，集中呈现绚烂多彩的长江文明（见表 2）。

表 2 "我从长江走来"系列报道

标题
我从长江走来①·重庆|江流"巴"声远 峡映"渝"意长
我从长江走来②·青海|江源文化起青海
我从长江走来③·西藏|用心呵护长江源
我从长江走来④·云南|江水奔流绘七彩
我从长江走来⑤·贵州|依水而生 因水而兴
我从长江走来⑥·四川|长江文化交融之地
我从长江走来⑦·湖北|长江孕育荆楚文化
我从长江走来⑧·江西|碧水东流 九江潮涌
我从长江走来⑨·安徽|"玉"见凌家滩遗址
我从长江走来⑩·浙江|2300 多件文物讲述万年历史
我从长江走来⑪·江苏八城|人文鼎盛与江天胜景相辉映
我从长江走来⑫·上海|"世界级生态岛"书写长江文明故事

资料来源：新华社中国经济信息社数据库。

3. 社交媒体：多元互动，拓宽辐射圈层

随着媒介终端向移动化、社交化、智能化平台迁移，信息传播主体日益丰富、多元化，使得以微博、微信等为代表的社交媒体以视频图文、热点话题、大咖名人提升长江文化感染力和渗透力，成为促进文化传播与话语交流的重要力量。

一是视频图文传播呈现丰富文化内涵。例如，在微博端，@中国国家地理官方微博发布"轻舟已过万重山"视频直播长江文化源流三峡的绝美风光，视频观看量超 17.5 万次。@中国文明网官方微博发布《漫游空中街市，体味巴渝魅力》，介绍重庆独特山城魅力和传统巴渝风貌。在微信端，"西域旅行领队"视频号发布视频揭秘长江繁华盛景，视频转发量达 1.2 万次。"上游新闻"视频号发布视频走进云阳探寻长江历史文化根脉，视频点赞量超 200 次。

二是活动热点话题带动网民广泛互动。例如，在微博端，@南方周末官方微博发布"中华文脉·经典围读会"长江季系列采访活动相关博文，带动"中华文脉·经典围读会"微博话题阅读量超 3740 万次。@钱江晚报官方微博发布"玉映金辉"良渚·三星堆文化交流活动相关博文，带动"当良渚遇上三星堆"微博话题阅读量超 94 万次。在微信端，"宜宾新闻网"微信公众号发布《这些"大咖"来宜宾啦！你有偶遇到吗？》，报道第十一届中国网络视听大会"网络视听+城市营销"宜宾城市品牌和影响力提升活动亮点，文章阅读量达 2.6 万次。"偶俚张家港"视频号发布"探营"2023 长江文化节短视频，揭幕 2023 长江文化节开幕式背后的故事，视频点赞转发收藏量累计达 574 次。

三是大咖名人推介发挥意见领袖效应。例如，在微博端，知名日本导演@竹内亮导演发布《再会长江》宣传电影推介博文，相关视频观看量达 7 万次。知名历史博主@史实君发布中华文脉和酒文化相关博文，博文转赞超过 300 次。知名文旅博主"故大囍"发布 10 分钟长视频解读长江，视频点赞量、转发量、收藏量均突破 10 万次。知名文旅博主"阿毛谈古今"发布视频解读长江流域文化与族群发展演变史，知名历史博主"玉棋说"发布视频讲解长江背后的故事，也在一定范围内引发关注。

（三）传播特征分析

1. 丰富以长江文化内涵为核心的内容供给素材库

在涉及长江文化的主题报道中，主流媒体围绕长江文化的重大理论、现实问题和实践经验持续扩大优质内容生产，为长江文化提供丰富的传播素材。一方面，围绕传播长江文化重大理论和现实问题，学术观点的系列化传播引发行业共鸣。例如，中国经济信息社江苏中心发布一组 10 篇《长江文化研究》专家观点稿件，持续刷新南京在长江文化研究领域的引领地位，新华财经单篇阅读量均在 40 万~60 万。交汇点新闻面向海内外智库名家开辟专栏集中发布"'智'说长江文化"系列报道，助力长江文化的创造性转化和创新性发展。另一方面，围绕传播长江文化的实践经验，地方实践的综合报道实现广泛触达。例如，《人民日报》刊发《长江国家文化公园建设稳步推进 唱响新时代的"长江之歌"》，报道长江沿线城市稳步推进长江国家文化公园建设，推动各类文化资源的保护利用，该报道被全网转载超 350次。《新华每日电讯》刊发《风传花信山河春 江苏在建设中华民族现代文明上探索新经验》，报道江苏在保护传承长江文化中汲古润今、守正创新，不断增强价值引导力、文化凝聚力、精神推动力，该报道被全网转载超 200 次。

2. 建构以长江文化 IP 为核心的多元传播体系

在涉及长江文化的主题报道中，主流媒体与新媒体围绕长江沿线城市打造的各类长江文化 IP 策划主题报道，实现同频共振、上下联动、交互传播，构建形成"报、网、端、微、屏"多元传播体系，推动形成多形式、多角度、多层次的报道。以张家港打造的长江文化节为例，长江文化节是江苏重点培育的三大地方特色文化品牌之一，突出展示长江江苏段文化特质，20 年来共开展各类跨区域大型公益文化活动 180 余项，线上线下共吸引超 5 亿人次参与其中，成为江苏推介长江文化的重要平台。在 2023 长江文化节的主题报道中，国家、省、市、县（市、区）四级 60 余家主流媒体大联动，运用多种形式持续擦亮江河交汇、文旅融合的长江文化新名片。在充分发挥职能部门和主流媒体担当作为的同时，更为当地整体形象进行了全网精准传播。多平台联合直播长江文化艺术节开幕式，实现了传统媒体与新兴媒体的有机结合，全力打造了一场网上城市文化盛宴，有效提升了长江文化的影响力和关注度。

3. 形成以长江沿线城市主流媒体为核心的联动传播生态

当前社会舆论场热点频出，话题更迭迅速，对特定宣传内容、话题的持续跟进、更新能够取得更好的宣传效果。在涉及长江文化的主题报道中，长江沿线城市主流媒体围绕同一主题推出系列协同报道，使长江文化话题热度持续。以"沿着长江读懂中国——万里长江行"宣传推广活动为例，2023年4月15日至12月10日，湖北省会同长江国家文化公园建设沿线其他12个省区市开展了"沿着长江读懂中国——万里长江行"宣传推广活动。《长江日报》牵头专门成立了长江流域重点新闻协作体，沿线省份26家新闻单位参与，不仅采用"专家解读+大众互动+场景传播+媒体联动"模式进行互动传播、立体展示和融合创新，而且突破了行政地域限制，联动了中央媒体、行业垂直媒体、各类政务新媒体、全国重点城市主流媒体，吸引了自媒体踊跃参与，进行了全过程、全媒体、全平台传播，全网发布和转发各类稿件1.3万余篇次，阅读量超7亿，形成了现象级传播。

三 长江文化传播与表达的路径思考

（一）提炼展示长江文化的精神标识和文化精髓

在漫长的中华文明历史进程中，长江文化不断发展演变，成为中华民族精神的重要标识，造就了从巴山蜀水到江南水乡的千年文脉。建议长江流域沿线城市结合地域特色，创新话语表达、打造文化IP、运用先进技术、发挥智库作用，全方位展示长江文化的精神标识和文化精髓。

提炼话语表述。对长江文化的丰富内涵和时代价值作出现代话语表达，加强说明阐发，构建逻辑体系，在此基础上向世界精准译介、阐释。把长江文化的精髓要义和叙事体系纳入人工智能的底层逻辑数据，跟上传播技术新发展，在传播语境中掌握信息资讯主动权。

打造文化 IP。发挥长江文化 IP 作为城市形象的整体性标识作用，将长江文化 IP 打造与城市形象构建相融合，让长江成为传递城市形象的重要窗口。同时，连通"长江文化主轴、山水人文绿轴"，构建长江文化 IP 体系，激活长江流域各类文化和旅游资源，打造统一的文化视觉标识，实现城市形象的有效传播。

借力先进技术。借助现代科技手段，将长江文化和现代技术相结合，创造出具有吸引力和互动性的传播形式。例如，利用 VR/AR 技术复原历史遗迹和历史场景，让观众有一种穿越时空的体验，或者通过游戏、短视频等形式，让年轻人更容易接受并了解长江文化。

发挥智库献策作用。智库具备智力优势和桥梁作用，鼓励智库机构参与外宣媒体传播实践，推进长江文化中国故事和中国声音的全球化表达、区域化表达、分众化表达。[1] 同时，加强对受众诉求和传播效果的动态研究、风险预警、舆情分析，将智库研究成果转化为长江文化传播高质量发展的学理指导。

（二）系统推进长江文化的全媒体传播体系建设

媒体融合背景下，新闻的"播出"不再是报道的终点，只有变"播出"为"传播"，提升报道的到达率，才能产生实实在在的影响力。[2] 建议长江流域沿线城市注重明确重点、差异发展、整体推进，推动以长江文化传播为核心的新型主流媒体全局性、战略性、系统性整体转型。

各层级全媒体传播体系建设各有侧重，互为犄角。第一，有优势、有实力的中央媒体要建成新型主流媒体"旗舰"和"航母"，在平台和内容建设上不仅要起到创新引领的作用[3]，更要成为主流舆论引导的定盘星和压舱

---

① 《增强中华文明传播力影响力——全国政协专题协商会发言摘登（一）》，《人民政协报》2023 年 5 月 20 日。

② 徐为：《主流媒体新闻报道与社会活动联动传播合力探析》，《传媒评论》2020 年第 7 期。

③ 周煜媛、董华茜：《曾祥敏：全媒体传播体系建设辩证法——思行合一，合分同构，共融一体》，《中国广播影视》2023 年第 Z1 期。

石。第二，长江流域沿线城市媒体要积极发挥在区域媒体链接、特色发展引领、资源协调共享等方面的引领和示范作用。

各层级媒体、各类平台在差异发展的基础上形成整体联动、协同高效的传播体系。纵向上，中央—省—市—县四级融合发展，构建有连接力、组织力、引导力的全媒体传播体系，形成全程、全效、全覆盖的智慧全媒体传播生态。横向区域合作上，主流媒体通过建立跨域协作机制，打造全媒体云平台，促进城市资源交互，拓展用户市场，在协作中创新内容生产链条，推动媒体深度融合。横向内外合作上，主流媒体充分利用商业平台在技术、渠道、运维上的优势，壮大主流价值内容的传播力和影响力；商业平台在与主流媒体的合作共赢中，承担社会责任，促进社会公益内容的传播。

形成全媒体时代下的传播新格局。一方面，深化全域全链全场景传播，加强全媒体内容生产与传播的顶层设计，采用一体策划，注重总体布局，强化整体推进，形成资源合力。同时，以"融为一体、合而为一"的传播体系，塑造网上网下一体同构的新格局。另一方面，创新全媒体新闻话语，推动内容与技术深度融合，增强用户体验的场景感、交互感和沉浸感。同时，推动全媒体用户连接创新，吸纳用户共同参与信息生产传播。

（三）持续增强长江文化的国际传播能力建设

中华优秀传统文化是中华民族的根和魂，也是吸引海外民众了解中国、感知中国的"磁石"。长江文化作为中华优秀传统文化的重要组成部分，承担着向世界传播中国声音、中国理论、中国思想的重任。建议长江沿线城市从内容、媒介、政策三个方面，增强长江文化的国际传播能力建设。

增强内容层软实力，加强国际传播语境中的长江文化内涵和时代价值的故事表达。遴选既能够实现国际共享，又兼具地方特色、世界意义、人类共同价值理念的文化要素，打造"全球在地化"的中华文明精神标识。设置长江文化的传播议题，形成丰富、多层次、多样化的海外媒体和受众关注点、兴趣点、共情点；将长江文化的历史文本与人类命运共同体的价值观念有机结合，不断增强海外受众对江苏长江文化的价值共识与情感关联。

增强媒介层表现力，立体打造长江文化国际传播体系。建立多模态、多层级、立体化的跨媒介传播矩阵，在海外社交媒体平台上实现更大作为，丰富国际文化传播手段。一方面，加强跨媒介传播主体队伍建设，加强培养了解国际舆论场、具有高专业度的国际传播人才，打造拥有全球影响力的媒体，形成主流媒体国际传播阵地；另一方面，有组织地展开与海外媒体、海外华人的合作，并积极通过会议论坛等各类对外文化传播途径弘扬江苏长江文化，进而推进江苏长江文化传播的全球化表达、多层次互动、分众化传播。

增强政策层推动力，加强江苏长江文化国际传播的政策引导。首先，从政策主体、政策工具与政策目标等方面，系统研究江苏长江文化国际传播的引导性政策体系，增强政策制定的针对性、科学性与持续性。其次，围绕增强内容层软实力、媒介层表现力、效果层认知力等，在政策实施环节逐步推进和完善江苏长江文化国际传播的引导性政策体系构建。最后，聚焦政策的具体执行，强化效果评价，为实现引导性政策的持续推进与精准发力提供充足依据。

案 例 篇 ⟩⟩

B.11

四川宜宾李庄文化遗产保护实践研究

杨 颖 汪 灏 丁 玎 秦媛媛 周春光*

摘 要： 李庄作为"万里长江第一古镇"，以其保存完好的古建筑群、深厚的抗战文化、多元文化的融合底蕴以及酒旅融合的创新场景而闻名，成为长江文化的重要代表。本文详细阐述了李庄文化遗产保护的具体措施，包括法律制度保障、金融政策支持、校地合作保护、文旅设施优化、文旅融合实践以及对外交流扩大影响等。通过这些措施，李庄不仅有效保护了文化遗产，还促进了当地经济社会的发展。本文还总结了李庄文化遗产保护实践的启示与展望，提出了地方立法、科学保护与合理开发、对外交流合作、文旅场景创新以及凝聚社会力量等策略，为长江文化及其他地区文化遗产的保护提供了宝贵经验。

* 杨颖，博士，四川省社会科学院院长，教授，硕士研究生导师，主要研究方向为马克思主义中国化；汪灏，博士，西华大学法学与社会学学院教授，博士生导师，主要研究方向为马克思主义中国化；丁玎，博士，西华大学建筑与土木工程学院建筑系主任，副教授，博士生导师，主要研究方向为建筑学、马克思主义中国化；秦媛媛，博士，西华大学建筑与土木工程学院建筑系副主任，讲师，主要研究方向为建筑学、马克思主义中国化；周春光，博士，西华大学法学与社会学学院讲师，硕士研究生导师，主要研究方向为马克思主义中国化。

关键词： 李庄古镇　抗战文化　酒旅融合　文旅融合　文化保护

四川省宜宾市处在长江、金沙江、岷江三江交汇处，被誉为"万里长江第一城"。李庄古镇坐落于宜宾市翠屏区李庄镇长江南岸，系全国少有的文化交融古镇，近年来以其独特的方式，融合了多元化的传统文化与抗战文化，成为长江文化的杰出代表。

乡绅捐祠、百姓让庙，共同铸就了这座古镇的学术殿堂。同济大学、中央博物院等文化重地纷纷迁入，大师学者们在此辛勤耕耘，孕育出众多学术瑰宝。从梁思成的《中国建筑史》到童第周的胚胎学研究，李庄古镇见证了中华民族在战火中的文化自觉与学术创新。它不仅是"中国文化的折射点"，更是"民族精神的涵养地"。李庄古镇文化遗产保护的实践经验对长江文化传承保护有借鉴意义。

一　李庄文化遗产保护的历史背景与现实意义

宜宾市处在长江、金沙江、岷江三江交汇处，被誉为"万里长江第一城"。李庄古镇坐落于宜宾市翠屏区李庄镇长江南岸，其历史可以追溯至梁代大同六年（540 年），迄今已有近 1500 年建镇史，清朝道光年间就享有"万里长江第一古镇"的美誉。

李庄古镇经历了从驿站、水码头、物资集散地到长江上游重要的沿江场镇的演变，逐渐成为该区域关键的物资转运节点和文化交流枢纽。这里不仅拥有"江导岷山，流通楚泽，峰排桂岭，秀流仙源"的自然美景，更沉淀了历史文化遗迹和抗战时期的沧桑风云，在抗战时期，李庄更是大后方的四大文化中心之一。它融合了多元化的传统文化与抗战文化，系全国少有的文化交融古镇，堪称长江文化的杰出代表。

李庄镇在 1992 年被命名为四川省首批历史文化名镇，2005 年被评为中国历史文化名镇、全国环境优美乡镇以及全国首批特色小镇之一，同时还是四川省爱国主义教育基地。2008 年，李庄古镇景区荣获国家 4A 级旅游景区称号。2016 年，李庄入选中国第一批特色小镇。2017 年，被评为四川统一战线中国特色社会主义教育基地，并被确立为"十月文学奖"永久颁奖基地和"中国古建营造技术保护与发展论坛"永久举办地。2018 年，李庄被确立为中国民主同盟传统教育基地、全国海峡两岸交流基地、四川省国防教育基地，并荣获 2018 年四川省十大阳光旅游目的地称号。2019 年，李庄被命名为四川省文化旅游特色小镇。2021～2025 年，李庄成为中国建筑学会科普教育基地依托单位。

二　李庄文化遗产的特色与价值挖掘

（一）保存完好的古建筑群

李庄的古建筑群规模宏大，布局严谨，完好地体现了明、清时期川南地区庙宇、殿堂、古戏楼建筑的特点。[1] 古镇内部至今仍然完整保存着 18 条明清时期的古街巷，这些街巷以条形或方形石板精心铺砌，巷陌纵横交错，形成了古镇独特的空间布局和风貌。街巷的名称多来源于其位置、特征或曾经从事的商贾活动，羊街和席子巷便是其中的代表。[2] 席子巷，因历史上曾是前店后厂加工和销售草席的地方而得名。这条建于清朝初年的小巷，长约 60 米，宽约 2.5 米，地面铺设着光滑而规整的青石板。巷子两侧是传统的小青瓦木结构民居，一楼一底的建筑布局保存完好。[3] 这些民居多采用四合院式的建筑布局，中间设有天井，每家都有自己独具特色的"腰门"。民居的屋檐向外挑出，彼此之间的距离很近，形成了独特的"一线天"景观。席子巷不仅体现了川南地区的传统民居建筑风格，更是李庄古镇社会生活的

---

① 林宇航：《李庄古镇抗战文化创意产品设计研究》，硕士学位论文，西华大学，2021。

② 曹春梅、陈范华、常智敏：《李庄古镇的文化价值与旅游开发探究》，《宜宾学院学报》2009 年第 11 期。

③ 王雨晴、范莉：《李庄古镇的调研和古建筑的分析研究》，《四川建筑》2014 年第 4 期。

缩影，生动展现了当地居民的日常生活和传统习俗。

"一花二黄三白四绝九宫十八庙"是李庄古镇的代表性特色。其中的"九宫十八庙"指的是李庄古镇内的众多庙宇和宫观，其中既有道教、佛教的庙宇，还有闽南的妈祖庙，是移民文化的最好见证。"九宫"指的是文武宫（又名慧光寺）、紫云宫（又名王爷庙）、真武宫（又名祖师殿）、桓侯宫（又名张爷庙）、巧圣宫（又名鲁班庙）、禹王宫、南华宫、天王宫和文昌宫。"十八庙"则包括土祖庙、苏家观、陈公庙、桂馨寺、关圣殿、昊天观、佛光寺、万寿寺、永寿寺、玄坛庙、伏虎寺、常君阁、天宫庙、龙君庙、通明观、观音洞（庙）、天台寺和东岳庙。目前，保存得较为完好的庙宇和宫观有明代的旋螺殿（初名文昌宫）、慧光寺、东岳庙，以及清代的禹王宫、文昌宫、南华宫、天上宫等10余处。这些建筑不仅展现了李庄古镇的历史风貌，也传承了丰富的文化内涵。李庄古镇代表性古建筑有以下几个。

旋螺殿：建于明万历二十四年（1596年），经历400多年风雨和地震，依旧屹立不倒。1956年被列为四川省重点文物保护单位，2006年晋升为全国重点文物保护单位。旋螺殿的平面呈八角形，外观为三重檐八角攒尖顶，高度约25米；采用全木斗拱结构，未使用一颗铁钉，是李庄的标志性建筑之一。其不仅在建筑学上具有重要价值，更承载了丰富的历史文化，殿内槛墙保存有清代碑刻5通，详细记录了历代培修旋螺殿的情况。

奎星阁：建于清光绪年间早期，为八角亭式三层全木结构建筑，被梁思成先生誉为"李庄四绝"之一。该建筑在长江边具有导航作用，船只在数里外即可望见，其地理位置是观赏长江风光的绝佳地点。现存奎星阁是1998年重建。

张家祠：建于清道光十九年（1839年），占地面积约4000平方米，主体为四合院式木结构建筑。该建筑以厅房的50扇楠木精工雕刻的"百鹤祥云"窗而著称。抗战期间张家祠曾是中央博物馆筹备处的驻地，现为四川省文物保护单位，是研究清代川南民居建筑特点的重要实例。

祖师殿：又名真武宫，建于清道光十三年（1833年），采用传统的前后四合院式布局。不仅是中共南溪县委早期活动地，还是抗战时期内迁的国立同济大学医学院旧址，是中国近现代教育和医学发展的重要见证。

禹王宫：又名慧光寺，建于清道光十一年（1831 年），建筑面积约2200 平方米，是李庄镇内现存规模最大的清代建筑群，2007 年被列入四川省文物保护单位。由一主一次两个四合院构成，山门、戏楼均为重檐歇山顶，戏楼为四川保存最完整的古戏台之一。禹王宫以精美市调著称，其中的九龙石碑是难得的艺术珍品。九条龙象征着大禹治水的功绩，体现了对大禹治水精神的传承和纪念。雕刻手法多样，包括深度浮雕和部分镂空雕，线条流畅，人物造型生动。抗战时期，禹王宫是国立同济大学本部驻地。

（二）独具特色的抗战文化

李庄不仅是个地理概念，更是特殊时期产生民族精神力量的人文概念。[①] 李庄古镇作为战时文化中心，拥有丰富的历史文化遗产、深厚的战时文化、丰富的高校历史文化资源，这也是李庄与其他古镇不同，最具标志性的资源和代表。

抗战时期，李庄镇作为诸多大师、学子的第二故乡，成为他们的世外耕读之所。暂离烽火，中国的学术群星们得以在李庄继续从事学术和科学研究。1940～1946 年，在李庄人民"同大迁川，李庄欢迎，一切需要，地方供给"的著名的十六字电文盛邀下，国立中央研究院（历史语言研究所、社会科学研究所、体质人类研究所）、中央博物院、同济大学、中国营造学社、金陵大学文学研究院、中国大地测量所等 10 多所文化、教育、科研机构共 1.2 万余人迁入当时仅 3000 余人的李庄。[②] 全国知名专家、学者如傅斯年、李济、吴定良、梁思成、林徽因、童第周、董作宾等云集李庄 6 年之

---

① 曹春梅、陈范华、常智敏：《李庄古镇的文化价值与旅游开发探究》，《宜宾学院学报》2009 年第 11 期。

② 《漫步四川李庄古镇 倾听林徽因的前尘往事》，搜狐网，https：//www.sohu.com/a/215338971_ 100000639。

久，梁思成的《中国建筑史》就诞生在李庄。[1]

乡绅们捐出来自家的祠堂，百姓们"请"出来庙宇的神像。张家祠成为中央博物院的所在地，同济大学的校本部设在了禹王宫，工学院搬进了东岳庙，祖师殿是医学院的解剖课堂，南华宫则是理学院的教学用房。[2]

在烽火连天的抗战岁月里，李庄古镇为内迁的文人学者提供了一个平和的环境、架起了一方宁静的书桌。文人学者们也"不避世途风雨，但守山河寸心"，在清贫匮乏之中奋笔抒写报国情怀，坚持治学救国，取得了举世瞩目的学术成就。这些文化和学术成就深刻影响了中国近现代的文教与科技发展事业，保存了中国文化命脉，延续了中华民族精神，李庄古镇因此被誉为"中国文化的折射点"和"民族精神的涵养地"。当时，往来于国内外的邮件只需写上"中国李庄"4个字，即可顺利抵达李庄古镇，足见它的地位之重、影响之大。

李庄抗战文化是中国现代文化发展史的重要组成部分，对中国的现代化事业的起步与发展有着不可磨灭的贡献。[3] 抗战期间，仅同济大学就在李庄培养了3000多名毕业生，其中的绝大多数人和其李庄的导师一起，成了国家现代化建设的栋梁。李庄的和平环境及供给保障，为战乱时期诸多学科的现代体系构建作出了卓越贡献。蛰居陋室的大师学者们，利用简陋的设备进行着尖端的研究，作出了惊人的成就。例如，梁思成写出了《中国建筑史》，劳榦进行了居延汉简研究，童第周进行了胚胎学研究，董同龢写出了《上古音韵表稿》和《汉语音韵学》等。[4] 这些成果在其相应学科内都是现代科学的奠基之作，为中华民族文化的现代化、科学化建立了开拓之功。

李庄古镇是一部真实生动的国民教育材料，李庄抗战文化所蕴含着的人文精神和爱国主义情怀，是一份弥足珍贵的民族遗产。

---

[1] 钟晓晴、陈旭：《宜宾文化绽放华商会》，《宜宾日报》2013年9月26日。

[2] 《宜宾李庄：被抗战文化记忆激活的古镇》，新华网，http://www.xinhuanet.com/politics/2015-09/02/c_1116448273.htm。

[3] 常智敏、陈范华：《李庄抗战文化的价值与开发》，《宜宾学院学报》2013年第8期。

[4] 萧习华：《沉吟李庄》，中国作家网，https://vip.chinawriter.com.cn/member/xiao/viewarchives_1478.html。

（三）多元文化的融合底蕴

李庄古镇的民俗文化、明清建筑文化、酒文化、竹文化、长江文化、抗战文化等和谐相融，共同塑造了这座古镇独特的多元文化融合底蕴和风华。明末清初，湖北、广东等十几个省份的移民迁往四川，十省五方的民众，溯水路而上，又沿着长江的各个支脉分散到四川各地。外来文化的浸染与本地文化的融合，使得不同背景的人民在李庄和睦相处，潜移默化间李庄逐渐生成了开明包容的长江风骨。

李庄古镇的建筑风格不仅体现了川南的传统风格，还融合了其他地区的建筑精髓，灰塑工艺、嵌瓷工艺、封火山墙等，展现出了川、闽、粤、赣、苏杭等风格并存的风貌。古镇酿酒业自古兴盛，清末民初已经达到"家家点火、户户冒烟"的酿酒盛况。由于处在长江河谷阶地，独特的水域、水土、气候条件孕育了李庄独特的微生物菌群，以及古法纯粮固体发酵小曲白酒酿制工艺，产出了深受人们喜爱的李庄白酒。宜宾五粮液公司在李庄左湾建立了高标准酿酒专用粮基地，专门以李庄古镇产的糯红高粱为五粮液制酒原料。李庄的竹文化以高桥竹村竹编技艺为代表，历史悠久，通过家庭传承、师徒传承等方式，世代相传。高桥竹村竹编技艺精湛，产品种类繁多，包括各种生活用品、装饰品、艺术品等。这些竹编产品不仅具有实用价值，还具有很高的艺术价值和收藏价值。

李庄古镇还保留了多样的非物质文化遗产，包括民俗活动、传统美食文化、节庆仪式、传统音乐、舞蹈、戏剧等，这些非物质文化遗产项目不仅体现了李庄古镇多元而深厚的历史文化底蕴，也展示了当地人民对传统文化的热爱和传承。其代表性的非物质文化遗产包括以下几种。

舞草龙：2011年就被列为四川省非物质文化遗产。相传起源于唐代，在继承巴蜀传统舞龙艺术的基础上，结合本地民间文艺表演形式，形成了独特的舞龙技艺。草龙龙骨取自竹，龙身为稻草，龙须为麻线，造型独特，夸张而简练。

李庄白肉传统制作技艺：作为"李庄三白"之一，李庄白肉以选料精、火候准、刀工绝、蘸料奇、吃法妙五个特点著称，拥有独特的制作技艺和食用方法。其传统制作技艺拥有上百年的历史，已被列入宜宾市区级非物质文化遗产代表性项目。

大坝高装：大坝高装是李庄古镇的一种传统民俗文化活动，融合了戏剧、杂技和民俗等多种元素。大坝高装起源于清代康熙至乾隆年间，已有300多年历史。它最初由湖南、广东、福建等地的移民带入四川，与当地民俗文化融合而成。高台结构精巧，表演形式独特，于2008年被列入国家级非物质文化遗产名录。

李庄古镇的多元文化融合体现在其历史、建筑、民俗和旅游等多个方面，这种融合不仅使得古镇的文化更加丰富多样，也为其旅游产业的发展提供了有力支撑。

（四）酒旅融合的创新场景

宜宾市致力于构建长江"零公里"最优最美酿酒生态圈，打造世界优质浓香白酒主产区，加速建设世界级优质白酒产业集群。[1] 同时，还利用中国名酒博览会等契机，积极培育"酒旅融合项目"，打造全域酒旅；推出酒旅融合精品旅游线路，加强酒旅融合的宣传推广。为了支持酒旅融合发展，宜宾市出台了一系列政策措施，并创新建设酒旅融合新场景。

2023年12月19日，中国酒业协会在李庄古镇召开了"2023年中国国际名酒博览会"，并在大会期间举行了2023首届世界级优质白酒产区高质量发展大会等专业论坛和研讨会。展会充分结合宜宾"地域特色"与"国际影响力"融合发展的创新优势，创新设置了"一院一展""一院一品"的沉浸式展陈，由传统方式转变为更加直接的面向消费者，让名酒与传统院落风貌交融碰撞，开展文化交流、品质交流、品牌交流的深度体验互动。参与者在古镇的历史长廊中感受到了中华文化的源远流长，深刻领

---

① 张瑜宸：《宜宾，凭什么叫响大国浓香?》，《华夏酒报》2022年12月13日。

略了中国酒文化传统和现代的交融之美。① 各企业也通过巧妙的空间布局和精致的酒品陈列，打造属于品牌的独立院落，形成了独一无二的古镇品牌空间。

三 李庄文化遗产保护的具体措施与实践成效

（一）法律制度保障

《宜宾市李庄古镇保护条例》于 2021 年 3 月 26 日由四川省第十三届人民代表大会常务委员会第二十六次会议批准，并于同年 6 月 1 日起正式实施。这是四川省首部正式颁布实施的古镇保护条例。该条例旨在明确李庄古镇的保护对象，规范政府职责、保障保护经费，并鼓励社会参与，以进一步筑牢保护意识、规范政府和社会行为，为李庄古镇的保护和管理提供坚实的法治支撑（见表 1）。

表 1 《宜宾市李庄古镇保护条例》主要内容

保护对象	着重保护李庄的抗战文化、长江文化和移民文化等文化资源。保护对象不仅涵盖李庄古镇及其周边的自然景观和历史风貌，还包括明清建筑风格、街道布局、空间尺度、文物保护单位和历史建筑，以及具有时代性和代表性的工业遗存和近现代建筑、非物质文化遗产等文化资源
保护范围	明确了古镇保护的具体范围，并对在此范围内禁止的行为进行了规定
传承与利用	鼓励社会参与古镇文化的传承与合理利用，以促进古镇的可持续发展
法律责任	规定了违反保护条例所需承担的法律责任。条例明确了李庄古镇景区管委会为条例实施的责任主体，负责推动规划保护、秩序整理、环境整治等方面的工作，确保条例的有效执行。这些措施将有助于保护和传承李庄古镇的千年历史文脉，并充分发挥其作为抗战文化中心的爱国主义教育基地作用，对古镇的保护具有极其重要的意义

资料来源：作者根据《宜宾市李庄古镇保护条例》条文整理。

---

① 刘婧：《创新优势破新局 酒旅融合襄华章》，《宜宾日报》2023 年 12 月 19 日。

（二）金融政策支持

自 2019 年以来，宜宾市为推动文旅产业发展，积极打通政策和资金通道，通过出台支持政策和落实具体措施，提振行业信心，激活文旅市场。从《关于加快建成文化旅游强市和国际旅游休闲目的地的实施意见》（宜发〔2019〕4 号）到《高质量建设区域文化旅游中心的支持政策》（宜办〔2021〕83 号）的实施，文旅业态正加速恢复活力。其中，通过"金融赋能"发放了 20 亿元文旅产业贷款，并每年安排 1.5 亿元文旅产业专项资金，全行业发放了 1 亿元文旅消费券，有力推动了宜宾文旅转型高质量发展。

随着 2021 年《宜宾市李庄古镇保护条例》的施行，宜宾市、翠屏区人民政府将李庄古镇保护纳入国民经济和社会发展规划，并将保护相关经费纳入财政预算。同时，鼓励公民、法人和其他组织通过投资或捐赠参与保护。翠屏区成立李庄古镇景区管委会和宜宾翠旅投资集团有限公司，采用"管委会+平台公司"的模式，打通政策和资金通道，推动李庄古镇改造升级。三年时间里，翠旅投资集团有限公司直接投入李庄古镇资金合计已超过 25 亿元。财政支持发行专项债券 7.12 亿元；中国农业发展银行宜宾市分行对李庄项目投放资金 4.3 亿元；国家开发银行四川省分行投放资金 3.8 亿元。此外，农业银行、邮储银行、广发银行、兴业银行、市商业银行、市农商行等金融机构对李庄的建设发展也提供了大量的资金支持。

（三）校地合作持续保护

同济大学和清华大学在李庄古镇的保护工作中作出了真诚的努力和宝贵的贡献，两所高校的参与，为李庄古镇的保护发展提供了宝贵的学术支持和实践经验。

同济大学与李庄有着深厚的历史渊源。2001 年 5 月 1 日，同济大学城规学院的董鉴鸿教授代表学校来到李庄。同年 8 月，同济大学授牌李庄为"四川李庄同济大学爱国荣校教育基地"。在离开 55 年后，同济大学和李庄再次携手。从那时起，每年都会有同济的学子到李庄镇中学支教，李庄的每次规划都有同济大学教授参与。2006 年，同济大学与宜宾市在李庄建立了"李庄同济纪念广场"，并树起了纪念碑；2007 年，同济大学百年校庆，校园里专门设置一块宣传李庄的场地；① 自 2011 年起，同济大学每年给予李庄中学名额，推荐品学兼优的李庄学生前往同济大学深造；2016 年 11 月，李庄同济医院正式开院。同济大学还为李庄编制了《李庄古镇保护和建设规划》《李庄历史文化名镇保护规划》等，这些规划对于李庄的保护和发展起到了重要的指导作用。2020 年，同济大学选派建筑研究院著名建筑师章明主持设计了中国李庄文化抗战博物馆。

李庄古镇是中国古建筑调查研究学术机构的重要驻地，也是清华大学建筑学院的前身所在地。李庄古镇内的中国营造学社陈列馆，展示了中国营造学社成员在古代建筑实例的调查、研究和测绘等方面的手稿、文献和历史图片等资料，集中体现了其在中国建筑史研究方面的重大贡献。2006 年，李庄镇月亮田的中国营造学社旧址被列为全国重点文物保护单位，被誉为"中国建筑科学的摇篮"。清华大学建筑学院参与了李庄中国营造学社旧址的改造设计。

此外，李庄古镇景区还与西南交通大学、重庆大学等开展校地共建合作。这些合作已经转化为李庄古镇保护利用的新技术和对外传播的新思路。

（四）文旅相伴设施优化

2012 年，宜宾市为了更好地保护、利用、开发李庄古镇，专门成立了李庄产业园区管委会。经过随后 8 年的改造升级，古镇的配套设施不断完善，古镇内的古建筑、旧址得到保护性修缮，历史风貌得到恢复，建筑安全得到提升。2020 年以来，在金融政策助力下，李庄产业园区管委会投入近25 亿元，为李庄古镇带来了全新的升级，增加了旅游品商店、建筑博览馆、民艺聚落、民宿巷子等业态，古镇的景观及风貌大大提升，人文街区日益

---

① 《宜宾李庄：被抗战文化记忆激活的古镇》，新华网，http：//www.xinhuanet.com/politics/2015-09/02/c_1116448273.htm。

增多。

2020年初，李庄古镇启动升级改造，全新打造了"月亮田"景区。该景区位于李庄古镇西侧，因此地有两块形似月牙的农田而得名。整个景区总建筑面积约14万平方米，其中可经营面积为4.6万平方米。景区按照"一馆一址一池一街24院"布局进行整体打造，新建了中国李庄文化抗战博物馆、中国营造学社陈列馆等。截至2023年10月，已经吸引了170余家商家入驻，包括五粮液、川茶、李庄白糕研究所等本土特色龙头企业。这里汇聚了特色美食、酒店民宿、休闲娱乐、文创研学四大聚落区，使得李庄古镇文化旅游承载能力得到了显著提升，并有效地补齐了文旅功能短板。

（五）以展为媒文旅融合

李庄古镇在文旅融合方面采取了多项措施，尤其是"以展为媒"，通过展览、展示等方式，实现了文化与旅游紧密结合。在过去的10多年里，李庄古镇的各个学院旧址得到了持续的修缮。这里再现了抗战时期专家和学者生活的文化场景，并建设了多个陈列馆和展览馆，通过主题展览向游客生动地展示了那段特殊岁月里的人们的精神追求。李庄古镇还打造了"中国李庄抗战文化陈列馆"，该馆结合了张家祠宗族祠堂与抗战时期国立中央博物院筹备处内迁的历史，通过梳理相关档案和史料，并利用现代科技手段，为游客提供了一种沉浸式的游览体验，使他们能够近距离地触摸古镇的历史并感知民族精神。

仅2024年1月开始，李庄镇就密集举办了多场展览，吸引了国内外大量慕文化而来的参观者，真正做到了让文化"活起来"，也"火起来"。

2024年1月，中国建筑学会、中国民族建筑研究会联合举办"中国民居·传统居住形态研究展"。

2024年5月，举办玉佛寺文化传承与发展研讨会。

2024年5月，在中国李庄抗战文化陈列馆举办"立本求真 家国天下——中央博物院筹备处在李庄"。

2024年5月，东南大学建筑学院、宾夕法尼亚大学韦茨曼设计学院联合举办"蓝图：毕业于宾夕法尼亚大学的第一代中国建筑师"李庄展览。

2024年9月，李庄古镇还将与清华大学合作举办"栋梁展"，将借助清华大学丰富的馆藏资源，与营造学社旧址内的展陈相结合，让更多人走进李庄、读懂李庄，扩大李庄在建筑文化保护和古建筑保护修复领域的影响力。

值得一提的是，中国营造学社陈列馆于2021年2月启动修缮提升工程，2022年4月正式开放，是继清华大学建筑学院中国营造学社纪念馆后，全国第二个中国营造学社的永久性展示场所。[①] 馆内珍藏了梁思成、林徽因等的手稿，还原了他们曾经的工作场景和建筑成果。陈列馆的打造不仅凸显了李庄古镇的抗战文化和红色文化，还力争将其打造为全国建筑学的朝圣目的地和研学旅游基地。

建川博物馆为李庄多个陈列馆捐赠了1600多件珍贵的历史文物资料，以名人信函、学生工具、教具为主。将用于李庄6座陈列馆（中央博物院筹备处旧址陈列馆，梁思成、林徽因旧居陈列馆，同济大学工学院旧址陈列馆，同济大学医学院旧址陈列馆，李庄战时通讯社旧址陈列馆，川江航运陈列馆）的打造。

（六）对外交流扩大影响

为大力宣传李庄古镇的古建筑文化、抗战文化，2005年宜宾市就制作完成了大型文献纪录片《中国李庄》（1940~1946），并举办了"中国李庄抗战文化节"。还配合国家文物局举办了重走梁思成古建筑之路启动仪式，积极支持李庄参加"中央电视台2005全国魅力名镇"评选活动。为加快李庄旅游促销工作，相关部门积极组团参加了"西博会""旅发会"等促销活动，积极支持协助相关人士出版了《发现李庄》《走进李庄》《中国李庄》等相关书籍。[②] 这些书籍不仅为研究李庄古镇的文化抗战历史、学术活动以及与李庄有关的历史人物提供了宝贵的资料和深刻的见解，还进一步扩大了

---

① 冯憬：《"两馆"开馆如同开启"时空隧道"》，《宜宾日报》2022年4月30日。
② 新月：《抗战文化看李庄》，《城乡建设》2013年第10期。

李庄古镇独特文化的传播力和影响力。① 这些对外宣传工作极大地提升了李庄的知名度，为古镇保护与开发营造了良好的舆论氛围和宣传环境。

2015 年 12 月，李庄成功举办了第 12 届"十月文学奖"颁奖仪式，并在接下来的 2017 年、2018 年、2019 年、2021 年、2023 年分别举行了第 13~19 届颁奖活动。2017 年 4 月，李庄还承办了中国考古学会第五届"中国公共考古·李庄论坛"以及中国民族建筑研究会的"第七届中国古建营造技术保护与发展论坛"。到了 2021 年 10 月，四川省台办、文化和旅游厅等单位在李庄举办了"两岸情·李庄行"海峡两岸文化交流活动，主题为"传承历史·共话发展"。而在 2023 年 9 月，又一次举办了"两岸情·李庄行"海峡两岸文化交流活动，这次的主题为"'宜'路有'李'·两岸共赢"。同年，四川省还选择在李庄召开文化和旅游发展大会。

通过连续举办"十月文学奖""两岸情·李庄行"以及文化旅游发展大会等一系列文化交流活动，李庄古镇与国内其他地区、各类文化圈层以及台湾等地的交流与合作日益加强，进一步提升了其文化软实力，并逐渐成为文学创作和交流的重要平台。这些活动汇聚了各方智慧，使得李庄能够积极借鉴国内外先进经验，为古镇的保护、发展和振兴出谋划策。通过这些活动，不仅共同传承和弘扬了中华民族伟大的抗战精神，还在此过程中提高了古镇居民的保护意识，激发了他们参与保护的积极性，同时也提升了公众的文化自信与文化自觉。

四 李庄文化遗产保护实践的启示与展望

（一）地方立法为文化传承保驾护航

四川省为李庄古镇颁布实施了省内首部古镇保护地方性法规《宜宾市李庄古镇保护条例》，将古镇及其文化的保护纳入法治化轨道，对于更广大

---

① 新月：《抗战文化看李庄》，《城乡建设》2013 年第 10 期。

范围的长江流域传统文化的保护与传承，同样需要法制的保驾护航。构建完善的法制体系保障长江文化的传承，并促进其可持续发展。在法律法规层面，需要制定专项法规，明确长江文化的定义、保护范围、责任主体等，并细化保护内容，包括物质文化遗产（如古建筑、古村落、古桥等）和非物质文化遗产（如传统工艺、戏曲、节庆等）的保护范畴。还需要为跨地区、跨部门的合作建立机制保障，为加强不同地区、不同文化圈层、不同部门在长江文化保护方面的交流与合作提供法制支持，打造制度交流平台。此外，系统总结我国在文物保护、历史文化名村名镇、传统村落保护等方面的法制建设经验，为长江文化这种跨流域、跨地区文化遗产保护建立适宜的法制机制。

（二）处理好科学保护与合理开发

文化保护的前提是"摸清家底"，制定科学合理的保护规划；对文化资源进行全面的调研和评估，了解其现状、价值和潜在风险。由于长江流域广大，支流众多，文化遗产量大面广，容易出现还没认识文化价值就被开发利用破坏的情况，迫切需要开展调查评估，利用现代信息技术手段对文化遗产进行数字化记录，更高效、更全面地开展文化资源采集整理，建立长江流域的文化遗产"台账"。在此基础上制定科学、合理的保护措施，提出文化传承及发展规划方案。

（三）加强对外交流合作，不断丰富文化内涵

在长江文化保护中，应积极开展对外交流与合作，利用集群智慧，借鉴国内及国际先进经验，共同推动长江文化的保护与发展。李庄古镇与同济大学等高校的合作，以及与南京博物院、建川博物馆等文化机构的深入交流，为古镇的保护发展注入了新的活力。这一案例充分说明了在长江文化保护传承中，加强对外交流与合作的重要性，可以促进文化资源的共享和文化的传播。充分利用高校的学术资源和专业优势，通过高校与地方政府的密切合作，为长江文化、长江流域历史文化名村名镇、传统村落的保护与发展提供

有益的借鉴和实践技术支持。通过这种集群智慧交流与实践合作，能够更好地平衡保护与发展的关系，实现历史文化的有效传承与持续创新。

（四）文旅场景创新让文化活起来

李庄古镇成功地将历史文化资源和抗战文化资源转化为旅游资源，从而开辟了一条独具特色的发展道路。这给我们在长江文化的保护与传承中带来了深刻的启示：我们不仅可以通过发展文化旅游来促进经济增长，更需要深入挖掘文化特色，充分利用文化内涵，以实现文化与旅游的深度融合。通过创新文旅场景，我们可以让文化更加生动、热门。同时，我们也应重视文化的创新发展和活化利用，使传统文化在现代社会中发挥更大的作用。在文旅融合的过程中，我们还应关注文化与当地产业的融合发展，实现资源共享和优势互补，并探索更多与本地文化特色紧密结合的旅游业态。这不仅能丰富旅游产品，还能提升游客的整体体验。

李庄古镇通过"以展为媒"的文旅融合实践，成功地探索出了一条具有鲜明特色的文旅融合之路。古镇通过深入挖掘文化内涵、创新展示方式、丰富旅游业态、提升服务质量以及加强宣传推广等一系列措施，实现了文化与旅游的深度融合。这不仅为游客提供了丰富多彩的文化体验，也为当地的经济社会发展注入了新的活力。此外，宜宾的全域酒旅和李庄古镇的酒旅融合实践也证明了这是一种成功的旅游发展模式。通过深入挖掘和展示古镇的酒文化特色，并结合旅游产业的发展需求，李庄古镇成功地将酒文化与旅游活动相结合，打造了多元化的业态，创造了新的消费场景。这种模式不仅实现了酒文化与旅游产业的良性互动和共同发展，还为游客提供了更加丰富的旅游体验，同时为当地的经济社会发展注入了新的活力。

（五）凝聚社会力量扩大传承参与

增强社会公众及文化所在社区公众对长江文化保护的认识与热情，提升他们对文化保护的参与度，进一步推动广大人民群众对长江文化价值的认知，以此营造最为广泛的长江文化保护氛围，并充分利用群众智慧，以更好地保护与传承长江文化。

全方位加强长江文化及其保护宣传教育工作，通过媒体、网络等多种渠道，向公众普及长江文化的价值和保护的重要性。举办长江文化保护传承的主题宣传活动，利用好新媒体，通过微博、微信、抖音等新媒体平台，发布长江文化保护传承的相关内容，增加话题热度和公众参与度。结合研学、青年社会实践等公众活动，组织长江文化体验活动，带领公众实地参观长江沿岸的文化遗产，如历史悠久的古镇、古村落、古桥等，参与制作传统工艺品、学习地方戏曲、参与传统节庆，深切领略长江文化的独特魅力。

出台相关政策措施，鼓励社会力量参与长江文化保护工作，如提供资金支持与技术援助。建立多元化的融资渠道，吸引更多的社会资本投入保护领域，为文化保护提供稳定的资金保障。为确保文化保护工作的专业性与规范性，还需要规范社会团体和个人参与文化保护利用工作，避免因不当参与对文化遗产造成不良影响。

B.12
长江国家文化公园建设视野下重庆广阳岛的生态文化探索研究

王佳宁　赵伟民　王君也*

摘　要： 在研究动机上，本文以长江国家文化公园建设为愿景，站在人与自然和谐共生的高度谋划重庆广阳岛生态文化建设。在研究过程中，本文坚持和合共治的基本路径，不断完善重庆广阳岛治理体系。在研究方法上，本文致力于重庆广阳岛生态文明一体化建设，从而与山清水秀美丽之地、人与自然和谐共生的美丽中国先行区建设同频共振。在研究取向上，本文持续推进生态保护区和生态涵养区协同发展，凸显山清水秀美丽之地、人与自然和谐共生的美丽中国先行区建设的落地效应。确立保护优先、系统治理、绿色发展的原则，藉此期望重庆广阳岛绿色发展自觉性、积极性和内生动力更强，政府、市场、社会共同参与生态保护区和涵养区生态保护和绿色发展的效果更突出。

关键词： 重庆广阳岛　长江国家文化公园（重庆段）　生态文化　绿色发展

在长江文化保护传承弘扬和长江经济带协同发展进程中，重庆以广

---

* 王佳宁，重庆智库暨大运河智库创始人、理事长、首席研究员，长江国家战略研究院院长，主要研究方向为公共政策和战略规划；赵伟民，重庆智库暨大运河智库"美丽中国研究中心"特约研究员、重庆广阳岛绿色发展有限公司研究室副主任，主要研究方向为绿色发展；王君也，博士，重庆智库暨大运河智库专题研究部副主任、副研究员，主要研究方向为长江经济带和长江文化发展。

阳岛为载体，注重总结新案例，研提新样本。以广阳岛生态文化为轴心，既着眼长远，又立足当前，既尽力而为，又量力而行，既得到群众认可，又经得起时间检验，探索并践行了长江文化保护、传承、弘扬的新路径。

一 长江国家文化公园（重庆段）生态文化的提出

2015 年 5 月，中共中央、国务院印发《关于加快推进生态文明建设的意见》，首次提出生态文明建设要把"培育生态文化作为重要支撑"。重庆智库暨大运河智库"美丽中国研究中心"认为，生态文化是以生态核心价值观为导向，对生态文明建设理论和实践成果的总结、提炼和传承，包括生态精神文化、生态行为文化、生态制度体系和生态文化物质载体四个主要方面，是生态文明的重要组成部分。藉此引申，长江生态文化是一种观念和价值取向，它唤醒公众的生态意识，是长江生态文明建设的内生动力。长江生态文化是对生态文明建设成果的总结，是生态文明建设的智力支撑；长江生态文化是生态文明的"根"与"魂"。[①]

近年来，长江生态文化在长江国家文化公园（重庆段）渐进推广，在长江经济带绿色发展试点示范区——广阳岛的实践表明，生态文化并不是一个口号，而是成为引领长江国家文化公园建设的先进文化理念，成为提升长江文化影响力的核心价值观念。弘扬好长江生态文化，必须以生态产品价值观念为准则，建立健全生态产品实现机制，让生态产品有价值，让生态文化有价值，实现生态美与经济强、百姓富的有机统一。因此，重庆广阳岛片区成为"长江经济带绿色发展示范"的引领之地，广阳湾智创生态城成为生态优先、绿色发展的先行区，广阳岛成为长江经济带"共抓大保护、不搞大开发"和践行生态文化的成功案例。

[①] 焦晓东：《弘扬特色生态文化 助力生态文明建设》，《中国经济时报》2021 年 8 月 19 日。

二　广阳岛的生态文化实践

（一）背景情况

广阳岛位于重庆主城铜锣山、明月山之间，是长江上游面积最大的生态宝岛，面积约 10 平方公里。这里山环水绕、江峡相拥，曾有大禹治水的历史传说、古代先民的农耕渔猎、机场抗战的浴血同盟、物产丰美的国营农场、体育训练的国家基地、江心绿岛的生态蝶变，今天正奋力书写生态优先、绿色发展的后半篇文章。

广阳岛是长江上游最大的江心绿岛、不可多得的生态宝岛，2017 年前曾规划了 300 万平方米房地产。2017 年 8 月，重庆市委市政府按下"大开发"停止键，决定还岛于民；2018 年 2 月，将其定位为"长江风景眼、重庆生态岛"，划定 168 平方公里广阳岛片区（长江以南南岸区、重庆经开区 115 平方公里，长江以北江北区、两江新区 53 平方公里）整体规划建设。2019 年 4 月，国家长江办函复支持广阳岛片区开展长江经济带绿色发展示范。2019 年 5 月，重庆市委市政府成立由市政府主要领导任组长的领导小组，决定组建广阳岛绿色发展公司与领导小组办公室合署办公，会同 22 个成员单位，合力推进片区绿色发展。2019 年 5 月、7 月，重庆市政府常务会、市委常委会先后审议通过《广阳岛片区规划方案》；8 月，重庆市人大常委会审议《广阳岛片区总体规划》，出台《关于加强广阳岛片区规划管理的决定》，实现规划与立法同步；2019 年 11 月，重庆市政府正式审批《广阳岛片区总体规划》；2019 年 12 月，广阳岛绿色发展公司正式挂牌运行。2020 年 4 月，领导小组明确了片区"统一规划、分区实施、统筹平衡"的推进机制。2021 年 12 月，重庆市委常委会审议通过《关于高质量创建广阳湾智创生态城的意见》，重庆市政府正式审批《重庆广阳湾智创生态城（长江以南片区）详细规划》，将广阳岛片区命名为广阳湾智创生态城。按照重庆市委市政府的要求，广阳岛片区生态立城、产业兴城、科创强城、文化铸城推进规划落地，奋力推动生态优先、绿色发展。

（二）建设过程

根据片区总体规划，岛内岛外统筹布局长江生态保护展示、大河文明国际交流、巴渝文化传承创新、生态环保智慧应用、城乡融合发展示范等功能，策划规划建设一批特色鲜明、内涵丰富、影响力大的项目。[①]

1. 岛湾重点项目由广阳岛绿色发展公司高效实施

经领导小组审定，由广阳岛绿色发展公司实施广阳岛、广阳湾16个重点项目。创新规划建设管理模式，坚持专家领衔、专业担当、专班统筹，克服疫情、高温、干旱、限电及原材料供应紧张等影响，一批高品质示范项目快速变现落地。加快生态修复，广阳岛生态修复分两期实施，主体工程已完工并向市民开放，建成了上坝森林、油菜花田、粉黛草田、胜利草场等24个生态修复示范地，记录到动物、植物分别由2018年的310种、383种增加至458种、627种，建成了生动表达山水林田湖草生命共同体理念的生态大课堂；广阳湾生态修复在修复江湾的同时修复江村，既修复生态，也修复文化，主体工程已完工。完善生态设施，清洁能源、生态化供排水、固废循环利用、绿色交通四个项目主体工程已完工。建好绿色建筑，广阳营完工并开放，广阳岛国际会议中心、长江书院、大河文明馆、长江生态文明干部学院陆续竣工。广阳岛大桥、长江生态环境联合研究生院等项目加快推进，打造了一批绿色建筑领域的示范标杆。推进科技创新，智慧广阳岛一期竣工验收，广阳岛野外科学观测站成功申报市级站。随着这些项目陆续建成，广阳岛已具备"论生态文明、讲中国故事、看长江风景、品重庆味道"的生态文化功能。

---

① 崴万泰：《重庆市人民政府关于〈广阳岛片区总体规划〉的说明——2019年9月23日在市五届人大常委会第十二次会议上》，《重庆市人民代表大会常务委员会公报》2019年第5期。

2. 长江以南片区由重庆市南岸区、重庆经开区统筹规划建设

坚持规划先行，完成总体城市设计和控制性详细规划，编制 11 个专项规划和规划建设导则，形成 78 项绿色发展指标体系。多方筹集资金，采取综合运营开发模式，设计专项债+国开行政策性资金贷款的双渠道融资模式，并通过重庆市财政局转移支付及其他银行融资强化保障资金。紧盯关键项目，近三年通江立交等 16 个项目建成投用，重庆脑与智能科学中心一期等 39 个项目即将建成，重庆东站等 46 个项目有序推进，工商大学一期等 56 个项目开工建设，补植增绿面积约 22 万平方米，成功获评"中国天然氧吧"。加快科技创新，建成约 160 万平方米的迎龙创新港、注册企业 500 余户，培育云辑数字科技等高新技术企业 175 家、广联达等科技型企业 659 家，建成重庆圣华曦药业等国家级研发机构 8 家、中央空调离心式压缩机重庆市重点实验室等市级以上研发机构 111 家、力合科创（重庆）创新中心等孵化平台 8 个，"碳惠通"生态产品价值实现平台累计登记 62 家企业、交易量 323 万吨、交易金额 7786 万元。加强产业培育，推进存量产业智能化、绿色化改造升级，着力发展绿色低碳循环产业，低碳产业项目库入库项目 21 个、开工 12 个，新增软件和信息服务业企业 339 家，美的制冷成功入选 21 家市级领军（链主）企业，重庆机床进入 53 家市级链主企业名单，国内首个百万吨级碳捕集利用与封存项目在重庆通用工业（集团）正式投产，西部地区首个产业数字化赋能基地——成渝地区双城经济圈产业数字化赋能基地正式建成投用，全市首个用户侧储能项目三峡电缆建成。

3. 长江以北片区由江北区、两江新区统筹组织实施

推进城市更新，鱼嘴传统风貌区保护利用和鱼复园区建设稳步推进，郭家沱望江片区被纳入主城都市区城市更新试点示范项目，已完成城市更新控规修编方案。加强生态修复，朝天门至广阳岛生态航线沿江环境综合整治成效明显，两江新区 ABB（变压器智能制造基地）周边沿江生态环境修复加快推进，铜锣峡岸线环境综合整治工程完成方案设计和可研编制。完善基础设施，郭家沱养老服务中心、街道回收房屋改建、照明设施完善及改造工程等公共服务设施项目已完工，4 号线二期、郭家沱长江大桥建成通车，铜锣

峡隧道、望江隧道等"四横一纵"交通路网体系完成方案设计。推进产业发展，果园港港口建设工程竣工，陆海新通道（果园港）班列常态运行，渝新欧新兴消费品全产业链园、中远海运重庆两江新区果园港综合物流基地等项目加快实施，实现长江黄金水道、西部陆海新通道、中欧班列（渝新欧）、渝满俄班列等东南西北四向国际通道在果园港汇聚，将在构建"陆海内外联动、东西双向互济"的开放新格局中发挥更加重要的作用。

（三）生态实践

重庆广阳岛积极探索在习近平生态文明思想指导下的生态文化建设新路径、新模式和新机制。

1. 绘制"生态规划图"，优化生产生活生态空间

将"绿水青山就是金山银山"理念贯穿规划编制和实施全过程，坚持谋划、策划、规划、计划"四划协同"，在摸清片区自然生态、历史人文、发展建设"三个本底"基础上，吃透本来、谋划未来，逐步构建集总规—详细规划—专项规划及其各阶段城市设计、标准导则于一体的空间规划体系，"四划协同"的规划工作方法已在全市得到推广应用。

2. 建设"生态中医院"，实施山水林田湖草生态保护修复

探索实施基于自然的解决方案，创新应用"护山、理水、营林、疏田、清湖、丰草"6大策略，总结凝练了最优价值生命共同体、乡野化和智慧生态等创新理论，发布了"三峡水库江心岛消落带生态修复技术导则""生态景观建设技术导则"等4项标准导则，申报了"生态化泥结路""降解水体微污染物的生态砾石驳岸"等10项国家专利，广阳岛入选全国生态修复典型案例，荣获国际风景园林师联合会（IFLA）杰出奖等大奖，具有广阳岛特色的生态修复理论技术体系、产品材料工法体系、组织实施管理体系，已走出广阳岛为长寿、涪陵、石柱等地服务。

3. 发展"生态产业群"，推进产业生态化生态产业化

坚持学好用好"两山论"，走深走实"两化路"，岛内岛外协同发展产业，获评全国"两山"实践创新基地、绿色产业示范基地、绿色工业园区

等国家级金字招牌。岛内坚持边建设边开放边经营，以市场化方式推出交通、研学、餐饮等服务，打造了"生态+农业、教育、文旅、康体、外事、数字"6个"生态+"两山转化产业模块，绿水青山正源源不断地变成金山银山。岛外大力推进存量产业高端化、智能化、绿色化改造升级，着力发展绿色低碳循环产业，推动经济社会发展全面绿色转型，形成智能终端、软件信息、大健康3个1000亿级产业和汽车电子、节能环保2个500亿级产业，地区生产总值中绿色产业贡献值占比达32%。

4. 打造"生态大课堂"，践行生态文明理念

历经生态蝶变，广阳岛成为政府部门、高校、科研机构和企业的"业务实践基地、政策创新基地、交流展示基地"，经验做法被国家长江办、自然资源部、生态环境部向全国推介，在生物多样性公约大会上向全球推广，在2021年全国深入学习贯彻习近平生态文明思想研讨会、2022年联合国"斯德哥尔摩+50"中国利益相关方对话会和2022年博鳌全球旅游生态大会作经验交流。自2020年8月预约开放以来，市民观光休闲络绎不绝，生态研学体验活动蓬勃兴起，政务商务接待有序开展，党和国家领导人、相关部委上岛调研40余次，接待上岛市民超70万人、政商考察1100余次、现场研学700余次，中央、省级媒体组织宣传报道500余篇（次），《人民日报》头版头条点赞"广阳岛的变化，是重庆深入贯彻落实习近平生态文明思想的生动写照"。

5. 织密"生态法治网"，依法保护、依法监管

坚持用最严格最严密法治保护生态环境，重庆市人大常委会出台《关于加强广阳岛片区规划管理的决定》，严格全域规划管控。重庆市高级人民法院设立"环境资源审判庭广阳岛巡回审判站"，挂牌"重庆市生态司法保护广阳岛教育实践基地"。重庆市人民检察院设立"广阳岛生态检察官办公室"，依法办理跨区域生态环境案件34件，整改率100%，跨区域司法保障机制入选长江经济带绿色发展示范和生态产品价值实现机制试点经验做法第一批清单，"长江入口段二级截污管网污水长期溢流渗漏案"入选最高检典型案例和2021～2022年度"中国十大环境司法案例"。成功侦破非法倾倒危

险废弃物 36 吨案、非法捕猎一级濒危动物长江鲟 10 尾案，获公安部贺电表彰。

6. 建立"生态岛长制"，创新体制机制

重庆市委市政府高位推动，领导小组先后组织召开 5 次领导小组会议、10 次领导小组办公室会议、80 余次专题推进会议，组织编制出台片区总规、详规、意见、实施方案、三年行动计划和年度工作要点等重要文件 20 余个，组织市委督查办、市政府督查办开展督查调度 10 余次。国家长江办评价广阳岛片区示范建设"完全符合习近平生态文明思想，完全符合绿水青山就是金山银山理念，完全符合长江经济带发展座谈会精神"，并以《提升绿水青山颜值 做大金山银山价值》为题将片区绿色发展示范经验做法专报中办、国办。《习近平经济思想研究》专题刊发示范建设相关经验做法。

（四）载体呈现

生态文化是人与自然和谐共存、协同发展的文化，是 21 世纪人类面对诸多危机所作出的新的生存方式和价值取向。重庆智库暨大运河智库"美丽中国研究中心"认为，广阳岛生态文化是以人为主体、与自然密切相关的文化，是为适应自然环境、维护生态平衡、改善生态环境、实现自然生态文化价值、满足公众物质文化与精神文化需求的活动与成果。广阳岛生态文化的八个载体是尊重自然、顺应自然，在发展中实现自我反省、自我调节的生态觉醒和社会适应。①

1. 长江书院

位于广阳岛西岛头山顶采石尾矿区域，占地面积约 6.63 公顷，总建筑面积约 2.2 万平方米，计容建筑面积约 1.8 万平方米，建筑由 10 个院落组团组成，建筑以 1~2 层建筑为主。主要由文化传播、文化研究、文化交流三大功能板块组成。同时以生态修复为原则，完成项目建设亦实现了对采石场的生态修复。

---

① 林坚：《建立生态文化体系的重要意义与实践方向》，《国家治理》2019 年第 5 期。

2. 大河文明馆

位于岛内东部平场遗留土堆处，以"生态北斗、大河文明、清水覆土、智创展陈"为魂，建筑特色集中体现为"整体流线型彩色清水混凝土覆土式博览建筑群"。项目总建筑面积约 1.9 万平方米（其中计容面积 1.5 万平方米），其中地上 1.3 万平方米，地下 0.6 万平方米。

3. 广阳岛国际会议中心

位于岛内高峰山东北侧采石尾矿区，通过项目建设同步修复破损山体，建筑特色集中体现为"大跨度木坡顶山地会议酒店建筑群"。总建筑面积 7.5 万平方米（其中计容建筑面积 5.7 万平方米），其中地上 6.3 万平方米，地下 1.2 万平方米。由会议区、配套酒店以及戴胜酒店组成，可召开高级别会议或 2000 人的常规会议。

4. 高峰梯田（谷雨驿站）

位于广阳岛中坝中心处，面积约 25 公顷（约合 375 亩），大开发导致山体局部裸露、边坡突兀、土壤贫瘠，水系表流无序、蓄水不足，山林植被稀疏、林貌单一，农田肌理缺失、半荒半作，坡地杂草丛生、退化严重。生态修复运用"护山、理水、营林、疏田、清湖、丰草"六大策略，形成杉林苍翠、溪流潺潺、萤火漫舞、蛙声处处、梯田层叠、稻花清香的巴渝乡村田园风景，是最能体现山水林田湖草生命共同体理念的生态修复示范地。

5. 油菜花田（芒种驿站）

位于高峰农业区东段北侧，重庆市主城区单块面积最大的"好大一块田"（面积约 256 亩）。大开发导致地块被合成东西向细长型开发地块，种植土被严重破坏。生态修复运用"理水、疏田"两大策略，整理地形、改良土壤，开厢起垄、引表蓄流，两季轮作油菜、高粱，同步建设田间驿站、观景平台、田园步道，打造现代都市农业绿色循环发展示范。

6. 胜利草场（机场跑道）

位于平坝区东部，面积约 45 公顷（677 亩），曾是古代巴人的生活聚落、抗战时期的机场跑道、广阳坝农场的鱼塘菜畦、体育基地的运动场。大开发平场修路后，遍布坑塘、土堆、荒地等开发痕迹。生态修复运用"理水、营林、清湖、丰草"四大策略，顺山就势引表蓄流，高地成丘洼地成湖，改良土壤种植粮草，修复遗迹丰富乡愁，呈现"风吹草低见牛羊"的现代生态农场。

7. 东岛头（老鹰茶渡）

位于广阳岛东侧顺水面，面积约 77 公顷（1155 亩），是长江天然回水区。受回水侵蚀影响，岸线逐渐崩退，生境相对单一。生态修复以自然恢复为主，保护天然砾石滩涂；运用"营林、丰草"两大策略，通过"固土、扶野、再野化"等措施，修复河滩上的巴茅、荻、芦苇群落和坡岸上的黄葛树、乌桕群落，为小䴙䴘、椋鸟等鸟类提供栖息地，呈现"看大江东去，观平野荒流"的壮美画卷。

8. 广阳营

广阳营位于岛内原机场抗战遗址处，通过建筑保护修缮和系统生态修复，将昔日营房巧妙地利用为集娱乐、休闲、会议、活动于一体的"生态文化营"，定位为"广阳坝历史文化风景眼、生态岛休闲文化体验地"，让历史文脉在生态岛上生根延续，文化瑰宝在风景眼里熠熠生辉。

三 由广阳岛生态文化实践触发的长江国家文化公园（重庆段）态势评估

重庆智库暨大运河智库"美丽中国研究中心"研判，广阳岛生态文化实践以长江这一独特形态的物质遗产为基底，突破了物质维度的边界。同时，由于广阳岛丰富多彩的展示和阐释方式，这一过程又构建起了非常鲜明的"精神边界"，即对于国家和民族伟大历史工程生态文化实践的深刻理解和思考，其效用和发展态势让不同层面的决策者，以及参与其中的公众感触良多。①

---

① 刘曙光：《论大运河文化的创造性转化与创新性发展》，《当代中国与世界》2023 年第 4 期。

（一）长江国家文化公园（重庆段）建设保护已成为促进内循环有效需求的"资源库"

重庆市对长江国家文化公园（重庆段）相关资源进行了全面梳理，明确长江国家文化公园（重庆段）建设范围为重庆市全域 38 个区（县），以及两江新区、西部科学城重庆高新区和万盛经开区，规划面积 8.24 万平方千米。系统梳理了全市世界文化遗产、世界自然遗产、国家 5A 级旅游景区、国家级非物质文化遗产等品牌资源 330 项。重庆智库暨长江国家战略研究院牵头起草并形成了巴渝文化、红色文化、长江文化、旅游文化和美食文化等多个文本，为长江国家文化公园（重庆段）建设夯实了基础。

（二）长江国家文化公园（重庆段）建设保护已成为供给侧结构性改革的"竞技场"

重庆市发展改革委组织市级有关部门、区县开展项目策划和储备，提早谋划重要工程，编制重大项目储备库。已经对照国家有关文件要求，组织区县重点围绕博物纪念馆、遗址遗迹、特色公园、非物质文化遗产、历史文化名城名镇名村和街区、文化旅游复合廊道，策划了一批符合中央资金支持方向、具有长江文化代表性、彰显长江文化价值内涵的重大项目。

（三）长江国家文化公园（重庆段）建设保护已成为统一市场的"试金石"

长江国家文化公园（重庆段）是跨区域线性文化带，文化带建设成效与区域制度环境及统一市场建设密切相关。文化带的基础设施互联互通，要素流、商品流、信息流的畅通与否，将成为检验长江国家文化公园（重庆段）统一市场建设进展的重要标志。

（四）长江国家文化公园（重庆段）建设保护已成为推动城市文明交融的"方向标"

长江文化是展示中华文明的重要地标与国家名片。长江国家文化公园（重庆段）和城市发展，对内能够凝聚人心、实现国家认同，对外可以传播中国形象、展示中华文明，是推动文明互鉴的重要平台，可以为推动全球治理体系改革，建设"人类命运共同体"提供坚定信心和强大动力。

（五）长江国家文化公园（重庆段）建设保护已演绎"三带"协同大趋势

一是继古开今的璀璨文化带。统筹长江沿线类型多样、底蕴深厚的遗产资源，以长江文化遗产为载体，以长江承载的文化价值和精神内涵为核心，突出文化的普遍意义，将长江打造成为丰富多元、特色鲜明、包容开放、兼收并蓄、凝聚悠久历史文脉、荟萃中华文明精华的"魅力长江"。

二是山水秀丽的绿色生态带。坚持系统治理，拓展绿色生态空间，提升植被覆盖水平，建设长江绿色生态廊道，推动形成绿色发展方式和绿色生活方式，将长江打造成江河岸线功能有序、生态空间山清水秀、生活环境绿色宜居、城乡建设特色突出、山水林田湖草生命共同体相得益彰的"美丽长江"。①

三是享誉中外的缤纷旅游带。紧扣满足人民日益增长的美好生活需要，强化文化旅游发展顶层设计，加快文化旅游资源古今汇合、类别融合、区域整合，建设长江文化旅游精品线路，培育统一的文化旅游品牌，把长江打造成设施完备、服务优良、特色突出、效益良好、示范带动力强的"多彩长江"。

---

① 姜师立：《大运河生态文化视野下的美丽中国建设研究》，《中国名城》2021 年第 4 期。

四 广阳岛践行长江生态文化的未来展望

在长江文化保护传承弘扬和长江经济带协同发展进程中，重庆广阳岛片区将坚持"稳进增效、除险清患、改革求变、惠民有感"工作导向，全力推动生态优先、绿色发展，从全局谋划一域、扛起绿色发展旗帜、加快绿色发展示范建设，以一域服务全局、引领绿色发展示范、加快彰显绿色发展示范效应，努力把广阳岛、广阳湾智创生态城建设成为具有新时代新征程新重庆辨识度的重要载体和有形抓手。重点在以下六个方面展现"新作为"。

（一）在绿色发展示范实践创新上展现新作为

深化成渝地区双城经济圈绿色发展示范交流合作，完善联动协作机制，推动成渝地区双城经济圈生态环境保护走深走实，共筑长江上游生态屏障。加强市区联动、岛城统筹，扎实推进绿色发展示范和"两山"实践创新基地建设，加快推动广阳岛由建设为主向管理运营为主转、广阳岛片区建设重点由生态岛向生态城转、生态城由存量本底绿色低碳向增量绿色低碳产业化转、绿色发展示范由岛内探索创新向岛外推广应用转"四个转向"，总结凝练输出一批可复制、可推广的经验做法，交出绿色发展示范建设高分报表，引领重庆市在推进长江经济带绿色发展和长江国家文化公园建设中发挥示范作用。

（二）在重点项目收边收口收尾上展现新作为

统筹岛屿与江湾、绿色与智能、内容与形式，开展"赛生态、赛风景""赛进度、赛质量"赛马比拼，广阳岛国际会议中心、长江生态文明干部学院、长江书院将陆续投入使用。岛内生态修复、生态设施和绿色交通、广阳湾生态修复、广阳湾大桥、长江生态环境联合研究生院将先后启幕。智慧广阳岛加快推出、展示一批创新成果和应用。统筹片区学校、医院、人才公寓、公共停车场等重大公共服务设施建设，持续完善相应市政设施，推动基础设施互联互通，城市功能配套不断完善，城市品质不断提升。

（三）在绿色产业引导培育发展上展现新作为

培育壮大绿色制造、生态环保等绿色低碳产业，推动产业转型升级，大力发展绿色能源，深化开展能源互联网创新试点，加快建成中国能建西部绿色能源中心，引领广阳湾智创生态城产业布局实体经济向高端化、智能化、绿色化方向发展。一方面，大力推进存量产业智能化、绿色化改造升级，打造长江绿色创新产业园示范项目，推动经济社会发展全面绿色转型；另一方面，紧盯碳达峰、碳中和目标，集聚相关技术、产品、材料的创新、研发、孵化、转化和碳汇、绿金、交易、服务等综合功能，积极开展近零碳园区试点建设，着力发展绿色低碳循环产业。畅通生态产品价值转化通道，持续推进"碳惠通"平台运行，推动片区国内生产总值（GDP）和生态系统生产总值（GEP）双提升。做深做实生态环境导向（EOD）开发模式试点，积极发挥南岸区、重庆经开区"中国天然氧吧"品牌优势。

（四）在场馆设施运营筹备投用上展现新作为

牢固树立市场意识、"算账思维"，坚持少花钱多产出，统筹全岛和场馆设施进行整体经营，发挥广阳岛国际会议中心、长江书院优势，承接国际峰会、高端论坛、外事活动等，同步策划对接举办澜沧合作论坛、长江经济带绿色发展论坛、山水城市国际论坛、成渝双城论坛等活动，打造生态版"达沃斯"、生态版"博鳌"。

（五）在全岛开放运营维护管理上展现新作为

坚持"一分建九分管"，完善岛内配套设施，精细化开展苗木养护，智慧化做好运行管理，常态化推进农林牧副渔运营，研究推出针对不同群体的研学课程，策划开展音乐节、成渝双城马拉松、铁人三项赛、公开水域游泳比赛等文体活动，探索引进无人驾驶、无人机、航天体验、裸眼 3D、元宇宙+旅游等智慧场景，谋划建设房车营地、生态美食公园，发展早晨和夜间经济，加快推动生态岛向农业岛、教育岛、文旅岛、康体岛、外事岛、数字岛迭代升级，把绿水青山转化为更多的金山银山。

（六）在生态文化建设服务输出上展现新作为

积极推进片体制机制调整和国企改革，坚持规范化管理和市场化经营双轮驱动，用好"八张工作报表""八张问题清单""五项机制"，系统实施国企改革提效增能行动和对标世界一流企业价值创造行动，培育壮大核心竞争力，打造"绿色发展服务平台集成商"，做强"我在广阳修生态"全球联盟，搭平台、做示范、出标准、当链长，走出广阳岛为广阳湾智创生态城、全市乃至全国提供从生态修复全产业链到生态城市建设全过程服务，为美丽中国"装芯片"、为美好生活"开模具"。

B.13
湖北长江文化传承发展案例研究[*]

王光艳　张学标　吴建刚[**]

摘　要：　随着《长江文化保护传承弘扬规划》的实施和长江国家文化公园建设的推进，湖北省长江文化保护传承弘扬工作全面铺开，各地均取得了积极进展，积累了成功的经验。本文选取武汉务实推进长江国家文化公园武汉段建设、盘龙城遗址文化遗址创新性保护展示、国家级旅游休闲街区黎黄陂路历史文化街区传承历史文脉赋能城市文旅、宜昌立体打造滨江生态文化旅游廊道、宜昌博物馆历史文化传播方式的新尝试以及荆州推进长江国家文化公园荆州段建设成势见效等案例，对其进行深入研究，总结经验和教训，镜鉴长江文化传承发展。

关键词：　长江文化　文化传承　文化保护　湖北

　　湖北省长江文化传承发展在各地均取得了积极进展，通过创新策略和多样化手段，有效保护和传承了长江文化，提升了城市文化品质，并为文旅产

---

[*]　本报告系湖北省国家文化公园专家委员会"2023～2024 年度湖北荆楚特色长江文化发展研究"课题成果。

[**]　王光艳，博士，武汉市社会科学院《大江学术》编辑部执行主编，湖北省社会主义学院特聘研究员，华中师范大学、江汉大学硕士生导师，长江文化促进会理论与政策研究专业委员会副秘书长，主要研究方向为文化传播与文化哲学、影视文化与创新、统战理论与实践；张学标，博士，湖北省文化和旅游发展研究院研究员，武汉大学国家文化研究院兼职教授，长江文化促进会理论与政策研究专业委员会副主任委员，主要研究方向为媒介社会学、大众媒体与政治、长江文化等；吴建刚，湖北省文物事业发展研究中心二级调研员，主要研究方向为文化旅游管理。感谢湖北省文化和旅游厅、武汉市文化和旅游局、盘龙城遗址博物院、宜昌市文化和旅游局、宜昌市博物馆、荆州市文化和旅游局的大力支持。

业的发展注入了新的动力。

武汉率先垂范，通过考古遗址的精心升级、博物馆的匠心打造以及文旅设施的全面改造，不仅极大地提升了城市的文化功能和基础设施水平，更以丰富的研学活动为纽带，加深了青少年对长江文化的认知与热爱。盘龙城遗址项目，利用前沿科技手段，让沉睡千年的历史文明重焕新生；黎黄陂路街区，则以文旅融合的新模式，实现了城市文脉的活态传承，展现了长江文化的独特魅力。宜昌，则以灯光秀和博物馆为窗口，以历史人物和山水为魂，运用现代科技手段，让公众在沉浸式体验中，感受到了文化的温度与深度。荆州，依托其丰富的历史文化资源，以数字化创新为引领，深入推进文化与旅游、科技的深度融合，为文旅市场注入了新的活力与可能。

一　武汉：务实推进长江国家文化公园武汉段建设

建设长江国家文化公园，是以习近平同志为核心的党中央作出的重大决策部署，是推动新时代文化繁荣发展的重大文化工程。党的二十大报告提出要"建好用好国家文化公园"。2023 年，武汉市长江国家文化公园建设工作领导小组认真贯彻落实国家、省国家文化公园建设工作部署要求，积极推进长江国家文化公园武汉段建设工作，不断完善体制机制，加强资源保护利用，推进长江文化创新利用，扩大长江文化传播影响，进一步夯实了长江文化中心城市的地位。

（一）长江国家文化公园武汉段建设工作进展

自 2022 年 1 月长江国家文化公园建设工作正式启动以来，武汉市按照中央和湖北省有关决策部署，在体制机制、重大项目、长江文化保护弘扬等方面务实进行，各项工作有序开展，组织机制不断健全，顶层设计逐步完善，项目建设稳步推进。

1. 健全工作机制，做好顶层设计

武汉市从工作机制和规划编制两方面着手，做好长江国家文化公园武汉

段建设的顶层设计工作，取得良好成效。一是完善工作机制。武汉组建了市长江国家文化公园建设工作领导小组，统筹推进长江国家文化公园（武汉段）建设工作。出台《长江国家文化公园武汉先行示范区建设方案》《武汉市长江国家文化公园建设工作领导小组议事规则》，明确建设范围、建设任务、保障措施、议事范围和议事规则，规范建设工作决策事项议事协调机制。二是编制建设保护规划。编制完成《长江国家文化公园（武汉段）建设保护规划》初稿、《长江国家文化公园武汉示范区建设与管理标准（试行）》，构建"一心引领、一廊贯穿、六带协同、多区支撑"的文化保护传承弘扬格局，谋划了四类主体功能区和五大类实施工程。

2. 完成文物普查，推进创新利用

武汉着力夯实长江文化保护传承基础，助力长江国家文化公园（武汉段）建设。

一是加强长江文化文物和文化遗产系统性保护。加强长江文化资源保护，组织完成全市长江文物普查。做好大遗址保护利用，明楚王墓已完成博物馆和游客中心设计方案全国征集工作。指导推进明楚王墓国家考古遗址公园创建工作，完成明楚愍王墓800平方米考古发掘。盘龙城遗址公园已完成创建国家4A级旅游景区预申报工作。持续推进三大古城保护建设，武昌区入选国家文化产业和旅游产业融合发展示范区建设单位名单，黎黄陂路历史文化街区入选国家级旅游休闲街区，知音文化旅游区已参评4A级旅游景区景观质量评价。

二是推进长江文化创新性利用。加快推进"万里茶道"申遗步伐，成功举办第七届中俄蒙三国旅游部长会议暨"万里茶道"文化旅游推广活动、"万里茶道"沿线城市申遗成果展、2023万里茶道——环中国自驾游集结赛武汉站活动。加强红色资源保护利用，加强红色主题展示，联勤保障部队博物馆、湖北革命军事馆落地武汉。楚河汉街入选国家级夜间文旅消费集聚区。黎黄陂路历史文化街区、昙华林历史文化街区获评国家级旅游休闲街区，武钢文化旅游区入选国家工业旅游示范基地。

3. 加强项目建设，带动城市更新

一是加强长江文化重点项目建设。2023 年 10 月，中宣部、国家发改委、国家文物局等参加长江国家文化公园建设推进会的 19 个部门代表、长江沿线 13 个省（区、市）代表考察了中国长江博物馆（筹）选址地并予以充分肯定。项目已完成国家发改委关于储备文化传承发展"专精特新"工程项目申报材料，完成选址建议书编制及土规调整、防洪影响评价、涉地铁安全影响评估等，基本生态控制线调整、建筑概念方案、展陈设计初步方案均已完成。

二是以长江文化带动城市更新。武昌起义军政府旧址、武汉轻型汽车厂办公楼等文物修缮工程已通过验收，召开武汉市文物工作联席会议第一次全体会议，出台《武汉市文物工作联席会议制度》。遴选武汉中共中央组织部旧址、咸安坊等 44 处拟推荐申报第六批武汉市文物保护单位文物名录。

4. 推进文化创新，丰富文旅供给

一是持续推进长江文化的创新利用。丰富长江文旅产品供给，新型文化体验船古琴号已下水，多层次、差异化的游船产品体系初步形成。武钢文化旅游区入选文旅部公布的国家工业旅游示范基地。武钢云谷 606 产业园正式开园。全市 10 处点位入选文旅部 4 条长江主题国家级旅游线路和《长江国际黄金旅游带精品线路路书》（见表 1）。打造"数字江豚"平台，推出"迁地保护区江豚认养"公益项目，打造首个"数字江豚"元宇宙中心。

表 1 武汉入选《长江国际黄金旅游带精品线路路书》点位

线路	线路简介	武汉入选点位
长江文明溯源之旅	长江造就了从巴山蜀水到江南水乡的千年文脉，是中华民族的代表性符号和中华文明的标志性象征。该线路以三星堆博物馆、湖北省博物馆、良渚国家考古遗址公园等博物馆和标志性文化遗址为载体，集中展现源远流长、博大精深的长江文明，让人们在探寻长江文明起源、发展脉络和灿烂成就的过程中汲取精神滋养和前进力量①	湖北省博物馆 武汉自然博物馆

---

① 韩毅：《串珠成链 9 条旅游线路涉及重庆》，《重庆日报》2023 年 5 月 8 日。

续表

线路	线路简介	武汉入选点位
长江红色基因传承之旅	长江的波涛澎湃,赓续着中华儿女的红色血脉;长江的奔流不息,传承着中华儿女的红色基因。长江见证了中国共产党的成立,记录了无数革命先烈们前行的足迹。该线路以长江沿线全国红色旅游经典景区为载体,集中展现中国共产党的光辉历程,引导广大人民群众在回溯红色历史时感悟初心使命,汲取前进力量①	辛亥革命博物院 八七会议会址纪念馆 毛泽东旧居及中央农民运动讲习所旧址纪念馆
长江风景揽胜之旅	长江沿线是我国具有全球影响力的自然山水和人文旅游资源的主要集聚区,玉龙雪山、衡山、九华山等名山荟萃,东湖、太湖、千岛湖等秀水竞流,山水相映、江湖交融,描绘出一幅千姿百态、异彩纷呈的山水画卷。该线路以长江沿线国家5A级旅游景区为载体,让人们在领略自然之美中感悟文化之美、陶冶心灵之美	东湖景区
长江都市休闲之旅	万里长江,奔流入海;千埠并起,因水而生。长江沿线城市积极实施城市更新行动,让城市与自然和谐共生,绘就山水人城和谐相融新画卷。该线路以成都、重庆、武汉、长沙、南京、杭州等长江沿线城市的休闲旅游节点为载体,让游客感受都市历史文化和现代生活的相融相生	黄鹤楼公园 黎黄陂路历史文化街区 江汉路及中山大道历史文化街区 昙华林历史文化街区等

二是以长江文化助力乡村振兴,举办"乡约武汉·缔造美好"武汉乡村旅游节,打造武汉本土乡村旅游品牌。开展全市"万企兴万村"行动现场交流会和"庆丰收 促和美"武汉市2023年中国农民丰收节系列活动。

5. 讲好长江故事,扩大文化交流

一是务实推进长江国家文化公园建设工作,着力讲好武汉"长江故事"。2023年,武汉举办了"在武汉 读长江"长江流域13个省（区、市）重点网络媒体峰会和"我是长江的孩子 英雄武汉文化研学"活动,加入长江水利委员会等6个中央长江流域管理机构共同发起的长江水文化建设联盟。打造新时代长江文艺精品,创排江豚主题音乐剧《拜风》。实施"百戏

---

① 鲁元珍:《文旅部推出10条长江主题国家级旅游线路》,《光明日报》2023年5月6日。

工程",推进《汉剧艺术大典》分典编纂工作,已完成第一阶段"楚曲总集"的整理、编撰工作。第三届荆楚名团聚江城系列演出、第十一届武汉"戏码头"中华戏曲艺术节在武汉成功举办。

二是扩大长江文化交流传播。加强长江文化学术交流,武汉市社会科学院等单位举办第三届长江文化学术研讨会。扩大长江文化宣传,开展"家住长江边"系列活动,举办"在武汉 读长江"长江流域13个省(区、市)重点网媒峰会。由中共武汉市委宣传部、湖北省国家文化公园建设工作专家咨询委员会指导,武汉市社会科学院、武汉市社会科学界联合会等联合推出公益性长江文化主题系列讲座"大江论坛·长江学术报告会",截至2023年底共举办22期,讲座采取线上线下相结合,每期通过武汉广播电视台"见微直播"进行全程直播,线上观众人数累计达到120多万人次。目前,"大江论坛·长江学术报告会"已成为湖北弘扬长江文化最具有传播力的学术品牌活动。打造长江文化品牌活动,武汉举办第二届中国(武汉)文化旅游博览会、2023全国非遗曲艺周、第三届全国戏曲(南方片)会演、武汉马拉松和武汉国际渡江节等长江文化节会赛事。聚焦新时代英雄城市文艺创作,舞蹈《橘颂》登上央视2023端午特别节目,楚剧《杨乃武》亮相第十八届中国戏剧节,汉剧《夫人城》入选国家文化和旅游部历史题材创作工程。

(二)长江国家文化公园武汉段项目谋划建设及经验做法

武汉市委市政府高度重视长江国家文化公园建设工作,市委第十四次党代会提出"加强文化遗产保护传承利用,擦亮武汉文化标识,争创长江国家文化公园先行区"。2023年,武汉市《政府工作报告》提出"建设长江国家博物馆,打造长江国家文化公园武汉先行示范区"。武汉市积极谋划传承工程、研究发掘工程、环境配套工程、文旅融合工程、数字再现工程五类重大工程项目42个。目前,一批重点项目正加快推进。武汉市在长江国家文化公园武汉段项目谋划建设中积累了丰富的经验,主要如下。

1.领导高度重视,高位推进项目建设

武汉市领导高度重视中国长江博物馆(筹)等重大项目建设,主要领

导对项目建设做出系列批示，研究推动项目建设。武汉市长江国家文化公园建设工作领导小组多次召开专题会议，调度项目建设推进。通过有序推进一批重点项目，突出打造文化地标，力争打造一批"国家展厅""长江客厅"。武汉市人大常委会领导多次带队调研督办《关于依托两江四岸文旅资源推动长江国家文化公园建设打造世界级旅游目的地的建议》办理工作，并调研武汉市整合"一桥两山"旅游资源、打造世界级旅游景区工作情况。

2. 坚持统存量与谋增量相结合谋划项目

统筹城市现有文旅项目存量，既谋划了明楚王墓国家考古遗址公园项目、盘龙城国家考古遗址公园提档升级项目等具有长江文化内涵的改建项目，又着眼于城市长江文化的未来表达，谋划了长江文明与大河对话永久会址等新增项目。中国长江博物馆（筹）项目已选址武昌江滩月亮湾，下一步将中国长江博物馆（筹）作为推动湖北从长江走向世界的重要窗口和标志性工程全力推进，推动湖泗古瓷窑遗址公园项目的规划与开发，擦亮湖北古瓷文化名片。

3. 坚持出形象与聚功能相结合谋划项目

以提升城市文化功能和基础设施为导向，谋划了长江文化相关公共文化展示设施、长江左岸江汉碧道工程等项目，同时，也谋划了长江国家文化公园形象标识系统改造等项目，提升了城市长江文化的标识度，突出城市长江文化的形象标识。围绕长江文明主轴和山水人文绿轴，武汉市打造两江四岸长江文化景观和文旅融合场景，推动了长江文化创造性转化和创新性发展。

4. 创新性策划长江文化魅力展示项目

2023 年 6 月，武汉市少年儿童图书馆联合长江沿线省市图书馆共同策划开展了"我是长江的孩子 英雄武汉文化研学"之旅项目，来自重庆、南京、岳阳、宜昌、恩施、鄂州、咸宁等地"长江的孩子"齐聚武汉，前往城市书房、少儿图书馆、毛泽东同志旧居、中共五大会址纪念馆、武昌农讲所旧址纪念馆等地开展研学活动。活动旨在落实习近平总书记"要把长江文化保护好、传承好、弘扬好，延续历史文脉，坚定文化自信"重要讲话精神，以人与自然和谐共生的现代化为指引，围绕长江大保护、建设长江国家文化公园主题，带领少年儿童认识长江沿线的生态、民俗、历史和文化，引导孩子们以"我是长江的孩子"而自豪，进一步树立文化自信。

（三）长江国家文化公园武汉段建设尚存短板

长江国家文化公园武汉段建设存在的短板主要包括以下几个方面。

1. 长江主题文旅项目带动作用不突出

武汉市现有长江主题类文旅项目体量有限，对城市产业功能提升和拉动作用不明显，长江文化引领作用，在长江经济带高质量发展中的独特优势尚未完全发挥。目前，武汉主要做了以下三个方面的工作。

一是加快中国长江博物馆（筹）项目建设。中国长江博物馆（筹）项目已完成选址、建议书编制及土规调整、防洪影响评价、涉地铁安全影响评估等，建筑概念方案、展陈设计初步方案均已完成，基本生态控制线调整已经市人大常委会审议通过。已召开建筑方案征集专家评审会，从场地适应性、使用功能、建筑表现、实施落地性、建筑成本等方面对方案进行初步遴选。项目被列入2023年省级重点项目清单。2023年4月、6月、10月，文旅部、国家发改委先后到月亮湾阳台现场调研。10月11日，参加长江国家文化公园建设推进会的19个部门代表、长江沿线13个省（区、市）代表考察了项目选址地。

二是打造城市剧场。摸排灯光秀前期建设及运营现状，结合长江一桥文物保护现状，对两江四岸核心区游船、码头与岸线亮化整合联动进行初步研究，厘清沿江46栋建筑（含长江一桥）作为暗区增补对象，投资金额8.2亿元，分步实施投资建设。

三是推进串珠成线。按照四类主题功能区建设标准在两江四岸核心区积极谋划重点项目，推动形成长江两岸项目串珠成线，谋划长江主题剧场、长江人文绿道、长江电影城等16个项目，投资共计317亿元，预计"十五五"期间全部完成。目前，这些项目均在进行中，对城市产业功能的提升和拉动作用尚不能显现出来。

2. 长江文化主题展示不突出

武汉市长江文旅资源密集丰富，但呈现分散状态，整合力度不够，长江文化主题不够鲜明，具象化表达不突出，长江文化感召力不强。造成主题展示不突出的原因主要是长江文化主题内涵研究不够，其具体表现，一是对长江所承载的中华优秀传统文化、人文精神、时代价值的保护挖掘和阐释不足。二是对长江核心遗产和文化标识的梳理不细，对中华民族的代表性符号和中华文明的标志性象征的表达路径尚不清晰。三是城市更新与文旅融合的深化不够。在武汉城市更新过程中，特别是汉口、武昌、汉阳老城区更新改造过程中，应注重长江文化元素的注入，以文化为根基，加快文旅与数字产业融合，推动虚拟现实、交互娱乐、智慧旅游等领域创新实践，仍有很大的发展空间。

（四）长江国家文化公园（武汉段）建设下一步的工作

下一步，武汉将坚持保护优先、强化传承，文化引领、彰显特色，总体设计、统筹规划，积极稳妥、改革创新，因地制宜、分类指导，建好为本、用好为要六个原则，把长江国家文化公园建成传承中华文明的历史文化长廊、凝聚中国力量的共同精神家园、提升人民群众生活品质的文化和旅游体验空间、展示中国形象的靓丽名片。①

1. 加快重点项目建设

加快推进中国长江博物馆（筹）项目建设，持续做好项目建设筹备工作，力争尽早确定建筑设计方案，协调加快展陈大纲编写进度。建好用好盘龙城、明楚王墓考古遗址公园。实施好大智门火车站等 20 余项重点文物保护利用工程。

2. 做好长江文化理论研究，促进文物保护立法

持续挖掘武汉长江文化的价值内涵，彰显时代价值。办好第四届长江文化学术研讨会。推进《武汉市革命史迹保护办法》立法，编制"武汉市文物保护专项规划"。

3. 加强长江文化主题宣传

办好长江主题系列节会，继续举办琴台音乐节等特色精品节会，策划举办

---

① 喻珮：《推进长江国家文化公园建设 保护好传承好弘扬好长江文化》，《新华每日电讯》2023 年 10 月 13 日。

长江文化艺术节，弘扬好新时代长江文化价值，传递长江好声音。借助武汉马拉松、武汉国际渡江节等体育赛事，凸显文旅作为服务型经济引擎的功能价值。

4. 推动长江文化走出去，提升武汉文旅国际吸引力

组织参加文旅部"文化丝路""你好，中国"等交流活动。依托"万里茶道"联合申遗项目深化中俄蒙文化交流。办好"2024 中法夏至音乐节"系列交流活动，建设"武汉文旅"直播间，不断提升武汉文旅国际吸引力。大力发展文创产业，推出更多"武汉礼物"，实现产品增值、产业增效。

5. 打造长江品牌，诠释新时代长江文化价值

加快长江国家文化公园（武汉段）建设，打造中国长江博物馆（筹）等标志性工程；创排《拜风》《汉口茶港》等长江主题文艺精品，打造长江主题光影幻景杂技剧；创新举办长江非遗大展、大河对话等主题节庆、论坛活动，彰显武汉打造具有国际影响力长江文化中心城市的责任担当。

二　文化遗址创新性保护展示
——以盘龙城遗址保护为例

盘龙城遗址位于湖北省武汉市黄陂区，距今约 3500 年，是长江流域已知布局最清楚、遗迹最丰富的商代前期城址，为目前所见夏商时期长江中游地区规模最大城邑，是长江流域早期青铜文明中心。盘龙城遗址被誉为"武汉城市之根"，它的发现，不仅将武汉城市历史上溯 1000 余年，还推翻了以往公认的"商文化只存在于中原地区"的观点，改写了此前中国史学界的认知。2024 年 6 月 8 日，国家文物局公布了"2023 年度文物事业高质量发展案例""2024 年度中华文物新媒体传播精品推介项目""第六届最美文物安全守护人名单"，盘龙城遗址博物院申报的"考古研究守护城市记忆创新展示赋能遗址新生"荣获文物事业高质量发展十佳案例[①]，其遗址创新性保护展示项目世人瞩目。

---

① 王嘉、王茹懿：《重磅展览、主题论坛云集　2023 年文化和自然遗产日主场城市活动成都开幕》，《成都日报》2023 年 6 月 11 日。

（一）盘龙城遗址概述

盘龙城遗址包括宫城区、李家嘴、杨家湾、杨家嘴、王家嘴等多个地点，总面积为 3.95 平方公里，其中核心区面积 1.39 平方公里。宫城区现存城垣南北长约 290 米，东西宽约 260 米，城垣内发现两座大型宫殿建筑基址。宫城区外发掘了多座高等级贵族墓葬和手工作坊遗址，出土了大玉戈、青铜大圆鼎、青铜钺、绿松石镶金片饰件等 3000 余件精美文物。1988 年，盘龙城遗址被国务院公布为全国重点文物保护单位，并入选"20 世纪中国 100 项重大考古发现"。2017 年，盘龙城国家考古遗址公园正式挂牌，是武汉市唯一的国家级考古遗址类公园。

盘龙城遗址博物院是在遗址公园内建立起来的大型文化服务设施，总建筑面积约 1.63 万平方米，包括 4300 平方米的文物陈列区、2000 平方米的遗址展示区及其他配套设施。遗址内出土的青铜器、玉器等文物将在新博物院内陈列展出。遗址现场则以展示城垣城壕、宫殿建筑、墓葬等遗迹和考古发掘现场为主，让游客在观赏商代先人智慧结晶的同时，体验遗址自然环境的沧桑变化。

在长江国家文化公园建设中盘龙城秉承创新发展理念，始终坚持以考古成果为依据，在遗址保护、运营管理、科学研究、展示利用等方面，形成一套具有盘龙城特色的创新性展示体系。在国家考古遗址公园和遗址博物院的建设与运营工作中，盘龙城形成了馆、址一体的运营体系，开创了遗址博物馆管理新模式，有效促进了遗址与博物馆的互动展示，以及遗址的管理保护和可持续发展。[①]

盘龙城坚持学术立馆的理念，博物馆展览陈列、宣传教育和公众服务等均为诠释遗址本体服务。系列社教活动和线上线下服务也为观众了解盘龙城提供了丰富的渠道。盘龙城为遗址类博物馆本体保护、展示、利用提供了思路，为推动长江国家文化公园中的国家考古遗址公园高质量发展贡献了盘龙城智慧。

---

① 《全国考古遗址保护展示十佳案例》，《中国文物报》2024 年 3 月 8 日。

（二）严格遵循考古成果，展示与考古深度融合

盘龙城国家考古遗址公园作为武汉市重要文化品牌和集展览陈列、科研教育、遗址保护、休闲娱乐于一体的城市生态文化公园，在当前全面开放和未来发展的过程中，始终坚持与大数据、云计算、移动通信、智慧博物院等新概念、新方法相融合，以考古研究成果为背景，以数字技术为基础，以博物院业务需求为引领，以信息化建设为方向，拓宽展览陈列手段，优化博物院教育传播效果，提升游客服务品质，致力于让每一位前来参观盘龙城遗址博物院的游客，体验遗址蕴含的悠久历史、丰富的人文知识，以及现代化的博物院展陈手段，从而推动博物院事业的跨越发展。

盘龙城在保护展示项目实施前，考古先行，对遗址进行大规模的考古勘探，确定遗迹范围。如北城壕的保护展示，先确定北城壕两侧边线，保护原有地貌，只将近代形成的田埂、塘埂打通，沿边线培土，内铺设卵石，形成城壕的整体效果。同时，对城墙夯土的土壤性质进行研究，特别选取与其性质相似的土壤，对原城墙和周围区域进行覆盖并夯实，既突出了宫城区的布局结构，也有效防止了水土流失对原遗址的破坏。在对城墙和城壕解剖的过程中，还发现了城门、排水涵道等设施留下的痕迹，并采取措施保护，为观众展示了最真实的城市遗迹。

在遗址保护和展示工作中，遗址的科学复原是个极大的挑战。通过权威专家研究，并根据考古学资料，盘龙城遗址博物院力图复原盘龙城的1号、2号两座大型宫殿建筑。1号、2号大型宫殿建筑基址是宫城的核心，复原意义重大。盘龙城遗址博物院致力于遗址保护工作与展示工作的相互融合，展示坚持原真性，1号、2号大型宫殿每个柱洞的位置、墙体的厚度、建筑的材质，都严格按照考古资料进行，并利用考古探方的元素，让实景展示与复原想象互动，营造考古氛围。通过专业的学术研究，创新性地采用新材料和新技术对遗址进行保护和修复，让遗址本身成为最美最大的展品之一。

盘龙城遗址博物院基本陈列也用通俗易懂的形式，向观众介绍盘龙城的发展历程，无论是展览内容还是展览设计都体现了考古学思维，丰富了展览

内容，对展品的解读有深度，实现了考古学与展览的融合，走出了中国遗址类博物馆未来发展的新道路。

（三）创新大遗址保护与展示利用，攻克土遗址保护难题

盘龙城遗址创新性保护展示项目基于考古发掘和研究成果，将展示与考古深度融合，因地制宜，开发出一系列适用于南方多雨临水环境的保护展示手段，有效防止了水土流失对遗址的破坏，解决了南方土遗址保护与展示难题，为相似的遗址保护展示提供了良好的参考案例。盘龙城本体保护展示工程，结合南方多雨的天然地理环境因地制宜进行。

盘龙城遗址创新性保护展示，严格以考古为基础，所有遗迹无论是柱洞位置、墙体厚度，还是建筑材质，都严格按照考古资料进行。如城墙保护展示中，施工方和考古专家寻找本地土源40余处，最后通过严格检测才选中合适土源。城垣保护展示项目，经过清理表层浮土和树根，并加强边坡的夯实强度来实施。在边坡陡峭处，采用短锚杆连接原城墙与覆土层，短锚杆经过了防腐处理，不会对城墙造成二次损害。最后经过夯实、覆草绿化，城垣及城门的地表轮廓呈现清晰，实现了较好的保护和参观展示效果。

根据在盘龙城数十年的考古所得提出的宫殿展示新方案，盘龙城遗址博物院提出的宫殿基址的复原方案不仅通过半解剖方式展示了当时的木骨泥墙结构，断壁残垣式的墙体更增加了怀古凭吊的美学感。材料方面，和施工单位共同摸索，进行改性土的原料配比和颜色实验，并反复测试材料的强度、抗冻性和渗水性能，最终确定了选用GRC改性土材料。在工程施工过程中，用GRC新配方泥垛墙，采用新材料、新技术、新工艺，结合3D打印技术，请非遗传承人"泥人胡"利用泥塑工艺，展示出木骨泥墙、夯土筑造等建筑工艺细节，兼具科学与美感，解决了土遗址保护与展示难题。最终的城垣展示，既完整呈现了3500年前武汉城市之根的城垣结构，也实现了对城墙本体的全面保护，避免了气候环境和大众参观带来的破坏，还形成了美丽的景观。

李家嘴墓葬区保护展示项目，方案在对遗址进行了系统的价值体系梳理基础上进行展示提升，对未遭扰动、墓葬结构与器物保存完整、资料翔实的代表性墓葬2号墓进行地表模拟展示，对其余发掘前即遭扰动的墓葬进行改性土地表标识展示。

（四）学术成果诠释转化，再现盘龙城辉煌文明

盘龙城遗址博物院始终坚持学术立馆的思想，将遗址的考古发掘和研究作为办好展览的前提。基本陈列"江汉泱泱　商邑煌煌——盘龙城遗址陈列"以盘龙城遗址历年考古发掘为基础，从考古知识切入，以生动故事表达讲述了盘龙城的前世今生，是遗址类博物馆展览的一次创新与突破。

建立多元展示体系，独立策展的理念贯穿始终。"长江万里青——长江流域青铜器精品展""色如天相　器传千秋——中国古代绿松石文化展""探索未知　记忆荆楚——湖北省2022年度考古工作成果展"等原创临时展览，紧紧围绕盘龙城和最新考古研究成果，为遗址持续注入活力。

近年来，盘龙城遗址博物院认真贯彻落实新时代文物保护工作方针，持续开展考古研究，深入挖掘遗址价值，以考古成果为引导，蹚出一条考古与遗址保护、展示深度融合的创新发展道路。博物院创新遗址博物馆管理新模式，开创馆址一体运营体系，将绿色、共享、可持续发展的理念融入遗址公园建设、管理、运营之中，让公众成为中华文明的薪火传人，为我国的大遗址保护展示和创新性发展开创了盘龙城范本。

（五）开创馆、址一体运营体系，构建遗址博物馆管理新模式

遗址本身是最大的一件藏品。得益于对遗址本体良好的保护与展示，在盘龙城国家考古遗址公园内，保持遗址原址、原状、原生态，与遗址博物馆内的文物展览有机结合，令自然与人文和谐统一。"博物馆—遗址区"展示参观路线，以博物馆文物展览激发观众对盘龙城的兴趣和认知，以遗址展示让观众亲临现场，加深对盘龙城文化的认同。遗址与博物馆

统一管理，保证了对遗址状态的实时监测和保护，提高了日常维护的效率。[1]

（六）革新宣教模式，打造全场景智慧文旅

在文化创意产业方面，盘龙城遗址博物院立足考古遗址博物馆特色，紧抓"公共考古"和"盘龙城文化"两大主题，开发线上线下多样化的社教活动。依托上千平方米的互动区，打造科学有趣的模拟考古体验系列体验课程，成为武汉市知名研学品牌。推出"盘龙城论坛"，定期邀请考古文博专家，为观众带来最前沿最权威的研究成果分享。在户外云梦秀场推出"城之根"环境舞蹈剧场，让盘龙城的故事以歌舞艺术生动再现。

近年来，盘龙城遗址博物院搭建了智慧博物馆、AR 智慧导览、遗址全景展示、数字展厅等多种智慧平台，大大提高了博物馆工作质量，也丰富了博物馆参观的互动新体验，2020 年荣获国家考古遗址公园联盟科技创新奖。

（七）总结

盘龙城遗址创新性保护展示项目以盘龙城遗址及其相关环境为重点保护对象，真实、完整地保护盘龙城遗址的全部历史信息和文化价值，深入分析与研究遗址，合理利用和充分展示其文化价值与内涵，兼有生态保护、教育科研等功能，功在当代，利在千秋。

盘龙城已成为全国大遗址保护展示的优秀典型，为遗址类博物馆本体保护、展示、利用提供了思路。盘龙城遗址土遗址保护及土遗迹的展示技术等先进经验在良渚、二里头、屈家岭、禹会村、走马岭等多处大遗址保护展示工作中得到了很好的推广和实践，也为推动考古遗址保护利用事业的高质量发展贡献了盘龙城智慧。

---

[1] 瞿祥涛：《湖北武汉盘龙城国家考古遗址公园：活化历史场景 让观众亲临"现场"》，《中国文化报》2022 年 11 月 3 日。

盘龙城遗址保护展示项目的建设，充分挖掘和展示遗址的价值，让盘龙城的考古成果全民共享。同时，有力促进了本区域新型城镇化建设，给城市建设带来了深厚的文化底蕴。

盘龙城近三年接待游客 200 余万人，各网络平台观众好评不断。盘龙城遗址基本陈列荣获第十七届（2019 年）全国博物馆十大陈列展览精品奖；"长江万里青——长江流域青铜器精品展"获得了 2021 年度湖北省六大展览陈列精品奖；"色如天相器传千秋——中国古代绿松石文化展"获得了第二十届（2022 年）"全国十大展览陈列优胜奖"；凭借优秀的业务能力和创新能力，盘龙城遗址博物院获得了"2022 年度全国最具创新力博物馆"称号。盘龙城遗址博物院在遗址创新性展示方面所做的工作已受到业界广泛认可。

盘龙城国家考古遗址公园建成开放后，受到国内多家新闻媒体关注，中央电视台、《光明日报》、新华社、《中国文物报》、《长江日报》、《湖北日报》、湖北卫视、武汉广播电视台等媒体和大批网络媒体争相报道，产生了良好的社会宣传效应。

盘龙城遗址的创新性保护和展示方式值得深入探讨。它不仅是对历史的尊重和保护，更是对传统文化的一种现代诠释和创造。盘龙城遗址的创新性保护和展示方式蕴含的不仅是对遗址本身的物理性保护，还有对文化内涵的深度挖掘和传播。盘龙城遗址博物院通过新材料、新技术与专家学术研究成果的结合，成功地将一个史前静态的历史遗址转化为一个当代动态的文化场景，让参观者能够穿越时空，亲身体验到商王朝时期的历史氛围。

盘龙城遗址的保护和展示也给我们带来了关于文化遗产应该如何适应现代社会、如何与公众更好互动的深层次思考，对于长江国家文化公园建设具有借鉴意义。现代科技的应用提高了文保工作的精准度和科学性，也显著增强了遗址的公众参与度和观赏体验。当然，盘龙城遗址陈列在利用 AI 技术、数字孪生、沉浸式体验等方面还存在很大的发展空间。

三 传承历史文脉赋能城市文旅
——以国家级旅游休闲街区黎黄陂路历史文化街区为例

近年来，武汉市江岸区在省、市文旅部门的指导支持下，精心打造黎黄陂路历史文化街区，建立了由区委区政府主要领导负总责，多部门协作的工作机制，举全区之力创建国家级旅游休闲街区，让文物建筑活起来，让百年老街旺起来，让城市根脉绽放异彩。

（一）街区基本情况

黎黄陂路历史文化街区位于武汉长江江岸之滨汉口历史文化风貌区核心区域，东起沿江大道，西至中山大道，北至车站路，南至天津路，总占地面积为 0.43 平方公里。主街黎黄陂路长 604 米，始建于 1900 年。1946 年为纪念两次任中华民国大总统的武汉黄陂籍人士黎元洪，正式定名黎黄陂路，其周边拥有 12 个外国领事馆旧址、近 30 家外资金融机构和 100 多家洋行旧址，集聚商业繁华和市井烟火。1997 年，江岸区将其打造成为街头博物馆。2023 年，获评武汉市首家第二批国家级旅游休闲街区。

（二）主要经验及做法

1. 发挥资源优势，打造红色圣地

街区坐落于省武汉中共中央机关旧址、八七会议会址、宋庆龄汉口旧居三座红色博物馆。周边还聚集着中央秘书厅、中央长江局、中央领导人汉口住地等多处革命遗址遗迹。毛泽东同志在这里提出了"枪杆子里面出政权"重要论断，党史上一系列重要会议、重大决策在这里作出，多次成为武汉乃至全国革命的中心。习近平总书记等党和国家领导人曾前来视察。2021 年，入选"红色武汉·英雄城市"国家级红色旅游线路。

2. 突出风貌特色，做好保护利用

街区保留大量哥特式和洛可可式建筑，现有全国文物保护单位 7 处、优秀历史建筑 30 余处、特色里份建筑群近 10 处，被誉为"中西建筑文化交融"的标本。其中，汉口新泰大楼旧址、巴公房子等 8 处汉口俄商近代建筑，是国家文物局申报"万里茶道"世界文化遗产的重要点位。从 2017 年起，持续开展的"走读江岸"城市文化与历史建筑导览活动让打卡老汉口百年建筑、寻访万里茶道的历史遗迹，成为武汉城市旅游发展新风向。

3. 保护市井民俗，守护城市记忆

百年老街，承载着老武汉的历史记忆，留存着"最武汉"的市井生活。以武汉热干面、面窝为代表的"过早"文化和西式"咖啡"文化在此交融，既聚集了主流线上平台必吃榜的三狗牛肉面、蒋婆抄手、三镇民生甜食馆等"老字号"店铺，又聚集了魔界咖啡、神仙姐姐咖啡屋等一批网红店铺，成为各地游客竞相打卡的热门地点。

4. 加速提档升级，打造品质住宿

街区内汇聚了一批星级酒店、商务酒店、特色民宿，被誉为武汉酒店的"样板间"。其中，武汉江滩世贸凡象酒店，其造型如同巨轮，展现了江城人民的"长江情怀"，荣获国家"环境与艺术"金奖。五星级马哥孛罗酒店，坐拥一线江景，代表了武汉国际酒店最高水平。百年历史洋房中的复古民宿，让游客亲身领略原汁原味的民国风情。

5. 丰富文旅元素，增彩节庆活动

街区内定期开展非遗、文创等节庆活动，联合 30 多个国家和地区开展"云上非遗"品牌活动，受到央媒和各大主流媒体的争相报道；黎黄陂路路段作为武汉国际马拉松赛事的集结区、起跑区、赛道，成为活动中一抹靓丽的风景线。此外，每年 7·16 国际渡江节、国际风筝节、旅游文化节、"10 后"小小文旅大使导览、樱花季旅游专线、城市漫游 citywalk 休闲旅游专线、"寻访东方茶港"万里茶道主题旅游线路等活动，持续扩大吸引力和影响力。2023 年全年，街区接待游客约 945 万人次，5 月 1 日单日全天客流量达到 23.5 万人次，超出历史最高水平。

6. 加速集聚业态，促进融合发展

汇聚武汉大学、华中师范大学等近 20 所高校打造数字文化人才创新基

地,以全国唯一"前店后办公"模式结合文旅街区建设,推动内容创新、创意创新,做好文化输出,加速文旅商深度融合。街区文化创意、特色市集、个性餐饮等业态丰富多彩,飞马旅文创市集、鹅社文创市集、青春市集、咖啡音乐节、民谣音乐演出等活动精彩纷呈。漫步黎黄陂路,在武汉说唱团品湖北曲艺非遗精粹,从知音号码头"穿越"观剧到汉口江滩观赏灯秀,已成为武汉经典夜游线路。在夜幕闪动的霓虹光影中,历史与潮流共存,百年街区熠熠生辉。

四　宜昌:立体打造滨江生态文化旅游廊道

2018年4月24日,习近平总书记考察长江、视察湖北,首站来到宜昌,为长江经济带建设立下生态规矩。宜昌市以壮士断腕的决心完成了沿江化工企业"关改搬转"。关改搬转后的沿江腾退地该如何利用,与宜昌现有的资源该如何匹配,才能既高度符合宜昌作为"立规之地"的地位,又深度契合宜昌悠久多元的文化旅游背景,呈现宜昌生态文旅融合发展的典范,成为宜昌市深度思考的问题。

(一)多维需求分析

1. 重大的政治责任需要扛牢

习近平总书记指出:"共抓大保护、不搞大开发,不是说不要大的发展,而是首先立个规矩,把长江生态修复放在首位,保护好中华民族的母亲河,不能搞破坏性开发。"宜昌作为"立规之地",该如何坚决扛牢长江经济带高质量发展的政治责任呢?宜昌势必交出一份完美的答卷。

2. 发展的使命担当需要践行

推动流域综合治理和统筹发展、加快建设长江大保护典范城市、创建三峡地区绿色低碳发展示范区,是湖北省委省政府赋予宜昌的重大任务,也是事关宜昌当前和长远发展的大事要事。

3. 旅游的转型升级需要融合

宜昌有着得天独厚的山水资源,如何贯彻落实宜昌市委决策,将宜昌打造成为世界旅游目的地，需要深挖城市资源和文化底蕴，以"世界级"眼光，推动旅游基础设施建设和旅游产品更新，擦亮城市品牌，讲好宜昌故事，促进文化旅游在跨界融合中实现高质量发展。

4. 文化的传承弘扬需要赋能

"着力赓续中华文脉，推动中华优秀传统文化创造性转化和创新性发展"，将历史的、传统的、经典的文化保护、展示、传承、传播好。宜昌有着厚重的人文历史，需要通过科技创新赋能文化传承，以群众喜闻乐见的形式，让以屈原、昭君等为主的文化"活"起来、"火"起来。

5. 群众的所需所盼需要兑现

宜昌滨江公园位于长江左岸，因葛洲坝水利枢纽工程动工，将其土方用于江滩拓展延伸，建成了早期的沿江大道和滨江公园。是一座依街傍水的开放式公园，也是最受宜昌市民喜爱的城市公园。如今，由于滨江公园建设年代横跨40多年，建设风格混杂割裂，多处工业遗迹破坏了沿江绿廊的连续性，无序生长的植物阻隔了城市与江景的视线通廊，缺乏新业态和新体验场景等各种问题逐渐暴露，迫切需要与时俱进，再造新的滨江公园。

（二）三维立体呈现

宜昌市从地方发展大局和国家、省发展全局出发，顺势而为，全面谋划部署长江国家文化公园宜昌段建设，顺江而行，从三个维度立体打造滨江生态文化旅游廊道，探寻出一条文化、旅游、生态融合发展新路径。

1. 把握立规之地，努力提升滨江文化高度

沿长江布局，对宜昌段的长江岸线，尤其是关改搬转后的沿江腾退地进行生态修复、原地复绿、完善基础设施配套，讲好长江生态文明故事，从实践中深刻感悟习近平新时代中国特色社会主义思想的真理力量、实践伟力，彰显宜昌创建长江大保护典范城市的担当和成效。

2. 建好主要阵地，全力延伸滨江文化长度

对现有的滨江公园进行改造升级，实现滨江沿线25公里全线贯通，充分激活长江宜昌段丰富的历史文化资源，深入挖掘长江文化的时代价值，高标准建设滨江文化、生态、绿色长廊，助力世界文化旅游名城建设。

3. 活现文化经典，着力拓展滨江文化宽度

将最具宜昌文化代表的屈原、昭君等文化内容，用声、光、电等现代展现形式，创造性地把静态的文字立体地、生动地展演出来，既让广大人民群众身临其境地体验、感悟屈原、昭君文化，又能弥补宜昌夜间经济空白，促进宜昌经济发展。

（三）分维成果展示

1. 长江岸线整治与修复

宜昌市牢牢坚持"绿水青山就是金山银山"理念，在完成沿江 15 公里内 134 家化工企业"关改搬转"后，持续实施长江岸线生态修复治理、滨江绿道建设和滨江公园贯通工程，一个个码头、厂区完成蝶变，打造了绵延 50 里的城市滨江绿廊，形成了一条集历史、人文、景观、生态于一体的滨江亮丽风景线。

而岸线整治与修复的最核心就是习近平总书记 4·24 立规之地、宜昌全力实施"关改搬转"地段。该地段西起柏临河入江口，东至猇亭古战场，全长约 8 公里，占地面积 162 公顷。该区域的整治与修复由宜昌市财政投资建设，工程总投资约 3.4 亿元。建设内容包括临江溪污水处理场生态修复及环境整治、伍家岗长江大桥下环境整治、码头环境治理及生态修复、滨江绿廊及基础设施建设等。项目整体设计结构为"一带三脉十节点"。一带：长达 8 公里的长江岸线整治修复生态带；三脉：绿脉、文脉、人脉；十节点：再生水花园、雨水花园、田野阡陌、两山广场、百舸争流、诗里藏春秋、山盟之约、灯塔广场、码头印象、惊涛栈道等。[①]

改造后的核心景观为灯塔广场，灯塔广场原所在处为磨盘港，磨盘港上主要是库房、码头、传送架等功能性构筑物，场地均硬化，犹如长江岸线的

---

① 《宜昌市人民政府关于印发宜昌长江经济带绿色发展十大战略性举措分工方案的通知》，《宜昌市人民政府公报》2018 年第 11 期。

"疤痕"，岸线生态情况破坏较严重。宜昌市园林中心秉持破旧立新、修旧换新的理念，从场所记忆和地域文化出发，拆除钢棚，但对库房、传送带进行了保留改造，变成了文创消费中心及网红秋千，旧貌换新颜，成为长江岸线一道亮丽的风景线。同时，将该处部分水泥地改为透水铺装，与高差结合改造了生态草阶，恢复了长江岸线自然缓坡地形。在此承办的长江大保护可持续实践艺术展吸引了全球 10 多个国家的 22 名艺术家参与，1500 万余人线上线下观展互动，三峡国际旅游节、国际茶日"习茶问天"活动、风筝艺术节均在此举办，灯塔已成为宜昌城市文化和精神的地标。

2. 滨江公园提升与拓展

2022 年以来，宜昌市政府依托世界级自然风貌，遵循公园城市建设理念，大力实施滨江公园改造提升工程，统一规划，整体建设。该工程总投资15.13 亿元，主要建设内容包括绿道贯通、节点提升、设施更新等、植物造景。

绿道贯通：实施串园连山绿道建设，依山、傍水、连景，构建全域绿道体系，实现自行车道、观江绿道、亲水步道的三线贯通。同时，绿道融合文、体、旅、商、农发展绿道经济，植入高品质旅游场景、生活场景、新经济消费场景，极大地满足了人民群众对美好生活的获得感、幸福感、安全感。

节点提升：融入屈原文化和码头文化，将长江沿线的各类景点景观进行功能性和景观性场景营造。在重点路段，打造富有宜昌特色的江豚乐园。江豚乐园项目分生态人文区、城市 T 台区、活力码头区三大区域建设。主要建设内容包含儿童游乐区、码头文化广场、露天音乐草坪、水幕电影、天空之镜，配套亲子互动馆、手工作坊、精酿酒吧、茶室、露天影院、网红轻食餐厅、茶艺书吧、运河景观桥、码头区地下停车场，以及城市通勤道路、公园绿道、滨江步道、亲水步道、广场铺装、园林绿化等。

设施更新：对沿线标识系统、休闲座椅、城市家具等进行统一化升级，增强城市文化辨识度。古色古香的太师椅：不锈钢材质+木纹漆，椅背上logo 的含义，原形是宜昌的"宜"的篆体字，巧合的是，中间部分像一个

"昌"字的变形字，因此这个 logo 就涵盖了宜昌这两个字；城市家具：出台了城市家具设计导则，实施千箱万杆万盖行动，对公园内配电箱、路灯、井盖等，从色彩、材质和外形等方面进行统一设计打造。

植物造景：更新危老僵树，增加花境花带、彩叶植物，实施"增花添彩"、丰富季相变化，打通观江视线。滨江公园的植物配置遵循"三个三"原则，品种不超过三种，颜色不超过三个，层次不超过三层，显山露水、植文营景、开合有致，形成独具魅力的滨江公共空间。

如今，沿着长江岸线，从葛洲坝到猇亭古战场，全长 25 公里的滨江公园，实现了全线改造升级。高标准建设的滨江文化、生态、绿色长廊，科学植入相关主题游乐项目，依次串联起原有的镇江阁、屈原雕像、宜红·元空间、橘·元宇宙、双亭广场、南樨盆景园、世界和平公园、天然塔等自然人文景点，成为宜昌市民和外来游客文化娱乐、休闲观光、潮流运动的理想之选。

3. 长江夜游打造与释放

长江夜游上线于 2016 年 4 月，是以宜昌沿江城市风光、长江三峡系列游轮、夜景灯光秀、夜过葛洲坝船闸为特色的首个夜游产品。自 2022 年开始，着力将城市景观、三峡特色、夜间休闲与屈原文化、昭君文化、水电文化等宜昌多元文化元素深度融合，炫出了一场浓墨重彩的光影文化盛宴，为宜昌城市旅游再增新名片。

乘长江三峡系列豪华游轮，从三峡游客中心出发，途径天然塔、夷陵长江大桥、磨基山、滨江公园、镇江阁、至喜长江大桥等城市地标。乘船游览时，灯光秀随船同步展示，共分以下六个环节。

寻迹启程。通过手机扫码或 AR 眼镜，打开长江夜游模式。中华鲟、百合花、钢琴等宜昌元素和宜万铁路桥夜间实景交织在一起，仪式感十足、科技感爆棚。

诗祖屈原。天然塔组团灯光秀以屈原《离骚》中的鸷鸟、《橘颂》中的橘树、《天问》中的求索精神为主要元素，巨龙腾挪、粽子飘香、玉树临风的屈原唱着《橘颂》颔首回到故里。

美人昭君。万达组团灯光秀展现的是昭君出塞前回乡省亲，皓月楼上、王家院里、琵琶声声、画舫凌波、灼灼桃花、魂归故乡、和美昭君、行者无疆、民族情深，鸿雁把昭君千古传唱。

神奇山水。磨基山山体灯光秀以光为笔、影为墨，以青绿为主色调，勾勒山脊，晕染山体，皴点肌理，动态呈现宜昌版"千里江山图"，船行其中，宛如人在画中游。

秀丽山水。镇江阁组团灯光秀，以镇江阁、建筑媒体立面写意山水动画，风铃叮当奏喜悦，峡尽天开意从容，气势雄伟的镇江阁威震三江的标志美景跃然眼帘。

夷陵九歌。行至三江入口，百米高的迎宾灯柱群，加载互动性灯光秀，与"长江不夜岛·西坝"的繁华夜景遥相呼应。游轮搭载投影投射至北岸护堤，以壁画形式展现宜昌独家记忆，全球首创大型"行浸式同步投影"在此上演。由光耀之门、夷陵之夜、人杰荟萃等9个主题篇章串联的"夷陵九歌"大放异彩，将屈原昭君文化、三峡精神、荆楚人文等宜昌代表性精神内涵融入光影，让市民游客"一站式"领略壮美长江、诗画宜昌的古今文化。

"长江夜游"荣获2020年度宜昌市伍家岗区"最佳网红打卡点"，央视《新闻联播》曾向全国倾力推介。2023年，"长江夜游"游客接待量达32.85万人，已成为宜昌发展"夜间经济"的标志性产品和核心IP，也是宜昌展示长江国家文化公园建设的又一窗口。

五 历史文化传播方式的新尝试
——以宜昌博物馆公共文化空间建设为例

《宜昌市"十四五"文化产业发展规划》指出，要贯彻落实长江经济带、长江文化产业带、长江国家文化公园建设等重大战略，聚焦"建好支撑全省高质量发展南部列阵主引擎"和"打造宜荆荆都市圈全省文化产业重要增长极"这一战略目标，强化与荆州、荆门、恩施在文化旅游规划引领、资源整合、空间布局、产业聚合等方面的合作，推动区域文化产业协调发展，形成文化产业合理化布局、一体化发展的良好局面。坚定不移做大做强城区经济，充分发挥主城区核心带动作用，以重要城市文化空间和新兴文化业态为支撑，重点推动数字文化、创意设计、先进文化制造等产业发展，打造功能更加完善、带动更加强劲的文化产业承载地和文化休闲娱乐消费聚集区。

从国家文化产业发展角度看，博物馆行业身处文化及相关产业的核心领域，在极具激励导向的国家、地方相关政策培育下，一批先行的博物馆在保障社会效益的同时，经济开发能力亦被催生，已引发多领域融合发展，形成了欣欣向荣的文博产业。

博物馆作为孕育文博产业的源头之一，在产业链中通常处于上游环节，同时也要参与和监督指导中、下游的设计创作、加工生产、销售运营。目前，博物馆行业普遍施行的场馆整体商业化运营开发模式，正是以馆方为主体在其场域内衍生新业态、新产品、新服务，包括特色文创产品开发、空间开放出租与自主品牌开发并行、围绕青少年消费群体学习场景的多方位开发、以互动体验为主的商业运营模式。

宜昌博物馆作为城市重点文化空间，积极利用场域结构打造弘扬自然长江、人文长江的文化消费业态，基于合作、授权及独立开发方式开展创新经营试点，为长江国家文化公园（宜昌段）创新经营提供实践案例。

（一）公共文化空间的文化依托

无论是从物质实体，还是从文化内涵来看，博物馆的公共文化空间都是博物馆场馆不可分割的一部分，因此，博物馆的公共文化空间只能也必须依托博物馆自身的收藏、展示、教育特色而进行。

宜昌博物馆是宜昌市级国有博物馆，为国家一级博物馆、国家4A级旅游景区、湖北省爱国主义教育基地、湖北省全民国防教育基地和宜昌市中小学生研学旅行基地，现有各类藏品58944件（套），其中文物类藏品40557件（套），一级文物108件（套）、二级文物141件（套）、三级文物1888

件（套）。基本陈列 9 个：《远古西陵》《巴楚夷陵》《千载峡州》《近代宜昌》《风情三峡》《古城记忆》《开辟鸿蒙》《物竞天择》《数字展厅》。展览系统性强、地域特色鲜明，科研体系完整，展品种类丰富，各种场景、多媒体等辅助手段运用合理恰当，展柜、灯光、展具及布展水平均达国内一流。

宜昌博物馆稳步推进展览宣教、考古研究、文物保护、科研出版、对外交流等工作。年均举办临时展览 10 个，线上线下开展主题教育、志愿服务及节日专题活动年均 90 余场，活动参与人数每年达 8 万余人次。

近年来，宜昌博物馆场馆建设、陈列展览、社教服务精于品质提升，斩获多项殊荣。2020~2021 年度中国建设工程鲁班奖（国家优质工程），《峡尽天开》主题展览入选国家文物局 2020 年度"弘扬优秀传统文化、培育社会主义核心价值观"主题展览推介项目和荣获第四届（2019 年度）湖北省博物馆、纪念馆六大陈列展览精品奖①，《古城记忆》专题展、《西南有巴国——三峡区域巴文化特展》、《曾经巴楚——"宜荆荆恩"城市群博物馆联盟青铜文物特展》分别荣获 2020 年度、2021 年度、2022 年度湖北省博物馆、纪念馆六大陈列展览精品奖，"博物雅读"校本课程建设系列社教活动入选 2022 年度全国文博社教百强案例，数字化研学项目获 2023 年国家文化和旅游数字化创新示范优秀案例。文创产品"楚季宝钟手机扩音器"等荣获"2021 中国旅游商品大赛（健康主题）"入围奖，"萌熊精灵""刻画符号旅行杯套装"荣获 2023 年度、2024 年度湖北省博物馆、纪念馆"十佳推介文创产品"。

（二）公共文化空间文化消费场景的营造

宜昌博物馆深入贯彻落实《关于进一步推动文化文物单位文化创意产品开发的若干措施》，立足本馆特色，充分发挥博物馆文化积淀和藏品优

---

① 周晓华、赵永桂：《柳湾彩陶博物馆入选"全国科普教育基地"》，《海东日报》2023 年 1 月 7 日。

势，将历史文化与科技手段、国潮艺术完美融合，打造"文创+""场景+"沉浸式体验空间，全力推动馆藏资源与游客有机连接，让文化可以触摸，让历史可以游玩。

1. 一层公共区域

Behring World®（贝林自然世界®）纪念品商店：位于《物竞天择》野生动物标本展厅东出口对面。宜昌博物馆与上海允礼商贸有限公司合作经营Behring World（贝林自然世界）文创品牌，开发、生产一系列以《物竞天择》野生动物标本特展中自然、动物主题类的文创纪念产品，包括服饰包袋、饰品配件、毛绒公仔、塑胶模型、学用文具、矿石衍生品、生活家居等，该公司在全国8个省、4个直辖市开设了20余家博物馆商店，商店产品丰富，现有品类12种，型号产品（SKU）多达5000余种。

AR眼镜导览租赁：位于一楼大厅游客中心咨询服务台。与苏州"云观博"合作开发的AR眼镜对宜昌博物馆展厅55个点位采用"增强现实"的观展释读模式带潮观展数字体验。

"悦"轻食咖啡店：位于大厅主背景墙后剪刀步行楼梯下方。主要开发以宜昌博物馆馆藏为符号的文物拉花咖啡等轻食餐饮，为游客打造坐在博物馆享用"文物美味"餐食、茶点和小吃的别样体验。

2. 二层公共区域

"宜昌礼物"联名店，位于二层公共休息区。宜昌作为全国入境旅游大市、三峡旅游核心城市，除了各类旅游场景供八方来客去参观和体验外，也在着力发展"带得走的宜昌记忆"，如文创雪糕、文创月饼等可以尝的"国宝味道"一经面市销量喜人，为此宜昌市文化和旅游局分别在宜昌博物馆和三峡国际机场打造了"宜昌礼物"品牌连锁店，充分整合宜昌丰富的非物质文化遗产及农特产品资源，借礼讲好宜昌故事，"宜昌礼物"不仅成为人们珍藏和送礼的不二之选，也成为人们了解和欣赏宜昌文化的窗口，进一步提升宜昌旅游体验，打造新的旅游消费增长点。

3. 三层公共区域

湖北省博物馆"拾楚"文创品牌宜昌博物馆店，位于三层公共休息区。

湖北省文物事业发展中心积极践行新时代文物工作方针，着力推动博物馆文创工作，坚持在"活"字上下真功夫，深挖内涵、凝练特色、开放合作、打造品牌，通过与省文化产业发展投资有限公司合作建立"拾楚"文创品牌，在武汉博物馆、盘龙城遗址博物院、宜昌博物馆开设了"拾楚"线下连锁店，上新一批深受观众喜爱的优质文创产品，推广湖北文博印象。

4. 四层露天仿古建筑街区

数字化亲子研学——叮叮侦探社：获 2023 年湖北省唯一上榜的国家文化和旅游数字化创新示范优秀案例。该项目是由宜昌博物馆与叮叮侦探社联合开发的剧本杀系列"奇趣 AR 探险之旅——拾光代理人""夺宝西游——实景穿越剧情互动亲子游"等，以 AR 互动引擎与 AI 内容算法赋能空间，将博物馆实体场景打造成亲子研学探索路线，实现虚拟与现实交互、游戏与知识结合的趣玩空间。引导未成年人体验沉浸式数字化阅读挑战等项目，利用双休、节庆假日创造家长与孩子共同参与的亲子研学活动。

"汉时光"汉服美妆造型租赁：位于古城记忆展区的"文庙"内。宜昌博物馆紧抓国潮风涌的时尚点，推出汉服服装租赁配套古代妆容造型服务的古风 cosplay 体验摄影，让游客在身临其境的仿古建筑群落中满满过把"穿越瘾"。

5. 各楼层廊道空间

分置各楼层休息区、走道的各式自助售卖机：有以基本陈列、专题陈列为主题的语音导览租借设备，有以馆藏资源开发的地标建筑、馆藏文物、萌宠印象、七夕寄语主题纪念币，以各展厅明星文物为主题的印章集图打卡，以"镇馆之宝"为原型的巧克力 3D 打印等，因创意的新颖别致、消费者体验的独特、支付方式的便捷广受大众青睐。

博物馆承载着历史文化传承和传播的重要使命，随着科学技术的进步和人们生活水平的提高，传统的博物馆"橱窗+展品"的静态方式，已不能满足人民群众的文化新需求。宜昌博物馆营造利用公共文化空间的传播方式，与传统博物馆的传播方式相结合，形成立体式、全方位的文化影响力，满足了老、中、青、少各种年龄段的文化需求。

2024 年 1 月，宜昌博物馆创新经营试点项目，在"湖北省文旅高质量发展创新案例评选"活动中，荣获"公共文化空间类别优秀案例"称号。打造博物馆文化空间，是构建中华文明展览展示体系的亮点一环，宜昌博物馆将借助博物馆的文化产品与服务输出优秀的地域文化内涵与特色要素，久久为功。

六　荆州：推进长江国家文化公园荆州段建设成势见效

禹划九州，始有荆州。荆州拥有 5000 年的建城史、500 年的建都史，享有"楚国故都、三国名城"美誉，是首批国家历史文化名城之一，是楚文化的鼎盛地、三国文化的荟萃地、长江文化的展示地和红色文化的富集地。荆州地处湖北之中、长江之中，483 公里长江黄金水道穿境而过，下辖 8 个县市区全部临江，占湖北近一半，占长江中下游的近 1/4，居全国沿江地市州之首，是湖北省长江国家文化公园重点建设区。荆州市委市政府把文化遗产系统性保护列为长江国家文化公园荆州段建设保护的首要任务，深入发掘长江文化的时代价值，探索新时代文物和文化资源保护传承利用新路径，竭力推动荆州长江文化创造性转化、创新性发展。

（一）做好文化资源保护利用——深入推进荆楚大遗址传承发展工程

1. 领导重视，高位推进荆楚文化遗产保护

荆州市委市政府将实施荆楚大遗址传承发展工程明确为贯彻落实湖北省《政府工作报告》涉及荆州发展六项重要工作之一，2021 年 5 月 31 日，市政府办公室印发了《荆楚大遗址（荆州片区）传承发展工程实施方案（2019~2023 年）》，系统谋划 5 大方面 44 项工作任务，明确荆州大遗址保护工作发展目标，分步有序实施。通过三年持续推进，荆州在大遗址保护展示、古城保护利用、荆楚文化遗址考古与研究、革命文物保护利用等方面均取得了一些成绩。在此期间，荆州全力推进荆州大遗址保护立法，推进编制《荆州城墙文物保护总体规划》《楚纪南故城考古遗址公园总体规划》《鸡公

山遗址保护规划》《湘鄂西苏区革命文物保护利用总体规划》等，进一步完善大遗址保护利用规划体系。利用世行贷款近 1 亿美元实施荆州城墙保护性修缮，荆州城墙顶环步道实现贯通；荆州城墙西城墙保护修缮工程荣获2023 年度湖北省优秀文物建筑保护利用项目；石首走马岭遗址获批第二批湖北省文化遗址公园。争取中央、省文物保护专项资金实施了楚纪南故城东城垣南段保护修缮、雨台山墓群环境整治等一系列保护展示利用工程，取得了良好效果。

2. 强化普查，全面摸清荆楚文化遗产底数

2021 年 12 月至 2022 年 5 月，荆州市结合第三次全国文物普查成果，开展了荆州市长江文物资源调查工作，全面深入系统地对全市不可移动文物的地域分布、保存状况、安全隐患、遗存特点、产权权属等进行普查，登记建档。在全面摸底的基础上，核实整理全市文物保护单位名录，做好文物保护单位的"四有"工作，努力实现"保护范围科学准确，标志标牌界碑界桩清晰、完整，记录档案全面及时，管理责任落实到位"的基本目标。目前，第四次全国文物普查工作也已全面开展。

3. 考古先行，充分阐释荆楚文化遗产价值

荆州王家咀 789 号战国楚墓、荆州城墙 11 号马面、荆州秦家咀墓地考古发掘连续三年入选"湖北六大考古新发现"，荆州秦家咀墓地 M1093 出土战国楚简被国家文物局公布为"考古中国"重大进展项目。近年来，完成郢城遗址南北水系、熊家冢祔冢殉葬墓地等重大考古项目，均取得重要发现。2023 年，全市文博单位发表考古文博论文、简报、报告 45 篇，其中核心期刊 5 篇，出版学术专著 3 部。完成考古调查、勘探、评估、发掘等工作并撰写报告 330 余篇。

4. 强化管理，压实荆楚文化遗产安全责任

荆州市委市政府多次组织召开会议，组织全市有关部门认真学习习近平总书记关于文化遗产保护的重要指示批示精神，贯彻落实全国、全省文化遗产保护工作会议精神，压实政府文物保护主体责任，强化主管部门责任，加强部门协调，落实文物管理单位主体责任。通过推进落实文物安全"三查

"一改"工作，不断健全和完善市、县、镇、村四级文物保护责任制，将文物保护工作纳入各县（市、区）综治考评体系，牢固树立文物保护也是政绩的科学理念，形成全市上下共抓文物保护的工作格局。2023 年以来，共谋划文博项目 30 余个，争取国家和省保资金近亿元。开展了古建筑文物保护的修缮和安全消防工程、古遗址古墓葬的环境整治工程、可移动文物的修复工程等，为全市文物保护和安全奠定了基础。

5. 活化利用，加强荆楚文化遗产宣传交流

2023 年，荆州成功举办全国第三届出土木漆器保护国际学术研讨会等活动，参加湖北省 2023 年度考古汇报会、湖北省历史文化保护传承及活化利用现场会并汇报荆州考古丰硕成果与荆州城墙保护利用的经验做法。着力推进荆州城墙、楚故都纪南城遗址联合申遗。组织四省 5 个城市开展了"关圣文化史迹"申遗年会活动；参加了 4 省 4 个城市"东周列国都城遗址"联合申遗座谈会并签署联盟章程；参与西安城墙主办的四国十三个城墙（堡）国际学术研讨会，以及南京城墙举办的古代城墙军事防御与遗产保护研究会。依托荆州博物馆成功举办"盛世回归·圆明园兽首特展""藩王·废帝·列侯——海昏侯刘贺墓出土文物展""探索未知　记忆荆楚——湖北省 2023 年度考古工作成果展"等一系列优秀临展，极大地满足了人民群众的精神文化需求，获得一致好评。

（二）做好荆楚文化阐释——以文化节庆活动吹响文旅复苏号

2023 年春天，荆州通过首届楚文化节等系列活动一线串珠，发出春天之约"邀请函"，打出文旅复苏"组合拳"，释放消费市场"新活力"。

1. 以文为脉、提炼主题，让历史照进现实

一是挖掘底蕴、突出主题。深刻把握楚文化是荆州最有价值、最有时代感、最具核心竞争力和世界影响力的优势资源，扛牢保护传承大旗，挖掘出"传承创新　楚韵荆州"活动主题，精心设计推出楚史展览、楚艺大观、楚戏汇演、楚肆赶集、楚地寻游 5 大板块 11 项系列子活动，展示了楚国故都的深厚底蕴和楚文化的独特魅力。

二是彰显特色、丰富主体。只有民族的，才是世界的，民俗是地方文化的活化石，更是现代生活的新时尚，在节会中通过开展"舞动荆州·楚楚动人"群众广场舞大赛、地方戏曲优秀剧目调演暨"文化周"活动，8个县市区同台展演、广大群众登台展示，创作编排出《千里江陵》《洪湖岸边是我家》等优秀作品，展现了民俗文化的独特魅力。

三是科技赋能、明确主线。"文化周"活动通过丰富平台、创建载体、搭建数字快车，让荆州花鼓戏、汉剧、民族歌剧唱响"云端"，让传统文化在直播间迎来"新票房"，吸引线上线下 200 万人次听"楚声"、寻"楚脉"。楚王车马阵出土文物展通过触控屏、场景式模型、VR、互动体验、数字投影等一系列高科技多媒体手段，将神秘的"地下王国"复活，让陈列在荆楚大地上的遗产活了起来。

2. 以节聚势、提足内容，让文化照亮城市

一是彰文于景，展现楚地魅力。以楚文化核心区古迹遗存为单元，通过楚地寻游活动串珠成线，精心推出"千年古城"探秘之旅、"楚韵纪南"寻根之旅、"楚式非遗"溯源之旅精品旅游线路，同时邀请网红达人实地打卡，活动累计在线观看人数 27 万人次，掀起一波探访楚文化的热潮，真正让荆州成为新时代楚文化权威阐释地、场景再现地、活动聚集地、文旅目的地。

二是传文于媒，讲好荆州故事。围绕"传统媒体聚焦、新媒体突破、自媒体响应"的全媒体全平台推动思路，借力中国电影大数据盛典百余位明星齐聚荆州的热度，找爆点、造热点、聚焦点，"谢谢你荆州""荆州谢谢你"等热门话题刷屏互联网，带动小龙虾、白云边酒等荆州产品火热出圈。充分发挥 100 多家媒体的聚合优势，共同推送形成"荆州热"现象，取得了数十亿次关注的传播效果。

三是载文于城，擦亮城市品牌。坚持"城市的盛会，市民的节日"办节理念，吸引群众参与，确保群众受益，提升群众口碑，通过口碑营销带动市场营销，提升"游荆州古城、品荆风楚韵"知名度。网络面向社会发放 1100 张楚文化节免费门票，门票投放后，5 分钟内抢完。荆州博物馆"盛

世回归·圆明园兽首特展"接待游客近 14 万人次，实现门票收入 142 万元。

3. 以业为先、提升效益，让盛会照耀未来

一是注重文化效益和经济效益相结合。以节庆活动为媒介，通过兴文化、抓招商、攻项目，实现"办一个节、兴一座城"的初衷。楚文化传承发展论坛暨第五届楚文化国际学术研讨会上，海内外上百名楚文化专家学者齐聚荆州，共同研讨楚文化的渊源与流变，形成了"楚国八百年，鼎盛在荆州"的学界共识，明确了"让楚文化走出国门、走向世界"的努力方向，为荆州带来了广泛的文化效益。楚商盛会暨重大招商签约仪式上，64 个重点项目签约，合同投资额 1297.3 亿元，为荆州的加速崛起注入了强劲动力。

二是注重短期效益和长期效益相结合。通过节会活动，荆州赢得空前曝光，2023 年五一假期共接待游客 413.9 万人次，同比增长 46.71%，实现旅游收入 24.96 亿元，同比增长 76.70%，交出亮丽文旅"成绩单"。未来，还将借力"文化+电影"良好来势，以总投资 50 亿元的《文化中国》电影艺术教育中心、电影活力小镇为载体，进一步增强荆州文旅影响力和知名度。

三是注重社会效益和综合效益相结合。此生必驾 G318 荆州站启动仪式、"郢匠杯"职业技能大赛、大学生"九歌"诗会、诗画书法摄影联展、荆楚美食节等受众不同、各具特色的系列子活动轮番推出，让广大市民和游客在饱享文化大餐的同时，增强了对楚文化的认同感、亲近感和对荆州城市的归属感、荣誉感。首届楚文化节也成为将文化力量、活动流量转化为城市发展能量的重要载体。

（三）做好文旅融合——文化遇见科技激活文旅市场

荆州方特东方神画，位于荆州纪南生态文化旅游区，乐园以中华历史文化传承为主题，融合了荆楚文化特色，先后荣获湖北省十大"最热景区"、2020 年"中国杰出主题乐园"、2022 年"最佳主题公园"等称号。2023 年9 月，旗下大型幻影成像剧场项目《屈原》入选由文化和旅游部产业发展司公布的《全国旅游演艺精品名录》。在湖北省文化和旅游局举办的文旅高质

量发展创新案例评选中，荆州方特东方神画荣获"主题乐园及演艺类高质量发展创新案例"，其中 2023 泼水狂欢节荣获"创新营销类高质量发展创新案例"。方特开园以来，凭借独特的"文化+科技"理念，接待游客超1000 万人次，成功引爆了荆州文化旅游市场。

1. 以科技为圆心打造文化 IP

在方特东方神画，华强方特将女娲、白蛇传、牛郎织女等神话传说打造成娱乐体验项目，创造出一个个具有现代感的主题演艺项目，将诸如此类的传统文化内容通过科技手段创新演绎，重新赋予传统故事以时代特色和现代审美，最终将东方神画锻造成为"一个有故事的乐园"。荆州方特推出的特别版"伴你飞翔"项目，由 300 多位 3D 数字艺术家耗时一年打造，运用数字 3D 技术，将北宋名画《千里江山图》立体还原在拥有 4K 分辨率的巨型球幕之上，带领游客身临其境感受青绿山水的磅礴气势和传世画作的风采。除此之外，作为园内的另一个王牌项目，AR 剧场表演《屈原》，以全息投影技术营造的逼真场景和舞台表演，生动地再现了荆楚文化名人、伟大的爱国主义诗人屈原根植于中华传统文化深厚的家国情怀，高科技舞台与真人表演的完美结合，通过创新水墨画风格和特效动画营造出如梦如幻的离骚幻想"诗"界。项目推出后，持续收获超高人气和口碑，并接连斩获多个国内外文旅行业大奖，实现了市场、口碑双丰收。

2. 以产品为载体探索"夜游经济"新路径

在众多探索发展"夜游经济"的旅游景区中，荆州方特东方神画致力于发展多元化"夜游经济"，自开园以来，针对不同游客群体，多角度融入差异化特色元素，先后打造了大明潮玩节夜场、熊出没嘉年华夜场、暑期泼水狂欢夜场、飘雪跨年夜等沉浸感强、参与形式多样的夜游产品，充分满足不同游客的多元化夜游需求，受到了大家的广泛欢迎与热情参与。通过不同场景的活动，不仅让游客收获了夜游活动所带来的欢乐体验，更让底蕴深厚的中国传统文化有了新的发声地，有效地提升了人们的幸福感。截至目前，荆州方特全年已陆续打造针对学生、情侣、家庭出游等不同群体的 10 余款夜场产品，均取得了不错的成绩。在依托园区本身极具传统文化的特色项目前提下，加入新颖的夜游互动体验与适合夜游人群的活动亮点，使这些活动在得到游客欢迎的同时，也获得了包括央视等一系列主流媒体的认可与肯定。

3. 以"文化+"为战略营造沉浸式体验

作为历史文化主题乐园，荆州方特以中华历史文化传承为主题，融合了荆楚文化特色，将激光多媒体、立体特效、微缩实景、真人秀等表现手法与中华传统文化故事精妙融合，通过参与、体验、互动的方式，展现华夏5000年文明以及荆楚文化的魅力，打造了一个个故事性与感染力交融的游乐项目。2024年五一期间，荆州方特东方神画推出"国风潮玩节"，超大NPC方阵着战国袍，一起入画楚都。2000架无人机助阵，共绘山河之美；10万多水母烟花齐放，致敬劳动者，更是广受市场好评。

（四）做好生态与文态双重保护发展——洋码头之"老街新韵"

沙市洋码头文创园位于中心城区，南临长江，北靠荆江大堤，园区按照"千年古商埠、活力新荆州"的文化思路，投资16.58亿元，创造性地做好"长江大保护、历史文化街区保护、工业遗址保护与利用"三结合的文章，秉持着"文商旅"融合发展的战略，挖掘历史文化资源，推进历史建筑的活化利用，打造江汉平原消费中心城市建设的滨江文化核心板块，实现"工业锈带"向"生活秀带"的华丽转身。

1. 精准定位，传承发扬文化遗产

沙市洋码头依托悠久的历史文化和历史遗迹，按照"千年古商埠、活力新荆州"的文化思路，以沙市发展时间轴上的多元文化为文化支撑，以长江水文化、商埠文化、工业文化及民俗文化为文化依托，规划了文化旅游区、活力荆州数字经济产业园区、主题文化乐园及户外体育公园三个既统一又各具自身风貌特色的功能分区。在建设中，严格划定洋码头历史文化街区的保护底线，统筹划定滨江绿线、蓝线，对50余处优秀历史建筑和工业遗存建筑进行保护性改造和功能重塑，推进历史建筑的活化利用。依托沙市码头的商埠文化、历史沿革和城市工业发展，分别建设打造了大美荆江生态文

明展示馆、沙市记忆（1876~1949）文化展示馆、江汉明珠沙市工业成就馆三个代表沙市及商埠文化的展示馆，重塑文化高地，传承发扬老码头历史文化。

2. 集聚消费，丰富业态配置

洋码头运营过程中，努力探索在保护文化遗产的同时，又让文化遗产融入市民的生活，留住城市的记忆和文脉。沙市码头曾因水陆交通便利，成为全国主要的货物集散地，并发展为老沙市最繁华的地带之一。① 但随着交通进步，码头功能日渐衰弱，区域功能逐步丧失。沙市洋码头建设中借鉴国际上利用废弃工业建筑改建为公共艺术中心的成功经验，将原本废弃的打包厂厂房、候船室等老建筑，进行保护性改造，修旧如旧，传承悠久沙市商埠文化。如今，沙市洋码头文创园已被打造成为拥有体育健身、休闲娱乐、文博展示、美食街区等各类消费业态，常态化举办包含城市体育赛事、文化艺术体验、露营活动、滨江集市等不同主题活动的消费集聚区。活动期间，日均人流达3万人次，高峰人流达5万人次，荣登抖音"荆州市景点人气榜"，获96%的游客强力推介。通过三年的建设与运营，沙市洋码头文创园先后被评为湖北省第一批历史文化街区、湖北省休闲旅游街区、湖北省夜间消费集聚区，湖北省特色商业街区、湖北省第五代现代服务业集聚区等。2023年，游客量达200万人次，洋码头已成为荆州夜游的标志性地点、网红打卡点、市民滨江娱乐的聚集地。

3. 生态优先，实现功能再造

沙市洋码头坚持把生态环境保护放在突出位置，投资16.58亿元用于长江生态修复与保护，逐步形成了集码头文化、商埠文化、工业文化、水文化于一体的长江经济带文化节点。洋码头对原本封闭零碎的滨江空间加以整理和连接，实现滨江空间的渗透性和场所的可达性。同时，结合工业遗存融入多元文化内涵，开创具有文化和自然综合效应的生态江岸。在滨江塑造老海关、老码头、老教堂形象，形成一条联系记忆的完整"路径"，实现"文化

---

① 全蓓蓓：《城市修补背景下旧城区城市设计策略研究》，硕士学位论文，长江大学，2019。

留白"。在各功能区外围拉通骨架路网，增加支路和巷道，提供一个紧凑高效的交通网络和人性化的慢行空间，形成良好的连续街道界面，对不同的功能板块，采用不同尺度的街巷，形成多元化的空间格局。以现有建筑遗产景观主轴，结合滨江景观带、大堤绿化带，同时从长江引入若干条绿化垂江廊道，共同构成网状景观体系，实现"留白增绿"。修建多个篮球场、足球场等户外体育公园，让"老厂区"变身"新秀场"；引进多类业态，实现"亲水型"的文创体验、"最码头"的市井休闲、"后现代"的潮流娱乐和最烟火气的江畔码头集市，让沙市洋码头历史文化街区成为"沙市滨江生活休闲带"。

B.14
安徽马鞍山打造具有重要影响力的长江文化品牌研究

吴树新[*]

摘　要：　位于长江下游的安徽省东部城市马鞍山，在历史、人文、生态等方面具有独特的资源优势。该市通过梳理长江文化发展脉络，讲清楚城市发展与长江文化的密切关系，认真践行习近平文化思想和生态文明思想，在保护长江生态环境方面采取了一系列的措施并取得成效。该市还在打造具有影响力的长江文化品牌方面着力推进保护传承、项目建设、文旅融合和交流传播。展望马鞍山市发掘长江文化的前景，主要是加强理论阐释，搭建高水平长江文化研究平台；夯实工作基础，推进长江文化遗产系统保护；强化项目谋划，推动长江国家文化公园建设；强化开发利用，促进文化和旅游深度融合；强化宣传推广，讲好马鞍山长江文化故事。

关键词：　长江文化　文旅融合　品牌建设　马鞍山市

位于长江下游的安徽省东部城市马鞍山，在历史、人文、生态等方面具有独特的资源优势。这座城市不仅以其独特的地理位置和繁荣的工业文明闻名于世，更因其深厚的文化底蕴和红色记忆而熠熠生辉。从和县猿人化石的发现，到含山凌家滩新石器时代遗址的挖掘，再到西梁山渡江战役的英勇事迹，马鞍山承载着厚重的长江文化和红色基因。

---

* 吴树新，安徽省社会科学院社会学研究所所长，安徽省社会工作研究院常务副院长，安徽省中国特色社会主义理论体系研究中心安徽省社会科学院基地研究员，主要研究方向为应用社会学、文化等。

2020 年 8 月，习近平总书记在安徽省马鞍山市考察时，首次提出重要论述，要增强爱护长江、保护长江的意识，实现"人民保护长江、长江造福人民"的良性循环，早日重现"一江碧水向东流"的胜景。① 对一江两岸的马鞍山具有非同寻常的意义。近几年来，马鞍山市始终牢记习近平总书记的"要把马鞍山打造成为长三角白菜心"的殷殷嘱托和"要把长江文化保护好、传承好、弘扬好，延续历史文脉，坚定文化自信"的重要指示，深入研究长江马鞍山段的文化内涵，发掘其时代价值，着力绘就山、水、人、城和谐相融新画卷，在新时代新征程上书写长江文化的崭新篇章。

一　马鞍山市长江文化资源禀赋概况

马鞍山市是安徽省辖的地级市，位于安徽省东部，长江下游，东邻江苏省南京市，西接合肥市，北连滁州市，南接宣城市和芜湖市。马鞍山市下辖 3 个区、3 个县，总面积为 4049 平方公里，截至 2023 年末，常住人口为 219.1 万人，城镇化率达到 73.62%。马鞍山市因钢设市、因钢兴市，以拥有中国特大型钢铁联合企业之一的马鞍山钢铁集团公司而闻名，于 1956 年 10 月设市。马鞍山市是长江三角洲中心区城市、长江流域重要的滨江港口城市，处于长三角几何中心，是南京、合肥都市圈的"双圈城市"，也是山水相间的生态之城，获得全国文明城市、国家卫生城市、国家园林城市、国家森林城市、全国环保模范城市等荣誉称号。马鞍山市的经济发展迅速，2023 年实现地区生产总值 2590.55 亿元。长江从马鞍山市穿城而过，马鞍山港是长江十大港口之一。马鞍山市拥有丰富的旅游资源，包括采石矶、褒禅山、雨山湖等景点。采石矶以其雄奇神秀而冠中国长江三矶之首，太白楼是长江四大名楼之一。唐代大诗人李白一生多次来此咏诗作赋，并终老于斯。历代文人墨客来此揽怀追思，留下了大量名篇佳句。

水是生命之源、文化之根、文明之基。长江作为中国第一长河，不仅拥

---

① 《保护好山好水　提升生态"颜值"》，《安徽日报》2020 年 9 月 16 日。

有着丰富的自然资源，也滋养出厚重的长江文化。作为承载长江文化的重要城市之一，马鞍山自古以来与时代的联系，都与源远流长、博大精深的长江文化和长江文明密不可分。从马鞍山市地图上可以看到，长江就犹如一条丝带，缠绕在马鞍山的"腰间"。悠悠长江水，养育了马鞍山儿女，孕育了璀璨文明。这里有中国南方发现的直立人之一、距今至少有 20 多万年的"和县猿人"；有距今 5800～5300 年的新石器时代晚期中心聚落遗址，被誉为"中华文明曙光"的含山凌家滩遗址；有与岳阳城陵矶、南京燕子矶并称"长江三矶"的采石矶；有霸王祠、古昭关、广济寺……这些文化遗产绘制了一幅文脉悠长、跨越时空、波澜壮阔的长江美景图。①

和县猿人文化是长江流域现已发现的旧石器时代早期的文化遗存之一。和县猿人化石发现于马鞍山市和县龙潭洞，出土有 1 个相当完整的头盖骨，此头盖骨是中国南方迄今为止直立人中的唯一的一件，其年代距今至少 20 多万年，而据中国科学院古脊椎所对化石的分析，测定结果显示此人类化石年代为 41.2 万年前。

凌家滩遗址，位于马鞍山市含山县，南抵长江支流裕溪河，北靠有"江北小九华"之誉的太湖山。是一处新石器时代中心聚落遗址，遗址内发现有新石器时代晚期人工建造的祭坛、大型氏族墓地以及祭祀坑、红烧土和积石等重要遗迹，出土精美玉礼器、石器、陶器等珍贵文物。② 凌家滩遗址的发现或将中华文明史提前 300～500 年，其自身文化的独特性和代表性，对中华文明起源具有重大意义，是长江流域不可缺失的考古学文化。

采石矶又名牛渚矶，位于马鞍山市西南的翠螺山麓，山势险峻，风光绮丽，古迹众多，2020 年 12 月被文化和旅游部公布为国家 5A 级旅游景区。采石作为金陵（今南京）的"六朝京畿之西南屏障"，自古战事不断，成为兵家必争之地。孙策攻牛渚、樊若水献策架浮桥攻采石灭南唐、常遇春大战采石矶、太平军与清军采石十年鏖战……战争的烽火、历史的沧桑，给采石

---

① 高莹：《马鞍山：饱享底蕴深厚的长江文化滋养》，《马鞍山日报》2021 年 10 月 9 日。
② 李雷、赵颖：《文创对乡村振兴的推动作用——以凌家滩为例》，《安徽工业大学学报》（社会科学版）2022 年第 6 期。

罩上了一层神秘的面纱。① 李白在此写下诗歌《姑孰十咏·牛渚矶》："绝壁临巨川，连峰势相向。乱石流洑间，回波自成浪。但惊群木秀，莫测精灵状。更听猿夜啼，忧心醉江上。"李白平生游历无数大川名山，唯钟情于采石，一生多次登矶抒怀，饮酒讴歌，在采石矶留下了《望天门山》《夜泊牛渚怀古》《横江词六首》等数十篇千古不朽的佳作。长江将众多河湖连接起来，勾勒出如人体般的经络，为马鞍山这片土地笼罩起一层诗意。从闻名遐迩的太白楼至自然成趣的三元洞，从寓意深厚的蛾眉亭至神奇怪诞的然犀亭，这些都沿革了采石矶的历史和文化。长江是马鞍山的主脉，采石矶似一颗璀璨的明珠镶嵌在长江"腰线"上，它独特的诗歌文化、战争文化、佛教文化，丰富了长江文化。

追古思今，长江文化深深地植根于马鞍山人心中，流淌于血脉之中。可以说，长江养育了长江文化，长江文化孕育了中华文明。在中华民族漫漫历史长河中，我们要在继承中涵养、传播底蕴深厚的长江文化，要在继承中创新、激活海纳百川的长江文化。

二　梳理厘清城市长江文化发展脉络

深入研究长江马鞍山段的文化内涵，从长江文化所蕴含的优秀传统文化、革命文化、社会主义先进文化中汲取智慧，讲清楚马鞍山与长江文化之间的紧密联系，梳理厘清马鞍山长江文化脉络。②

（一）文明源头文化

长江文化历史悠久、源远流长，作为中华文化的有机组成，其生生不息的文化精神已成为中华民族精神的象征。在长江文明演进和发展过程中，以和县猿人遗址、凌家滩遗址为代表的源文化，形成了马鞍山独特的长江文化

---

① 夏胜为：《保护好山好水　提升生态"颜值"》，《安徽日报》2020 年 9 月 16 日。
② 马鞍山市文化和旅游局：《马鞍山市：聚焦长江文化保护传承，加快价值转化》，《文化月刊》2023 年第 9 期。

气质。距今至少 20 多万年的"和县猿人"开创了中华文明的新纪元，表明了长江流域与黄河流域都是中华文明的摇篮。凌家滩文化与辽宁红山文化、浙江良渚文化并称"史前三大玉文化中心"，凌家滩作为史前文明的古国，已显露出古国文明形态，较之良渚古城更早，延伸了历史轴线，让长江文明形态突破了 5000 年。马鞍山正探索从文化溯源走向文化叙事，在回答"我有什么"的基础上回答"我是谁"，向外界塑造一个有灵魂、有体温的"文化母体"，讲清楚马鞍山与长江文明源头的紧密联系，在不断丰富和完善历史叙事的基础上，提炼其内在的文化精神，通过文化再生不断加以新的呈现，形成新的文化生命表达。①

（二）长江诗歌文化

长江，是一部流动的诗史。马鞍山诗歌文化底蕴深厚，有以《千字文》《陋室铭》为代表的国学经典，以及项羽、李白、刘禹锡、王安石、苏轼、陆游、李之仪等历史名人。从中国著名山水诗人谢朓开始，以诗仙李白流连终老于此为标志，据不完全统计，600 多位著名诗人曾先后栖居马鞍山，留下了 1000 多首脍炙人口的诗篇。② 尤其是诗仙李白，一生钟爱马鞍山的山水，留下了许多不朽诗篇，晚年定居于此并终老于斯。马鞍山与诗歌结下了不解之缘，自 1989 年起，马鞍山以李白诗歌为主题，连续举办了 35 届李白诗歌节，并以第 36 届李白诗歌节为新的起点，举办系列长江文化主题活动，丰富诗歌节的文化内涵，讲述好楚霸王叱咤风云、樊若水巧架浮桥、李太白魂系江东、谢朓情系山水都、周兴嗣力撰《千字文》、常遇春扬名采石矶、虞允文智破金兵等故事及高山流水等典故，进一步提升诗歌节活动的品质和马鞍山城市文化形象的影响力。

① 李旻、蔡林海、李永宪：《青海省玉树州曲麻莱县昂拉岩画调查简报》，《藏学学刊》2020 年第 2 期。
② 魏伦、安姗姗、孙思雨：《基于 CIS 战略的马鞍山城市形象构建与传播》，《安徽工业大学学报》（社会科学版）2022 年第 6 期。

（三）长江红色文化

长江之域是英雄的土地，有着光荣的革命传统，富含红色基因，蕴含着中国共产党人坚定的理想信念和崇高的人生境界。在长江沿线城市之中，马鞍山的红色文化资源并不突出，仅有西梁山等为数不多的革命文物资源，但也越发凸显西梁山红色文化资源的弥足珍贵。西梁山是长江中下游在长江北岸的唯一制高点。1949 年 4 月，在人民解放军百万雄师全面发起渡江战役之前，在这里率先打响渡江战役第一枪。短短数天的西梁山战斗是一场极其惨烈的大血战，包括团长朱慕萍在内的约 1500 名官兵英勇牺牲，倒在了黎明前夜，用自己的鲜血和生命换来了渡江战役的胜利和整个江南的解放。马鞍山市人民从以西梁山为代表的长江红色文化中，传承红色基因、赓续红色血脉、汲取前行力量。①

（四）长江工业文化

大江奔涌川流不息，孕育了一江两岸马鞍山，也见证了这座城市几十年来工业文明的繁荣兴盛。马鞍山是生在红旗下、长在新中国的工业骄子。1956 年，马鞍山建市。1958 年和 1959 年，毛泽东主席两次视察马鞍山，并指出"马鞍山条件很好，可以发展成为中型钢铁联合企业，因为发展中型的钢铁联合企业比较快"，为马鞍山发展指明了方向。历经几代人的艰苦创业、不懈奋斗，马钢已发展成为特大型钢铁联合企业，在我国钢铁工业发展史上留下了一个又一个光辉足迹。2020 年 8 月，习近平总书记亲临马鞍山、马钢考察，在充分肯定马鞍山和马钢发展成就的同时，勉励马钢在长三角一体化发展中把握机遇顺势而上。站在新起点、落实新要求、实现新跨越。马鞍山市要挖掘工业文化的内涵，让昔日辉煌的工业遗产重放异彩，大力弘扬"江南一枝花""凹山大会战"的优良传统和作风，引导全市上下坚持产业报国不动摇，奋力鼓起迈进新征程、奋进新时代的精气神。

---

① 戴润泉：《关于推进长江水文化建设的探讨》，《中国水利》2022 年第 23 期。

（五）长江山水文化

马鞍山因山得名，拥江而立，万里长江浇灌了一江两岸富饶的土地，催生了多姿多彩的长江文化。境内山水纵横，素有"九山环一湖，翠螺出大江"之美誉，呈现"城中有园，园中有城"的独特城市风光。在长江流域，山水格局对城市的形成和发展至关重要，通过显山露水、文化点睛，塑造山、水、人、城交融的城市山水格局。依托马鞍山天赋异禀的山水文化，以"玉美"凌家滩、"泉美"香泉、"诗美"太白、"幽美"濮塘、"壮美"南山、"康美"横山为六个片区主体，打造"六美"长江山水文化品牌。围绕各自资源特质，充分体现凌家滩文化、温泉文化、生态文化、工业文化、休闲文化等地方文化特色，建设具有一定区域辐射力的综合性、功能性文化设施和项目，发挥对全市长江文化建设多点支撑作用。

（六）长江生态文化

近年来，马鞍山市坚持绿色发展，创新发展理念，全面推进长江沿线综合整治工程。目前，长江东岸的薛家洼生态园、杨树林、采石矶景区等一批湿地公园，与滨江生态绿色长廊、文化旅游景区已"串珠成链"；长江西岸的零点公园、浮沙圩湿地公园也已"以线连片"。2023 年 12 月 13 日，马鞍山市人大决定将每年的 8 月 19 日设为"马鞍山长江保护日"，这是全国首个为保护长江设立的节日。

三　马鞍山市保护长江生态环境的措施与成效

近年来，马鞍山市深入贯彻落实习近平总书记考察安徽重要讲话重要指示精神，认真践行习近平文化思想和生态文明思想，牢记习近平总书记殷殷嘱托，扛起长江禁捕退捕政治责任，坚持疏堵结合，取得了较好成效。该市禁捕工作案例入选第六批全国干部学习培训教材（习近平总书记亲自作序），禁渔执法规范化体系建设入选中央依法治国办第二批全国法治政府建设示范项目等。

（一）高位推动确保"退得出"

按照中央关于长江禁捕退捕的工作要求，由市委市政府主要负责同志担任禁捕退捕工作领导小组组长，党委和政府协同推进各项工作。市委书记、市长主持召开工作调度会，多次赴现场指导、督查。市分管负责同志在关键节点强力推进、现场跟踪，及时化解难题，高频高位高效调度指挥，有力地保证了工作快速推进。坚持全市一盘棋，统一政策标准并集中张榜公示，按照《马鞍山市渔民退捕转产实施方案》，采取"货币补偿+养老保险+过渡期生活补贴"等方式，严格规范宣传发动、调查登记、审核确认、签订协议、渔船拆解等工作流程，实现一把尺子量到底。组织对渔民、渔船和补偿资金进行认真审核登记，并及时公示公告。按照政策与退捕渔民签订退捕转产协议，集中收回渔船渔具并统一拆解，兑现补偿资金。长江东岸的薛家是马鞍山市最大的渔民聚居点，人员复杂，船只密集，是禁捕退捕的难中之难、坚中之难，是全市退捕工作的风向标。马鞍山市以此为突破口，建立县区现场指挥部，出台方案、成立专班、建立档案、开展宣讲，仅用 28 天时间就完成了薛家洼退捕攻坚战，80 天内实现了长江干流及重要支流全面退捕。全市加快实施长江岸线综合整治、推进生态屏障建设、全面加强生物多样性保护等攻坚行动。

（二）强化保障确保"稳得住"

马鞍山市实施了"四有一畅"工作法，即保障渔民上岸后有房住、有工作、有学上、有社保以及心情舒畅，建立"1+2"结对帮扶渔民联系工作制度，实行结对帮联，及时帮助解决困难。出台《马鞍山市退捕渔民安置保障政策实施细则》，细化完善 12 项补贴标准，实现应就业尽就业。针对 40 岁以下人员，全面落实培训就业补贴政策，兑现各项就业补贴资金655.7 万元。建立 11 个退捕渔民服务驿站，实现进企转产就业 2634 人。发放退捕渔民创业担保贷款 1321 万元，以创业带动就业 653 人。对部分年龄偏大、难以通过市场渠道实现就业的，通过公益性岗位托底安置。出台

《退捕渔民"捕转养"工作推进实施方案》，通过"暖心行动"培训指导、连续 3 年财政资金补助（每亩补助 600 元/年）和养殖保险全覆盖，发展"捕转养"面积 1.29 万亩，市县两级财政共补助资金 1484.8 万元，带动就业渔民 1104 人，退捕渔民户数 376 户。博望区退捕渔民蔡小花申请领办"捕转养"项目养殖大闸蟹，水产养殖面积达到 930 亩，吸引 15 户退捕渔民入驻。马鞍山市率先出台了护渔员聘用管理实施方案，对护渔员职责、管理和工资待遇等方面作了系统规定。2021 年成立了由 40 名就业困难退捕渔民参加的当涂县专业护渔队，巡护岸线 100 多公里。吸收渔民参加护渔，可以充分发挥退捕渔民熟悉水情、渔情的特长，不但解决了禁渔力量不足问题，而且还解决了大龄、文化程度低退捕渔民就业困难问题。[1] 雨山区退捕渔民陈兰香（人称三姑娘）在当地政府的帮扶下，吸纳其他退捕渔民参股，成立了劳务公司。当地农业农村部门主动上门，帮助其联系租房、注册商标、介绍业务。2022 年，该劳务公司实现盈利 21 万元，所有股东每年均能获得分红。陈兰香完成了上岸、改名、创业的蜕变，目前是市人大代表、区政协委员，这一励志创业的典型入选农业农村部长江水生生物保护修复优秀案例。

（三）严格监管确保"禁得严"

安排带班值班，严格落实"7×24 小时"值班值守制度，进一步强化重点地区、重点时段、重点人群的管控。针对重点区域开展专项整治，聚焦问题多发点位，采取机动执法、联合执法、设置固定看守点相结合的方式，多措并举，确保取得实效。自 2020 年以来，开展渔政执法 2300 余次，办理案件 1300 起。持续开展暗访+督查、人防+技防、专业队伍+社会共治、水上巡防+岸上整治"四个结合"禁渔监管机制，扎实开展打击非法捕捞和渔政亮剑系列专项执法行动。全市长江禁渔形势总体平稳，实现了从"禁得了"到"管得住"的转变，2023 年查办涉渔刑事案件、非法捕捞案件同比下降

---

[1] 李光明：《全链条监管让"鱼翔浅底"再现》，《法治日报》2023 年 5 月 15 日。

10.04%。2024 年以来，市执法支队共查办案件 26 件，同比下降 44%，禁渔形势总体稳定。依托长江保护执法联盟和宁马滁联管共治机制，与南京、芜湖、滁州建立联动执法、联络处置、交流共建、党建联盟等联合执法机制，每年开展跨区域联动执法行动 10 多次，党建联盟被评为长三角合作典型案例。坚持农业农村、公安、市场监管等多部门常态化联合执法，筑牢从"水里"到"餐桌"的全链条监管防范网络，达到"不捕、不卖、不做、不食"的效果。管好相关船舶。按照"非必要不保留"的原则开展禁捕水域船舶管理"回头看"，确保"三无"船舶发现一艘，清理一艘。加强普法宣传，规范禁捕水域乡镇农民自用船舶管理，做到标识规范、管理规范、运行规范。

（四）生态保护确保"恢复快"

加强区域协同立法，马鞍山市与南京市、镇江市共同制定《关于加强长江江豚保护的决定》，构建跨行政区域长江江豚保护体系。严格涉渔工程生态补偿措施，年均放流 1200 余万尾鱼类苗种。通过系统保护措施，"微笑天使"长江江豚从难得一遇变成了频频再现。加大沿岸生态环境修复力度，在完成长江东岸综合整治的基础上，加快推进长江西岸生态长廊建设，先后打造滨江公园、江心洲游园、和县浮沙圩湿地公园等一批生态名片，昔日脏乱差的薛家洼已蝶变成远近闻名的"城市生态客厅"和市民休闲网红"打卡地"。目前，渔业资源恢复持续向好。据最新监测，长江马鞍山段鱼类规模、资源密度分别比禁渔前增长 150%、200%。长江刀鱼种群已恢复至禁渔前的 4 倍，一些珍稀水生生物频现马鞍山江段，水清岸绿、鱼翔浅底，万类霜天竞自由的和谐景象正在加快形成。为筑牢长江生态保护屏障，马鞍山市严格执行环评审批原则和准入条件，并以长江经济带生态环境警示片为重点，对突出的生态环境问题进行整改，排查整治危废、地下水等生态环境风险隐患。还积极探索毗邻区域协同管控，与本省芜湖市签订《长江流域地表水断面生态补偿协议》，共同维护长江流域生态环境安全。

四　打造具有影响力的长江文化马鞍山品牌

（一）着力推进保护传承

一是摸清资源底数。开展长江文物资源调查，建立长江文物资源数据库，如编制《马鞍山市长江流域文物名录》。截至 2023 年底，马鞍山市共拥有不可移动文物 506 处，其中全国重点文物保护单位 6 处、省级文物保护单位 25 处、市县级文物保护单位 140 处。

二是扎实开展考古调查与发掘。做好基本建设中文物调查与抢救性发掘工作。凌家滩遗址的考古发掘，将中华文明向前推进到 5300~5800 年。2023 年编制完成了《凌家滩遗址申遗文本》，上报了《凌家滩中国世界文化遗产预备名单项目申请表》，明确《2024 年凌家滩遗址保护利用工作任务清单》。2024 年 4 月 18 日，第五届国家考古遗址公园文化艺术周暨第十三届国家考古遗址公园联盟联席会在凌家滩顺利召开。目前，正在启动第四次全国文物普查工作，做到应报尽报、应保尽保。

三是推动资源保护。制定《马鞍山市文物保护条例》，2022 年 5 月 27日经安徽省第十三届人民代表大会常务委员会第三十四次会议通过，成为全省首个地方综合性文物保护条例。制定《马鞍山市非物质文化遗产条例》，2016 年 12 月 6 日经马鞍山市第十五届人民代表大会常务委员会第二十七次会议通过，2017 年 3 月 31 日安徽省第十二届人民代表大会常务委员会第三十七次会议批准实施。积极争取国家、省级文物保护资金，近三年来累计争取保护专项经费 4200 余万元。

（二）着力推进项目建设

一是结合全市文化和旅游资源，谋划长江国家文化公园（马鞍山段）重点建设项目 46 个，包括文化强省项目 9 个、文化强市项目 8 个、《长江国家文化公园（安徽段）建设保护规划》申报项目 12 个、其他项目 17 个。

二是发挥项目优势。以国家文化和旅游消费试点城市建设为契机，充分发挥资源、区位等综合优势，[①] 深度挖掘长江文化、李白诗歌文化、千字文文化等文化内涵，开发采石矶游船、光影秀、凌家滩研学等项目。推动当涂县太平府文化园街区、采石古镇横江街、和县陋室镇淮古街等建设文化旅游特色街区，推动当涂县大青山欢乐谷、大青山滑翔基地、郑蒲港新区滑雪场等新业态项目提质扩容。

三是选树工作典型。2022 年 4 月 28 日，《中国旅游报》"国家文化公园建设成果展示"专版以《马鞍山：保护传承长江文化 努力打造长江国家文化公园先进示范段》为题，对马鞍山市参与长江国家文化公园建设进行了报道。

（三）着力推进文旅融合

一是丰富文旅产品。依托长江不夜城、运漕艺术创意小镇等，推出长江文化 IP 体验等文旅融合品牌，打造凌家滩精品研学等 7 个文旅融合产品。

二是做优精品线路。依托采石矶、长江不夜城等长江沿线景区，推出"诗仙李白游踪""长江文明探源"等 4 大文化自驾游产品。开发长江文明探源研学旅行产品，打造长江沿岸生态游精品线路，举办全市中小学研学交流会，2023 年全市接待研学团队超 30 万人次。全市各大博物馆开展研学活动，为学生提供丰富的文博服务、全面的文博信息、沉浸感的文博体验。2024 年五一期间，全市各博物馆接待研学游客 5.15 万人次。

三是创建文旅品牌。2023 年以来，凌家滩遗址公园成功挂牌国家考古遗址公园，马钢"绿色钢铁"主题园区被评为国家工业旅游示范基地，雨山区入选首批文旅产业融合发展示范区，大青山野生动物世界入选 4A 级旅游景区，长江不夜城、创客+文创园入选省级旅游休闲街区，新创建 4 家精品主题村、1 家特色美食村、3 家后备箱工程基地、1 家国家乙级民宿、3 家国家丙级民宿、5 家皖美金牌民宿、11 家皖美银牌民宿。

---

① 《马鞍山市：聚焦长江文化保护传承，加快价值转化》，《文化月刊》2023 年第 9 期。

（四）着力推进交流传播

一是发掘文化魅力。围绕凌家滩遗址、马钢9号高炉等文物遗产，《千字文》《陋室铭》等国学经典，项羽、刘禹锡等历史名人，加大宣传包装力度，推动文化资源走向文化叙事。

二是开展推介推广。积极参与文化和旅游部举办的"沿着长江读懂中国"主题宣传推广活动，采石矶景区入选为长江国家文化公园24个打卡点之一，马鞍山市入选长江国际黄金旅游带精品线路重要节点城市之一。加强与沿江城市互动交流，积极开展长江文化旅游渠道资源对接会、参加"南京长江文化旅游节""芜湖长江文化艺术交流周"等活动。利用"文化遗产日"等重要节点，开展文博进校园、进基层等活动，提升公众文物保护意识。组织各级博物馆加强馆藏文物挖掘阐释和传播利用，举办主题展览60余场，受众近230万人次。策划《玉耀长河——凌家滩文化展》《诗润皖江——诗仙李白与安徽》展览赴玉门、杭州等地巡展，吸引近15万人次参观浏览，进一步扩大了本地优质文化资源对外影响力。两项展览还成功入选安徽省2023年博物馆十大精品展陈。

三是丰富活动内容。牵头组织"安徽人游安徽·欢乐沿江"宣传推广，聚焦"欢乐食"，带动"欢乐游、欢乐购、欢乐宿、欢乐秀"，组织开展了"皖美好味道·沿江美食"品鉴、推介等活动。积极开展中秋吟诗会、短视频和摄影大赛，广泛宣传"在采石看见美丽长江"口号，形成具有传播力与亲和力的马鞍山长江文化宣传IP。

五　马鞍山市长江文化品牌建设展望

马鞍山市将全面贯彻中央决策部署及省委工作要求，进一步总结提升工作成果，以"人民保护长江，长江造福人民"为主题，加强理论阐释、保护发掘、活动推广、项目转化、宣传推介等工作，打造更具影响力的长江文化马鞍山品牌。

（一）加强理论阐释，搭建高水平长江文化研究平台

马鞍山市目前已有三大高层次的理论平台，即习近平经济思想研讨会、中国凌家滩文化论坛和长江文化论坛。在此基础上，马鞍山市将定期举办"人民保护长江，长江造福人民"科学论断理论研讨会；继续加强与省委宣传部、经济日报社对接，举办习近平经济思想研讨会；加强与省委宣传部、省文化和旅游厅、人民日报社对接，拟于 2024 年 8 月更高规格举办第二届长江文化论坛。

（二）夯实工作基础，推进长江文化遗产系统保护

依托第四次全国文物普查工作，全面加强长江流域文物考古研究，开展考古资源调查。完善健全全市不可移动文物名录，建立长江文物资源清单。加强文保专业队伍建设，强化考古发掘、藏品保管等方面的业务人才引进，充实各文保机构和专业单位，保持人员队伍的专业性和稳定性。加大文物经费投入力度，积极向上争取国家级、省级专项资金，用于文物保护利用。

（三）强化项目谋划，推动长江国家文化公园建设

积极谋划长江国家文化公园重点项目，推动凌家滩国家考古遗址公园综合提升项目、和县猿人遗址公园项目、采石矶片区提升开发综合项目等重点项目纳入《长江国家文化公园（安徽段）建设保护规划》中。围绕《2024年度长江国家文化公园（马鞍山段）建设工作要点》，推进长江文化保护传承、研究发掘、文旅融合等重点工程，更好地展示马鞍山市长江国家文化公园的建设成果。

（四）强化开发利用，促进文化和旅游深度融合

以凌家滩国家考古遗址公园提升、和县猿人考古遗址公园等优秀文物项目为依托，大力推进文化强市建设，充分展示马鞍山市长江文化遗产保护成果，讲好马鞍山故事。科学规划、合理保护，将文物保护融入城市建

设，重点保护和传承本地独有的文物资源，以提升城市识别度、彰显城市特色。强化"文化遗产+旅游"融合发展理念，大力挖掘、整理和开发利用文物资源，将其融入旅游规划、旅游产品及旅游服务中，优化以采石矶、凌家滩、薛家洼、霸王祠等长江沿线重点景区为核心的"中华文明探源之旅""长江文明探源"等线路，让游客全方位感受马鞍山长江文化元素。

（五）强化宣传推广，讲好马鞍山长江文化故事

加强与中央媒体等单位的合作，举办好"人民保护长江，长江造福人民"科学论断理论研讨会、习近平经济思想研讨会，更高规格地举办第二届长江文化论坛。充分利用"文化和自然遗产日"等重大节庆日开展长江文物展示、展览等系列活动，加大对文物保护宣传教育力度，举办考古知识公益讲座，开展好文物进校园、进课堂、进社区等活动，在全社会营造良好的文物保护传承氛围。举办"春游江淮请您来"马鞍山宣传推广活动，开发长江文明探源研学旅行产品，打造长江沿岸生态游精品线路，组织开展守护美丽长江主题研学旅游宣传推广活动。做好"文化中国行"等系列主题宣传，推进"美丽中华行"栏目纪录片《山水诗城——马鞍山》、宣传片《遇见马鞍山》、纪录片《探秘凌家滩》等创作生产和播出。通过新媒体平台制作一批反映马鞍山推进长江大保护和长江经济带高质量发展做法成效的融媒精品，充分展示长江国家文化公园（马鞍山段）建设成效。

南京长江国家文化公园建设
与实践经验研究

郭新茹　方　欣*

摘　要：　作为长江国家文化公园重点建设区之一，南京发挥文化资源繁荣富集、创新要素多元集聚、多重战略交汇叠加等优势，从经济、文化、生态三大维度重点发力，长江国家文化公园（南京段）建设整体呈现"资源保护卓有成效、空间规划初步成形、平台建设日益完善、城市更新有机推进"的良好态势，为进一步打造长江国家文化公园样板段奠定了良好的基础。长江国家文化公园（南京段）建设以保护为"先导"，推动文化资源创造性转化；以项目为驱动，培育国家文化公园建设强抓手；以科技燃引擎，建设"数智长江"发展新高地；以联动促"协同"，提升区域协调合作创新能力；以精品塑"名片"，擦亮南京长江文化特色品牌；以要素固"根基"，优化高端要素的市场化配置，推动了长江国家文化公园（南京段）的高质量发展，展现了新时代社会主义文化繁荣和文化自信。

关键词：　长江国家文化公园（南京段）　长江文化　文化保护　文化开发

在长江的浩渺波涛中，南京这座古都以其深厚的文化底蕴和独特的传承方式，成为长江文化传承的创新典范。从南唐文化的繁荣，到明清科举的辉煌，再到近现代文化的交融，南京始终站在历史与未来的交汇点上，展现着

＊　郭新茹，南京师范大学新闻与传播学院教授，博士生导师，南京大学长三角文化产业发展研究院研究员，主要研究方向为文化产业、文旅融合、文化创意传播；方欣，南京师范大学文化产业与创意传播基地助理研究员，主要研究方向为文化产业。

文化的魅力与活力。

2020年，习近平总书记在南京调研时指出，长江是"中华民族的代表性符号和中华文明的标志性象征"。作为涵养中华优秀传统文化的重要源泉，长江为繁荣社会主义文化提供了源头活水。

深入挖掘长江文化特色资源，形成具有代表性和认同感的长江文化共同体，是"建设具有强大感召力和影响力的中华文化软实力"的生动实践，也是推动新时代社会主义文化繁荣发展的重大工程。南京作为唯一的跨江古都，在长江文化发展中发挥了"文都"的中心汇聚、交往和传播的功能，建设好南京长江国家文化公园是进一步提升南京在长江文化传承与发展中首位度的重要抓手。长江国家文化公园不仅是南京社会主义文化强国先行区的鲜明标识，也是展现新时代社会主义文化繁荣和文化自信的重要载体。高质量推动长江国家文化公园（南京段）建设，彰显了南京作为"长江国家文化公园（江苏段）核心示范区和长江流域璀璨明珠"的使命担当，发挥了南京作为"长江文都"回应"文化强国"时代命题的引领示范作用，将有力推动南京成为繁荣新时代社会主义文化的先行区。

一 长江国家文化公园（南京段）建设基础

（一）特色文化资源丰富

作为"六朝古都，十朝都会"，南京自古以来就是我国政治、经济、文化最为发达繁荣的地区之一。截至2021年，南京共拥有55处全国重点文物保护单位、114处省级文物保护单位、347处市级文物保护单位、192项非遗代表性项目（见表1）。悠久的历史使得南京拥有明孝陵、中山陵、秦淮夫子庙等一批璀璨的文化遗产，创造出金陵灯彩、云锦织造、金箔等非物质文化遗产，孕育出源远流长、内涵丰富的特色金陵文化。历史上这里曾活跃着王昌龄、曹雪芹、祖冲之等文学诗人和科技先驱，近年来，这里涌现了高晓声、苏童、毕飞宇等一批在海内外具有显著影响力的知名作家。世代氤氲的文化书香、丰厚独特的文化资源、卓越的文学成就、荟萃的文化名人等优势助力"天下文枢"南京成功入选"世界文学之都"，更赋予了长江国家文化公园（南京段）独特的文化内涵，构建起以古人类遗址文化、长江古都文化、长江海丝文化、长江秦淮文化、长江工业文化、长江红色文化、长江文学文化、长江儒释道文化等为内核的南京长江特色文化体系。江城相依、璀璨丰富的文化基础和文化禀赋，是长江国家文化公园（南京段）高质量发展的源头活水。

表1 南京市特色文化资源

文化资源	级别	文化项目
旅游景区	4A级及以上	夫子庙—秦淮风光带景区、钟山风景区（5A）、侵华日军南京大屠杀遇难同胞纪念馆、南京博物院、玄武湖景区、雨花台风景区、栖霞山、中共代表团梅园新村纪念馆、高淳国际慢城、中国近代史遗址博物馆、红山森林动物园等
文物遗迹	世界级	明孝陵
	国家级	南京人化石地点、钟山建筑遗址、明故宫遗址、龙江船厂遗址、大报恩寺遗址、南京城墙等
	省级	南城遗址、窨子山遗址、郑和墓、灵谷寺无梁殿、栖霞寺、定林寺、朝天宫、江南贡院、渡江胜利纪念碑等
	市级	梁台古文化遗址、平顶山古文化遗址、乾隆行宫遗址、江南第二泉、万福寺遗址、孙权墓、阮籍墓、王安石故居、鸡鸣寺、幽谷寺、夫子庙遗址
非物质文化遗产	国家级	秦淮灯会、龙舞、竹马、南京白局、金银细工制作技艺、南京金箔锻制技艺等
	省级	项羽故事、达摩传说、跳当当、南京评话、灯彩、金陵竹刻、天鹅绒织造技艺、绒花制作技艺、金陵折扇制作技艺等
	市级	茶山会、骨牌灯、西善民歌、六合民歌鲜花调、皮影戏、南京提线木偶、南京瓷刻、南京微雕、石桥门笺等

文化资源	级别	文化项目
城市文化空间	历史文化街区	梅园新村历史文化街区、颐和路历史文化街区
	历史文化名镇（村）	高淳区淳溪镇、高淳区漆桥镇漆桥村、江宁区湖熟街道杨柳村
	特色街区	老门东历史街区、1912商业街区、夫子庙西石坝街商业区、长江路民国历史文化街区、熙南里文化街区等
	文博场馆	南京市博物馆、南京城墙博物馆、南京世界文学博物馆、科举博物馆、南京市图书馆
历史著名人物	状元	卢郢、叶祖洽、俞栗、吴潜、张孝祥、黄观、焦竑、朱之蕃、周旋、袁士、文质、尹凤、董永遂、胡任舆、黄思永、林本直、任长华、傅善祥
	政治	萧衍、朱棣、邓廷桢
	文化	宝志、王羲之、王献之、王昌龄、徐熙、巨然、曹雪芹、秦大士
	科学	祖冲之、王贞仪、陶弘景

资料来源：作者根据公开资料整理制作。

（二）多重战略交汇叠加

近年来，多重国家重大发展战略在江苏密集叠加，南京作为省会、长三角城市中的特大城市，拥有通江达海、承东启西、联南接北的区位优势，成为区域协调发展的重要枢纽。在长三角区域一体化发展中，南京以开放姿态"跨界"合作，以市场机制"融合"发展，构建起从宁镇扬、南京都市圈到长三角城市群等诸多"朋友圈"，为长江国家文化公园（南京段）的建立提供了有力支撑。在长江经济带发展中，南京坚持以"共抓大保护、不搞大开发"为战略导向，在保护开发的基础上盘活丰厚的长江文化家底，在文、商、旅、体等产业融合中提升长江文化价值，让长江经济带发展迸发出新生活力。在推进大运河文化带建设中，南京加入"8+3"运河城市朋友圈，促成"8+3+2，江苏全员入列"，为长江国家文化公园（南京段）的跨越式开发提供了宝贵的经验借鉴。在扬子江创意城市群建设中，南京聚焦新一代信息技术、网络文学和文化金融的发展，积极打造全国文化科技融合示范中心，与其他沿江七市相互赋能，生动诠释"共生、同进"的创意城市群共同体，为长江国家文化公园（南京段）建设提供区域合作基础。"十四五"时期，南京应着力把握多重战略交汇的叠加优势，在跨区域文化交流、旅游品牌联动、生态环境共保等方面积聚势能，推动形成长江国家文化公园（南京段）发展利益共同体，为长江国家文化公园（南京段）建设构建多级支点。

（三）文旅产品特色多样

依托长江文化内涵和流域空间载体，南京先后推出长江研学、滨江夜游等特色文化活动，形成"水岸联动"的长江特色文旅产品体系。在文旅空间方面，南京坚持高水平建设滨江生活生态空间，为市民提供运动、休闲、观景等亲水场所。[①] 依托长江大桥建设南京长江大桥公园、南京长江大桥亲水圆环景观桥等特色文化空间，并将其融入红色追忆游鼓楼、品行江岸游鼓楼等全域旅游精品游线。依长江沿线流域与城市规划融合打造总长约58公里的南京滨江风光带，建成鱼嘴湿地公园、青奥文体公园、万景园等滨江公园景观，打造以南京火车站、中山码头为代表性建筑的民国风情区以及以六朝风情为主题的幕燕滨江风貌区，在城市更新中注入长江文化活力，让历史文化和现代生活融于一体。在文旅产品方面，南京坚持产业融合，用文化为长江经济带注入新活力。推出手绘南京长江大桥、乘游轮远眺阅江楼、探索江豚身影等长江主题研学活动；开发幕燕滨江夜游航线，举办青奥艺术灯会、幕燕·星巢音乐嘉年华及萤火虫换书大会等文化活动，同时开发"大桥记忆"南京长江大桥主题文创。一系列长江国家文化公园文旅产品的开发，推动了南京段长江文化旅游业态升级，带动了南京全区域旅游发展，在为长江国家文化公园建设提供空间载体的同时塑造起长江国家文化公园（南京段）品牌。

文化消费层次提升。从2016年成为国家首批文化消费"试点城市"到

---

① 李子俊、王婷婷等：《南京：为长江经济带发展注入文化力量》，《南京日报》2022年5月8日。

2020 年成为全国首批国家文化和旅游消费示范城市①，南京市积极采取政府购买服务、消费补贴、以奖代补等一系列措施引导居民扩大文化消费，推动南京整体文化消费水平持续提升。一方面，居民文化娱乐消费需求强劲释放。2021 年南京市城乡居民人均消费支出 39118 元，比上年增长 19.1%，其中，人均教育文化娱乐消费支出达 6192 元，同比增长达 20.2%。② 另一方面，文化消费结构持续优化。居民的消费热点由注重量的满足转向追求质的提升、从有形物质消费转向虚拟体验消费、从模仿型排浪式消费转向个性化多样化消费。以旅游业为例，当前居民的旅游需求正在告别"到此一游"，转向"到此一乐"，新文化消费模式越来越成为居民的出游选择。③ 飞猪数据显示，2022 年五一假期间南京入围假期国内露营热门城市前十榜单，"90 后"年轻用户和"80 后"亲子人群成为露营消费的主力军。此外，新文化消费场景愈加受到消费者青睐。2019 年国庆黄金周期间，夜间消费占市文化旅游市场比重提高到 54%。2022 年德基美术馆推出"《金陵图》数字艺术展"，以数字化形式再现金陵城的历史图景，吸引了众多消费者前去打卡。在加速推进"强富美高"新南京建设的关键时期，居民文化消费潜力的释放、文化消费结构的优化、文化消费模式的改变，是长江国家文化公园（南京段）建设的重要机遇。把握文化消费层次提升的关键机遇，优化建设规划，也将极大丰富"强富美高"新南京建设的整体战略。

科技创新牢筑引擎。近年来，南京围绕引领性国家创新型城市和国家区域科技创新中心的建设目标，加大金融支持科技创新创业力度，加速高端科创资源集聚，主要科技创新指标稳步攀升。根据 2021 年自然指数科研城市排名，南京市在全球科研城市十强中位列第 8。科教资源丰富。"十三五"以来，南京集聚科技顶尖专家 240 多名、高层次创新创业人才 4000 多名，

---

① 邢虹、丁媛媛：《文化自信不断增强 文化建设成果丰硕》，《南京日报》2022 年 8 月 12 日。

② 南京市统计局、国家统计局南京调查队：《南京市 2021 年国民经济和社会发展统计公报》，南京市统计局网站，http://tjj.nanjing.gov.cn/bmfw/njsj/202204/t20220421_3348138.html。

③ 《2018 产业布局 合理发展》，《纺织报告》2019 年第 1 期。

在 2021 年两院院士增选中，南京地区新当选 14 人，居全国第 2 位；拥有 53 所高等院校，每万人中大学生和研究生数量均居全国第 2 位，入选国家"双一流"建设的高校和学科数量居全国第 3 位。科技产业规模大。2021 年，南京高新技术企业总数达 7800 家，科技型中小企业达 1.68 万家；高新技术产业产值达到 7800.60 亿元，占全市规上工业比重达 55.1%，同比增长达 16.6%；全社会研发经费支出占 GDP 比重提升至 3.6%①，万人发明专利拥有量居全国第 3 位。科创金融生态良好。在《2021 年中国城市科创金融发展指数》中，南京科创金融发展综合指数排名全国第 6，其中，在科创资源及成果指数一级指标方面，南京居全国第 3 位（见图 1）。科创载体日益完善。南京拥有 120 多个国家级研发平台，国家级重点实验室达 30 家以上，其中紫金山实验室已进入国家战略科技力量体系。② 南京强劲的科技创新实力将赋能长江国家文化公园（南京段）的业态创新、场景应用、生态蜕变，是推动长江国家文化公园（南京段）高质量发展的重要引擎。

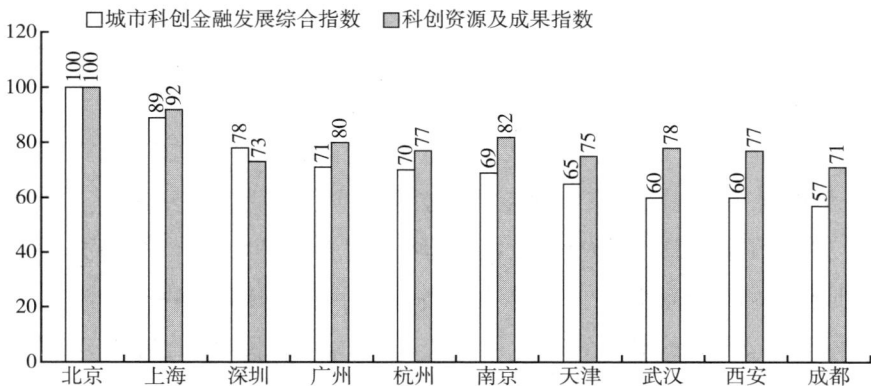

图 1　中国城市科创金融发展指数 TOP10

资料来源：《科创金融发展综合指数　南京全国第六》，凤凰网江苏，http：//js. ifeng. com/c/8GrNlwzmYHK。

---

① 《南京高新技术产业 2021 年实现产值达 7800.60 亿元》，网易网，https：//js. news. 163. com/22/0226/11/H14L8OSA04248E9B. html。

② 《如何打造高水平国家级人才平台？南京方案亮相》，新浪网，http：//k. sina. com. cn/ article_ 3881380517_ e7592aa501901901m. html。

（四）社会风尚和谐文明

党的十八大以来，南京市全面落实中央和省委部署要求，坚持"人民城市人民建，人民城市为人民"，解决好人民群众"急难愁盼"问题，"社会文明程度高"成为南京现代化建设显著的标识之一。文明城市创建扎实推进。自2005年开展文明城市创建以来，南京先后4次荣膺全国文明城市称号，在2018~2020年创建周期中，南京的综合测评在全国同类城市中排名第3。2020年，南京市新获得命名表彰的村镇比2017年多了27个，包括8个全国文明村镇、14个全国文明单位、2户全国文明家庭、2个全国文明校园、1个全国未成年人思想道德建设先进单位。法规政策有序实施。南京市先后出台《南京新时代爱国主义教育实施方案》《南京新时代公民道德建设实施方案》《南京市文明行为促进条例》等政策法规，实施"南京好人365"工程，选树全国道德模范钱七虎、邱海波以及时代楷模南京站"158"雷锋服务站等重大典型。目前，南京市已产生227位各级道德模范、154位"中国好人"、188位"江苏好人"和近2000位"南京好市民"。① 公共文化设施网络体系健全。南京市覆盖城乡的四级公共文化服务设施网络基本建成，101个街镇全部建有综合文化站，实现了综合文化服务中心全覆盖；2018年首创的"书服到家"南京共享图书馆项目，为百姓带来一座家门口的"云上"图书馆；新增登记备案的博物馆总数达到65座，"博物馆之城"建设成效显著。社会治安防控体系完备。南京市公安局深耕"三圈五域"，织密水陆空立体防控体系，2021年相关工作得到省部级以上领导31次批示肯定，获上级贺电、嘉奖、表扬等60次，获评首批"全国禁毒示范城市"，全市群众安全感达99.19%。文明城市的持续创建充分体现了南京文明的社会风尚以及城市文化品位，为长江国家文化公园（南京段）高质量发展提供了良好的社会环境。

---

① 《江苏南京：文明 城市蝶变的温暖力量》，《南京日报》2021年10月18日。

二　长江国家文化公园（南京段）建设成果

作为长江国家文化公园重点建设区之一，南京发挥文化资源繁荣富集、创新要素多元集聚、多重战略交汇叠加等优势，从经济、文化、生态三大维度重点发力，长江国家文化公园（南京段）建设整体呈现"资源保护卓有成效、空间规划初步成形、平台建设日益完善、城市更新有机推进"的良好态势，为进一步打造长江国家文化公园样板段奠定了良好基础。

（一）资源保护卓有成效

南京市严格贯彻"保护优先、强化传承"原则，积极出台多部保护性法规、建立多元保护机制，推动生态保护和文化传承向系统化、常态化发展，成效显著。

一是通过省市联动共同制定了系列保护性法律法规，合力建成长江生态与文化资源保护机制。在生态资源保护层面，启动《长江保护法》《长江岸线保护条例》《南京市长江岸线保护详细规划》等法律法规，加强规划管控；制定《幸福河湖建设三年行动计划（2021～2023年）》，出台幸福河湖评价规范和建设技术指南，持续优化河湖长制管理体系和运行机制；在文化资源保护层面，依托《南京市文物保护条例》《南京市非物质文化遗产保护条例》等文件，制定《长江经济带南京段长江文化旅游融合发展概念规划》①，为从文旅融合角度保护传承弘扬长江文化提供指导。

二是根据不同类型资源展开针对性保护工程。在生态保护方面，南京把修复长江生态环境摆在压倒性位置，持续开展生态环境保护修复治理工程，推动长江南京段从"生产锈带"向"生态秀带"转变。2020年南京共完成180项河湖水环境整治，2021年深入实施污染治理"4+1"等多项工程。在

---

① 凌霄：《试论南京优秀传统文化传承与弘扬的困境和机遇》，《江苏第二师范学院学报》2019年第5期。

文化资源保护与传承方面，南京组织开展世界文化遗产监测报告和评估，实施重点文物保护修缮工程，举办多元文化传承项目。其中，长江大桥公路桥维修文物保护项目荣获"全国优秀古迹遗址保护项目"；南京市博物馆（朝天宫）推出首个关于长江文化的展览《从秦淮河到扬子江——古代南京段长江文物特展》，通过 300 件（套）珍贵文物述说南京与长江的故事。①

（二）空间规划初步成形

南京市在深度梳理挖掘长江特色生态与文化资源的基础上，以系统保护、延续传统风貌为原则，合理规划功能区，初步形成长江国家文化公园"点线面"空间规划格局。以幕燕风光带、下关大马路、浦口火车站、龙江船厂、鱼嘴为关键"点"，选址白云石矿采矿区规划建设中国长江文化博物馆；以南京长江段 97 公里城市主轴、魅力江岸，八卦洲大桥（二桥）至大胜关大桥②（三桥）30 公里核心展示带打造中心"线"；以建邺区、鼓楼区、栖霞区、雨花台区、江宁区、浦口区、六合区、江北新区 8 个沿江板块为核心区，玄武区、秦淮区、溧水区、高淳区 4 个板块为拓展区，建设各具特色、功能互补、产业融合的工作"面"，"点线面"结合推进长江国家文化公园（南京段）建设。同时，依据国家文化公园四类主体功能区建设要求，持续推动建设新济洲湿地公园生态管控保护功能区，幕燕风光带自然山水主题展示功能区，建邺、江北新区滨江文旅融合功能区，下关、浦口近现代和红色资源传统利用功能区，栖霞工业遗存传统利用功能区。

（三）平台建设日益完善

南京积极搭建长江生态保护、长江文化研究、区域经济合作等各类公共服务平台，助推长江国家文化公园（南京段）建设。在长江生态保护平台

---

① 刘平安、李韵：《让生生不息的长江文化火起来》，《光明日报》2022 年 6 月 20 日。
② 顾星欣、陈雨薇、高利平：《文脉循江流日夜 古都新绘繁盛图》，《新华日报》2023 年 6 月 27 日。

方面，2019 年 6 月河海大学、南京水利科学研究院等共同组建长江保护与绿色发展研究院，汇聚优势资源，集结顶尖团队，进行交叉科学研究、提供智库支撑。南京海事局、南京航运企业党组织于 2021 年 6 月成立"长江大保护红色联盟"，推出长江汇"红色港湾"App，切实引导全社会共同投身长江保护行列。在长江文化研究平台方面，2022 年 6 月南京与新华社智库共同筹建了南京长江文化研究院，围绕长江文明探源、文明精神提炼、文化资源创造性转化等展开对话。在区域联动平台建设方面，南京市于 2020 年就正式出台《〈长江三角洲区域一体化发展规划纲要〉南京实施方案》，为长江国家文化公园的区域联动平台建设奠定了坚实基础，并积极借助长江文化发展论坛、江南文脉论坛等，与周边地市共商长江文化弘扬、生态环境保护、产业协同创新等关键问题。

（四）城市更新有机推进

自 2022 年《南京市城市更新试点实施方案》发布以来，南京从居住类地段更新、生产类建筑改造、公共类空间提升、综合类片区更新四个方面入手，通过"微更新""微织补"推进城市美化，12 个项目入选江苏省首批城市更新试点名单（见表 2）。在居住类地段更新方面，主要采用维修整治模式和适度改建加建等方式，对文化街区、居民楼宇实施渐进式微更新，打造宜居"生活"空间。在生产类建筑改造方面，对老旧工业片区开展摸排调查，通过整合集聚、整体转型、改造提升等方式，推动旧厂房、老菜场、老旧楼宇改造提升，建成一批城市硅巷、创新社区，激活高效"生产"空间。在公共空间打造方面，通过设施嵌入、功能融入、文化代入等举措，打造一批精品特色街巷，提升城市文化质感。在综合类片区改造方面，加强历史风貌区或历史地段保护传承和活化利用，完善社区基础设施和公共服务配套，展现"全域"魅力。南京城市更新的有机推进在改善宜居环境、创意生产空间打造、文化氛围营造等方面与长江国家文化公园建设目标相互契合，为长江国家文化公园建设工程的有序推进铺路搭桥。

表 2　南京市省级城市更新试点项目

序号	项目名称
1	南京市浦口火车站地区保护更新
2	南京市小松涛巷地块危房消险与保护更新
3	南京市小西湖街区保护更新二期
4	南京市荷花塘片区保护更新
5	南京市颐和路历史文化街区保护更新二期
6	南京市中山南路 101 号新街口艺术大楼改造提升
7	南京市石榴新村危房消险
8	南京市大阳沟老旧住宅片区危房消险与改善更新
9	南京市鼓楼区天目路片区环境综合改善
10	南京市鼓楼区乐业村地块危房消险与保护更新
11	南京市新街口地区燃气地上地下设施智慧化监测监管
12	南京市寺桥地区改善更新

资料来源：《江苏首批 48 个省级城市更新试点项目名单出炉》，央广网，https：//js.cnr.cn/yw/20220909/t20220909_ 526003863.shtml。

三　长江国家文化公园（南京段）建设路径

（一）以保护为"先导"，推动文化资源创造性转化

坚持系统保护与活态传承相结合，加强对长江文化的挖掘、阐释和转化，推出一批符合现实基础和社会发展需求的特色文旅产品，实现长江文旅资源的创造性转化。

1. 紧抓重要生态保护总体政策

开发以保护为前提，在行动中始终要贯彻尊重自然、顺应自然、保护自然的内在要求，以长江沿岸重要生态系统修复、生物多样性保护重大工程为"先导"，推动实现绿色发展，顺应"大保护"发展战略。推行长江南京段河道"段格化"管理，严格管控岸线利用；针对长江船舶污染的问题，积极推动建设绿色岸电系统，减少污染排放；开展长江湿地修复与物种保护，

实施增殖放流，加强禁捕和执法。

2. 构建南京长江文旅资源数据库

挖掘整合南京长江特色文旅资源，绘制资源数据图谱，搭建资源数据库。通过成立长江考古研究院、长江国家文化公园专家咨询组、文旅融合创新实验室等智库平台，深入挖掘长江精神的内核，提炼特色文化符号。梳理长江遗产保护、传承和利用的空间分布，加快沿线场馆、公园等的基础设施建设，探索城市公共文旅空间规划的新模式。①

3. 优化文化 IP 跨界深度融合机制

支持南京长江文化与旅游、影视、网络游戏、网络文学、工艺美术等领域的跨界互动和深度融合，共同打造南京长江文化 IP。在与影视创作、网络文学等领域的融合中，重点发挥南京世界文学之都的优势，挖掘并讲述独有的长江故事；在与网络游戏平台、短视频平台等数字相关领域的合作中，通过开发南京长江国家文化公园虚拟云互动空间，拓展其影响力和吸引力；在与旅游、工艺美术等领域的长期融合中，优先以打造文旅场所、构建文旅产品体系、设计精品文旅线路等为着眼点，继承以往的合作传统，创新融合手段。

（二）以项目为驱动，培育长江国家文化公园建设强抓手

坚持重大项目带动，聚焦保护传承、研究发掘、环境配套、文旅融合、数字再现等关键领域，搭建科学、系统的长江国家文化公园（南京段）建设项目体系，完善项目发展服务和激励机制，推动重大项目系统谋划、科学规划、统筹协调、分类推进，助力长江国家文化公园（南京段）高质量发展。

1. 搭建多层次项目体系

建设长江国家文化公园（南京段）重点项目库和长江文化保护传承利用项目库，推动更多项目列入上级、本级重大项目清单，定期对重大事项、重大工程、重大项目等进行监测评估和动态调整。综合考虑项目难度、项目

---

① 王晓：《杭州市大运河国家文化公园建设研究》，《中国名城》2020 年第 11 期。

意义、项目功能等，设立探索型、标志型、基础型三级项目体系，针对长江文化价值阐释与理论研究、长江国家文化公园创新平台载体构建、长江国家文化公园数字管理模式探索等展开研究。围绕保护传承、文化教育、公共服务、旅游观光、休闲娱乐、科学研究功能，着力谋划和实施"园""馆""址""岸""遗""段""品""文"八大类型项目，凸显南京长江古都、海丝重镇、文学之都等文化特色。

2. 加快推进重大项目建设

实施长江文化价值阐释工程。找准南京在长江文化体系中的定位，提炼形成特色长江文化精神内涵，彰显吴文化、淮扬文化、金陵文化、海派文化交相辉映的多元文化特色。围绕长江与运河、长江沿线工商业文化、长江的文化内涵与时代价值等课题，组织实施长江主题出版、文艺创作、展览展陈等项目，编写"长江文脉"（故事篇、名胜篇）、"长江文化遗产保护管理论坛文集"等系列丛书。开展长江岸线文化遗产调查和认定，建立长江文化遗产分级分类名录和档案，动态更新调整，形成长江文化遗产数据库。围绕"长江文化保护核"建设，梳理江苏长江沿岸革命文物、工业遗产、水利航运等文物资源存量，并借助 4K 超高清沉浸式会议技术为文物修复提供全景远程会诊服务，组织不同地域的专家对濒危文物进行抢救性征集。

3. 完善项目建设服务和激励机制

加强重点项目储备，推进部门间协调合作，优化行政审批流程，缩短项目落地周期，实行长效管理、跟踪服务。建立重大项目推进制度，围绕签约落地、开工建设、竣工投运等重点环节，定期通报重大项目实施进展情况，切实解决项目建设中的问题和困难，确保项目高质高效推进、建成。整合组建统一的管理机构，履行国家文化公园文化保护、遗址遗迹保护、生态保护、自然资源资产管理、特许经营管理、社会参与管理、宣传推介等职责，协调与当地政府及周边社区关系。研究、探索建立"政府主导、社会投资补充"的多层次长江国家文化公园（南京段）财政体制。①

---

① 《建立国家公园体制 强化自然资源资产管理》，《中国环境报》2017 年 11 月 20 日。

（三）以科技燃引擎，建设"数智长江"发展新高地

发挥南京高校云集的人才优势和领军文化企业在创意经济、人工智能、3D 可视化等领域累积的技术优势，提档升级长江国家文化公园（南京段）沿岸基础设施，提升长江文化数字化内容供给水平，以数字技术创新长江文化展陈方式。

1. 加强数字基础设施建设

推动幕燕风光带、下关滨江、河西鱼嘴等主要文化遗产点段和滨江文化休闲观光带实现 WiFi 和 5G 全覆盖，规划建设局房、基站等通信设施，提升信号覆盖率，优化通信质量。加快推进"智慧景区"建设，配合国家文化公园管理需求，积极布局智慧安防、智慧停车、智慧公厕、应急广播等信息基础设施建设。结合城市大脑建设，推进大数据在交通治堵、游客信息识别等方面的应用，提高长江国家文化公园（南京段）治理水平。

2. 强化数字技术应用

推进 GIS、遥感技术、视频监控等技术在长江文化遗产监测、公园建设管理中的应用，促进跨区管理数据联网、资源共享。建立南京长江世界遗产数字化管理平台，对长江南京段重要水工遗存和文物遗存进行信息采集和存储，建立数字化档案和专题数据库。把握长江吃、住、行、游、购、娱、赏等元素，完善南京长江文化旅游网络信息服务，提供公园智能导游、流量监测、出行提示等游客便利服务，依托 VR、人工智能、人机互动等提升游客游览的互动性、趣味性。抢抓数字经济发展机遇，依托南京数字文化产业优势，利用 5G、云计算、大数据、人工智能、区块链等先进技术，促进影视动漫、游戏电竞、元宇宙等新业态跨越式发展。

3. 提升数字化展示水平

实施"金陵江韵"创新攻关计划，利用多媒体平台、网上直播等信息化手段，推出文化长江、云赏长江、知识长江、云上非遗等丰富的数字文化体验产品。建设长江国家文化公园（南京段）数字云平台，对长江沿线文物和历史名人、诗词歌赋、文化研究、典籍文献等关联信息进行数字化展

示。建设全景展示数字博物馆及专题博物馆群，搭建长江国家文化公园（南京段）3D 虚拟体验平台，充分利用新一代博物馆虚拟现实展示技术、人机交互体验技术等提升长江文化遗产展陈水平。搭建国家文化大数据华东区域中心和长江流域文旅数字资源专题库，推出一批以长江文明为主题的大型数字化文博消费体验产品，并积极运用5G、VR/AR、AI 等技术开发在线剧院、数字展馆、虚拟讲解、云展览、云游览等数字化服务。

（四）以联动促"协同"，提升区域协调合作创新能力

共饮一江水，同下"一盘棋"。南京应加强与长三角各城市的规划协同、衔接落实，共同在长江国家文化公园建设中扛起应有使命，实行长江水系联动发展战略，推进政产学研联动，形成国家文化公园建设利益共同体，打造区域协同发展的示范样本。

1. 构建"共保联治"组织格局

建立长江南京段区域内各市区"共保联治机制"，组建由市委宣传部牵头的长江国家文化公园（南京段）领导小组，高起点调整完善"友邻市区共保共建"发展思路，重构长江南京段各市区协同区域发展的大格局。

2. 健全组织协调机制和政府对话协商机制

对内探索建立不同城市间政府、多部门、跨区域的高效沟通协商机制。建立临界市区县级生态环境协作和跨省联防联控机制，引导跨行政区的生态受益地区与保护地区之间开展多元化生态补偿等新格局与新机制。

3. 推进政产学研联动

充分发挥政府的统筹职能，突破行政体制壁垒，推动人才、资金、技术等生产要素的跨区域自由流动，加强对各地区文化旅游市场的监督与管理。鼓励长江南京段沿线各类文旅企业依据地方特色长江文化资源与文旅发展优势分工协同，并积极对接南京各大高校和科创平台合作开发长江文旅产品，以政产学研联动形成跨区域、多层次、立体化的长江国家文化公园建设分工协作体系。

4.搭建多元服务平台

发动公益组织机构、科研机构等社会力量，推动长江大保护红色联盟、文化发展基金、非遗国际博览会等项目的落地实施，构建多层次沟通交流渠道，促进数据互通与信息共享。如实施长江文化研究工程，建设南京长江文化遗产基础数据库，打造长江文化研究智库和传播交流中心，加快建设集政策咨询、营销推广、项目孵化等功能于一体的长江国家文化公园一站式数字服务平台。

（五）以精品塑"名片"，擦亮南京长江文化特色品牌

培育长江国家文化公园（南京段）文化旅游品牌，树立兼具特色化与辨识度的文旅品牌形象，综合运用多种渠道强化品牌宣传力度，形成整体品牌与子品牌协同发展的优势局面，全面提升长江国家文化公园（南京段）影响力。

1.通过市场调研明确品牌定位

成立市场调研小组，利用大数据、人工智能等新兴技术，对长江南京段文旅市场发展现状、消费特征、未来趋势等进行充分调研，明晰文旅资源创新开发的方向及品牌建设的目标，归类整合具备发展潜力的南京长江文化内容和文旅产品，以形成南京长江文化旅游市场的特色品牌方向，确定长江国家文化公园（南京段）文化旅游品牌定位。

2.构建长江国家文化公园文旅品牌体系

打造"长江文都"整体品牌，构建其形象识别体系，引领南京长江文化的展示。深挖长江南京段特色文化，构建子品牌，如南京长江大桥、秦淮河"长江文枢"、滨江风光带以及国家文化公园文旅综合体、国家文化公园节庆会展等，形成文旅品牌体系的伞状结构，打响长江国家文化公园（南京段）旅游品牌。

3.重点打造长江国家文化公园（南京段）明星品牌

构筑国家级、多边外交规格活动文化空间，打响长江国家文化公园对外交流传播平台品牌；打造现象级、网红级滨水互动体验空间；市域联动合作

建立长江夜游品牌、长江亲水研学品牌等精品游线；利用节庆会展、夜游演艺、亲水互动空间等品牌项目设计推出爆款文创周边。此外，实施媒体联动品牌宣传战略，充分发挥微博、微信、抖音等新媒体影响力，催生长江国家文化公园（南京段）明星品牌。

（六）以要素固"根基"，优化高端要素的市场化配置

完善长江国家文化公园（南京段）文化生产要素市场体系，优化创意人才、建设资金、创新技术等要素的市场化配置，在针对生态资源进行全方位监测和保护的同时，完善投融资体系，优化人才留育资源配置，为南京长江国家文化公园开发建设营造良好环境。

首先，在人才配置方面，加大优秀人才引进力度，落实国内外高层次人才引进政策，实施"文旅人才聚宁"战略，引入一批懂市场、懂管理、懂文化、有丰富文化公园开发经验的复合型人才；创新文旅人才培育孵化机制，探索文旅资源开发"产学研"一体化发展机制，鼓励文旅企业与南京大学、东南大学、南京师范大学等高等院校的合作，建立联合培养机制和人才储备库，培养一批文化产业领域的专业人才。

其次，在建设资金方面，拓宽投融资渠道，创立政府专项债券、鼓励城投公司投资、开展政商资本合作，建立开发特许经营模式、整体授权经营模式、生态环境导向开发模式等投融资运作模式。确保长江国家文化公园（南京段）开发项目得到稳定、有效的金融支持。[①] 搭建长江国家文化公园（南京段）投融资服务平台，承担招商合作、市场化运作、产业融资和项目对接等职能，形成全流程的投、融、建、运一体化的国家文化公园开发运营模式。[②]

再次，在技术创新方面，促进技术要素和资本要素的融合发展，推动文化企业与高新技术企业合作，支持优质科技型企业上市或挂牌。加大对科研

---

① 周泓洋、王粟：《国家文化公园投融资机制研究》，《文化月刊》2022年第4期。
② 笪颖、张晓蕊：《开启长江文化与大运河文化高质量建设新篇章》，《新华日报》2021年11月12日。

成果转化和创新创业人才的支持力度，健全科技文化产权制度，提升南京长江文化资源的创造性转化动力，实现内容创新、产品创新和业态创新。

最后，在生态资源方面，对长江国家文化公园的生态环境实行全面管控。一是对河湖岸线进行特殊管制，解决"化工围江"的环境问题。二是制定长江国家文化公园生态环境分区管控方案和生态环境准入清单，维护长江生态系统。三是对禁航限航、采砂规划和许可作出规定，保护长江流域水生生物及其栖息地，保障长江国家文化公园生态资源稳定性。

B.16
上海崇明岛生态文明制度建设的
探索与实践研究

刘士林　王晓静*

摘　要：　崇明岛坚持生态保护为先，合理调控人口规模，严格划定生态红线，合理规划城乡结构，形成了具有国际参考价值的发展模式。崇明岛在循环经济、垃圾分类、环境保护等方面积累了宝贵经验，为国家生态文明建设提供了示范。"十五五"时期崇明生态岛建设的基本思路和战略定位，旨在打造具有世界一流生态环境品质、全球竞争力生态经济能级、全国影响力生态创新示范效应和全国辐射力生态引领带动功能的现代、世界级生态岛屿。

关键词：　绿色发展　生态文明　循环经济　垃圾分类　崇明岛

　　崇明岛坐落于长江的入海口，被誉为世界上最大的由河流冲积形成的岛屿，不仅是上海的生态保护屏障，也是这座城市的战略性发展区域。作为长江生态走廊与沿海主要交通要道的交汇点，崇明岛具有重要的地理位置。近年来，崇明岛秉持市场主导与政府引导相结合的发展模式，积极探索生态优先、绿色发展的新路径，不仅致力于打造中国新型绿色城市建设的先行试验区，更在长江经济带与沿海经济带的交汇点上，构建起一座"生态桥头堡"。同时，通过自主创新与全球视野的融合，崇明岛在绿色经济、生态环境治理、能源利用等方面取得了显著成效，为全球生态文明建设和绿色发展

---

* 刘士林，博士，上海交通大学城市科学研究院院长，教授，主要研究方向为城市科学；王晓静，博士，上海交通大学城市科学研究院院长助理，副研究员，主要研究方向为城市文化。

目标贡献了"崇明模式"。

崇明生态岛的发展理念与创新实践是对中国国家层面推动绿色发展、建设美丽中国的积极回应，并为完善生态文明制度体系提供了宝贵的经验和探索。面对新时代的挑战与机遇，崇明岛应以打造一个与上海这座国际大都市相契合的现代、世界级生态岛屿为目标，并以此为基础，致力于提出切实可行的策略来强化生态文明制度，并为中国的美丽发展贡献力量。为此，崇明岛需要制定具有深远战略意义的发展计划，这些计划不仅要服务于国家的现代化进程，还要极力促进自身的快速和高质量发展。

一 崇明生态岛建设的主要阶段与重要进展

以 2007 年习近平同志视察崇明岛和 2016 年崇明撤县设区为界，崇明生态岛的规划建设主要分为三个阶段，即上海战略框架阶段（2001～2006年）、长三角战略框架阶段（2007～2015 年）和国家战略框架阶段（2016年至今）。

在上海战略框架阶段（2001～2006 年），自 2001 年国务院正式批准《上海市城市总体规划（1999～2020 年）》，提出将崇明岛发展为生态岛的目标，至 2005 年上海市政府批准《崇明三岛总体规划（崇明县区域总体规划）2005～2020 年》，首次明确提出生态岛建设的总体目标和相关规划，标志着崇明岛生态岛建设的战略定位和发展框架得到确立，具有法律效力的市县两级规划成为重要里程碑。

在长三角战略框架阶段（2007～2015 年），2007 年习近平同志对崇明岛进行调研，明确提出崇明岛的生态岛建设是国家战略的关键部分，并对崇明岛在长三角发展中的重要性给予特别强调，崇明的生态岛建设在战略定位和战略空间上取得了显著进展。2010 年，上海市政府发布《崇明生态岛建设纲要（2010～2020 年）》，确立了崇明岛生态建设的目标、方针和形态框架，为崇明岛生态建设更好地服务于国家生态战略提供了坚实的平台和支持。

在国家战略框架阶段（2016 年至今），自 2016 年起，随着国家战略规划的深入实施，崇明岛的战略定位和建设发展与国家宏观战略的联系愈发紧密，展现出积极的互动和共鸣。2016 年，中共中央政治局审议并批准《长江经济带发展规划纲要》，明确将生态环境保护作为长江经济带发展的核心要素。同年，上海市委和市政府召开"崇明撤县设区"工作会议，标志着崇明正式从县级行政单位升级为区级行政单位。紧接着，上海市政府出台《崇明世界级生态岛发展"十三五"规划》，为崇明岛的未来发展指明了方向。2018 年，习近平总书记在重庆召开的"推动长江经济带发展座谈会"上，就长江经济带建设发表讲话。同年，国务院正式批准《上海市城市总体规划（2017~2035 年）》，明确提出建设崇明世界级生态岛。2019 年，国务院发布《长江三角洲区域一体化发展规划纲要》，提出"加强环巢湖地区、崇明岛生态建设"，崇明生态岛建设正式成为国家战略的重要组成部分，为在新时代高水平服务国家生态文明战略创造了有利条件。2021 年 10 月 26 日，国务院印发《2030 年前碳达峰行动方案》，"十四五"规划提出发展绿色金融，制定有利于绿色低碳发展的产业政策。交通银行、中国银行等金融机构纷纷与崇明区展开合作，助力打造崇明区"2+3+N"现代化生态产业体系、推进世界级生态岛建设等。

经过 20 多年的探索和发展，崇明区在生态保护实践上取得了重要进展。

（一）生态岛理念深入人心

2013 年，时任上海市委书记韩正在崇明调研时表示，"崇明县下决心调整产业结构，淘汰落后产能，建设生态岛的理念已经深入人心"。为建立长期的环保机制，崇明区生态环境局加强环保法制宣传，专门设立环境信访制度。崇明法院是上海首家成立环境资源审判庭的法院，近三年共受理环境资源案件 2197 件，这些案件通常涉及生物、化学、大气、土壤等专业领域，反映了人民群众对环境问题的重视。同时，围绕世界级生态岛"怎么看""怎么干""建成什么样"，连续三年开展大讨论。① 支持生态岛建设的制度

---

① 《共复"青绿"！上海滩涂保护入选最高院典型案例》，《文汇报》2023 年 6 月 20 日。

不断形成，2005 年起陆续出台《崇明三岛总体规划（2005～2020 年）》《崇明生态岛建设纲要（2010～2020 年）》《崇明世界级生态岛发展"十三五"规划》《上海市崇明区总体规划暨土地利用总体规划（2017～2035）》《崇明世界级生态岛发展规划纲要（2021～2035 年）》《崇明世界级生态岛碳中和示范区建设实施方案（2022 年版）》，以及《促进崇明世界级生态岛建设发展专项支持政策》[①] 等，旨在通过一系列的政策和措施，推动崇明岛的生态文明建设和可持续发展。当前，无论是崇明岛的地方政府、商业组织，还是普通居民和外来工作人员，都把生态保护作为推动本地区经济社会进步的核心任务，这已成为推动崇明生态岛建设和持续发展的精神力量。

（二）生态保护成效显著

崇明的空气、水源、土壤等环境要素指标都达到或超过国家标准，明显优于上海市平均水准。《崇明区 2024 年政府工作报告》显示，2023 年，崇明持续加强大气污染综合防治，环境空气质量（AQI）优良率、$PM_{2.5}$ 年平均浓度等指标继续优于全市平均水平。全面完成 961 个长江入河排污口整治，地表水环境质量考核断面达标比例保持 100%。新增森林面积 1.03 万亩，实施公益林抚育 1.04 万亩，完成 2 个开放休闲林地建设，森林覆盖率达到 30.74%。消除整改违法用地 1070.1 亩。办理非法捕捞案件 84 起，整治"三无"船舶 110 艘。崇明以上海近 1/5 的陆域面积，承载着全市约 1/4 的森林、1/3 的基本农田、两大核心水源地，占全球种群数量 1% 以上的水鸟物种数达到 14 种[②]，已"成为上海市空气质量最优、绿地面积最广、生物多样性最为丰富的区域"[③]。

---

① 《如何推进世界级生态岛建设？上海崇明从这四方面着手》，澎湃新闻，https://www.thepaper.cn/newsDetail_forward_9320779。
② 陆若愚：《上海市崇明区农村生活污水治理政策执行研究》，硕士学位论文，华东师范大学，2022。
③ 赵敏：《生态文明视角下崇明生态环境状况评估》，《环境与可持续发展》2019 年第 1 期。

（三）经济社会发展与生态文明共进

崇明区生态环境局建立了环境准入机制，对企业及各类单位进行细致的环境监管。根据《上海市崇明区总体规划暨土地利用总体规划（2017～2035）》，崇明对高能耗工业和那些以低级方式利用及输出原材料的产业实行了严格控制，并逐步淘汰了能耗高、污染严重的传统产业。同时，崇明致力于提升能源科技的自主创新力，并积极扶持科技型创新企业的成长。崇明还提升了产业的准入标准，对产能过剩的行业项目进行了严格控制，尤其是对那些技术落后、污染和能耗都高的建设项目。在近几年的发展中，崇明专注于推动现代绿色农业的壮大，加速了国家现代农业产业园和国家农业现代化示范区的建设。崇明成功建成并投产了包括镇生态菌菇基地在内的五个重点农业项目，保持了90%以上的绿色优质农产品认证率，并在全国范围内农业绿色发展指数排名首位。推动生态旅游和文化发展齐头并进，2023年成功举办"花朝节"等特色文旅活动，全区实现旅游收入42.1亿元；创建上海首个以生态为特色的5A级景区，推动A级景区提档升级，发展"民宿+"产业，引进文化创意、研学旅游、水上旅游等业态。崇明生态岛建设不仅符合国家对生态文明建设的要求，还在最大程度上保障了当地经济社会的稳定发展。[①]

总之，国家战略极大地推动了崇明生态岛的建设，并为下一步的规划和发展奠定了基础。但同国家生态文明建设目标及国际知名生态岛相比，崇明生态岛仍存在着各种差距，这既是崇明生态岛建设的不足，也是其进一步服务国家战略应努力的方向。

二　崇明生态岛建设的模式特点和主要经验

2014年举行的上海崇明生态岛国际论坛期间，联合国环境规划署公布

---

① 《崇明：书写生态答卷，崇明"绿色"成绩单很亮眼》，文明上海网，https://www.shwm.gov.cn/TrueCMS/shwmw/wmlb/content/40a04db3 - 1446 - 449b - bf23 - bd76e0f 2dce0.html。

了《崇明生态岛国际评估报告》，强调崇明岛的生态建设体现了联合国环境规划署提倡的绿色经济原则，对包括中国在内的全球发展中国家在生态发展模式转型方面提供了重要的参考价值。联合国环境规划署计划将崇明生态岛的发展作为示范案例纳入其绿色经济的教材之中。到了 2023 年，崇明不仅参与协办了《联合国气候变化框架公约》第 28 次缔约方大会中的"生态文明与美丽中国实践"边会，还积极推动了国家森林城市等示范项目的创建。这些努力使崇明区荣获"中国天然氧吧"和"中国气候宜居城市（县）"的美誉，并且崇明岛也被选为全国首批"和美海岛"之一。[①] 崇明生态岛经过多年的发展和实践，在自然环境、居住环境和产业生态等多个领域，已经构建了一种具有国际先进水平和广泛参考价值的发展模式。

结合崇明世界生态岛的最新进展，可将其模式特点归纳如下。

第一，崇明岛坚持将生态环境保护作为发展的首要条件，并合理调控人口规模。自 21 世纪起，崇明岛的人口数量一直被有效控制在 70 万人左右，这为生态保护提供了坚实的基础。展望未来，崇明岛将继续维持这一人口规模。从生态学的视角来看，人口数量的控制不仅能有效减轻对生态的压力，而且为生态社会建设和生态经济的可持续发展提供了根本保障。

第二，崇明岛以环境质量标准为依据，严格划定生态保护的红线。在土地利用和城市规划方面，崇明岛严格遵循国际生态环境标准，严禁在鸟类、鱼类等自然保护区内进行任何形式的开发活动，以尽可能地保持自然生态环境的原貌。虽然严格执行生态决策和建立生态指标体系可能会对经济增长速度产生短期影响，但从长远来看，生态系统的保护将为崇明岛生态经济的循环发展和持续增长提供坚实的支撑。

第三，崇明岛以生态建设为目标，合理规划城乡结构。崇明岛的城镇布局完全符合国际生态岛建设的标准，通过合理规划土地使用、城镇、街道和

---

① 2023 年，崇明参与协办《联合国气候变化框架公约》缔约方大会第 28 次会议。

交通布局，实现了紧凑利用与平衡发展的有机结合。这不仅解决了因城乡发展不平衡而产生的环境问题，而且强调了以绿色发展为核心的内涵式增长，推动了符合生态环境要求的美丽乡村建设，实现了经济发展与生态保护的和谐共生。

在深入践行国家生态文明建设战略中，崇明形成了以下重要经验。

（一）始终秉承循环经济的发展思路

崇明生态岛的建设中，循环经济扮演了关键角色。2017年，崇明出台"十三五"期间的循环经济发展规划，规划五大具有区域特色的循环经济板块，包括东部、西部、南部、北部和中部，每个区域都重点发展特定的产业，如农业、海洋装备制造、智慧岛数据产业、固体废物处理和风力发电等。崇明通过生态创新来推动乡村振兴，建立了新型的农村循环经济体系。比如，实施了"种养结合"的养猪新模式，将猪的排泄物转化为资源，实现了废物的再利用。此外，生态鱼塘的建设不仅提升了水产品的品质，还促进了生态环境的修复，实现了"水在林中流动，鱼在水中游弋，人在林中漫步，鸟在林上飞翔"的生态愿景。崇明的循环经济还体现在多个方面，包括绿色能源的利用、出行方式的变革、低碳生活理念的推广、"活力新康养"产业的发展以及"生态新经济"的推进等。这些措施为实现城乡一体化的绿色发展积累了宝贵的经验。

（二）积极践行垃圾分类政策

崇明在摒弃以往粗放型经济增长方式的基础上，特别注重生活垃圾和农业废弃物的资源化利用。自2011年起，崇明便开始了垃圾分类工作，截至2019年，已实现垃圾分类的全面覆盖。根据规划，到2023年，崇明生活垃圾的回收利用率预计将达到45%，① 并且将实现原生生活垃圾的零填埋。崇明在推进垃圾分类和处理的过程中，采取了一系列有序的措施，包括在农村

---

① 黄臻：《崇明全方位推进世界级生态岛建设》，《上海农村经济》2019年第1期。

地区实施"定时定点"投放和"撤桶计划"。同时，崇明利用"互联网+大环卫"的智慧环卫管理平台，实现了对垃圾分类处理各环节的动态智能管理，有效提升了垃圾分类的效率和准确性。这些措施不仅有效解决了垃圾回收处理的问题，为崇明生态岛的建设消除了后顾之忧，还为上海市乃至全国的垃圾分类回收和处理提供了可借鉴的经验和示范。通过这些努力，崇明在生活垃圾分类减量上取得了突破和创新，建立了区、镇、村三级考核机制，通过每季度评比激励先进，形成了积极的合力，为崇明生态岛的可持续发展奠定了坚实的基础。

（三）大力提高环境保护力度

崇明利用现代信息技术建立了一个全面的信息化系统，包括以崇明能源互联网项目为代表的"互联网+"智慧能源方案。在不破坏环境的前提下，积极探索和采纳新技术，如高铁污水处理技术，实现农村生活污水的就地处理和达标排放。在能源领域，崇明区自主研发的湿垃圾处理技术已处于领先地位，确保湿垃圾在乡镇层面得到有效处理，无须外运。在推进"双碳"目标战略的过程中，崇明正在积极建设成为国家林业碳汇的试点市（县）。在节能领域，崇明通过陈家镇生态示范楼工程，形成了一套生态建设和节能技术的经验体系。此外，为了提高资源的管理与利用效率，崇明正在加速构建生态产品价值核算体系，以更科学的方法管理和利用生态资源。以上系列创新举措，正如联合国环境规划署执行主任特别顾问所言："为其他相似岛屿的发展提供了很好的借鉴模板。"

总之，崇明生态岛的发展策略和建设行动，是国家推广绿色发展观念、打造美丽中国的明显展现，并且对于"坚持和完善生态文明制度体系"进行了有效的试验和深入的探索。深入研究和系统化梳理崇明的本土经验，结合国家战略框架进一步进行深化和完善，对上海构建生态城市、推动长三角地区的绿色协同发展，以及促进长江经济带的高水平成长，都具有显著的实践和示范作用。

三 崇明生态岛建设的主要问题和重大机遇

（一）崇明生态岛建设面临的主要问题

1. 整体发展缓慢、动力不足

崇明产业基础较为薄弱，具有"世界级"影响力、标识度的产业、项目以及标杆性、引领性的制度创新探索还比较少，生态岛的品牌效应还不够突出。长兴镇是崇明的经济支柱。除了集中建设的四个产业聚集区，崇明本岛主要发展生态农业、生态养殖及生态旅游。财政收入不足直接影响生态保护投入。由于历史上长期围垦及近年来的开发，"崇明岛 5m 等深线以浅的滩涂湿地资源是有限的，新生湿地潜力缺乏"[①]，这也制约着生态农业、养殖及旅游业的发展。

2. 生态基础和环境保护设施相对落后

生态保护是崇明社会发展的重心，在绿色低碳的示范应用方面虽走在前列，但距离打造世界级生态岛碳中和示范区的高标准高要求还有较大差距。由于受到周边地区生态环境的影响，崇明岛的整体生态环境仍较为脆弱，加之交通综合体系尚未形成，土地利用不够合理，给崇明生态保护造成了较大的压力。"重环境轻生态、重面积轻质量"[②] 是目前崇明岛在生态保护中存在的突出问题，在 CCUS 技术（碳捕获、利用与封存技术）的应用领域、范围场景和效果效应整体技术与国际先进水平还存在一定差距，生态保护在总体上还处在从规模到质量的艰难转型过程中。

3. 理论指导和政策供给不足

在生态建设和产业结构调整中，现代农业的科技含金量不高，全区在育种生产、农机装备、现代化养殖、加工储存、品牌营销等环节存在短板，农

[①] 杨世伦等：《近 40 年崇明岛周围滩涂湿地的变化及未来趋势展望》，《上海国土资源》2019年第 1 期。

[②] 赵敏：《生态文明视角下崇明生态环境状况评估》，《环境与可持续发展》2019 年第 1 期。

业专业人才相对较少，截至 2022 年底，崇明区累计认定 5514 名新型职业农民，仅约占全市（超过 2.4 万）的 23%①，导致不能正确引导本地农业健康发展，如一些养殖业引入新的饲育品种取代原有种类，不仅没有起到保护生态的作用，反而造成了更大的污染、形成了新的环境困境。如上海造船厂简单地"一停了之"，直接影响了崇明的财政收入，对生态保护进一步的投入造成很大困难。如何提供先进的理论指导和优质有效的政策供给，是崇明生态建设面临的重大难题之一。

（二）崇明生态岛建设的重大战略机遇

1. 国家生态文明制度建设的重大战略机遇

保护生态环境就是保护生产力，绿水青山就是金山银山，也包括"碳达峰碳中和'1+N'政策""大气十条""水十条""土十条"及"生态环境损害赔偿制度""领导干部自然资源资产离任审计"等，为崇明全面协调生态、生产、生活关系，开展生态治理、解决环境欠账，扎实推进世界级生态岛建设提供了理论指导和政策保障。崇明拥有得天独厚的自然资源，包括优质的水环境、清新的空气、茂密的森林和广袤的湿地，这些构成了其最显著的优势。作为首批入选全国生态文明示范区创建名单的地区之一，崇明应当利用国家生态文明建设的重要战略机遇，在生态导向下的空间布局优化、产业结构的调整、循环经济的发展模式探索、生态文化体系的构建以及机制体制的创新等方面率先实践，努力成为国家生态城市和生态文明制度建设的先锋。

2. 国家乡村振兴战略的重大机遇

乡村振兴作为促进城乡融合发展的国家战略手段，为农村产业振兴、生态保护、文明建设、治理体系等提供了广阔空间和政策保障。2024 年发布的中央一号文件《中共中央 国务院关于学习运用"千村示范、万村整治"工程经验有力有效推进乡村全面振兴的意见》强调，实现中国特有的现代

---

① 许情茹：《上海崇明：生态岛建设离"世界级"仍有不小差距》，澎湃新闻，https：// www. thepaper. cn/newsDetail_ forward_ 23662528。

化进程，需要持续不断地巩固农业这一基础性产业，并以此来全面地促进乡村地区的繁荣发展，推进乡村全面振兴。在乡村振兴战略的实施中，作为上海城市化"洼地"的崇明区将成为上海建设全球城市新的增长极。首先，抓住乡村振兴带来的农业专业化转型新机遇，培育新型农业经营主体，增强世界级生态岛建设的本源动力。其次，抓住乡村振兴带来的城乡融合发展新机遇，促进人口、技术、资本、资源在市区间自由双向流动，提升世界级生态岛的公共服务水平。最后，抓住乡村振兴带来的乡村环境整治新机遇，建设人与自然和谐共生的宜居乡村和生态乡村，助力崇明生态岛的全域环境整治高质量发展。

3. 长江经济带发展的重大战略机遇

《长江经济带发展规划纲要》提出"生态优先、流域互动、集约发展"，把生态环境置于流域发展的优先位置。而随着 2021 年 3 月 1 日我国首部流域法律《中华人民共和国长江保护法》的颁布施行，长江大保护开始从点位治理向系统治理转变。崇明地处长江经济带的入海口，位于长江流域生态保护和新旧动能转换的桥头堡，也是践行长江经济带走"生态优先、绿色发展之路"的核心节点，将是长江经济带绿色发展的直接受益者。首先，长江经济带上中下游在生态保护举措上的不断强化，对于改善崇明入海口的生态质量必然发挥积极影响，有助于崇明生态环境的进一步优化。其次，长江经济带上中下游在环境治理上的协同机制的不断完善，对于促进崇明入海口的环境治理必然发挥积极的作用，有助于崇明环境治理水平的进一步提升。最后，长江流域上中下游之间产业协调发展和产能更新升级逐渐形成一盘棋，对于引领崇明产业升级和实现新旧动能转换必然产生积极影响，有助于世界级生态岛建设走上高质量发展之路。

4. 长三角高质量一体化的重大战略机遇

2019 年，国务院发布了《长江三角洲区域一体化发展规划纲要》，其中强调了长三角地区在科技创新、产业发展、基础设施建设、生态环境保护以及公共服务等方面实现协同发展的重要性。2024 年 4 月 30 日，中共中央政治局举行会议，审议通过了《关于持续深入推进长三角一体化高质量发展若干政策措施的意见》。会议强调了长三角地区在推动国家经济社会进步中的引领和示范作用，并着重提出要围绕"一体化"与"高质量"这两个核心点，努力推动长三角一体化的进一步发展，以更有效地发挥其在国家发展中的先锋探索、模范引领和积极带动作用。崇明位于长三角区域的核心位置，地处江苏、上海交界地带，面临着与南通地区在环境治理、长江口区域协作及城镇协同发展等方面的挑战。长三角一体化发展的深入实施不仅为崇明协调与周边省市关系、破除行政壁垒障碍注入了新动力，由于绿色一体化发展是长三角高质量一体化发展的重要组成部分，长三角一体化发展也为崇明推进环长江口生态环境治理提供了有力支撑。其中最主要的问题如探讨跨行政区的生态共享和环境共治，在生态修复、生态保护、生态建设、生态发展上走出一条多区域协调共建的新路径，都和崇明世界级生态岛建设密切相关，同时也必然赋予崇明更多的发展机遇和重要的话语权。

5. 上海全球城市建设的重大战略机遇

《上海市城市总体规划（2017~2035年）》提出把上海"建设成为卓越的全球城市、具有世界影响的社会主义现代化国际大都市"，其核心是提升城市能级和核心竞争力，具体包括经济、金融、贸易、航运、科创、文化等方面。在城市硬件方面，崇明海洋装备制造基地是上海全球航运中心建设的主要产业发展载体之一，在城市软件方面，崇明良好的生态自然环境和世界级生态岛建设则可为上海建设令人向往的"生态之城"提供重要依托。它们既可以从上海全球城市建设中获得新动能，同时也可以从服务上海全球城市建设中获得更大的发展空间和机会。与纽约、伦敦等全球城市相比，上海在全球要素集聚、门户通达性等方面尚有一定差距，拥有崇明生态保育基地的上海可致力于打造"生态优先、绿色发展"的全球城市建设模式，为全球城市建设提供一条"生态型"全球城市发展的中国案例。

四　关于崇明生态岛"十五五"时期的发展思路和建议

在过去的20年中，崇明生态岛的发展成就斐然，处于国家生态文明建设的先进行列。尽管如此，它仍面临一些根本性问题和需要迅速补充的不足之处。随着"十五五"时期的临近，崇明需要超越传统的发展模式，即"今日格一物，明日格一物"，转而以打造一个与上海这个国际化大都市相称的现代、世界级生态岛为目标，以"坚持和完善生态文明制度体系"为行动指南和建设美丽中国的实质性措施为重点，制定出具有深远战略意义和创新性突破的发展战略。这将有助于更好地服务国家的现代化进程，并促进崇明自身的快速和高质量增长。①

（一）关于"十五五"时期崇明生态岛建设的基本思路

作为国家生态文明示范区的首批创建单位和绿色发展战略的探路者，崇明通过一系列示范项目和计划，如"西滩湿地保护与开发双赢模式实践区"、"东滩湿地生态保育与修复示范区"、陈家镇的生态示范楼技术体系、崇明"互联网+"智慧能源方案、融合生态、海岛、乡村特色的"生态文化功能区"规划、长江口区域性污染联防联控机制以及全球城市康养旅游和休闲运动的新方式，积累了丰富的生态保护和生态岛建设经验，已经具备了打造"中国新型绿色城市"和"全球现代化高品质生态示范岛"的基础条件。

随着《上海市关于加快建立健全绿色低碳循环发展经济体系的实施方案》和《上海市瞄准新赛道促进绿色低碳产业发展行动方案（2022～2025年）》等政策文件的发布，上海市政府已经在绿色城市发展方面采取了具体的行动和规划，这将有助于推动经济体系向绿色低碳转型，加速绿色产业的发展，并提高城市的生态环境质量。面向未来，崇明需要不断加强理论探索、顶层规划和政策支持，开拓一条既符合国家生态文明建设总体要求，又满足长江经济带和长三角一体化发展需要，同时适应上海及崇明区现代化和新型城镇化建设需求的绿色发展道路。

---

① 刘士林、王晓静、苏晓静：《上海崇明生态岛建设研究》，《中国国情国力》2020 年第 9 期。

（二）关于"十五五"时期崇明生态岛建设的战略定位

以习近平新时代中国特色社会主义思想为指导，将绿色发展作为推动经济高质量发展的核心，以打造"中国新型绿色城市"和"全球现代化高品质生态示范岛"为方向，崇明区致力于实质性地强化生态岛的建设工作，加速塑造一个现代的生态经济体系。该区域正致力于积极培养具有创新性的生产力，并在探索和建立具有中国特色的生态文明政策和制度体系。崇明旨在建立一个示范区，以绿色发展为引领，推动产业升级、环境保护和治理，以及经济的高质量发展，走出一条既具有国际视角、承担国家战略，又体现上海责任和崇明独特风貌的绿色城市发展新路。

1. 具有世界一流的生态环境品质

加强生态基础，持续深化对生态环境的管理和改善，将生态理念融入日常生活，突出低碳发展的重要性。通过激发循环经济的潜力，提高资源的使用效率，并推广绿色低碳的生活方式，能够创造一个人类与自然和谐相处的新景象。这样的努力旨在打造一个集生态、节能和智能化于一体的理想居住环境，即绿色都市。

2. 具有全球竞争力的生态经济能级

依托上海这座国际大都市的强大综合实力和优势，崇明抓住了全球科技创新和产业变革的新机遇。坚持绿色发展的指导思想，崇明正在精心设计和打造一个崭新的生态经济结构。通过改进和提升生态产业链，崇明致力于培育具有国际竞争力的生态产业集群，这将与上海作为国际大都市的地位形成互补。在推进全球岛屿生态经济的建设中，崇明正努力确立自己的领导地位和重要的影响力，为实现可持续发展设定新的标准。

3. 具有全国影响力的生态创新示范效应

采取以市场为主、以政府为辅的发展策略，在国家战略的宏观框架内，主动寻找并把握地区发展的新契机。崇明力图成为首批尝试并实施以生态为先、以绿色发展为导向的新模式的地区，努力塑造一个人与自然和谐相处的中国美丽新范例。其最终目标是建设成为全国乃至全球可持续发展的参考案例和模式，成为中国新型绿色城市的先锋试验区。

4. 具有全国辐射力的生态引领带动功能

利用其独特的地理优势和早期发展的基础，崇明岛正努力担当起长江流域生态绿色发展的领头羊和引领者角色。其愿景是打造成为长江经济带与沿海经济带交汇的"生态桥头堡"，在推进绿色发展和引领地区及城市发展中积累重要的经验。崇明岛将探索并建立一系列创新的做法，为全球及中国的生态文明建设与绿色发展目标提供"崇明模式"，彰显其在生态保护和可持续性发展方面的领导作用和影响力。

社会科学文献出版社

皮 书

智库成果出版与传播平台

❖ 皮书定义 ❖

皮书是对中国与世界发展状况和热点问题进行年度监测，以专业的角度、专家的视野和实证研究方法，针对某一领域或区域现状与发展态势展开分析和预测，具备前沿性、原创性、实证性、连续性、时效性等特点的公开出版物，由一系列权威研究报告组成。

❖ 皮书作者 ❖

皮书系列报告作者以国内外一流研究机构、知名高校等重点智库的研究人员为主，多为相关领域一流专家学者，他们的观点代表了当下学界对中国与世界的现实和未来最高水平的解读与分析。

❖ 皮书荣誉 ❖

皮书作为中国社会科学院基础理论研究与应用对策研究融合发展的代表性成果，不仅是哲学社会科学工作者服务中国特色社会主义现代化建设的重要成果，更是助力中国特色新型智库建设、构建中国特色哲学社会科学"三大体系"的重要平台。皮书系列先后被列入"十二五""十三五""十四五"时期国家重点出版物出版专项规划项目；自2013年起，重点皮书被列入中国社会科学院国家哲学社会科学创新工程项目。

法律声明

　　"皮书系列"（含蓝皮书、绿皮书、黄皮书）之品牌由社会科学文献出版社最早使用并持续至今，现已被中国图书行业所熟知。"皮书系列"的相关商标已在国家商标管理部门商标局注册，包括但不限于 LOGO（　）、皮书、Pishu、经济蓝皮书、社会蓝皮书等。"皮书系列"图书的注册商标专用权及封面设计、版式设计的著作权均为社会科学文献出版社所有。未经社会科学文献出版社书面授权许可，任何使用与"皮书系列"图书注册商标、封面设计、版式设计相同或者近似的文字、图形或其组合的行为均系侵权行为。

　　经作者授权，本书的专有出版权及信息网络传播权等为社会科学文献出版社享有。未经社会科学文献出版社书面授权许可，任何就本书内容的复制、发行或以数字形式进行网络传播的行为均系侵权行为。

　　社会科学文献出版社将通过法律途径追究上述侵权行为的法律责任，维护自身合法权益。

　　欢迎社会各界人士对侵犯社会科学文献出版社上述权利的侵权行为进行举报。电话：010-59367121，电子邮箱：fawubu@ssap.cn。

社会科学文献出版社